全国少数民族古籍工作“十四五”规划重点项目
中央民族大学“双一流”建设项目

中国少数民族古文字文献选读丛书
主编 张铁山

# 彝文文献选读
## （北部方言）

叶康杰 编著

商务印书馆
创于1897 The Commercial Press

# 《中国少数民族古文字文献选读丛书》

## 编　委　会

# 总　序

我国是统一的多民族国家。在中华民族的形成和发展过程中，各族人民和睦相处，互学互鉴，相互融通，共同创造了灿烂的中华文化，共同铸就了辉煌的中华文明，留下了卷帙浩繁的书面古籍和口耳相传的口碑文献。作为中华古籍的重要组成部分，少数民族古籍真实记录了各族人民共同缔造伟大祖国的历史进程，全面再现了各民族交往交流交融的生动事实，丰富发展了中华优秀传统文化的璀璨宝库，是学习掌握民族古文字的重要载体，是研究中华民族整体发展历程的第一手资料，也是铸牢中华民族共同体意识的重要资源。

中国少数民族古籍，是指中国少数民族在历史上形成的文献典籍和碑刻铭文及口头传承资料等。其时间范畴的下限原则上与汉文古籍相同，以 1911 年为限，但考虑到各少数民族的历史特点和古籍的存世差异，其下限可适当延伸至 1949 年。少数民族古籍主要由三部分组成：第一部分，少数民族古文字古籍，即用民族文字记录的古籍。它是民族古籍的重点部分，也是民族古籍中最有代表性的部分。第二部分，用汉文记载的有关少数民族内容的古籍。少数民族作为中华民族的一员，历来受到各王朝和文人墨客的关注。无论正史或野史，大都或多或少有涉及少数民族的内容，可弥补民族文字古籍的不足，也可相互印证，扩大文献视野。第三部分，少数民族口碑文献。

有的民族在历史上没有创制文字，他们以口传形式来传承民族历史文化。其实，从产生的规律来看，古籍的形成经历了从口述到书面的发展过程，记录口传资料并收录于历史文献本来就是古籍形成与发展的重要环节。比如，司马迁写作《史记》时就整理了很多口述资料。这些口碑文献大都可以追溯到相关民族的起源、早期历史和最初的宗教信仰、原始的文学形式等，是民族古籍不可忽视的重要部分。

我国古代各民族创造的文字总数不少于 30 种。这 30 余种民族古文字从形式来看，主要有四类：一是象形文字，如东巴文、尔苏沙巴文；二是音节文字，如哥巴文、彝文；三是字母文字，如吐火罗文、佉卢文、于阗文、粟特文、如尼文、回鹘文、蒙古文、满文、锡伯文、察合台文、古藏文、八思巴文、傣文等十多种文字；四是汉字系民族文字，如契丹文、女真文、西夏文、水文、方块壮字、方块白文、方块侗文、方块布依文、方块哈尼文、方块苗文、方块瑶文等。各民族都用上述古文字创作、记录、翻译了大量古籍。

我国各民族有着悠久的历史和灿烂的文化。由民族文字保留下来的民族古籍，是历史的记录。如汉文史籍记载的《敕勒歌》虽无原始语言记载，但“天苍苍，野茫茫，风吹草低见牛羊”的汉译文，至今仍脍炙人口。很多人不知道吐火罗文《弥勒会见记》是现存中国历史上最早的原始剧本，很多人更不知道回鹘文《真理的入门》、古彝文《宇宙人文论》向人们展现了古代先哲对真理、宇宙的认识和看法。民族古籍也是民族文化的综合体现，其内容包罗万象，涉及历史、哲学、宗教、文学、科技、医学、民俗、语言、文字等各方面，构成了各民族文化的总体系。如《格萨尔王》《玛纳斯》《江格尔》三大英雄史诗弥补了汉文典籍中没有史诗的缺憾，可与《荷马史诗》媲美。民族古籍中也有很多关于各民族医疗实践的记载和总结，如藏医、蒙医、苗医、维医等，它们都是中华传统医学的组成部分和分支。少数民族大多分布在我国边疆地区，其古籍对于这些地区人文、地理、民俗、宗教等方面的记载弥足珍贵，如《大唐西域记》《交州外域志》《蒙古秘史》《青史》《红史》《白史》《吐蕃王统世系明鉴》《满文老档》等，记载了各民族居住区的多学科知识。

保护、整理、研究民族古籍，挖掘其优秀传统，取其精华，去其糟粕，推陈出新，古为今用，可以更好地丰富中华文化的百花园。同时，民族古籍更是中华传统文化的重要组成部分，是各民族在几千年历史发展过程中创造的重要文明成果。保护民族古籍，有利于继承和弘扬中华优秀传统文化，推动精神文明建设；有利于促进文化交流，加强民族团结，维护祖国统一；有利于凝聚各族人民力量共同推动中华民族伟大复兴。

中华人民共和国成立后，党和国家十分重视民族古籍工作。二十世纪五六十年代，全国范围内组建了多个少数民族社会历史调查组，赴内蒙古、新疆、广西、云南、西藏、青海、甘肃等省区开展工作，搜集了许多的文献古籍和口碑文献。此后的六七十年代陆续出版了大批古籍成果，其中包括《格斯尔传》《八大苗歌》《侗族大歌》《玛纳斯》《格萨尔》《帕尔哈德与西琳》《创世纪》等。在实际工作中，大家意识到民族古籍人才的缺乏，于是于 1957 年和 1960 年在中央民族学院分别开办了古代突厥语班和藏语班，其他各省区民族院校也纷纷设立了民族古籍教研室、研究所等教学和研究机构，为搜集、整理和研究民族古籍培养了一大批专门人才。

20 世纪民族古籍工作的蓬勃发展与党和国家领导人及政府各部门对这项工作的重视是分不开的。1982 年我国老一辈革命家李一氓时任国务院古籍整理出版规划领导小组组长，他在《人民日报》上发表了题为《论古籍与古籍整理》的文章，指出“对于少数民族语文古籍，自亦为中国古籍，如藏、蒙古、满、回鹘、西夏、契丹等文字，都应加以整理”。这是第一次由国家官方提出整理少数民族古籍。1984 年，国务院设立了由国家民委牵头，教育部、文化部、国家档案局、社科院等单位共同参与的全国少数民族古籍整理出版规划小组，办公室设在国家民委，履行“组织、协调、联络、指导”全国少数民族古籍工作的职能，并提出“救书、救人、救学科”的工作方针。随后，各省区市纷纷建立健全少数民族古籍整理机构的设置，以开展各地民族古籍工作。各地高等院校、研究机构也参与其中，为培养古籍人才、出版研究成果做出了积极贡献。

党的十八大以来，党和国家高度重视古籍工作。习近平总书记关于“让书写在古籍里的文字都活起来”“要运用现代科技手段加强古籍典藏的保护修复和综合利用”等重要论述都成为我们工作的重要指南。尤其是 2019 年 7 月，总书记在内蒙古大学考察时强调，“要加强对蒙古文古籍的搜集、整理、保护，挖掘弘扬蕴含其中的民族团结进步思想内涵，激励各族人民共同团结奋斗、共同繁荣发展”。这一重要论述，为新时代少数民族古籍工作提供了根本遵循。

2022 年 4 月 11 日，中共中央办公厅、国务院办公厅印发了《关于推进新时代古籍工作的意见》（以下简称《意见》），强调“做好古籍工作，把祖国宝贵的文化遗产保护好、传承好、发展好，对赓续中华文脉、弘扬民族精神、增强国家文化软实力、建设社会主义文化强国具有重要意义”。《意见》特别强调，要“围绕铸牢中华民族共同体意识，深入整理反映各民族交往交流交融历史的古籍文献，挖掘弘扬蕴含其中的民族团结进步思想，引导各族群众树立正确的中华民族历史观”。《意见》高屋建瓴，是推进新时代民族古籍工作的纲领性文件，不仅从国家层面规划了民族古籍工作的目标，还为民族古籍学科的建设发展和人才培养指明了前进的方向，如明确提出要“加强省级古籍保护中心、少数民族古籍整理研究部门等古籍工作专业机构建设”“推动少数民族文字古籍文献的抢救保护”“鼓励有条件的院校设立民文古籍与汉文古籍兼修的古文献相关学科专业”“健全少数民族古文字人才传承机制，建设少数民族文字古籍专业人才学术交流平台”等。

但是，由于受到全球化、互联网、经济浪潮等多种客观因素的影响，国内目前尚无一套民族古文字古籍文献系列读本，以至于能够识读少数民族古文字的人越来越少，民族古文字成为“冷门绝学”。

为了弘扬中华民族优秀传统文化，加强民族团结，挖掘作为中华文化重要载体的古籍文献，培养民族古籍研究人才，我校计划组织专家编写此套《中国少数民族古文字文献选读》。这在国内尚属首次。此套丛书体例统一，开民族古文字古籍文献选读系列丛书的先例。我们计划以我校专家为主，补充校外专家，协同组队完成这一光荣而艰巨的任务。这套丛书的对象为本专业的本科生、研究生，还为其他相关学科人员学习民族古籍文献提供学习依据。此套丛书拟收入 20 本民族古文字古籍文献选读，每本选读 20 万字左右，内容包括某一文种的不同形式的古籍，有图片、原文、转写（国际音标标注）、汉译、注释等，书末附词汇表、参考文献。我们相信，此套丛书的出版必将对加强中国古典文献学专业，特别是中国少数民族古典文献学的学科建设起到有力的促进作用，为培养我国少数民族古文字古籍整理研究人才做出贡献。

中央民族大学中国少数民族语言研究院教授、博士生导师　张铁山

# 目　　录

# 序　言

彝族是一个具有悠久历史的民族，主要居住在云南、四川、贵州、广西等西南地区。彝族人口众多，是中国第六大少数民族，据2020年第七次全国人口普查数据，彝族人口为983万余人。此外，在越南、老挝、缅甸等国家也有世居彝族，据不完全统计，约有10万人。

彝族支系繁多，有许多不同的他称和自称，据《彝族简史》记载，自称有35种，他称有44种。但实际上，20世纪50年代前，彝族在历史上的不同称谓有一百多种，如诺苏泼、纳苏泼、聂苏泼、倮倮泼、迷撒泼、濮瓦泼、撒尼泼、撒梅泼、阿细泼、葛泼、阿哲泼、六米、勒苏泼、山苏、格濮、阿武、他鲁苏、撒摩都、六得濮、纳查、罗罗、子君、母仉、罗婺、阿多、他留等。

彝族有悠久的历史，关于彝族的来源主要有北来说、南来说、东来说、土著说和西来说，目前学术界比较认可的是北来说和土著说，认为彝族是由当地土著和西北氐羌南下融合而成的民族。“彝族”称谓在历史上有不同的说法，秦汉时期称昆明、巂、叟、僰，魏晋时期称爨人，唐宋时期称乌蛮和白蛮，元代称罗罗，新中国成立后统称为彝族。“彝”字有“米”有“糸”，表示丰衣足食。

彝族有自己的语言和文字，彝语属汉藏语系藏缅语族彝语支，同属于彝语支语言的还有纳西语、哈尼语、拉祜语、傈僳语、基诺语、怒苏语等，还包括分布在缅甸、泰国、老挝、越南等国的阿卡语、阿库语、西拉语、姆比傈语、普诺伊语、姆比语等。彝语分为北部、南部、东部、西部、东南部和中部六大方言，各方言之下再细分为5个次方言和四十多种土语，不同方言土语在语音、词汇等方面存在一定的差异，互相交流比较困难。

彝文是一种古老的自源文字，具有悠久的历史。在不同时期人们对“彝文”的称谓也有所不同，在彝族六祖分封时代，称为“夷文”，魏晋时期称为“爨文”，唐代南诏时期称为“韪书”“爨文”，元代以后至民国时期称为“倮文”，20世纪50年代之后，称为“彝文”。在彝语六大方言中，目前只有北部、东部、东南部和南部四个方言区还流传有彝文及彝文文献，中部和西部方言区的彝文早已失传。北部方言区彝文称为[$\text{nɔ}^{33}\text{su}^{33}\text{bu̠}^{33}\text{ma}^{33}$]，东部方言区彝文称为[$\text{na}^{33}\text{su}^{33}\text{su}^{55}\text{ma}^{33}$]，东南部方言区彝文称为[$\text{si}^{55}\text{ne}^{33}$]，南部方言区彝文称为[$\text{ni}^{55}\text{su}^{33}\text{si}^{55}$]。因受彝语方言的影响，不同彝语方言区的彝文在形、音、义方面存在一定的方言差异，除东南部方言区的阿哲彝文与南部方言区彝文相似外，其他彝语方言区之间的彝文差异较大，彼此看不懂对方的彝文及彝文文献。

关于彝文的起源，学界存在多种不同的观点。从创造者角度来看，主要有“英雄创造说”“天神创造说”“模仿说”“宗教说”等；从产生年代角度来看，主要有“古羌时代说”“七千年前说”“仰韶文化时期说”“夏商之前说”“先秦说”“春秋战国说”“汉代说”“唐代说”等。多数学者比较能接受的观点是彝文产生不晚于汉代，依据是汉代时期有彝文记载的文物“堂狼官印”“伊诺官印”“妥阿哲纪功碑”“铜铸擂钵”。

关于彝文性质的问题，学界也存在多种不同的观点。主要有“象形文字说”“表意文字说”“表音文字说”“音意结合说”“表词文字说”。实际上，彝文在造字之初，主要以表意为主，但是渐渐地表意文字就向表音文字发展。目前，北部方言彝文表音成分占多数，东部、南部、东南部方言彝文表意成分占多数，故综合来看，多数学者比较能接受的观点是“音意结合说”。

关于彝文字的数量，各方言区流传情况也不同。根据《滇川黔桂彝文字集》搜集的情况来看，北部方言四川彝文有 21 360 个；东部方言彝文字的数量较多，其中武定、禄劝卷有 18 588 个，云南宣威卷有 4000 个，贵州卷有 17 650 个，广西卷有 1133 个；东南部方言彝文字的数量不多，石林卷有 1644 个，弥勒卷有 5531 个；南部方言地区红河、玉溪卷有 16 140 个。

北部方言彝文的发展经历了“老彝文”（又称“古彝文”“传统彝文”）、“拼音彝文”、“规范彝文”三个阶段，其中“规范彝文”于 1980 年由国务院批准推行。“规范彝文”推行四十多年来，广泛应用于教育、文化、媒体、政治等领域，取得了十分显著的成就。

彝文古籍文献卷帙浩繁，内容博大精深，是彝族人民宝贵的精神财富。彝文文献涉及政治、经济、语言、文学、艺术、史学、哲学、法学、外事、科技、农学、医药、方志、民俗、谱牒、宗教等多个学科。从不同角度来看，彝文文献还可以划分为多种形式。

根据彝语方言，彝文文献可以分为北部方言彝文文献、东部方言彝文文献、东南部方言彝文文献和南部方言彝文文献。不同方言区彝文文献的形式和内容都存在一定的差异。根据传统分类方法，彝文文献可以分为大众文献和毕摩文献两类。如北部方言彝文文献分为“卓卓特依”（大众文献）和“毕摩特依”（毕摩文献）；东部方言彝文文献分为“卜苏”和“特苏”；东南部方言彝文文献分为“佐稿司”和“毕摩司”；南部方言彝文文献分为“正经”和“小书”。

根据文献载体，可以分为石刻、钟铭、木牍、皮书、陶器、纸张、竹简、兽骨、布帛等。

根据文献版本，可以分为手写本和木刻本两大类。

根据文献书刻写年代，可以分为南宋文献、明代文献、清代文献、民国文献等。

根据不同区域，可以分为凉山文献、滇南文献、滇中文献、滇东南文献、滇东北文献、滇东文献、水西文献、水东文献、乌撒文献、广西文献等。

根据书目，可以分为宗教类、历史类、天文律历类、军事战争类、医药病理类、地理类、伦理道德教育类、农牧生产类、工艺技术类、哲学类、译著类。

北部方言彝文文献载体材质涉及纸张、木简、竹简、骨简、皮书、骨印、头盖骨等，其中以纸、竹简为主，也有少量的木简文献和骨简文献。装订形式主要为卷轴装，另外有少量简册装，

简册装分为竹简册、骨简册等。文献版本主要为手写本，有少量木刻本和石印本。木刻本如《地球志》《算数书》《工匠书》《玛

牧特依》等，木刻本目前只存《玛牧特依》（训示诗）。石印本如《妈妈的女儿》。

《中国少数民族古文字文献选读》丛书由中央民族大学张铁山教授担任主编，该套丛书中彝文文献选读按方言分为四本进行编写。《彝文文献选读（北部方言）》是其中的一本，该选读结合了中央民族大学彝文文献教学经验，同时借鉴了其他许多文选编写的经验，由作者在科研和教学实践的基础上编写而成。选读主要节选了文学类、教育类、历史类等文献内容，共有18篇文章。所选文章从《甘嫫阿妞》《阿依阿芝》《阿惹妞》《妈妈的女儿》《玛牧特依》《勒俄特依》等经典彝文文献中节选并设计而成。为了便于学习，部分文献设计成了多篇文章。每篇文章内容包括彝文、国际音标标注、汉译、生词、练习及思考题。书末附有总词汇表、参考文献。所选文章除彝文原文外，其他部分内容都是作者自己设计编写完成，汉译部分是在原有译文基础上完善而成。

本书的出版将具有重要而深远的意义。

一是本书所选文献内容记载了彝族优秀传统文化以及民族交往交流交融故事，这对于促进民族团结、铸牢中华民族共同体意识具有重要的现实意义；

二是本书可为彝文文献专业建设和学科建设添砖加瓦，积极促进学科发展；

三是本书可作为彝文文献专业本科生和研究生的学习读物，服务于彝文文献专门人才的培养；

四是本书加注了国际音标，彝文文献爱好者也可通过此书进行自学。

# 第一章 ꎭꁮꎭꅉ（铁的起源）

“ꎭꁮꎭꅉ”，也称“ꎭꀧꎭꁧ”，译为“铁的起源”，是彝族史诗“勒俄”的内容之一。“勒俄”内容涉及天地形成、人类发展、历史迁徙、物种起源等，主要流传于四川、云南、贵州等地的彝族地区。四川地区的“勒俄”可分为“公勒俄”和“母勒俄”，“公勒俄”主要反映物种的起源，“母勒俄”主要反映人类的生产与发展。

本章“铁的起源”属于“公勒俄”，主要记载了古代彝族对铁起源的认识，还涉及彝、汉、藏民族的交往交流故事。本章节选自《凉山彝族丧葬歌谣》（2014）。

## 一、彝文、国际音标标注及汉译

001. ꃅꐥꎭꀧꁧ，ꊿꆈꎭꀧꂿ，

$mu^{33}tɕhu^{33}ʂɯ^{33}bo^{33}pha^{55}$，$tsa^{33}nɔ^{33}ʂɯ^{33}bo^{33}mo^{21}$，

蓝天铁父亲，大地铁母亲，

002. ꀊꍯꎭꀧꆈ，ꃥꌺꎭꀧꐥ，

$a^{21}ndʐɿ^{21}ʂɯ^{33}bo^{33}nɔ^{33}$，$va^{21}sa^{33}ʂɯ^{33}bo^{33}tɕhu^{33}$，

阿哲出黑铁，乌撒出白铁，

003.

mu$^{21}$xo$^{33}$ʂɯ$^{33}$bo$^{33}$ʂʅ$^{33}$，ka$^{33}$lo$^{33}$ʂɯ$^{33}$bo$^{33}$n̥i$^{33}$，

木洪出黄铁，甘洛出红铁，

004.

mu$^{33}$vu$^{55}$ʂɯ$^{33}$tshʅ$^{44}$tshʅ$^{21}$，mu$^{33}$khɯ$^{44}$ʂɯ$^{33}$ȵi$^{44}$ȵi$^{21}$。

南方之铁是一，北方之铁是二。

005.

i$^{21}$si$^{33}$ʂʅ$^{44}$a$^{33}$ɬɯ$^{44}$，mu$^{33}$dʑi$^{21}$ku$^{44}$lu$^{33}$lu$^{33}$，ha$^{33}$dʑi$^{44}$tɕi$^{33}$li$^{21}$li$^{21}$，

远古的时候，天上轰隆响，不停地下雨，

006.

tshʅ$^{33}$ku$^{33}$tshʅ$^{21}$mu$^{33}$ku$^{33}$ʂu$^{33}$kha$^{44}$，

tshʅ$^{33}$tɕi$^{33}$tshʅ$^{21}$mu$^{33}$tɕi$^{33}$ʂu$^{33}$kha$^{44}$，

以为它打它的雷，它下它的雨，

007.

dʐʅ$^{33}$lu̠$^{33}$ʂɯ$^{44}$lu̠$^{33}$tshi$^{33}$dɯ$^{21}$lo$^{44}$，mu$^{33}$vu$^{55}$vu$^{55}$ko$^{33}$tshi$^{33}$，

原来是降矿，从蓝天降铁矿，

008.

tshi$^{33}$la$^{33}$tshi$^{33}$la$^{33}$mu$^{33}$，mu$^{33}$ɬo$^{21}$ɬo$^{21}$ko$^{33}$ndo$^{21}$，

铁矿往下降，降到绿天上，

009.

mu$^{33}$ɬo$^{21}$ɬo$^{21}$ko$^{33}$tshi$^{33}$，hɔ$^{55}$lo$^{33}$lo$^{33}$ko$^{33}$ndo$^{21}$，

绿天上降下，降到云彩上，

010.

hɔ$^{55}$lo$^{33}$lo$^{33}$ko$^{33}$tshi$^{33}$，ha$^{44}$lo$^{33}$lo$^{33}$ko$^{33}$ndo$^{21}$，

云彩上降下，降到大气上，

011. [illegible]，[illegible]；

ha$^{44}$lo$^{33}$lo$^{33}$ko$^{33}$tshi$^{33}$，di$^{21}$ȵe$^{55}$ɬi$^{55}$ko$^{33}$ndo$^{21}$；

大气上降下，降到上天上；

012. [illegible]，[illegible]；

di$^{21}$ȵe$^{55}$ɬi$^{55}$ko$^{33}$tshi$^{33}$，hɔ$^{55}$ʂʅ$^{33}$khɯ$^{33}$ko$^{33}$ndo$^{21}$；

上天上降下，降到云雾上；

013. [illegible]，[illegible]。

hɔ$^{55}$ʂʅ$^{33}$khɯ$^{33}$ko$^{33}$tshi$^{33}$，ʂʅ$^{21}$mu$^{33}$ŋɯ$^{33}$dʐʅ$^{44}$ndo$^{21}$。

云雾上降下，降到了人间。

014. [illegible]，[illegible]，[illegible]。

ʂʅ$^{21}$mu$^{33}$ŋɯ$^{33}$dʐʅ$^{44}$nɯ$^{33}$，mbo$^{33}$lo$^{44}$mbo$^{33}$lo$^{33}$mu$^{33}$，

a$^{33}$ga$^{55}$di$^{21}$thɔ$^{33}$ndo$^{21}$。

人间大地上，一直往下滚，滚到阿嘎地托。

015. [illegible]，[illegible]，[illegible]。

a$^{33}$ga$^{55}$di$^{21}$thɔ$^{33}$nɯ$^{33}$，ma$^{21}$ɣɯ$^{21}$lu$^{33}$li$^{44}$ɣɯ$^{21}$，vo$^{55}$ɬu$^{55}$su$^{33}$la$^{33}$ɣɯ$^{21}$。

在阿嘎地托，捡到了怪物，牧猪人捡到。

016. [illegible]，[illegible]，

a$^{33}$ho$^{33}$vo$^{55}$ɬu$^{55}$ȵi$^{33}$，hi$^{33}$khɯ$^{33}$dzu̥$^{21}$n̥i$^{33}$si$^{21}$，

牧猪的小孩，拿着蒿秆筷，

017. [illegible]，[illegible]。

nɯ$^{44}$m̥e$^{33}$ŋa$^{33}$po$^{44}$mu$^{33}$，ŋa$^{33}$m̥e$^{33}$nɯ$^{33}$po$^{44}$mu$^{33}$。

互相夹来看，谁也不识物。

018. [illegible]，[illegible]？[illegible]，

si$^{21}$la$^{33}$ndzʅ$^{33}$zɯ$^{33}$po$^{21}$，ndzʅ$^{33}$zɯ$^{33}$tshʅ$^{33}$sʅ$^{44}$sʅ$^{33}$？

ndzʅ$^{33}$zɯ$^{33}$tshʅ$^{33}$ma$^{21}$sʅ$^{21}$，

送给君主看，君主能识吗？君主也不识，

019. [illegible]，[illegible]。

ndzɿ$^{33}$zɯ$^{33}$gɯ$^{44}$su$^{33}$li$^{33}$，tshɿ$^{33}$sɿ$^{21}$tshɿ$^{21}$tɕu$^{33}$di$^{33}$。

这些君主呢，只知管辖地。

020. [illegible]，[illegible]？[illegible]，

si$^{21}$la$^{33}$mo$^{21}$zɯ$^{33}$po$^{21}$，mo$^{21}$zɯ$^{33}$tshɿ$^{33}$sɿ$^{44}$sɿ$^{33}$？

mo$^{21}$zɯ$^{33}$tshɿ$^{33}$ma$^{21}$sɿ$^{21}$，

送给臣子看，臣子能识吗？臣子也不识，

021. [illegible]，[illegible]。

mo$^{21}$zɯ$^{33}$gɯ$^{44}$su$^{33}$li$^{33}$，tshɿ$^{33}$sɿ$^{21}$tshɿ$^{21}$kha$^{44}$ke$^{33}$。

这些臣子呢，只知调解事。

022. [illegible]，[illegible]？[illegible]，

si$^{21}$la$^{33}$pi$^{44}$zɯ$^{33}$po$^{21}$，pi$^{44}$zɯ$^{33}$tshɿ$^{33}$sɿ$^{44}$sɿ$^{33}$？

pi$^{44}$zɯ$^{33}$tshɿ$^{33}$ma$^{21}$sɿ$^{21}$，

送给毕摩看，毕摩能识吗？毕摩不识物，

023. [illegible]，[illegible]。

pi$^{44}$zɯ$^{33}$gɯ$^{44}$su$^{33}$li$^{33}$，tshɿ$^{33}$sɿ$^{21}$tshɿ$^{21}$ʂɿ$^{33}$po$^{21}$。

这些毕摩呢，只知其经书。

024. [illegible]，[illegible]？[illegible]，

si$^{21}$la$^{33}$ȵi$^{55}$zɯ$^{33}$po$^{21}$，ȵi$^{55}$zɯ$^{33}$tshɿ$^{33}$sɿ$^{44}$sɿ$^{33}$？

ȵi$^{55}$zɯ$^{33}$tshɿ$^{33}$ma$^{21}$sɿ$^{21}$，

送给尼惹看，尼惹能识吗？尼惹不识物，

025. [illegible]，[illegible]。

ȵi$^{55}$zɯ$^{33}$gɯ$^{44}$su$^{33}$li$^{33}$，tshɿ$^{33}$sɿ$^{21}$tshɿ$^{21}$dzi$^{44}$mu$^{33}$。

这些尼惹呢，只认其鼓槌。

026. 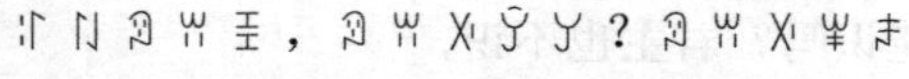

si$^{21}$la$^{33}$dʐo$^{21}$dʐo$^{21}$po$^{21}$，dʐo$^{21}$dʐo$^{21}$tshɿ$^{33}$sɿ$^{44}$sɿ$^{33}$？

dʐo$^{21}$dʐo$^{21}$tshɿ$^{33}$ma$^{21}$sɿ$^{21}$，

送给百姓看，百姓能识吗？百姓不识物，

027. 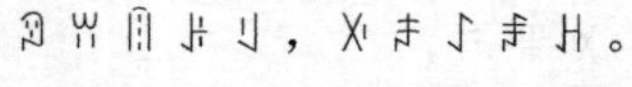

dʐo$^{21}$dʐo$^{21}$gɯ$^{44}$su$^{33}$li$^{33}$，tshɿ$^{33}$sɿ$^{21}$tshɿ$^{21}$ɬu$^{55}$mu$^{33}$。

这些百姓呢，只知耕与牧。

028. 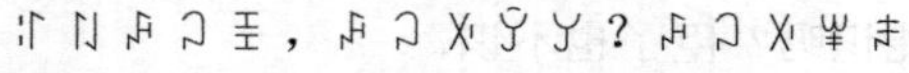

si$^{21}$la$^{33}$kɯ$^{55}$mo$^{21}$po$^{21}$，kɯ$^{55}$mo$^{21}$tshɿ$^{33}$sɿ$^{44}$sɿ$^{33}$？

kɯ$^{55}$mo$^{21}$tshɿ$^{33}$ma$^{21}$sɿ$^{21}$，

送给工匠看，工匠能识吗？工匠不识物，

029. 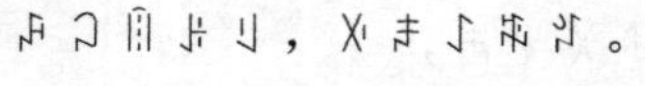

kɯ$^{55}$mo$^{21}$gɯ$^{44}$su$^{33}$li$^{33}$，tshɿ$^{33}$sɿ$^{21}$tshɿ$^{21}$ʂɯ$^{33}$ti$^{33}$。

这些工匠呢，只识其铁砧。

030. 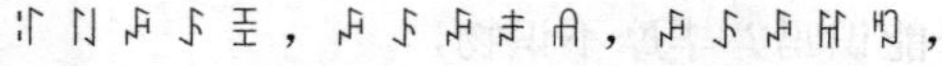

si$^{21}$la$^{33}$kɯ$^{55}$zɯ$^{33}$po$^{21}$，kɯ$^{55}$zɯ$^{33}$kɯ$^{55}$sɿ$^{21}$dzʅ̱$^{33}$，

kɯ$^{55}$zɯ$^{33}$kɯ$^{55}$ŋga$^{33}$ʑi$^{33}$，

送给徒弟看，不愧是徒弟，徒弟真聪明，

031. 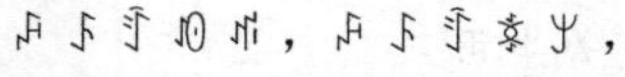

kɯ$^{55}$zɯ$^{33}$di$^{44}$o$^{33}$bu$^{33}$，kɯ$^{55}$zɯ$^{33}$di$^{44}$n̥ɯ$^{33}$ndʑi$^{33}$，

徒弟见识广，徒弟比师强，

032. 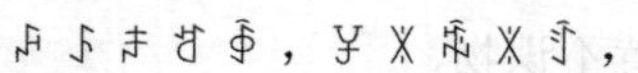

kɯ$^{55}$zɯ$^{33}$sɿ$^{21}$dɯ$^{21}$lo$^{44}$，dʐʅ$^{33}$lu̱$^{33}$ʂɯ$^{44}$lu̱$^{33}$di$^{44}$，

徒弟把物识，说是铜铁矿，

033. 

si$^{21}$la$^{33}$si$^{21}$la$^{33}$mu$^{33}$，kɯ$^{55}$mo$^{21}$a$^{21}$ɬɿ$^{33}$bɿ$^{21}$。

送来又送去，交给了匠圣阿尔。

034\. [illegible]，[illegible]，

kɯ$^{55}$mo$^{21}$a$^{21}$ɬɿ$^{33}$ȵi$^{33}$，ɬi$^{55}$zɯ$^{33}$gu$^{33}$ʑɔ$^{33}$tsɿ$^{33}$，

匠圣阿尔哟，派去九青年，

035\. [illegible]，[illegible]，[illegible]，

ma$^{44}$dzu̠$^{33}$bo$^{33}$ȵe$^{55}$ɕi$^{33}$，ma$^{44}$thi$^{33}$gu$^{33}$thi$^{33}$dzi$^{55}$，

si$^{21}$la$^{33}$khɔ$^{33}$khɔ$^{33}$mu$^{33}$，

来到竹林里，砍了九挑竹，拿来编背篓，

036\. [illegible]，[illegible]。

khɔ$^{33}$khɔ$^{33}$gu$^{33}$ma$^{33}$mu$^{33}$，ɬi$^{55}$zɯ$^{33}$gu$^{33}$ʑɔ$^{33}$bɿ$^{21}$。

背篓编九个，交给九青年。

037\. [illegible]，[illegible]，

ma$^{21}$dzɿ$^{33}$vi$^{33}$mo$^{21}$ʂɯ$^{21}$，ɬi$^{55}$zɯ$^{33}$gu$^{33}$ʑɔ$^{33}$bɿ$^{21}$，

找来九把斧，送给九青年，

038\. [illegible]，[illegible]，[illegible]。

li$^{33}$lo$^{44}$li$^{33}$lo$^{44}$mu$^{33}$，ʂu$^{55}$dzu̠$^{33}$bo$^{33}$ȵe$^{55}$ɕi$^{33}$，ʂu$^{55}$si$^{33}$gu$^{33}$khɔ$^{33}$vo$^{33}$。

他们走啊走，走到了杉林，捎回九背炭。

039\. [illegible]，[illegible]，[illegible]，

me$^{21}$le$^{33}$tshɿ$^{21}$ȵi$^{21}$nɯ$^{33}$，tɕhu$^{33}$ʑu$^{33}$tɕhu$^{33}$ʑu$^{33}$ɬo$^{33}$，

lɯ$^{33}$ʂɯ$^{55}$tɕhu$^{33}$ʑu$^{33}$ɬo$^{33}$，

开头的一天，选白来祭神，牵头白牛祭，

040\. [illegible]？[illegible]。

ʂɯ$^{33}$tɕɿ$^{33}$ʂɯ$^{33}$dʑi$^{21}$dʑi$^{33}$？ʂɯ$^{33}$tɕɿ$^{33}$ʂɯ$^{33}$ma$^{21}$dʑi$^{21}$。

炼出铁了吗？没有炼出铁。

041. [illegible]，[illegible]，

ɣa$^{33}$la$^{33}$tshɿ$^{21}$ȵi$^{21}$nɯ$^{33}$，bu$^{33}$n̥a$^{55}$tɕhu$^{33}$ʑu$^{33}$ɬo$^{33}$，

后来的一天，牵只白羊祭，

042. [illegible]？[illegible]。

ʂɯ$^{33}$tɕɿ$^{33}$ʂɯ$^{33}$dʑi$^{21}$dʑi$^{33}$？ʂɯ$^{33}$tɕɿ$^{33}$ʂɯ$^{33}$ma$^{21}$dʑi$^{21}$。

炼出铁了吗？还是没炼出。

043. [illegible]，[illegible]，[illegible]，

hi$^{33}$ʑi$^{21}$tshɿ$^{21}$ȵi$^{21}$nɯ$^{33}$，tɕhu$^{33}$ʑu$^{33}$tɕhu$^{33}$ʑu$^{33}$ɬo$^{33}$，

va$^{33}$ʂɯ$^{55}$tɕhu$^{33}$ʑu$^{33}$ɬo$^{33}$，

又一天呢，采用白色祭，抓只白鸡祭，

044. [illegible]？[illegible]。

ʂɯ$^{33}$tɕɿ$^{33}$ʂɯ$^{33}$dʑi$^{21}$dʑi$^{33}$？ʂɯ$^{33}$tɕɿ$^{33}$ʂɯ$^{33}$dʑi$^{21}$vɯ$^{44}$。

炼出铁了吗？炼出铁来了。

045. [illegible]，[illegible]，[illegible]。

ʂɯ$^{33}$po$^{44}$ndu̠$^{33}$ɣa$^{33}$la$^{33}$，ʂɯ$^{33}$dʑu$^{55}$xo$^{33}$ɣa$^{33}$la$^{33}$，

ʂɯ$^{33}$m̥ɿ$^{44}$ȵo$^{21}$ɣa$^{33}$la$^{33}$。

好铁打出来，次铁选出来，差铁滤出来。

046. [illegible]，[illegible]，

kɯ$^{55}$mo$^{21}$a$^{21}$ɬɿ$^{33}$ȵi$^{33}$，kha$^{21}$phi$^{55}$ʑɿ$^{21}$ɬɿ$^{55}$mu$^{33}$，

匠圣阿尔哟，嘴巴当风箱，

047. [illegible]，[illegible]，

lo$^{55}$tɕɿ$^{33}$ka$^{44}$ȵe$^{33}$mu$^{33}$，ba$^{21}$tsɿ̠$^{33}$ʂɯ$^{33}$ti$^{33}$mu$^{33}$，

手指当火钳，膝盖当铁砧，

048. [illegible]，[illegible]。

ʂɯ$^{33}$dzɿ$^{33}$ʂɯ$^{33}$ndʑe$^{33}$li$^{33}$，kɯ$^{55}$mo$^{21}$a$^{21}$ɬɿ$^{33}$bo$^{33}$。

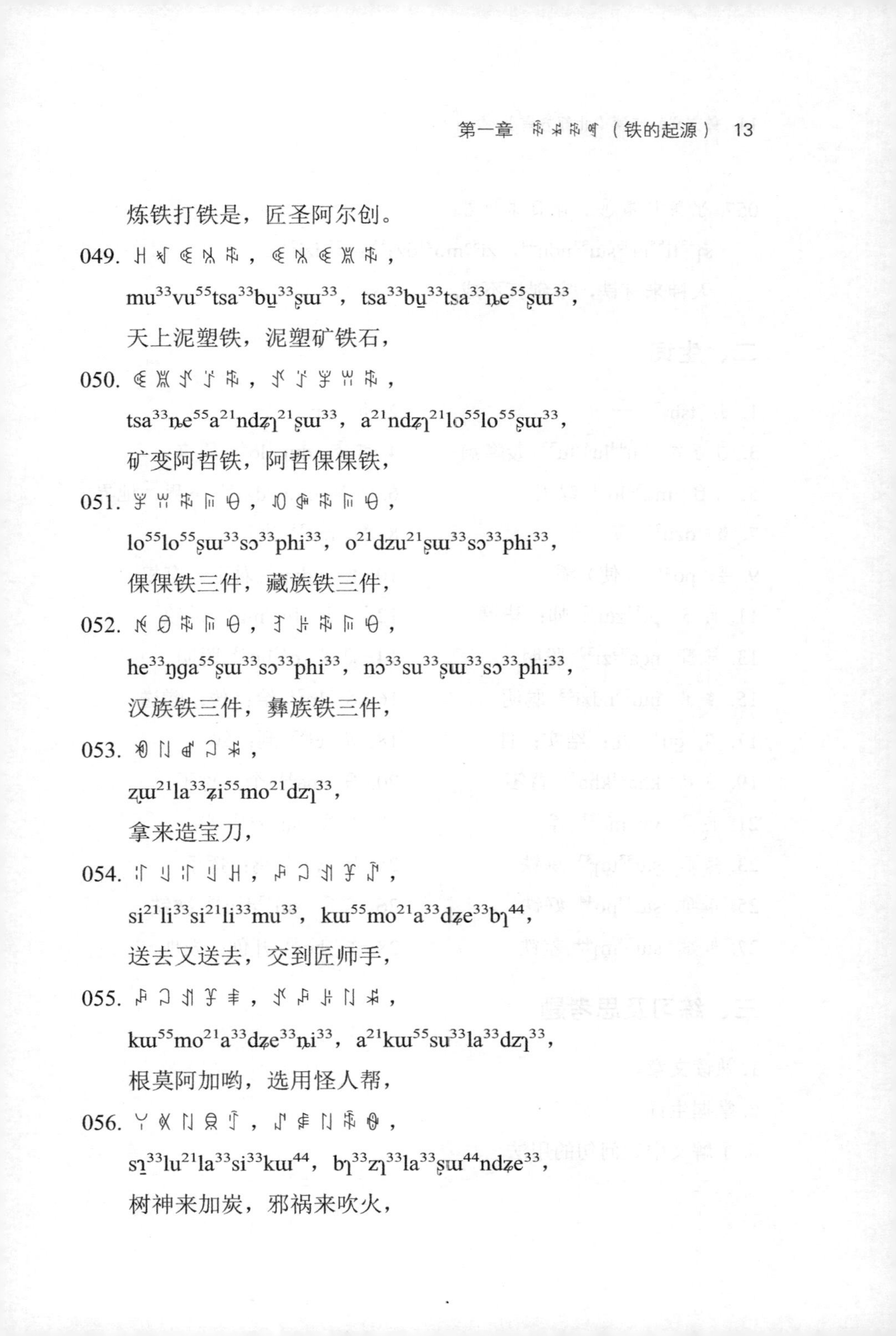

炼铁打铁是，匠圣阿尔创。

049. [illegible]，[illegible]，

mu$^{33}$vu$^{55}$tsa$^{33}$bu̠$^{33}$ʂɯ$^{33}$，tsa$^{33}$bu̠$^{33}$tsa$^{33}$ȵe$^{55}$ʂɯ$^{33}$，

天上泥塑铁，泥塑矿铁石，

050. [illegible]，[illegible]，

tsa$^{33}$ȵe$^{55}$a$^{21}$ndʑɿ$^{21}$ʂɯ$^{33}$，a$^{21}$ndʑɿ$^{21}$lo$^{55}$lo$^{55}$ʂɯ$^{33}$，

矿变阿哲铁，阿哲倮倮铁，

051. [illegible]，[illegible]，

lo$^{55}$lo$^{55}$ʂɯ$^{33}$sɔ$^{33}$phi$^{33}$，o$^{21}$dzu$^{21}$ʂɯ$^{33}$sɔ$^{33}$phi$^{33}$，

倮倮铁三件，藏族铁三件，

052. [illegible]，[illegible]，

he$^{33}$ŋga$^{55}$ʂɯ$^{33}$sɔ$^{33}$phi$^{33}$，nɔ$^{33}$su$^{33}$ʂɯ$^{33}$sɔ$^{33}$phi$^{33}$，

汉族铁三件，彝族铁三件，

053. [illegible]，

ʐɯ$^{21}$la$^{33}$ʑi$^{55}$mo$^{21}$dzɿ$^{33}$，

拿来造宝刀，

054. [illegible]，[illegible]，

si$^{21}$li$^{33}$si$^{21}$li$^{33}$mu$^{33}$，kɯ$^{55}$mo$^{21}$a$^{33}$dʑe$^{33}$bɿ$^{44}$，

送去又送去，交到匠师手，

055. [illegible]，[illegible]，

kɯ$^{55}$mo$^{21}$a$^{33}$dʑe$^{33}$ȵi$^{33}$，a$^{21}$kɯ$^{55}$su$^{33}$la$^{33}$dzɿ$^{33}$，

根莫阿加哟，选用怪人帮，

056. [illegible]，[illegible]，

sɿ̠$^{33}$lu$^{21}$la$^{33}$si$^{33}$kɯ$^{44}$，bɿ$^{33}$zɿ$^{33}$la$^{33}$ʂɯ$^{44}$ndʑe$^{33}$，

树神来加炭，邪祸来吹火，

057. [彝文]，[彝文]。

sɿ$^{33}$ɬi$^{55}$la$^{33}$ʂɯ$^{33}$ndu$^{44}$，ʑi$^{55}$mo$^{21}$dʐɿ$^{33}$ma$^{21}$dʑi$^{21}$。

天神来打铁，宝剑打不成。

## 二、生词

1. [彝文] tshɿ$^{21}$ 一
2. [彝文] n̥i$^{21}$ 二
3. [彝文] ku$^{44}$lu$^{33}$lu$^{33}$ 轰隆响
4. [彝文] dɯ$^{21}$lo$^{44}$ 原来
5. [彝文] mu$^{33}$ɬo$^{21}$ 绿天
6. [彝文] ŋɯ$^{33}$dʐɿ$^{44}$ 下界；地界
7. [彝文] dʐu̥$^{21}$ 筷
8. [彝文] m̥e$^{33}$ 夹
9. [彝文] po$^{21}$ （使）看
10. [彝文] ndzɿ$^{33}$ 君主；有权
11. [彝文] pi$^{44}$zɯ$^{33}$ 师；毕摩
12. [彝文] ɬu$^{55}$mu$^{33}$ 放牧
13. [彝文] ŋga$^{33}$ʑi$^{33}$ 聪明
14. [彝文] o$^{33}$bu$^{33}$ 聪明
15. [彝文] ŋ̊ɯ$^{33}$ndʑi$^{33}$ 聪明
16. [彝文] bɿ$^{21}$ 给；传；赠送
17. [彝文] gu$^{33}$ 九；结实；件
18. [彝文] ɕi$^{33}$ 到；线
19. [彝文] khɔ$^{33}$khɔ$^{33}$ 背篓
20. [彝文] ma$^{33}$ 个；竹子
21. [彝文] vi$^{33}$mo$^{21}$ 斧
22. [彝文] ʂu$^{55}$si$^{33}$ 炭
23. [彝文] ʂɯ$^{33}$tɕɿ$^{33}$ 炼铁
24. [彝文] va$^{33}$ 鸡；挥手
25. [彝文] ʂɯ$^{33}$po$^{44}$ 好铁
26. [彝文] ʂɯ$^{33}$dʑu$^{55}$ 次铁
27. [彝文] ʂɯ$^{33}$m̥ɿ$^{44}$ 差铁
28. [彝文] bo$^{33}$ 开创；发明

## 三、练习及思考题

1. 熟读文章。
2. 掌握生词。
3. 了解文中疑问句的用法。

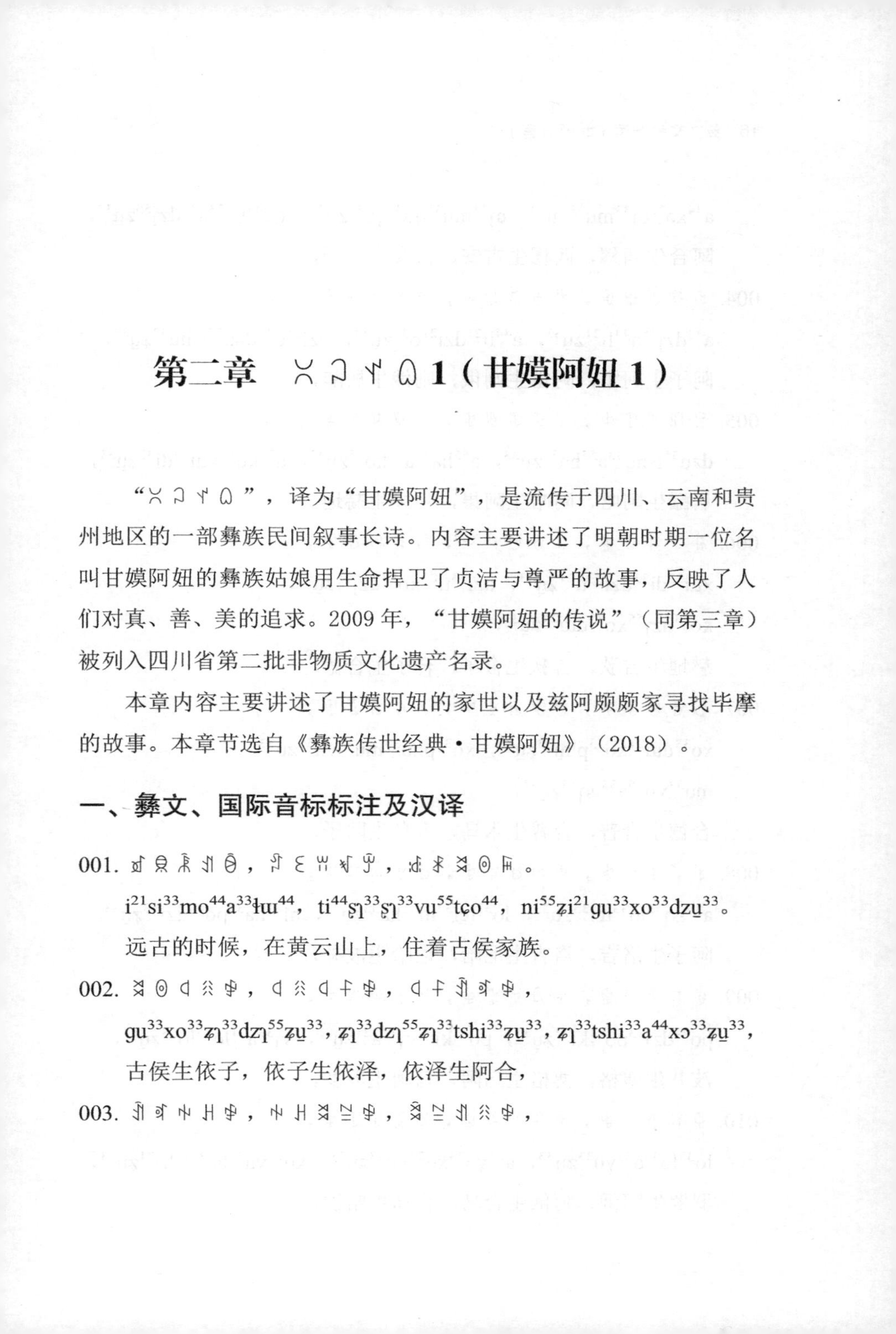

# 第二章 [illegible] 1（甘嫫阿妞 1）

“[illegible]”，译为“甘嫫阿妞”，是流传于四川、云南和贵州地区的一部彝族民间叙事长诗。内容主要讲述了明朝时期一位名叫甘嫫阿妞的彝族姑娘用生命捍卫了贞洁与尊严的故事，反映了人们对真、善、美的追求。2009 年，“甘嫫阿妞的传说”（同第三章）被列入四川省第二批非物质文化遗产名录。

本章内容主要讲述了甘嫫阿妞的家世以及兹阿颇颇家寻找毕摩的故事。本章节选自《彝族传世经典·甘嫫阿妞》（2018）。

## 一、彝文、国际音标标注及汉译

001. [illegible]

i²¹si³³mo⁴⁴a³³ɬɯ⁴⁴，ti⁴⁴ʂʅ³³ʂʅ³³vu⁵⁵tɕo⁴⁴，ni⁵⁵ʑi²¹gu³³xo³³dzu̠³³。

远古的时候，在黄云山上，住着古侯家族。

002. [illegible]

gu³³xo³³ʑʅ³³dzʅ⁵⁵ʑu̠³³，ʑʅ³³dzʅ⁵⁵ʑʅ³³tshi³³ʑu̠³³，ʑʅ³³tshi³³a⁴⁴xɔ³³ʑu̠³³，

古侯生依子，依子生依泽，依泽生阿合，

003. [illegible]

a$^{44}$xɔ$^{33}$ɕɿ$^{33}$mu$^{33}$ʑu̱$^{33}$，ɕɿ$^{33}$mu$^{33}$gu$^{33}$ɣa$^{33}$ʑu̱$^{33}$，gu$^{44}$ɣa$^{33}$a$^{33}$dzɿ$^{55}$ʑu̱$^{33}$，

阿合生西穆，西穆生古安，古安生阿子，

004. [illegible]

a$^{33}$dzɿ$^{55}$a$^{44}$li$^{21}$ʑu̱$^{33}$，a$^{44}$li$^{21}$dzi$^{21}$o$^{33}$ʑu̱$^{33}$，dzi$^{21}$o$^{33}$dʑu$^{55}$tshu̱$^{33}$ʑu̱$^{33}$，

阿子生阿雷，阿雷生则俄，则俄生居醋，

005. [illegible]

dʑu$^{55}$tshu̱$^{33}$a$^{55}$ha$^{33}$ʑu̱$^{33}$，a$^{55}$ha$^{33}$a$^{33}$ko$^{55}$ʑu̱$^{33}$，a$^{33}$ko$^{55}$xɯ$^{33}$di$^{33}$ʑu̱$^{33}$，

居醋生阿哈，阿哈生阿果，阿果生赫地，

006. [illegible]

xɯ$^{33}$di$^{33}$dʑi$^{33}$ti$^{21}$ʑu̱$^{33}$，dʑi$^{33}$ti$^{21}$xo$^{33}$dzɿ$^{55}$ʑu̱$^{33}$，

xo$^{33}$dzɿ$^{55}$xo$^{33}$dɯ$^{21}$ʑu̱$^{33}$，

赫地生吉狄，吉狄生合子，合子生合德，

007. [illegible]

xo$^{33}$dɯ$^{21}$xo$^{33}$phu̱$^{33}$ʑu̱$^{33}$，xo$^{33}$phu̱$^{33}$mu$^{33}$vu$^{55}$ʑu̱$^{33}$，

mu$^{33}$vu$^{55}$a$^{33}$tsɿ$^{55}$ʑu̱$^{33}$，

合德生合普，合普生木乌，木乌生阿子，

008. [illegible]

a$^{33}$tsɿ$^{55}$lo$^{33}$tɕi$^{33}$ʑu̱$^{33}$，lo$^{33}$tɕi$^{33}$ni$^{21}$ha$^{33}$ʑu̱$^{33}$，ni$^{21}$ha$^{33}$po$^{44}$dʑi$^{33}$ʑu̱$^{33}$，

阿子生洛吉，洛吉生尼哈，尼哈生波井，

009. [illegible]

po$^{44}$dʑi$^{33}$po$^{21}$ki$^{33}$ʑu̱$^{33}$，po$^{21}$ki$^{33}$vɿ$^{33}$a$^{21}$ʑu̱$^{33}$，vɿ$^{33}$a$^{21}$lo$^{33}$lo$^{33}$ʑu̱$^{33}$，

波井生博格，博格生乌阿，乌阿生罗罗，

010. [illegible]

lo$^{33}$lo$^{33}$a$^{21}$ɣo$^{33}$ʑu̱$^{33}$，a$^{21}$ɣo$^{33}$xo$^{21}$vu$^{33}$ʑu̱$^{33}$，xo$^{21}$vu$^{33}$ha$^{33}$tshɿ$^{21}$ʑu̱$^{33}$，

罗罗生阿俄，阿俄生合乌，合乌生哈次，

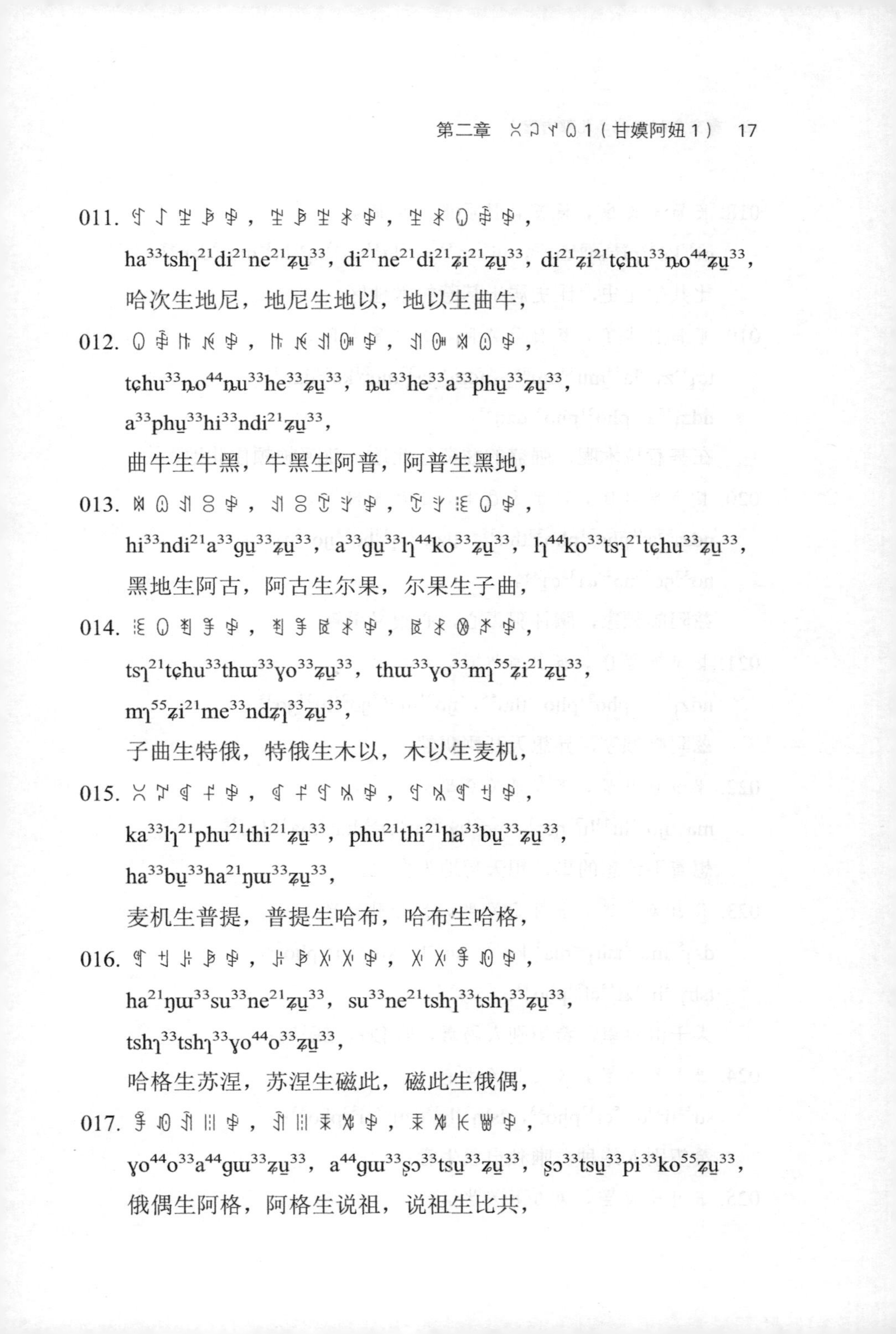

011.

ha$^{33}$tshɿ$^{21}$di$^{21}$ne$^{21}$ʑu̱$^{33}$，di$^{21}$ne$^{21}$di$^{21}$ʑi$^{21}$ʑu̱$^{33}$，di$^{21}$ʑi$^{21}$tɕhu$^{33}$ȵo$^{44}$ʑu̱$^{33}$，

哈次生地尼，地尼生地以，地以生曲牛，

012.

tɕhu$^{33}$ȵo$^{44}$ȵu$^{33}$he$^{33}$ʑu̱$^{33}$，ȵu$^{33}$he$^{33}$a$^{33}$phu̱$^{33}$ʑu̱$^{33}$，

a$^{33}$phu̱$^{33}$hi$^{33}$ndi$^{21}$ʑu̱$^{33}$，

曲牛生牛黑，牛黑生阿普，阿普生黑地，

013.

hi$^{33}$ndi$^{21}$a$^{33}$gu̱$^{33}$ʑu̱$^{33}$，a$^{33}$gu̱$^{33}$lɿ$^{44}$ko$^{33}$ʑu̱$^{33}$，lɿ$^{44}$ko$^{33}$tsɿ$^{21}$tɕhu$^{33}$ʑu̱$^{33}$，

黑地生阿古，阿古生尔果，尔果生子曲，

014.

tsɿ$^{21}$tɕhu$^{33}$thɯ$^{33}$ɣo$^{33}$ʑu̱$^{33}$，thɯ$^{33}$ɣo$^{33}$mɿ$^{55}$ʑi$^{21}$ʑu̱$^{33}$，

mɿ$^{55}$ʑi$^{21}$me$^{33}$ndʑɿ$^{33}$ʑu̱$^{33}$，

子曲生特俄，特俄生木以，木以生麦机，

015.

ka$^{33}$lɿ$^{21}$phu$^{21}$thi$^{21}$ʑu̱$^{33}$，phu$^{21}$thi$^{21}$ha$^{33}$bu̱$^{33}$ʑu̱$^{33}$，

ha$^{33}$bu̱$^{33}$ha$^{21}$ŋɯ$^{33}$ʑu̱$^{33}$，

麦机生普提，普提生哈布，哈布生哈格，

016.

ha$^{21}$ŋɯ$^{33}$su$^{33}$ne$^{21}$ʑu̱$^{33}$，su$^{33}$ne$^{21}$tshɿ$^{33}$tshɿ$^{33}$ʑu̱$^{33}$，

tshɿ$^{33}$tshɿ$^{33}$ɣo$^{44}$o$^{33}$ʑu̱$^{33}$，

哈格生苏涅，苏涅生磁此，磁此生俄偶，

017.

ɣo$^{44}$o$^{33}$a$^{44}$gɯ$^{33}$ʑu̱$^{33}$，a$^{44}$gɯ$^{33}$ʂɔ$^{33}$tsu̱$^{33}$ʑu̱$^{33}$，ʂɔ$^{33}$tsu̱$^{33}$pi$^{33}$ko$^{55}$ʑu̱$^{33}$，

俄偶生阿格，阿格生说祖，说祖生比共，

018. [illegible]，[illegible]。

pi$^{33}$ko$^{55}$pi$^{33}$ʂɿ$^{33}$ʐu̱$^{33}$，pi$^{33}$ʂɿ̱$^{33}$go$^{33}$la$^{33}$tɕɿ$^{33}$zɿ$^{55}$la$^{33}$mu̱$^{33}$dzu̱$^{33}$。

比共生比史，比史居于基惹拉木地区。

019. [illegible]，[illegible]，[illegible]，

tɕɿ$^{33}$zɿ$^{55}$la$^{33}$mu̱$^{33}$nɯ$^{33}$，ndzɿ$^{33}$la$^{33}$mo$^{21}$kɔ$^{33}$dzu̱$^{33}$，

ndzɿ$^{33}$a$^{21}$pho$^{21}$pho$^{33}$dzu̱$^{33}$，

在基惹拉木呢，强盛的兹莫住此地，兹阿颇颇住此地，

020. [illegible]，[illegible]，[illegible]。

ndzɿ$^{33}$a$^{21}$pho$^{21}$pho$^{33}$thu$^{55}$，dʑu$^{55}$sɿ$^{33}$ho$^{33}$ŋo$^{33}$ȵi$^{33}$，

ho$^{33}$ŋo$^{33}$nɔ$^{44}$ɕɿ̱$^{33}$ɕɿ$^{33}$。

兹阿颇颇家，胸怀狠毒心，心狠又手辣。

021. [illegible]，[illegible]，

ndzɿ$^{33}$a$^{21}$pho$^{21}$pho$^{33}$thu$^{55}$，ŋo$^{21}$mu$^{33}$ŋo$^{21}$lu$^{33}$go$^{33}$，

兹阿颇颇家，异想天开飘飘然，

022. [illegible]，[illegible]，

ma$^{21}$ŋo$^{21}$lu$^{44}$li$^{33}$ŋo$^{21}$，ŋo$^{21}$n̥o$^{44}$a$^{21}$ɕi$^{33}$du̱$^{33}$ma$^{21}$dʑo$^{33}$，

想着不该想的事，想天想地为自己，

023. [illegible]，[illegible]，[illegible]；

dzɿ$^{55}$mu$^{33}$tshɿ$^{44}$ma$^{33}$ko$^{33}$，su$^{33}$li$^{33}$kɯ$^{33}$ɕi$^{33}$pho$^{33}$，

tshɿ$^{33}$li$^{33}$ʑi$^{33}$ɕi$^{33}$pho$^{33}$；

大千世界里，希望别人愚蠢，唯独自己聪明；

024. [illegible]，[illegible]；

su$^{33}$li$^{33}$gi$^{55}$ɕi$^{33}$pho$^{33}$，tshɿ$^{33}$li$^{33}$dzu̱$^{33}$ɕi$^{33}$pho$^{33}$；

希望别人绝种，唯独自己生存；

025. [illegible]，[illegible]。

su33li33ʂa33ɕi33pho33，tshɿ33li33ga55ɕi33pho33。

希望别人贫穷，唯独自己富裕。

026. [illegible]，“[illegible]”[illegible]，

tshɿ33ŋo21n̥o44ni21mu33ga33bo33ɕi33，“dʑu55ni21”mu33mo33di44，

他想到要超度先祖，准备要做“居尼”仪式，

027. “[illegible]”[illegible]，“[illegible]”[illegible]。

“ŋga55ni21”mu33mo33di44，“ȵu55ni21”mu33mo33di44。

准备要做“嘎尼”仪式，准备要做“牛尼”仪式。

028. [illegible]，[illegible]，

ndzɿ33a21pho21pho33thu55，tsho33tsɿ33phɿ33tɕɿ44dɯ33ʂa33ʐɿ33，

兹阿颇颇家，派人去占卜，

029. [illegible]，[illegible]，

mu33ȵi21mu33ho55si33，dʑu55a21ni21mu33pi33zɯ33ʂɯ21，

求算好日子，要去寻做超度仪式的毕摩，

030. [illegible]，[illegible]，

dʑi44phu̠33ʂu55ŋgɯ33tsɿ33，tsɿ33n̥o44pi33ʂɯ44ʐɿ33，

派了吉普署格，去寻找毕摩，

031. [illegible]？

pi44li33kha55ko33ʂɯ21mi44nɯ33？

毕摩何处去找呢？

032. [illegible]，[illegible]，

dʑi44phu̠33ʂu55ŋgɯ33bɿ44，pi44zɯ33kha33i55dɯ33mu33ʂɯ21，

派了吉普署格，寻遍毕摩居住处，

033. [illegible]，[illegible]，

ʂɯ21lo44ʂɯ21lo44mu33，ʂɯ21lo44ka33gu33ka44lo33ɕi33，

寻呀又寻找，寻到嘎古嘎洛地，

034. [illegible]。

a$^{44}$khɯ$^{33}$ɣo$^{33}$ho$^{44}$thu$^{55}$du$^{33}$ɕi$^{33}$。

来到阿克俄伙家。

035. [illegible]，[illegible]：

a$^{44}$khɯ$^{33}$ɣo$^{33}$ho$^{44}$ȵi$^{33}$，tɯ$^{21}$la$^{33}$dʑi$^{44}$phu̠$^{33}$ʂu$^{55}$ŋgɯ$^{33}$ŋ̊a$^{33}$：

阿克俄伙呢，来询问吉普署格：

036. "[illegible]？"

"nɯ$^{44}$li$^{33}$kha$^{55}$ko$^{33}$bo$^{33}$mo$^{33}$di$^{44}$？"

"你要去哪里？"

037. [illegible]："[illegible]，

dʑi$^{44}$phu̠$^{33}$ʂu$^{55}$ŋgɯ$^{33}$di$^{21}$ko$^{33}$nɯ$^{33}$："tɕɿ$^{33}$zɿ$^{55}$la$^{33}$mu̠$^{33}$tɕo$^{44}$，

吉普署格回答："来自基惹拉木，

038. [illegible]，[illegible]，[illegible]，

ndzɿ$^{33}$a$^{21}$pho$^{21}$pho$^{33}$thu$^{55}$，dʑi$^{44}$phu̠$^{33}$zɯ$^{33}$ma$^{33}$ŋɯ$^{33}$，

m̥i$^{44}$li$^{33}$ʂu$^{55}$ŋgɯ$^{33}$m̥i$^{33}$，

兹阿颇颇家，一个跑腿奴，名字叫署格，

039. [illegible]，[illegible]，

ŋo$^{21}$tɕe$^{55}$ndzɿ$^{33}$mo$^{21}$thu$^{55}$，ni$^{21}$mu$^{33}$ɬo$^{33}$vi$^{55}$pi$^{33}$mo$^{33}$di$^{44}$，

我家的兹莫，准备要做超度仪式，

040. [illegible]。"

ŋa$^{33}$bɿ$^{44}$pi$^{33}$bo$^{44}$la$^{33}$su$^{33}$ŋɯ$^{33}$。"

让我来请毕摩。"

041. [illegible]："[illegible]，[illegible]，

a$^{44}$khɯ$^{33}$ɣo$^{33}$ho$^{44}$di$^{21}$ko$^{33}$nɯ$^{33}$：“pi$^{33}$li$^{33}$sɔ$^{33}$ʑe$^{55}$dʑo$^{33}$，
ni$^{21}$mu$^{33}$sɔ$^{33}$gɯ$^{33}$dʑo$^{33}$，
阿克俄伙回答：“毕法有三样，尼木有三种，

042. [illegible]，[illegible]？”
ndzɿ$^{33}$a$^{21}$pho$^{21}$pho$^{33}$thu$^{55}$，ni$^{21}$li$^{33}$ɕi$^{44}$ʑe$^{55}$mu$^{33}$mo$^{33}$di$^{44}$？”
兹阿颇颇家，需要做哪种？”

043. [illegible]：“[illegible]，
pi$^{33}$bo$^{21}$la$^{33}$su$^{33}$di$^{21}$ko$^{33}$nɯ$^{33}$：“ŋo$^{21}$tɕe$^{55}$ndzɿ$^{33}$mo$^{21}$thu$^{55}$，
请毕之人回答：“我们兹莫家，

044. ‘[illegible]’[illegible]，‘[illegible]’[illegible]，‘[illegible]’[illegible]，
‘dʑu$^{55}$ni$^{21}$’mu$^{33}$mo$^{33}$di$^{44}$，‘ŋga$^{55}$ni$^{21}$’mu$^{33}$mo$^{33}$di$^{44}$，‘ɳu$^{55}$ni$^{21}$’mu$^{33}$mo$^{33}$di$^{44}$，
需要做‘居尼’仪式，需要做‘嘎尼’仪式，
需要做‘牛尼’仪式，

045. [illegible]，[illegible]。”
ni$^{21}$li$^{33}$sɔ$^{33}$ʑe$^{55}$mu$^{33}$mo$^{33}$di$^{44}$，ŋa$^{33}$bɿ$^{44}$nɯ$^{33}$bo$^{21}$la$^{33}$su$^{33}$ŋɯ$^{33}$。”
三种都需要做，我是来请您的。”

046. [illegible]：“[illegible]，‘[illegible]’[illegible]，
a$^{44}$khɯ$^{33}$ɣo$^{33}$ho$^{44}$di$^{21}$ko$^{33}$nɯ$^{33}$：“ŋa$^{44}$li$^{33}$zɿ$^{33}$pi$^{33}$zɯ$^{33}$，‘dʑu$^{55}$ni$^{21}$’mu$^{33}$ma$^{21}$kɯ$^{55}$，
阿克俄伙回答：“我是诅咒类毕摩，不会做‘居尼’仪式，

047. ‘[illegible]’[illegible]，‘[illegible]’[illegible]，
‘ŋga$^{55}$ni$^{21}$’mu$^{33}$ma$^{21}$kɯ$^{55}$，‘ɳu$^{55}$ni$^{21}$’mu$^{33}$ma$^{21}$kɯ$^{55}$，
不会做‘嘎尼’仪式，不会做‘牛尼’仪式，

048. [illegible]，[illegible]，

ni$^{21}$a$^{21}$kha$^{44}$mu$^{33}$kɯ$^{55}$su$^{33}$li$^{33}$，a$^{21}$su$^{33}$la$^{55}$dzi$^{33}$dʑo$^{33}$，

会做‘尼木’仪式的，有阿苏拉则，

049. [illegible]

tshɿ$^{33}$li$^{33}$sɿ$^{33}$pi$^{33}$si$^{44}$pi$^{33}$ŋɯ$^{33}$，no$^{21}$su$^{33}$tshɿ$^{33}$ʂɯ$^{44}$li$^{33}$di$^{21}$zo$^{44}$。”

他是天神子，你们赶快去求他。”

050. [illegible]

tshɿ$^{21}$ɣa$^{33}$gu$^{21}$dʑu$^{44}$nɯ$^{33}$，pi$^{33}$bo$^{21}$la$^{33}$ma$^{44}$su$^{33}$，

mu$^{33}$du$^{33}$ʂɯ$^{44}$ma$^{21}$ɣɯ$^{21}$，

从此之后呢，请毕之人呢，实在没办法，

051. [illegible]

ndʑi$^{55}$li$^{33}$tɕɿ$^{44}$ba$^{33}$ba$^{33}$，he$^{33}$ma$^{55}$dzɿ$^{55}$ɬɿ$^{21}$tɕhi$^{44}$，

腿脚无力，心情失落，

052. [illegible]

tshɿ$^{33}$pu̠$^{33}$ndzɿ$^{33}$tɕo$^{44}$thi$^{33}$：“ŋa$^{33}$li$^{33}$pi$^{33}$du$^{33}$ɕi$^{33}$，

a$^{44}$khɯ$^{33}$ɣo$^{33}$ho$^{44}$thu$^{55}$du$^{33}$ɕi$^{33}$。”

回去报兹莫：“我找到了毕摩，到了阿克俄伙家。”

053. [illegible]

a$^{44}$khɯ$^{33}$ɣo$^{33}$ho$^{44}$di$^{21}$ko$^{33}$nɯ$^{33}$：“i$^{44}$li$^{33}$‘zɿ$^{33}$’pi$^{33}$su$^{33}$，

‘ni$^{21}$mu$^{33}$’pi$^{33}$ma$^{21}$kɯ$^{55}$，

阿克俄伙说：“他是做‘日’仪式的，不会做‘尼木’仪式，

054. [illegible]

pi$^{33}$sɿ$^{33}$pi$^{44}$si$^{33}$li$^{33}$，a$^{21}$su$^{33}$la$^{55}$dzi$^{33}$dʑo$^{33}$，

a$^{21}$su$^{33}$la$^{55}$dzi$^{33}$ʂɯ$^{21}$li$^{33}$”di$^{44}$。

天神天毕呢，有阿苏拉则，让我去找阿苏拉则。”

055. [illegible]

ndzɿ$^{33}$a$^{21}$pho$^{21}$pho$^{33}$gɯ$^{33}$gu$^{21}$dʑu$^{44}$，gɯ$^{33}$li$^{55}$mo$^{33}$a$^{21}$li$^{55}$，

兹阿颇颇听之后，心急如火燎，

056. [illegible]，[illegible]。

pu̱$^{33}$la$^{33}$dʑi$^{44}$phu̱$^{33}$ʂu̱$^{55}$ŋgɯ$^{33}$tsɿ$^{33}$，

ka$^{33}$n̥o$^{44}$a$^{21}$su$^{33}$la$^{55}$dzi$^{33}$bo$^{21}$li$^{33}$ʂu̱$^{44}$。

继续派遣吉普署格，去请阿苏拉则。

057. [illegible]，[illegible]，[illegible]，

dʑi$^{44}$phu̱$^{33}$ʂu̱$^{55}$ŋgɯ$^{33}$ɲi$^{33}$，li$^{33}$lo$^{44}$li$^{33}$lo$^{44}$mu$^{33}$，

li$^{33}$lo$^{44}$o$^{21}$dzo̱$^{33}$la$^{33}$mu̱$^{33}$ɕi$^{33}$，

吉普署格呢，走了又走，来到了俄卓拉木地，

058. [illegible]，[illegible]？[illegible]。

khe$^{44}$o$^{33}$sɔ$^{33}$tɕo$^{33}$tɕo$^{33}$，khe$^{44}$o$^{33}$pi$^{33}$i$^{55}$i$^{33}$？khe$^{44}$o$^{33}$pi$^{33}$ma$^{21}$i$^{55}$。

寨前走了三趟，寨前住毕摩吗？寨前没有住毕摩。

059. [illegible]，[illegible]？[illegible]。

khe$^{33}$m̥ɿ$^{33}$sɔ$^{33}$tɕo$^{33}$tɕo$^{33}$，khe$^{33}$m̥ɿ$^{33}$pi$^{33}$i$^{55}$i$^{33}$？

khe$^{33}$m̥ɿ$^{33}$pi$^{33}$ma$^{21}$i$^{55}$。

寨尾走了三趟，寨尾有毕摩住吗？寨尾没有住毕摩。

060. [illegible]，[illegible]？[illegible]。

khe$^{33}$dʑu$^{55}$sɔ$^{33}$tɕo$^{33}$tɕo$^{33}$，khe$^{33}$dʑu$^{55}$pi$^{33}$i$^{55}$i$^{33}$？

khe$^{33}$dʑu$^{55}$pi$^{33}$i$^{55}$lo$^{44}$。

寨中走了三趟，寨中有毕摩住吗？寨中住毕摩。

## 二、生词

1. [illegible] zu̱$^{33}$ 生，出生；成长
2. [illegible] ka$^{33}$ 甘（姓氏）
3. [illegible] thu$^{55}$ 家
4. [illegible] ho$^{33}$ŋo$^{33}$ 嫉妒；心坏

5. [illegible] ŋo$^{21}$ 想；我的

6. [illegible] dɯ$^{33}$ 地

7. [illegible] [illegible] dzɿ$^{55}$mu$^{33}$ 世界

8. [illegible] su$^{33}$ 别人

9. [illegible] [illegible] ɕi$^{33}$pho$^{33}$ 希望

10. [illegible] gi$^{55}$ 绝种；死

11. [illegible] dzu̠$^{33}$ 立；生存

12. [illegible] ga$^{55}$ 穿；富裕

13. [illegible] [illegible] tsho$^{33}$tsɿ$^{33}$ 派人

14. [illegible] si$^{33}$ 求算

15. [illegible] [illegible] kha$^{55}$ko$^{33}$ 何处

16. [illegible] kha$^{33}$ 所有；最

## 三、练习及思考题

1. 熟读文章。

2. 掌握生词。

3. 用彝语说说甘嫫阿妞家世谱系。

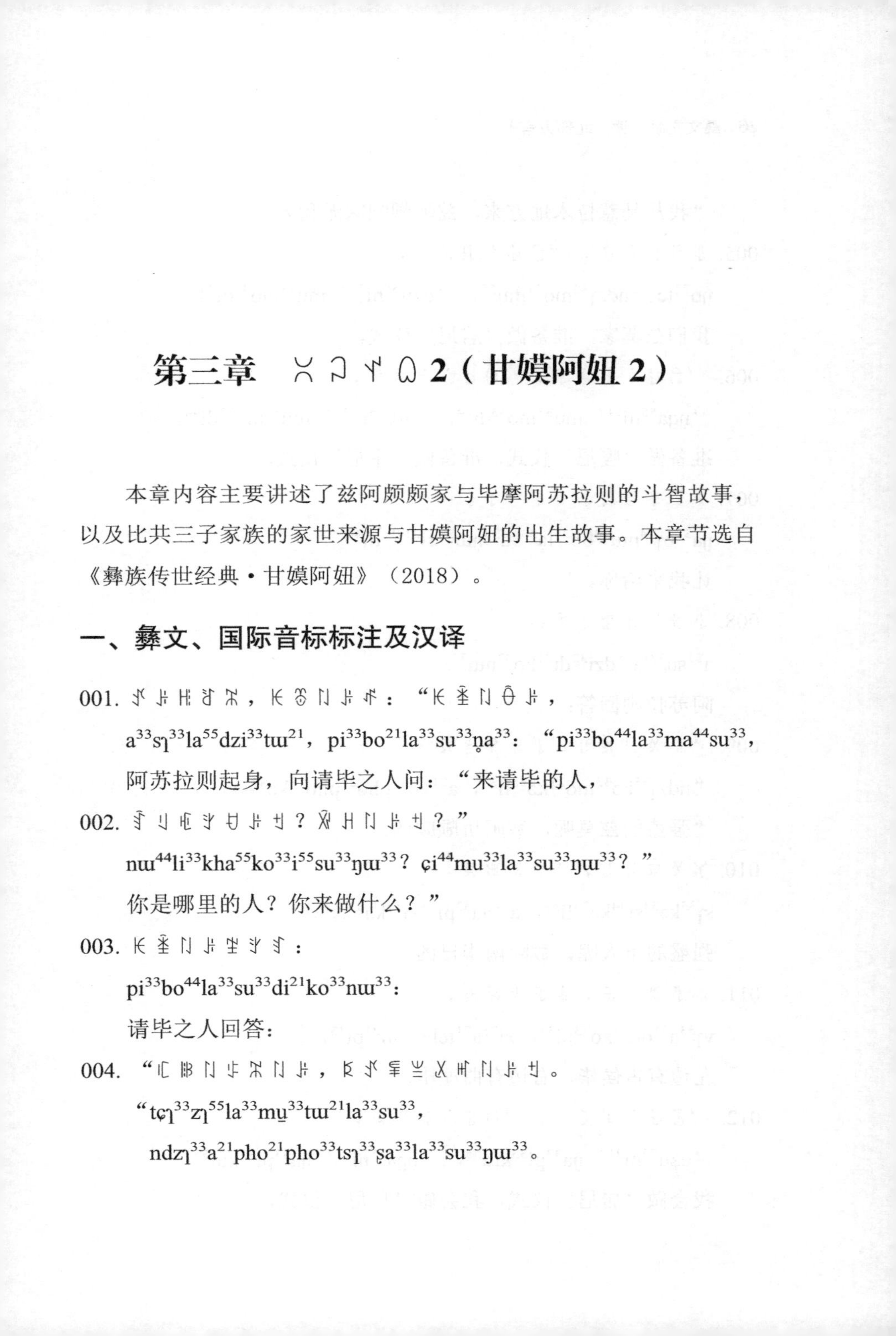

# 第三章 [illegible] 2（甘嫫阿妞 2）

本章内容主要讲述了兹阿颇颇家与毕摩阿苏拉则的斗智故事，以及比共三子家族的家世来源与甘嫫阿妞的出生故事。本章节选自《彝族传世经典·甘嫫阿妞》（2018）。

## 一、彝文、国际音标标注及汉译

001. [illegible]

a$^{33}$sɿ$^{33}$la$^{55}$dzi$^{33}$tɯ$^{21}$，pi$^{33}$bo$^{21}$la$^{33}$su$^{33}$n̥a$^{33}$：“pi$^{33}$bo$^{44}$la$^{33}$ma$^{44}$su$^{33}$，

阿苏拉则起身，向请毕之人问：“来请毕的人，

002. [illegible]

nɯ$^{44}$li$^{33}$kha$^{55}$ko$^{33}$i$^{55}$su$^{33}$ŋɯ$^{33}$？ɕi$^{44}$mu$^{33}$la$^{33}$su$^{33}$ŋɯ$^{33}$？”

你是哪里的人？你来做什么？”

003. [illegible]

pi$^{33}$bo$^{44}$la$^{33}$su$^{33}$di$^{21}$ko$^{33}$nɯ$^{33}$：

请毕之人回答：

004. “[illegible]

“tɕɿ$^{33}$zɿ$^{55}$la$^{33}$mṳ$^{33}$tɯ$^{21}$la$^{33}$su$^{33}$，

ndzɿ$^{33}$a$^{21}$pho$^{21}$pho$^{33}$tsɿ$^{33}$ʂa$^{33}$la$^{33}$su$^{33}$ŋɯ$^{33}$。

“我从基惹拉木地方来，兹阿颇颇家派我来。

005. [illegible]

ŋo$^{21}$tɕe$^{55}$ndzʅ$^{33}$mo$^{21}$thu$^{55}$，‘dʑu$^{55}$ni$^{21}$’ mu$^{33}$mo$^{33}$di$^{44}$，

我们兹莫家，准备做‘居尼’仪式，

006. [illegible]

‘ŋga$^{55}$ni$^{21}$’ mu$^{33}$mo$^{33}$di$^{44}$，‘ȵu$^{55}$ni$^{21}$’ mu$^{33}$mo$^{33}$di$^{44}$，

准备做‘嘎尼’仪式，准备做‘牛尼’仪式，

007. [illegible]

ŋa$^{33}$bʅ$^{44}$nɯ$^{33}$bo$^{21}$la$^{33}$su$^{33}$ŋɯ$^{33}$ʑi$^{21}$” di$^{44}$。

让我来请你。”

008. [illegible]

a$^{21}$su$^{33}$la$^{55}$dzi$^{33}$di$^{21}$ko$^{33}$nɯ$^{33}$：

阿苏拉则回答：

009. [illegible]

“ndzʅ$^{33}$kɔ$^{33}$mo$^{21}$kɔ$^{33}$li$^{33}$，a$^{21}$vo$^{33}$pho$^{21}$pho$^{33}$kɔ$^{33}$。

“强盛的兹莫呢，数阿伍颇颇凶。

010. [illegible]

sʅ$^{33}$kɔ$^{33}$si$^{44}$kɔ$^{33}$li$^{33}$，a$^{21}$na$^{33}$pi$^{33}$zʅ$^{55}$kɔ$^{33}$。

强盛的圣人呢，数阿南毕日凶。

011. [illegible]

vʅ$^{33}$a$^{21}$gu$^{33}$xo$^{33}$pi$^{33}$，ʑi$^{21}$a$^{21}$tɕho$^{55}$ni$^{21}$pi$^{33}$，

左边有古侯毕，右边有曲涅毕，

012. [illegible]

‘dʑu$^{55}$ni$^{21}$’ ŋa$^{33}$pi$^{33}$kɯ$^{55}$，‘ŋga$^{55}$ni$^{21}$’ ŋa$^{33}$pi$^{33}$kɯ$^{55}$，

我会做‘居尼’仪式，我会做‘嘎尼’仪式，

013. 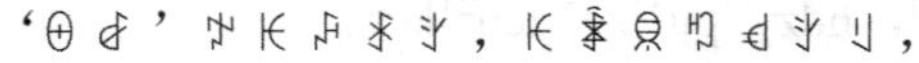

‘n̥u$^{55}$ni$^{21}$’ ŋa$^{33}$pi$^{33}$kɯ$^{55}$ʑi$^{21}$ko$^{33}$，pi$^{33}$tɯ$^{44}$si$^{33}$ʑi$^{33}$vu̠$^{33}$ko$^{33}$li$^{33}$，

我会做‘牛尼’仪式，毕摩请入家，

014. 

ni$^{21}$mu$^{33}$gɯ$^{33}$pi$^{33}$si$^{55}$，ʐɿ$^{33}$gu$^{44}$gɯ$^{33}$pi$^{33}$ndʑu̠$^{33}$，

ndzɿ$^{33}$du$^{33}$pi$^{33}$ma$^{21}$hi$^{55}$，

毕尽则杀毕，过了河则踢毕，不能去兹家做毕，

015. 

ndzɿ$^{33}$du$^{33}$pi$^{33}$ʑi$^{44}$nɯ$^{33}$，ndzɿ$^{33}$n̥ɔ$^{33}$pi$^{33}$dʐɿ$^{55}$la$^{33}$，

ndzɿ$^{33}$khɯ$^{33}$pi$^{44}$khɯ$^{33}$ɕe$^{33}$，

如果去兹家做毕，兹眼会来瞪毕，兹语会撞毕语，

016. 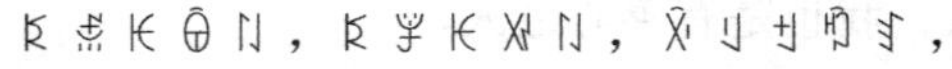

ndzɿ$^{33}$do$^{21}$pi$^{33}$zo$^{44}$la$^{33}$，ndzɿ$^{33}$lo$^{55}$pi$^{33}$ɕi$^{33}$la$^{33}$，

tshɿ$^{44}$li$^{33}$ŋɯ$^{33}$ʑi$^{44}$nɯ$^{33}$，

兹语会伤毕摩，兹手会杀毕摩，如果是这样，

017. 

pi$^{44}$o$^{33}$kha$^{55}$ko$^{33}$ndi$^{55}$a$^{21}$dʑi$^{33}$，pi$^{33}$dʑu$^{55}$kha$^{55}$ko$^{33}$dʐu̠$^{33}$a$^{21}$dʑi$^{33}$，

毕摩之首不知会挂何处，毕摩之腰不知会在哪里，

018. 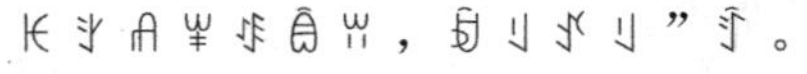

pi$^{33}$ko$^{33}$dzɿ̠$^{33}$ma$^{21}$mɔ$^{33}$dʐo$^{44}$dʐo$^{33}$，i$^{44}$li$^{33}$a$^{21}$li$^{33}$” di$^{44}$。

做毕不会平安，我不会去做毕。”

019. 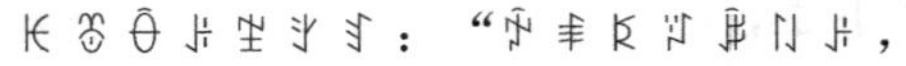

pi$^{33}$bo$^{21}$ma$^{44}$su$^{33}$di$^{21}$ko$^{33}$nɯ$^{33}$：“ŋa$^{44}$ȵi$^{33}$ndzɿ$^{33}$n̥o$^{21}$ɬo$^{44}$la$^{33}$su$^{33}$，

请毕之人回答：“我也是兹派来的，

020. 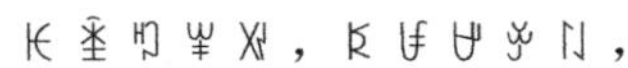

pi$^{33}$bo$^{44}$ʑi$^{33}$ma$^{21}$ɕi$^{33}$，ndzɿ$^{33}$pu̠$^{33}$ŋa$^{55}$tɕo$^{21}$la$^{33}$，

如果没有请回毕摩，兹也会来杀我的，

021. [illegible]，[illegible]。”

ŋa$^{55}$o$^{33}$kha$^{55}$ko$^{33}$dzu̠$^{33}$a$^{21}$dʑi$^{33}$，ŋa$^{55}$ko$^{33}$dzɿ̠$^{33}$ma$^{21}$mɔ$^{33}$dʑo$^{44}$dʑo$^{33}$。”

我的头不知会挂何处，我的性命也会难保。”

022. [illegible]：“[illegible]，[illegible]，

a$^{21}$su$^{33}$la$^{55}$dzi$^{33}$di$^{21}$ko$^{33}$nɯ$^{33}$：“nɯ$^{33}$hi$^{21}$ʂu$^{44}$la$^{33}$ko$^{33}$，

a$^{21}$dʐɿ$^{33}$dʑo$^{44}$a$^{21}$bo$^{21}$，

阿苏拉则回答：“你所说的话，非常真实，

023. [illegible]，[illegible]，

nɯ$^{44}$ȵi$^{33}$tsho$^{33}$ȵo$^{33}$tsho$^{44}$go$^{33}$zɯ$^{33}$，ŋa$^{44}$ȵi$^{33}$pi$^{33}$ȵo$^{33}$pi$^{44}$go$^{33}$zɯ$^{33}$，

你也是有善心之人，我也是有善心之人，

024. [illegible]，[illegible]”[illegible]。

he$^{33}$li$^{33}$tɕhɿ$^{55}$ma$^{21}$zo$^{21}$，a$^{21}$tɕe$^{33}$ŋa$^{33}$pi$^{33}$li$^{33}$di$^{21}$zo$^{44}$” di$^{44}$。

不用担心，我答应你去做毕。”

025. [illegible]，[illegible]，

a$^{21}$su$^{33}$la$^{55}$dzi$^{33}$tɯ$^{21}$，dʑi$^{44}$phu̠$^{33}$ʂu$^{55}$ŋgɯ$^{33}$tɕho$^{33}$，

阿苏拉则起身，随吉普署格，

026. [illegible]，[illegible]，

pi$^{33}$tɯ$^{44}$si$^{33}$ʑi$^{33}$ɕi$^{33}$，pi$^{33}$tɯ$^{21}$ʑi$^{33}$vu̠$^{33}$gu$^{21}$dʑu$^{44}$nɯ$^{33}$，

来到兹阿颇颇家，来到屋里之后，

027. [illegible]，[illegible]，

sɔ$^{33}$ȵi$^{21}$pi$^{33}$mu$^{33}$khɯ$^{55}$，sɔ$^{33}$ho$^{55}$pi$^{33}$mu$^{33}$thi$^{33}$，

三天毕到天黑，三夜毕到天亮，

028. [illegible]，[illegible]，

sɔ33ȵi21sɔ33ho55pi33ko33nɯ33，a33ho33vo55ɬu55la33，

三天三夜之后，放猪儿童来，

029. [illegible]：“[illegible]，

pi33tɕo44do21dʑi33thi33：“ŋo21tɕe55ndzɿ33mo21thu55，

向毕说了真话：“我们兹莫家，

030. [illegible]，[illegible]。

ni21mu33gɯ33pi33si55mo33di44，ʐɿ33gu44gɯ33pi33ndʐu̠33mo33di44。

毕尽了要杀毕，毕尽了要踢毕。

031. [illegible]。”

la55dzi33ʂɿ44si33lu21mo33di33。”

准备抢拉则史色。”

032. [illegible]，[illegible]，

a21su33la55dzi33ȵi33，gɯ33li55mo33a21li55，

阿苏拉则呢，心急如火燎，

033. [illegible]，[illegible]，

ȵi33gɯ33ȵi44mu33tɯ21，hi55gɯ33hi55mu33tɯ44，

坐着速起身，站着速速走，

034. [illegible]“[illegible]”[illegible]，[illegible]“[illegible]”[illegible]。

vɿ33a21“ɬu55mi55”ŋgo33，ʑi21a21“to33mi55”ŋgo33。

左手抓“鲁密”法具，右手拿“东密”法具。

035. [illegible]，[illegible]，[illegible]，

tshɿ21ɣa33gu21dʑu44nɯ33，sɿ21mɿ33ŋa33ga33pɿ21，

sɿ33mi55ndʑi33mi55ŋgo33，

这之后呢，背着经书，呼请天兵天将，

036. [illegible]，[illegible]；

sɔ³³ȵi²¹bu³³du̠³³hɯ²¹ta³³ku³³，bu³³du̠³³gɯ⁴⁴zɯ³³ku³³du̠³³la³³；

朝着东方喊三天，太阳升起来；

037. [illegible]，[illegible]；

sɔ³³ȵi²¹bu³³dʑi³³hɯ²¹ta³³ku³³，bu³³dʑi³³ȵo³³zɯ³³ku³³du̠³³la³³；

朝着西方喊三天，月亮升起来；

038. [illegible]，[illegible]；

sɔ³³ȵi²¹ʐɿ⁴⁴o³³hɯ²¹ta³³ku³³，ʐɿ⁴⁴o³³ɬi⁵⁵mi⁵⁵ku³³du̠³³la³³；

朝着北方喊三天，北方寒气袭过来；

039. [illegible]，[illegible]；

sɔ³³ȵi²¹ʐɿ⁴⁴m̥ɿ³³hɯ²¹ta³³ku³³，ʐɿ⁴⁴m̥ɿ³³phe³³mi⁵⁵ku³³du̠³³la³³；

朝着南方喊三天，南方星星跳出来；

040. [illegible]，

sɔ³³ȵi²¹vo²¹ndi²¹ɬu⁵⁵tɕhu³³hɯ²¹ta³³ku³³，

朝着贡嘎雪山喊三天，

041. [illegible]，[illegible]；

vo²¹ndi²¹ɬu⁵⁵tɕhu³³tɕo⁴⁴，ŋgo⁵⁵pu³³fu³³ti³³dzu̠³³su³³la³³；

在那贡嘎雪山中，独角雉鸡跳出来；

042. [illegible]，

sɔ³³ȵi²¹bu³³l̩²¹zu²¹no⁵⁵hɯ²¹ta³³ku³³，

朝着布尔如诺山喊三天，

043. [illegible]。

tshe³³mo²¹dʑe⁵⁵n̥i³³tshɿ³³ku³³ndi²¹du̠³³la³³。

喊出了红花母鹿。

044. [illegible]：“[illegible]，

a²¹su³³la⁵⁵dzi³³di²¹ko³³nɯ³³：“tshe³³mo²¹dʑe⁵⁵n̥i³³tshɿ⁴⁴tɕi³³li³³，

阿苏拉则说："这只红花母鹿，

045. [illegible]

tshʅ$^{33}$ŋgo$^{55}$tshʅ$^{33}$dzɯ$^{33}$to$^{44}$su$^{33}$nɯ$^{33}$，dzɿ̱$^{33}$la$^{33}$me$^{33}$la$^{33}$di$^{44}$，

若能逮住它，必能平安吉祥，

046. [illegible]

tshʅ$^{33}$ŋgo$^{55}$tshʅ$^{33}$dzɯ$^{33}$ma$^{21}$to$^{44}$nɯ$^{33}$，

若不能逮住它，

047. [illegible]

ma$^{21}$dzɿ̱$^{33}$ma$^{21}$me$^{33}$la$^{33}$su$^{33}$ŋɯ$^{33}$ʑi$^{21}$" di$^{44}$。

将会不吉不祥。"

048. [illegible]

tshʅ$^{33}$gɯ$^{33}$lo$^{44}$hi$^{33}$nɯ$^{33}$，ha$^{55}$a$^{21}$ndzʅ$^{33}$i$^{55}$ndzʅ$^{33}$mu$^{33}$tɯ$^{21}$，

这之后呢，上方兹莫起身来，

049. [illegible]

dʑu$^{55}$a$^{21}$lu̱$^{33}$dʑi$^{33}$i$^{55}$，lu̱$^{33}$dʑi$^{33}$lu̱$^{33}$mu$^{33}$tɯ$^{21}$，

中间住百姓，百姓起身来，

050. [illegible]

dʑʅ$^{21}$a$^{21}$dʑi$^{33}$phu̱$^{33}$i$^{55}$，dʑi$^{44}$phu̱$^{33}$dʑi$^{33}$mu$^{33}$tɯ$^{21}$，

下方住奴仆，奴仆起身来，

051. [illegible]

xo$^{55}$phu$^{33}$tshi$^{33}$ȵi$^{44}$ɕi$^{33}$su$^{33}$tɯ$^{21}$，tshe$^{33}$mo$^{21}$dʑe$^{55}$n̥i$^{33}$hɯ$^{21}$ta$^{33}$ŋgo$^{55}$。

各方人员都起身，一起来逮红花母鹿。

052. [illegible]

vo$^{33}$tsho$^{33}$kha$^{44}$dʑo$^{33}$su$^{44}$mu$^{33}$tɯ$^{21}$，

tshe$^{33}$mo$^{21}$dʑe$^{55}$n̥i$^{33}$ŋgo$^{55}$thɯ$^{33}$nɯ$^{33}$，

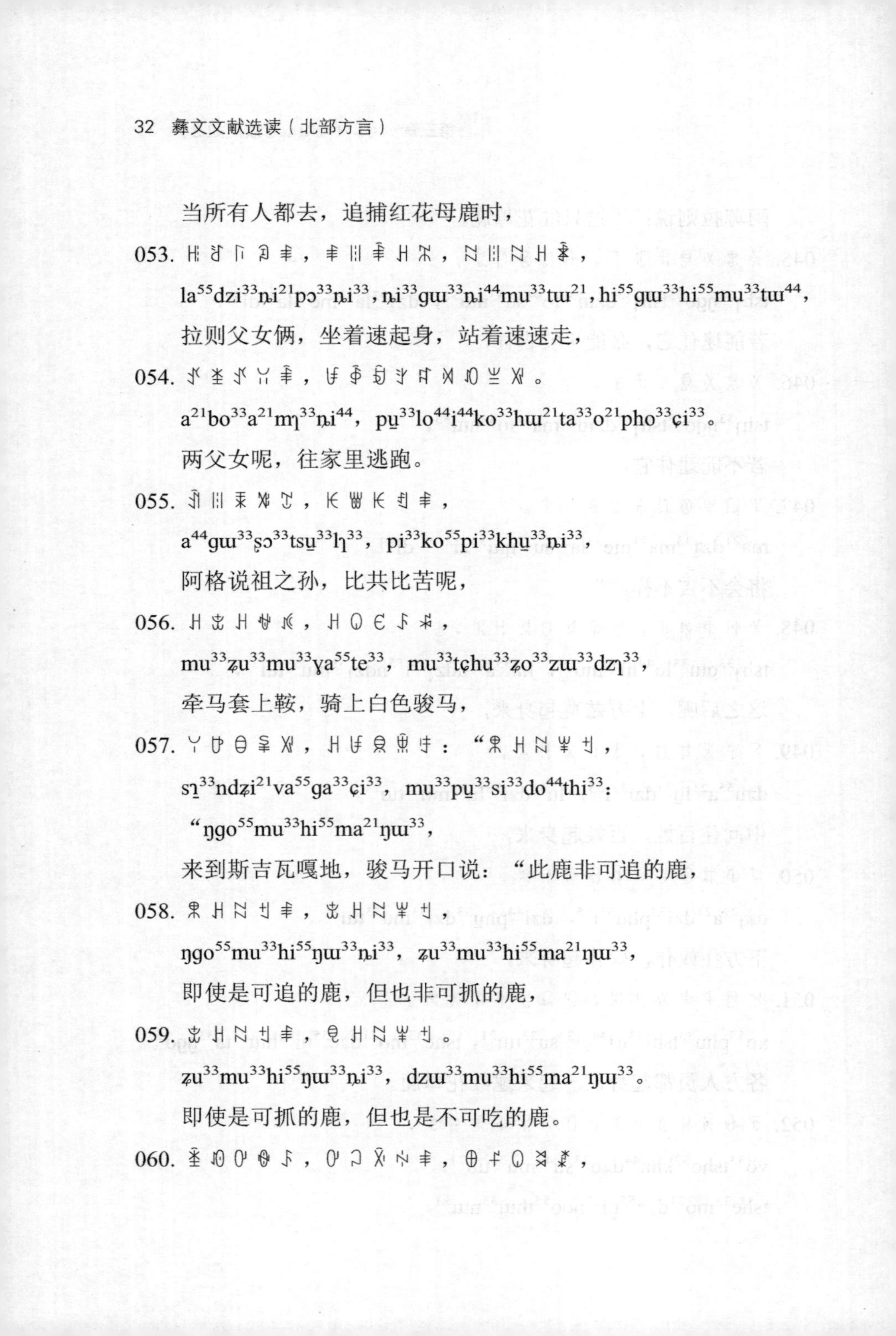

当所有人都去，追捕红花母鹿时，

053. [彝文]

la$^{55}$dzi$^{33}$ȵi$^{21}$pɔ$^{33}$ȵi$^{33}$，ȵi$^{33}$gɯ$^{33}$ȵi$^{44}$mu$^{33}$tɯ$^{21}$，hi$^{55}$gɯ$^{33}$hi$^{55}$mu$^{33}$tɯ$^{44}$，

拉则父女俩，坐着速起身，站着速速走，

054. [彝文]

a$^{21}$bo$^{33}$a$^{21}$mʅ$^{33}$ȵi$^{44}$，pu̠$^{33}$lo$^{44}$i$^{44}$ko$^{33}$hɯ$^{21}$ta$^{33}$o$^{21}$pho$^{33}$ɕi$^{33}$。

两父女呢，往家里逃跑。

055. [彝文]

a$^{44}$gɯ$^{33}$ʂɔ$^{33}$tsu̠$^{33}$lʅ$^{33}$，pi$^{33}$ko$^{55}$pi$^{33}$khu$^{33}$ȵi$^{33}$，

阿格说祖之孙，比共比苦呢，

056. [彝文]

mu$^{33}$ʑu$^{33}$mu$^{33}$ɣa$^{55}$te$^{33}$，mu$^{33}$tɕhu$^{33}$ʑo$^{33}$zɯ$^{33}$dzʅ$^{33}$，

牵马套上鞍，骑上白色骏马，

057. [彝文]

sɿ̠$^{33}$ndʑi$^{21}$va$^{55}$ga$^{33}$ɕi$^{33}$，mu$^{33}$pu̠$^{33}$si$^{33}$do$^{44}$thi$^{33}$：

“ŋgo$^{55}$mu$^{33}$hi$^{55}$ma$^{21}$ŋɯ$^{33}$，

来到斯吉瓦嘎地，骏马开口说：“此鹿非可追的鹿，

058. [彝文]

ŋgo$^{55}$mu$^{33}$hi$^{55}$ŋɯ$^{33}$ȵi$^{33}$，ʑu$^{33}$mu$^{33}$hi$^{55}$ma$^{21}$ŋɯ$^{33}$，

即使是可追的鹿，但也非可抓的鹿，

059. [彝文]

ʑu$^{33}$mu$^{33}$hi$^{55}$ŋɯ$^{33}$ȵi$^{33}$，dzɯ$^{33}$mu$^{33}$hi$^{55}$ma$^{21}$ŋɯ$^{33}$。

即使是可抓的鹿，但也是不可吃的鹿。

060. [彝文]

bo$^{44}$o$^{33}$tshe$^{33}$ndʑe$^{33}$zɯ$^{33}$，tshe$^{33}$mo$^{21}$tshɿ$^{44}$tɕi$^{33}$ȵi$^{33}$，

li$^{21}$thi$^{21}$tɕhu$^{33}$gu$^{33}$tsɿ$^{55}$，

高山之子，这只花鹿呢，脖颈九尺长，

061. [illegible]，[illegible]，

tshɿ$^{21}$tsɿ̱$^{33}$ȵi$^{21}$hi$^{55}$ȵi$^{33}$，tshɿ$^{21}$tsɿ̱$^{33}$ȵi$^{21}$ma$^{21}$hi$^{55}$，

即使能吞一节，也无法吞二节，

062. [illegible]，[illegible]。”

tshɿ$^{44}$li$^{33}$ʑu$^{33}$dzɯ$^{33}$ʂu$^{44}$kɯ$^{55}$ko$^{33}$，

ʑu$^{33}$la$^{33}$dzɯ$^{33}$si$^{33}$gu$^{33}$ʑɔ$^{33}$ɬɿ$^{21}$su$^{33}$ŋɯ$^{33}$。”

若要吞吃它，追吃者必会丧命。”

063. [illegible]，

pi$^{33}$ko$^{55}$pi$^{33}$khu̱$^{33}$ȵi$^{33}$，

比共比苦呢，

064. [illegible]，[illegible]。

mu$^{33}$pu̱$^{33}$bu̱$^{33}$dʑɿ$^{55}$la$^{33}$su$^{33}$li$^{33}$，a$^{21}$kɯ$^{55}$li$^{21}$si$^{33}$si$^{33}$su$^{33}$ŋɯ$^{33}$ʑi$^{21}$di$^{44}$。

听见马说话，此非吉祥之兆。

065. [illegible]，

pi$^{33}$khu̱$^{33}$m̥u$^{33}$ŋgo$^{33}$mu$^{44}$o$^{33}$tʂɿ$^{33}$，

比苦挥剑来砍马，

066. [illegible]，[illegible]，

mu$^{44}$o$^{33}$tshi$^{21}$tshi$^{21}$ge$^{33}$，mu$^{33}$mo$^{33}$li$^{21}$li$^{33}$mbo$^{33}$，

剑闪头落地，马身随地滚，

067. [illegible]，[illegible]，[illegible]。

pu̱$^{33}$la$^{33}$li$^{21}$ʑi$^{33}$ɕi$^{33}$，i$^{44}$ʑi$^{33}$pi$^{33}$ʂɿ̱$^{33}$ku$^{33}$，ndzi$^{33}$la$^{33}$ʑɿ$^{44}$ko$^{33}$nɯ$^{33}$。

惊魂未定回到家，忙唤弟弟比史来，商量拿办法。

068. [illegible]

tɕɿ$^{33}$zɿ$^{55}$la$^{33}$mu̠$^{33}$li$^{33}$，dʑu$^{55}$dzu̠$^{33}$phu$^{21}$ma$^{21}$ŋɯ$^{33}$，

mu$^{33}$ʂɯ$^{21}$bo$^{33}$mo$^{33}$di$^{44}$，

基惹拉木地方呢，非人之住地，准备寻他土，

069. [illegible]

ɣa$^{33}$ʂɯ$^{44}$bo$^{33}$mo$^{33}$di$^{44}$，phu$^{21}$la$^{33}$ȵo$^{33}$ʂɯ$^{44}$li$^{33}$，

准备寻他地，为了寻居住地，

070. [illegible]

ʂɯ$^{21}$lo$^{44}$ʂɯ$^{21}$lo$^{44}$mu$^{33}$，ʂɯ$^{21}$lo$^{44}$tɕe$^{33}$tʂɿ̠$^{33}$ʐɿ$^{44}$da$^{33}$ɕi$^{33}$。

寻了又寻，寻到峨边地区。

071. [illegible]

tɕe$^{33}$tʂɿ̠$^{33}$ʐɿ$^{44}$da$^{33}$ȵi$^{33}$，bu̠$^{33}$du̠$^{33}$a$^{44}$pha$^{33}$li$^{33}$，

峨边地区呢，往东方向呢，

072. [illegible]

bo$^{33}$ndzu$^{33}$bo$^{44}$kɯ$^{33}$dzu̠$^{33}$，o$^{33}$mu$^{33}$tʂha$^{21}$tʂha$^{21}$dzu̠$^{33}$。

山峰入云端，有俄木查查山。

073. [illegible]

bu$^{33}$dʑi$^{33}$a$^{44}$pha$^{33}$li$^{33}$，bo$^{33}$ndʐa$^{55}$bo$^{44}$ve$^{33}$dzu̠$^{33}$，

hɔ$^{33}$ʂɿ$^{55}$bo$^{44}$zɯ$^{33}$dzu̠$^{33}$，

往西方向呢，有青山绿水，有后史小山，

074. [illegible]

hɔ$^{33}$ʂɿ$^{55}$bo$^{44}$zɯ$^{33}$nɯ$^{33}$，ȵi$^{33}$la$^{33}$ʑo$^{33}$ho$^{33}$sa$^{33}$。

在后史小山呢，牛羊好放牧。

075. [illegible]

ʐɿ$^{44}$o$^{33}$sɔ$^{33}$lo$^{33}$li$^{33}$，bo$^{44}$ŋo$^{33}$bo$^{33}$ɕe$^{33}$dzu̠$^{33}$，ɬɯ$^{21}$tʂɿ$^{33}$ɔ$^{33}$pu$^{55}$dzu̠$^{33}$，

往北方向呢，有清秀之山，有伦支俄布山，

076. 

ɬɯ$^{21}$tʂʅ$^{33}$ɔ$^{33}$pu$^{55}$nɯ$^{33}$，tɕhʅ$^{44}$lɯ$^{33}$pe$^{33}$mu$^{33}$sa$^{33}$。

在伦支俄布山呢，獐麂跳得欢。

077. 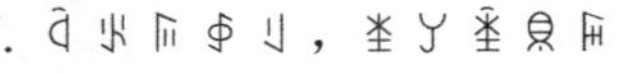

ʑʅ$^{44}$m̥ʅ$^{33}$sɔ$^{33}$lo$^{33}$li$^{33}$，bo$^{33}$sʅ$^{33}$bo$^{44}$si$^{33}$dzu̠$^{33}$，

往南方向呢，在神奇之山，

078. 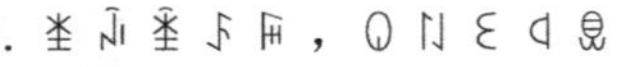

bo$^{33}$dʐʅ$^{44}$bo$^{44}$zɯ$^{33}$dzu̠$^{33}$，tɕhu$^{33}$la$^{33}$ʂʅ$^{33}$ʑʅ$^{33}$bi$^{55}$。

有高山小山，山间清泉流。

079. 

ha$^{55}$li$^{33}$bo$^{33}$dʑi$^{44}$te$^{44}$zʅ̠$^{33}$zʅ̠$^{33}$，zu$^{21}$ho$^{33}$nɔ$^{44}$phu$^{33}$phu$^{33}$，

往上重峦叠嶂，杉树黑森森，

080. 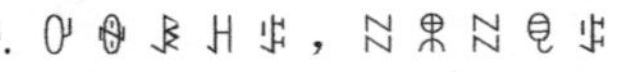

tshe$^{33}$ndʑe$^{33}$pʅ$^{33}$mu$^{33}$sa$^{33}$，hi$^{55}$ŋgo$^{55}$hi$^{55}$dzɯ$^{33}$sa$^{33}$。

鹿儿好欢跳，猎物好追捕。

081. 

dʑu$^{55}$li$^{33}$tsho$^{33}$dzu̠$^{33}$phu$^{21}$，dʑo$^{21}$dʑi$^{21}$dʑo$^{21}$tʂʅ̠$^{33}$tʂʅ̠$^{33}$，

ʑi$^{33}$dzu̠$^{33}$ʂʅ$^{44}$tɕɔ$^{33}$tɕɔ$^{33}$，

中间人居处，富庶坝子多，房舍连成片，

082. 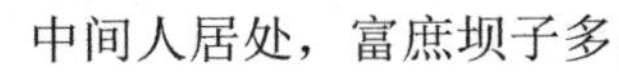

ɬu$^{55}$ʑi$^{33}$tɕhu$^{44}$zʅ̠$^{33}$zʅ̠$^{33}$，ɬu$^{55}$ka$^{33}$bo$^{21}$lo$^{33}$lo$^{33}$，

羊栏多又多，牧草绿茵茵，

083. 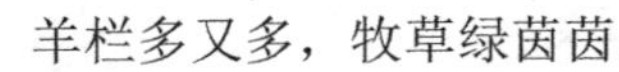

tsho$^{55}$o$^{33}$nɔ$^{33}$dɯ$^{21}$dɯ$^{44}$，tsho$^{55}$ɕʅ$^{33}$thu̠$^{33}$dzi$^{21}$dzi$^{21}$，

人群多又多，人儿数不尽，

084. [illegible]

zɯ$^{33}$gɯ$^{21}$dʑi$^{21}$ʑo$^{21}$dʐʅ̱$^{33}$，n̥i$^{33}$gɯ$^{44}$ɬi$^{55}$phu$^{21}$phu$^{33}$。

男子如蜂群多，女子玩得欢。

085. [illegible]

ka$^{33}$m̥i$^{44}$ka$^{33}$tso$^{55}$dɯ$^{33}$，tsho$^{33}$dzu̱$^{33}$phu$^{21}$mu$^{33}$sa$^{33}$。

此乃甘家传承地，此地乃好居处。

086. [illegible]

dʑʅ$^{21}$li$^{33}$ne$^{33}$ʑʅ$^{33}$vu$^{55}$lo$^{33}$lo$^{33}$，ȵi$^{21}$la$^{33}$si$^{44}$ʑʅ$^{33}$tɕhi$^{21}$，

屋前溪水清，不分昼夜流，

087. [illegible]

hɯ$^{21}$ʂʅ$^{33}$ɬi$^{55}$mu$^{33}$sa$^{33}$，hɯ$^{33}$si$^{33}$hɯ$^{33}$dzɯ$^{33}$sa$^{33}$。

水中鱼儿游得欢，在此可以钓鱼为生。

088. [illegible]

dʑu$^{55}$dzu̱$^{33}$phu$^{21}$ŋɯ$^{33}$vo$^{44}$，i$^{55}$phu$^{21}$thi$^{55}$phu$^{21}$vo$^{44}$，

此乃人之居处，我土在此处，

089. [illegible]

i$^{55}$ȵo$^{21}$thi$^{55}$ȵo$^{21}$vo$^{44}$，i$^{55}$tʂhɯ$^{33}$thi$^{55}$ti$^{21}$lo$^{44}$。

我地在此处，我将住此处。

090. [illegible]

pi$^{33}$ko$^{55}$pi$^{33}$ʂʅ̱$^{33}$go$^{33}$，tɕe$^{33}$tʂʅ̱$^{33}$ʑʅ$^{33}$da$^{33}$dzu̱$^{33}$，

比共比史分，住俄边地区，

091. [illegible]

pi$^{33}$ʂʅ̱$^{33}$mo$^{55}$ha$^{33}$thi$^{55}$ta$^{33}$ʑu̱$^{33}$，mo$^{55}$ha$^{33}$a$^{55}$ȵo$^{21}$thi$^{55}$ta$^{33}$ʑu̱$^{33}$。

比史莫哈在此生，莫哈阿妞在此生。

092. [illegible]，[illegible]，

tshɿ$^{21}$ɣa$^{33}$gu$^{21}$dʐu$^{44}$nɯ$^{33}$，pi$^{33}$ko$^{55}$zɯ$^{33}$sɔ$^{33}$ȵi$^{33}$，

这之后呢，比共三子呢，

093. [illegible]，[illegible]，

gu$^{33}$tshɿ$^{55}$ndɯ$^{21}$gu$^{21}$thi$^{55}$thu$^{33}$lo$^{44}$，gu$^{33}$tshɿ$^{55}$mu$^{21}$ko$^{21}$thi$^{55}$dzɿ$^{33}$lo$^{44}$，

九代德古在此续，九代骏马在此骑，

094. [illegible]，[illegible]，

phu$^{21}$pho$^{33}$ʑi$^{33}$dɯ$^{33}$thi$^{55}$ndzɿ$^{21}$lo$^{44}$，

ɣa$^{33}$tshɿ$^{55}$mu$^{33}$ku$^{33}$thi$^{55}$tshɿ$^{55}$lo$^{44}$，

祖先基业在此建，后代炊烟在此续，

095. [illegible]。

zɯ$^{33}$lɿ$^{33}$dzu̠$^{33}$phi$^{44}$thi$^{55}$dʐɯ$^{33}$lo$^{44}$。

子孙繁衍由此兴。

## 二、生词

1. [illegible] tɯ$^{21}$ 起；站起
2. [illegible] kɔ$^{33}$ 凶；厉害
3. [illegible] vɿ$^{33}$a$^{21}$ 左边
4. [illegible] ʑi$^{21}$a$^{21}$ 右边
5. [illegible] ʑi$^{33}$vu̠$^{33}$ 进家
6. [illegible] si$^{55}$ 杀
7. [illegible] ma$^{21}$hi$^{55}$ 不能
8. [illegible] hi$^{55}$ 行；可以；八
9. [illegible] ʑi$^{44}$nɯ$^{33}$ 如果
10. [illegible] khɯ$^{33}$ɕe$^{33}$ 顶
11. [illegible] ȵɔ$^{33}$ 眼睛
12. [illegible] dʐɿ$^{55}$ 瞪眼
13. [illegible] do$^{21}$ 话；语言
14. [illegible] o$^{33}$ 头
15. [illegible] ndi$^{55}$ 挂；戴；责怪
16. [illegible] dzu̠$^{33}$ 在
17. [illegible] a$^{21}$dʑi$^{33}$ 不知道
18. [illegible] ŋa$^{55}$ 我的
19. [illegible] hi$^{21}$ 说；言
20. [illegible] zɯ$^{33}$ 人

21. tɕhɿ$^{55}$ 担心

22. zo$^{21}$ 用；需要

23. a$^{21}$tɕe$^{33}$ 不用怕

24. tɕho$^{33}$ 跟

25. mu$^{33}$khɯ$^{55}$ 晚上

26. vo$^{55}$ɬu$^{55}$ 牧猪

27. do$^{21}$dʑi$^{33}$ 真话；真相

28. lu$^{21}$ 抢

29. gɯ$^{44}$zɯ$^{33}$ 太阳

30. ku$^{33}$ 叫

31. bu$^{33}$dʑi$^{33}$ 西边；敌人

32. ȵo$^{33}$zɯ$^{33}$ 月亮

33. ŋgo$^{55}$ 追

34. fu$^{33}$ti$^{33}$ 独角

35. dzɿ̠$^{33}$me$^{33}$ 平安

36. dzɯ$^{33}$ 吃

37. lo$^{44}$hi$^{33}$ 之后

38. ha$^{55}$ 上

39. lu̠$^{33}$ 民；百姓

40. dʐɿ$^{21}$ 下

## 三、练习及思考题

1. 熟读文章。

2. 掌握生词。

3. 查阅相关文献，谈谈您对阿苏拉则的认识。

# 第四章 [illegible]（阿依阿芝）

“[illegible]”，译为“阿依阿芝”，是流传于四川地区的一部彝族民间叙事诗。内容讲述了彝族姑娘阿依阿芝在婚姻中的凄惨故事，反映了彝族女性对传统婚姻制度的控诉。“阿依阿芝”以诗歌形式广泛应用于彝族婚俗中。2020 年，“阿依阿芝”被列入四川省第四批非物质文化遗产名录。本章节选自《妈妈的女儿》（2009）。

## 一、彝文、国际音标标注及汉译

001. [illegible]，[illegible]，

a⁴⁴ʑi³³a⁴⁴dzɿ̱³³ȵi³³，a³³ɬɯ⁴⁴ȵi⁴⁴du̱³³ȵi⁴⁴khɯ³³phu̱³³ko³³la³³ta³³su³³，

阿依阿芝哟，早先初春时节来，

002. [illegible]，

a²¹mɿ³³tʂhu̱⁴⁴du̱³³tʂhu̱⁴⁴khɯ³³phu̱³³la³³vɯ⁴⁴，

如今入秋了，

003. [illegible]；

a⁴⁴dzɿ̱³³ma²¹pu̱³³la³³ndʐɯ⁴⁴ta³³lo⁴⁴vɯ⁴⁴；

不准阿芝回家了；

004. [illegible]，

a$^{33}$ɬɯ$^{44}$dʑu$^{33}$tɕhi$^{21}$dʑu$^{33}$ni$^{33}$vu$^{55}$ko$^{33}$la$^{33}$ta$^{33}$su$^{33}$，

早先播麦发芽时节来，

005. [illegible]，

a$^{21}$mɿ$^{33}$dʑu$^{33}$ʑɿ$^{55}$dʑu$^{33}$ɣa$^{33}$ʂɿ$^{33}$la$^{33}$vɯ$^{44}$，

如今麦收秸黄了，

006. [illegible]；

a$^{44}$dʐɿ̠$^{33}$ma$^{21}$pu̠$^{33}$la$^{33}$ndʐɯ$^{44}$ta$^{33}$lo$^{44}$vɯ$^{44}$；

不准阿芝回家了；

007. [illegible]，

a$^{33}$ɬɯ$^{44}$ŋgɯ$^{33}$tɕhi$^{21}$ŋgɯ$^{33}$ni$^{33}$tɕhu$^{33}$ko$^{33}$la$^{33}$ta$^{33}$su$^{33}$，

早先种荞发芽时节来，

008. [illegible]，

a$^{21}$mɿ$^{33}$ŋgɯ$^{33}$ʑɿ$^{55}$ŋgɯ$^{33}$ɣa$^{33}$nɔ$^{33}$la$^{33}$vɯ$^{44}$，

如今荞收秸黄了，

009. [illegible]；

a$^{44}$dʐɿ̠$^{33}$ma$^{21}$pu̠$^{33}$la$^{33}$ndʐɯ$^{44}$ta$^{33}$lo$^{44}$vɯ$^{44}$；

不准阿芝回家了；

010. [illegible]，

a$^{33}$ɬɯ$^{44}$tʂhɯ$^{33}$tsɿ$^{33}$ʑɿ$^{21}$thi$^{33}$tɕhu$^{33}$ko$^{33}$la$^{33}$ta$^{33}$su$^{33}$，

早先插秧耙田时节来，

011. [illegible]，

a$^{21}$mɿ$^{33}$tʂhɯ$^{33}$ʑɿ$^{55}$tʂhɯ$^{33}$ɣa$^{33}$nɔ$^{33}$la$^{33}$vɯ$^{44}$，

如今稻收秸黄了，

012. [illegible]。

a$^{44}$dzɿ̱$^{33}$ma$^{21}$pu̱$^{33}$la$^{33}$ndzɯ̱$^{44}$ta$^{33}$lo$^{44}$vɯ$^{44}$。

不准阿芝回家了。

013. [illegible]，

a$^{44}$ʑi$^{33}$a$^{44}$dzɿ̱$^{33}$ȵi$^{33}$，

阿依阿芝哟，

014. [illegible]，[illegible]，

a$^{44}$dzɿ̱$^{33}$zu$^{21}$du̱$^{33}$zu$^{21}$ɣa$^{33}$ŋgu̱$^{33}$，ʂa$^{33}$du̱$^{33}$ʂa$^{33}$ɣa$^{33}$ŋgu̱$^{33}$，

收青稞拾青稞穗，收小麦拾小麦穗，

015. [illegible]，[illegible]，

ŋgɯ$^{33}$ʑɿ$^{55}$ŋgɯ$^{33}$ɣa$^{33}$ŋgu̱$^{33}$，dʑu$^{33}$ʑɿ$^{55}$dʑu$^{33}$ɣa$^{33}$ŋgu̱$^{33}$，

收苦荞拾苦荞穗，收燕麦拾燕麦穗，

016. [illegible]。

ŋgu̱$^{33}$si$^{44}$sɔ$^{33}$ʑi$^{33}$sɔ$^{33}$mɔ$^{33}$dʑi$^{21}$。

积攒三石又三斗。

017. [illegible]，[illegible]。

a$^{44}$dzɿ̱$^{33}$si$^{21}$la$^{33}$ndzɿ$^{33}$tɕɿ$^{33}$tɕo$^{55}$，ndzɿ$^{33}$tɕɿ$^{33}$ȵi$^{21}$lu$^{21}$sɔ$^{33}$tha$^{33}$du̱$^{33}$。

阿芝用来酿美酒，酿成二缸又三坛。

018. [illegible]，

a$^{44}$ʑi$^{33}$a$^{44}$dzɿ̱$^{33}$ȵi$^{33}$，

阿依阿芝哟，

019. [illegible]，[illegible]，

me$^{21}$le$^{33}$tshɿ$^{21}$tha$^{33}$du̱$^{33}$，si$^{21}$la$^{33}$i$^{55}$pho$^{33}$dʑi$^{44}$ʂo$^{33}$to$^{21}$，

酿出头坛酒，拿来敬长脸公公，

020. [illegible]？[illegible]？

no$^{21}$mo$^{21}$su$^{55}$du$^{33}$dʑi$^{21}$ndzo$^{44}$ndzo$^{33}$？

dʑi$^{21}$ndzo$^{44}$pu̱$^{33}$ndzo$^{44}$ndzo$^{33}$？

你家族姑娘嫁过人吗？嫁过回过吗？

021. [illegible]，[illegible]！

dʑi$^{21}$ndzo$^{44}$pu̱$^{33}$ndzo$^{44}$nɯ$^{33}$，a$^{44}$dʐʅ̱$^{33}$tshɔ$^{21}$lɔ$^{33}$pu̱$^{33}$da$^{33}$vɯ$^{44}$！

若是嫁过回过，阿芝该回一趟了！

022. [illegible]：“[illegible]！”

i$^{55}$pho$^{33}$dʑi$^{44}$ʂo$^{33}$ȵi$^{33}$：“dʑi$^{21}$ndzo$^{44}$pu̱$^{33}$ma$^{21}$ndzo$^{21}$di$^{44}$vɯ$^{44}$！”

长脸公公说：“嫁过没回过！”

023. [illegible]，[illegible]。

a$^{44}$dʐʅ̱$^{33}$he$^{33}$mo$^{21}$to$^{33}$di$^{44}$tshi$^{33}$，nɔ$^{33}$bʅ$^{33}$ɕʅ$^{33}$ɕʅ$^{33}$ka$^{33}$。

阿芝心碎了，泪珠唰唰掉。

024. [illegible]，[illegible]，

ɣa$^{44}$la$^{33}$tshʅ$^{21}$tha$^{33}$du̱$^{33}$，si$^{21}$la$^{33}$a$^{44}$bo$^{33}$ʑo$^{21}$lo$^{21}$to$^{21}$，

酿出第二坛酒，拿来敬横脸婆婆，

025. [illegible]？[illegible]？

no$^{21}$mo$^{21}$su$^{55}$du$^{33}$dʑi$^{21}$ndzo$^{44}$ndzo$^{33}$？

dʑi$^{21}$ndzo$^{44}$pu̱$^{33}$ndzo$^{44}$ndzo$^{33}$？

你家族姑娘嫁过人吗？嫁过回过吗？

026. [illegible]，[illegible]！

dʑi$^{21}$ndzo$^{44}$pu̱$^{33}$ndzo$^{44}$nɯ$^{33}$，a$^{44}$dʐʅ̱$^{33}$tshɔ$^{21}$lɔ$^{33}$pu̱$^{33}$mo$^{33}$lɔ$^{21}$！

若是嫁过回过，阿芝该回一趟了！

027. [illegible]：“[illegible]！”

a$^{44}$bo$^{33}$ʑo$^{21}$lo$^{21}$ȵi$^{33}$：“dʑi$^{21}$ndzo$^{44}$pu̱$^{33}$ma$^{21}$ndzo$^{21}$di$^{44}$vɯ$^{44}$！”

横脸婆婆说：“嫁过没回过！”

028. [illegible]

a$^{44}$dʐʅ̱$^{33}$he$^{33}$mo$^{21}$to$^{33}$di$^{44}$tshi$^{33}$，ȵɔ$^{33}$bʅ$^{33}$ɕʅ̱$^{33}$ɕʅ̱$^{33}$ka$^{33}$，

kɔ$^{33}$lɔ$^{33}$mu$^{55}$dʐʅ$^{21}$dʐʅ$^{21}$。

阿芝心碎了，泪珠唰唰掉，满腔怒火升。

029. [illegible]

ɣa$^{44}$la$^{33}$tshʅ$^{21}$tha$^{33}$du̱$^{33}$，si$^{21}$la$^{33}$a$^{33}$za$^{55}$ʂʅ$^{44}$ndzi$^{33}$to$^{21}$，

酿出第三坛酒，拿来敬凶脸姑子，

030. [illegible]

no$^{21}$mo$^{21}$su$^{55}$du$^{33}$dʑi$^{21}$ndzo$^{44}$ndzo$^{33}$？

dʑi$^{21}$ndzo$^{44}$pu̱$^{33}$ndzo$^{44}$ndzo$^{33}$？

你家族姑娘嫁过人吗？嫁过回过吗？

031. [illegible]

dʑi$^{21}$ndzo$^{44}$pu̱$^{33}$ndzo$^{44}$nɯ$^{33}$，a$^{44}$dʐʅ̱$^{33}$tshɔ$^{21}$lɔ$^{33}$pu̱$^{33}$mo$^{33}$lɔ$^{21}$！

若是嫁过回过，阿芝该回一趟了！

032. [illegible]

a$^{33}$za$^{55}$ʂʅ$^{44}$ndzi$^{33}$khɯ$^{33}$bo$^{33}$khɯ$^{33}$ma$^{21}$bo$^{33}$，

凶脸姑子支吾又支吾，

033. [illegible]

a$^{44}$dʐʅ̱$^{33}$he$^{33}$mo$^{21}$tɕhe$^{33}$tɕhe$^{33}$phu̱$^{33}$，ȵɔ$^{33}$bʅ$^{33}$sʅ$^{44}$tʂhʅ̱$^{33}$tʂhʅ̱$^{33}$。

阿芝心碎了，泣涕如涌泉。

034. [illegible]

a$^{44}$ʑi$^{33}$a$^{44}$dʐʅ̱$^{33}$ȵi$^{33}$，a$^{44}$dʐʅ̱$^{33}$pha$^{55}$ŋgu$^{33}$mo$^{21}$ŋgu$^{33}$li$^{21}$li$^{21}$mbo$^{33}$，

阿依阿芝哟，思父念母地打滚，

035. [illegible]

vʅ$^{55}$la$^{33}$ȵi$^{44}$ŋgu$^{33}$ho$^{21}$ho$^{21}$dʑe$^{33}$。

思兄念弟心如焚。

036. [illegible]

a$^{44}$dzɿ̱$^{33}$pho$^{44}$li$^{33}$pho$^{33}$ga$^{33}$bu$^{33}$，ma$^{21}$pho$^{33}$ma$^{21}$hi$^{55}$vɯ$^{44}$。

阿芝只有逃跑了，不逃不行了。

037. [illegible]！

vo$^{33}$dʑi$^{21}$nɔ$^{33}$phu$^{33}$phu$^{33}$ȵi$^{33}$pho$^{44}$ga$^{33}$bu$^{33}$！

大雪飘飘也得逃，

038. [illegible]，

ha$^{33}$dʑi$^{44}$nɔ$^{33}$ɕɿ̱$^{33}$ɕɿ̱$^{33}$ȵi$^{33}$pho$^{44}$ga$^{33}$bu$^{33}$，

暴雨瓢泼也得逃，

039. [illegible]，

ɬ̩$^{44}$ʂɿ$^{33}$mu$^{33}$vu$^{55}$dzu̱$^{44}$ȵi$^{33}$pho$^{44}$ga$^{33}$bu$^{33}$，

狂风连天也得逃，

040. [illegible]。

ʑɿ$^{44}$du̱$^{33}$nɔ$^{33}$khe$^{33}$khe$^{33}$ȵi$^{44}$pho$^{44}$ga$^{33}$bu$^{33}$。

洪水漫地也得逃。

041. [illegible]，[illegible]，

a$^{44}$ʑi$^{33}$a$^{44}$dzɿ̱$^{33}$ȵi$^{33}$，ʂɿ$^{21}$mu$^{33}$khɯ$^{55}$la$^{33}$vɯ$^{44}$，

阿依阿芝哟，天色将黑了，

042. [illegible]，[illegible]。

bu$^{33}$tɕo$^{33}$gɔ$^{55}$nɔ$^{33}$vu̱$^{33}$bo$^{33}$vɯ$^{44}$，ɬɯ$^{21}$tɕo$^{33}$bo$^{33}$dzɿ̱$^{33}$du̱$^{33}$la$^{33}$vɯ$^{44}$。

太阳落入山后了，月亮升到山头了。

043. [illegible]，[illegible]。

si$^{33}$tɕhɿ$^{44}$li$^{21}$thi$^{33}$thi$^{33}$，a$^{44}$dzɿ̱$^{33}$pho$^{33}$su$^{33}$pho$^{33}$da$^{33}$vɯ$^{44}$。

夜深人静了，阿芝逃跑时机到来了。

044. [illegible]，[illegible]。

a$^{44}$dzʅ̱$^{33}$ʂʅ$^{44}$phʅ̱$^{33}$kɯ$^{21}$tɯ$^{21}$ndo$^{21}$，mbo$^{33}$tʂha$^{33}$pu̱$^{33}$lʅ$^{21}$lʅ$^{21}$。

阿芝叠毡穿身上，卷裙紧缠腰。

045. [illegible]，

a$^{44}$dzʅ̱$^{33}$pho$^{33}$lo$^{44}$la$^{33}$lo$^{44}$mu$^{33}$，

阿芝逃离婆家了，

046. [illegible]，[illegible]，

tɕe$^{33}$tɕɔ$^{33}$sɔ$^{33}$ma$^{33}$ŋga$^{33}$，lu̱$^{33}$mbo$^{33}$sɔ$^{33}$ma$^{33}$dzi$^{33}$，

逃过三面坡，遇到三个滚石，

047. [illegible]，[illegible]，

a$^{44}$dzʅ̱$^{33}$lu̱$^{33}$ndu$^{21}$a$^{21}$lo$^{21}$sʅ$^{33}$，ko$^{33}$lo$^{33}$ho$^{33}$du$^{33}$du$^{33}$，

阿芝险些被砸死，吓得心颤颤，

048. [illegible]；

a$^{44}$dzʅ̱$^{33}$thi$^{55}$ta$^{33}$a$^{21}$lo$^{21}$pu̱$^{33}$；

阿芝差点回转了；

049. [illegible]，[illegible]，

le$^{44}$tɕe$^{33}$sɔ$^{33}$ma$^{33}$ŋga$^{33}$，ɬʅ$^{44}$ʂʅ$^{33}$sɔ$^{33}$thu$^{33}$dzi$^{33}$，

逃过三垭口，遇到三场狂风，

050. [illegible]，[illegible]，

ʂʅ$^{21}$tɕhi$^{33}$sɔ$^{33}$te$^{33}$ge$^{33}$，di$^{33}$si$^{33}$tsʅ$^{33}$lʅ$^{33}$lʅ$^{33}$，

毡子破三层，吓得心恍恍，

051. [illegible]；

a$^{44}$dzʅ̱$^{33}$thi$^{55}$ta$^{33}$a$^{21}$lo$^{21}$pu̱$^{33}$；

阿芝差点回转了；

052. [illegible]，[illegible]，

la$^{33}$da$^{33}$sɔ$^{33}$tɕi$^{33}$ŋga$^{33}$，ʑɿ$^{21}$ɬɿ$^{55}$sɔ$^{33}$ma$^{33}$dzi$^{33}$，

逃过三条沟，遇到三阵波涛，

053. [彝文]，[彝文]，

a$^{44}$dzɿ̠$^{33}$ʑɿ$^{33}$si$^{21}$a$^{21}$lo$^{21}$bo$^{33}$，lɿ$^{33}$si$^{33}$tɕhɿ$^{33}$bɿ$^{33}$bɿ$^{33}$，

阿芝险些被卷走，四肢抖颤颤，

054. [彝文]。

a$^{44}$dzɿ̠$^{33}$thi$^{55}$ta$^{33}$a$^{21}$lo$^{21}$pu̠$^{33}$。

阿芝差点回转了。

055. [彝文]，

a$^{44}$ʑi$^{33}$a$^{44}$dzɿ̠$^{33}$ȵi$^{33}$，

阿依阿芝哟，

056. [彝文]，[彝文]。

ʂɿ$^{21}$mu$^{33}$thi$^{33}$la$^{33}$vɯ$^{44}$，thi$^{33}$dʑi$^{21}$tɕhu$^{33}$la$^{33}$vɯ$^{44}$。

天色将亮了，天色已亮了。

057. [彝文]，

a$^{44}$dzɿ̠$^{33}$la$^{33}$lo$^{44}$la$^{33}$lo$^{44}$mu$^{33}$，

阿芝逃啊逃，

058. [彝文]，

ndi$^{21}$tɕhu$^{33}$gu$^{33}$ɣa$^{33}$ŋga$^{33}$，

逃过了草原，

059. [彝文]；

ndi$^{21}$tɕhu$^{33}$mu$^{33}$thi$^{33}$tɕu$^{55}$zɯ$^{33}$ndza$^{33}$tɯ$^{44}$tɕhi$^{21}$kɯ$^{33}$vɯ$^{44}$；

草原早晨云雀起飞叫得欢；

060. [彝文]，

zu$^{21}$no$^{55}$gu$^{33}$ɣa$^{33}$ŋga$^{33}$，

逃过了林海，

061. ；

zu$^{21}$ho$^{33}$mu$^{33}$thi$^{33}$tɕhɿ$^{44}$lɯ$^{33}$pe$^{33}$ŋga$^{33}$tɕhi$^{21}$kɯ$^{33}$vɯ$^{44}$；

林中早晨獐麂起身跳得欢；

062. ，

va$^{55}$n̥i$^{33}$gu$^{33}$ɣa$^{33}$ŋga$^{33}$，

逃过了山岩，

063. ；

va$^{55}$n̥i$^{33}$mu$^{33}$thi$^{33}$dʑi$^{21}$ʑo$^{33}$lɿ$^{33}$ŋga$^{33}$tɕhi$^{21}$kɯ$^{33}$vɯ$^{44}$；

山岩早晨蜜蜂飞舞喝得欢；

064. ，

nda$^{33}$ɕɿ$^{33}$gu$^{33}$ɣa$^{33}$ŋga$^{33}$，

逃过了蕨丛，

065. 。

nda$^{33}$ɕɿ$^{33}$mu$^{33}$thi$^{33}$ʂu$^{21}$pu$^{33}$tso$^{33}$tɯ$^{44}$tɕhi$^{21}$kɯ$^{33}$vɯ$^{44}$。

蕨丛雉鸡跳跃唱得欢。

066. ，。

a$^{44}$ʑi$^{33}$a$^{44}$dʐɿ$^{33}$n̥i$^{33}$，a$^{44}$dʐɿ$^{33}$pho$^{33}$su$^{33}$pho$^{33}$la$^{33}$vɯ$^{44}$。

阿依阿芝哟，逃是逃脱了。

067. ，

a$^{44}$dʐɿ$^{33}$la$^{33}$lo$^{44}$la$^{33}$lo$^{44}$mu$^{33}$，

阿芝逃啊逃，

068. ，

la$^{33}$lo$^{44}$lo$^{44}$tɕɔ$^{33}$sɔ$^{33}$ma$^{33}$ŋga$^{33}$ko$^{33}$nɯ$^{33}$，

逃到深山野林三处时，

069. [illegible]，[illegible]。

ga$^{33}$dʑʅ$^{33}$tu̠$^{33}$lu̠$^{33}$tsɿ̠$^{33}$，ga$^{33}$ha$^{33}$pha$^{33}$lɔ$^{33}$tʂhɔ$^{33}$。

路下方有响声，路上方有动静。

070. [illegible]，[illegible]，

a$^{44}$ʑi$^{33}$a$^{44}$dʐʅ̠$^{33}$ȵi$^{33}$，me$^{21}$le$^{33}$dzʅ$^{33}$la$^{33}$tɕe$^{33}$su$^{33}$ŋɯ$^{33}$ʂu$^{33}$kha$^{44}$，

阿依阿芝哟，以为是前方来接的，

071. [illegible]；

m̥a$^{21}$tsɿ$^{55}$mu̠$^{44}$zɯ$^{33}$ŋɯ$^{33}$ʂu$^{33}$kha$^{44}$；

以为是哥哥木惹来接了；

072. [illegible]，

ɣa$^{44}$la$^{33}$ŋgo$^{55}$la$^{33}$ʂɯ$^{21}$su$^{33}$ŋɯ$^{33}$ʂu$^{33}$kha$^{44}$，

以为是后面来追的，

073. [illegible]。

bu$^{33}$la$^{33}$m̥u$^{44}$zɯ$^{33}$ŋɯ$^{33}$ʂu$^{33}$kha$^{44}$。

以为是婆家丈夫来追了。

074. [illegible]，

a$^{44}$dʐʅ̠$^{33}$ʑu$^{33}$la$^{33}$dzɯ$^{33}$su$^{33}$ŋɯ$^{33}$dɯ$^{21}$lo$^{44}$，

原来是来抓吃阿芝的，

075. [illegible]。

la$^{55}$mo$^{21}$la$^{55}$zɯ$^{33}$sɔ$^{33}$mo$^{44}$ŋɯ$^{33}$dɯ$^{21}$lo$^{44}$。

大小老虎三只蹿出来。

076. [illegible]，

a$^{44}$ʑi$^{33}$a$^{44}$dʐʅ̠$^{33}$ɕi$^{21}$tʂa$^{33}$ȵi$^{33}$，

可怜的阿芝呀，

077. [illegible]，[illegible]，

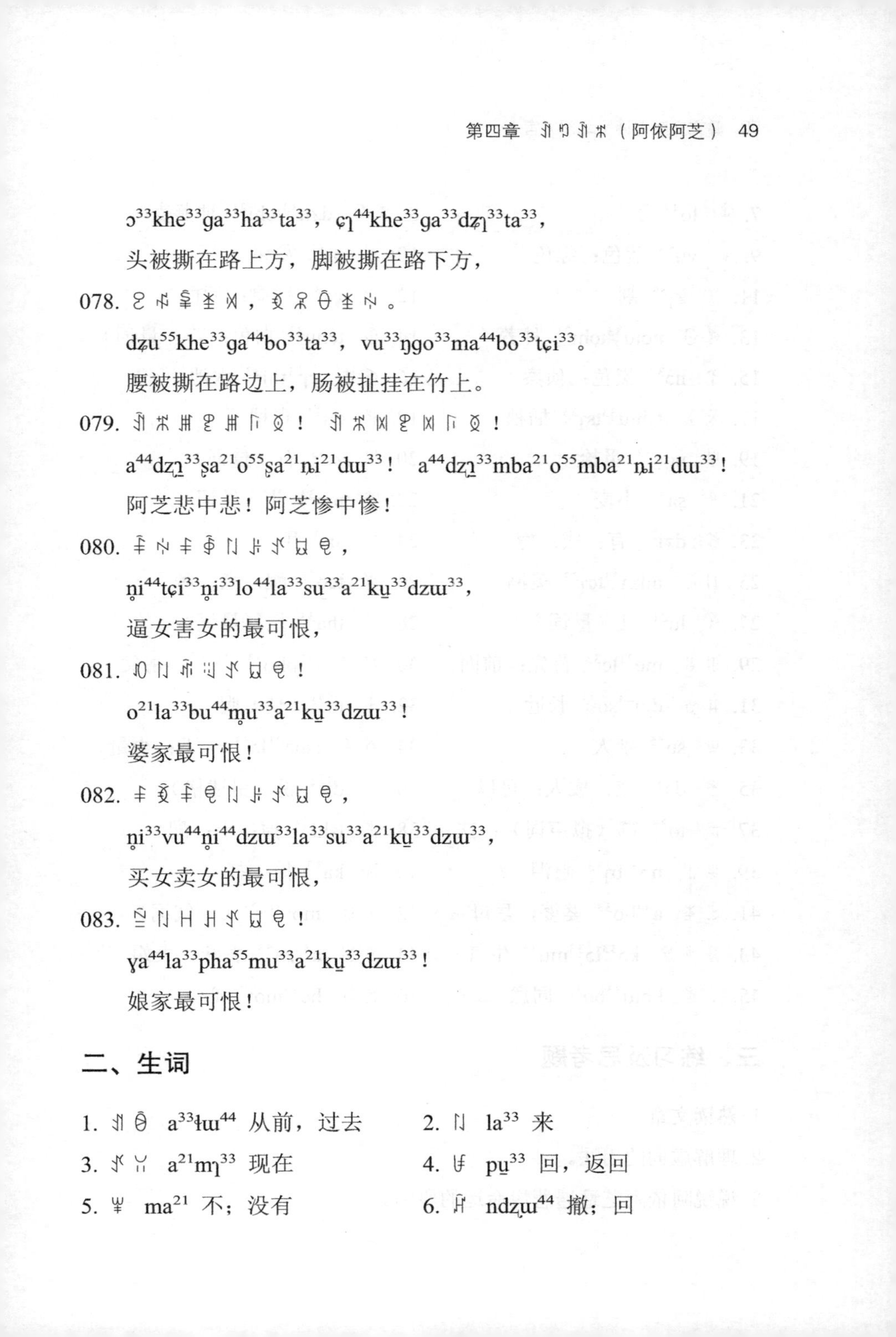

ɔ³³khe³³ga³³ha³³ta³³，ɕɿ⁴⁴khe³³ga³³dʑɿ³³ta³³，

头被撕在路上方，脚被撕在路下方，

078. [illegible]，[illegible]。

dʐu⁵⁵khe³³ga⁴⁴bo³³ta³³，vu³³ŋgo³³ma⁴⁴bo³³tɕi³³。

腰被撕在路边上，肠被扯挂在竹上。

079. [illegible]！[illegible]！

a⁴⁴dʐɿ̠³³ʂa²¹o⁵⁵ʂa²¹ȵi²¹dɯ³³！ a⁴⁴dʐɿ̠³³mba²¹o⁵⁵mba²¹ȵi²¹dɯ³³！

阿芝悲中悲！阿芝惨中惨！

080. [illegible]，

n̥i⁴⁴tɕi³³n̥i³³lo⁴⁴la³³su³³a²¹ku̠³³dzɯ³³，

逼女害女的最可恨，

081. [illegible]！

o²¹la³³bu⁴⁴m̥u³³a²¹ku̠³³dzɯ³³！

婆家最可恨！

082. [illegible]，

n̥i³³vu⁴⁴n̥i⁴⁴dzɯ³³la³³su³³a²¹ku̠³³dzɯ³³，

买女卖女的最可恨，

083. [illegible]！

ɣa⁴⁴la³³pha⁵⁵mu³³a²¹ku̠³³dzɯ³³！

娘家最可恨！

## 二、生词

1. [illegible] a³³ɬɯ⁴⁴ 从前，过去
2. [illegible] la³³ 来
3. [illegible] a²¹mɿ³³ 现在
4. [illegible] pu̠³³ 回，返回
5. [illegible] ma²¹ 不；没有
6. [illegible] ndʐɯ̠⁴⁴ 撤；回

7. lo$^{44}$ 了
8. dʑu$^{33}$tɕhi$^{21}$ 种燕麦
9. vu$^{55}$ 蓝色；绿色
10. ni$^{33}$ 发芽
11. ʐʅ$^{55}$ 割
12. ɣa$^{33}$ 残剩；后面
13. ŋgɯ$^{33}$tɕhi$^{21}$ 种荞
14. tɕhu$^{33}$ 白色；阵（量词）
15. nɔ$^{33}$ 黑色；侦察
16. ʐʅ$^{21}$thi$^{33}$ 水池
17. tʂhɯ$^{33}$tsʅ$^{33}$ 插秧
18. zu$^{21}$ 青稞
19. ŋgu$^{33}$ 觅拾
20. zi$^{33}$ 石（量词）
21. ʂa$^{33}$ 小麦
22. mɔ$^{33}$ 斗（量词）
23. dʑi$^{21}$ 有；成；嫁
24. si$^{21}$ 用
25. ndʐʅ$^{33}$tɕʅ$^{33}$ 美酒
26. tɕo$^{55}$ 酿；煮；鹰
27. lu$^{21}$ 缸（量词）
28. tha$^{33}$ 坛（量词）
29. me$^{21}$le$^{33}$ 首先；前面
30. i$^{55}$pho$^{33}$ 公公，岳父
31. dʑi$^{44}$ʂo$^{33}$ 长脸
32. to$^{21}$（使）喝
33. su$^{55}$ 别人
34. tshɔ$^{21}$lɔ$^{33}$ 一下；少量
35. da$^{33}$ 该；成人；可以
36. di$^{44}$ 说（引述格）
37. to$^{33}$ 嘟（拟声词）；扶
38. tshi$^{33}$ 掉；十；配
39. ɳɔ$^{33}$bʅ$^{33}$ 眼泪
40. ka$^{33}$ 掉；打
41. a$^{44}$bo$^{33}$ 婆婆，岳母
42. mo$^{33}$lɔ$^{21}$（语气词）
43. kɔ$^{33}$lɔ$^{33}$mu$^{55}$ 生气
44. a$^{33}$za$^{55}$ 表妹；表姐
45. khɯ$^{33}$bo$^{33}$ 同意
46. he$^{33}$mo$^{21}$ 心

## 三、练习及思考题

1. 熟读文章。
2. 理解虚词的用法。
3. 说说阿依阿芝遭遇悲惨命运的原因。

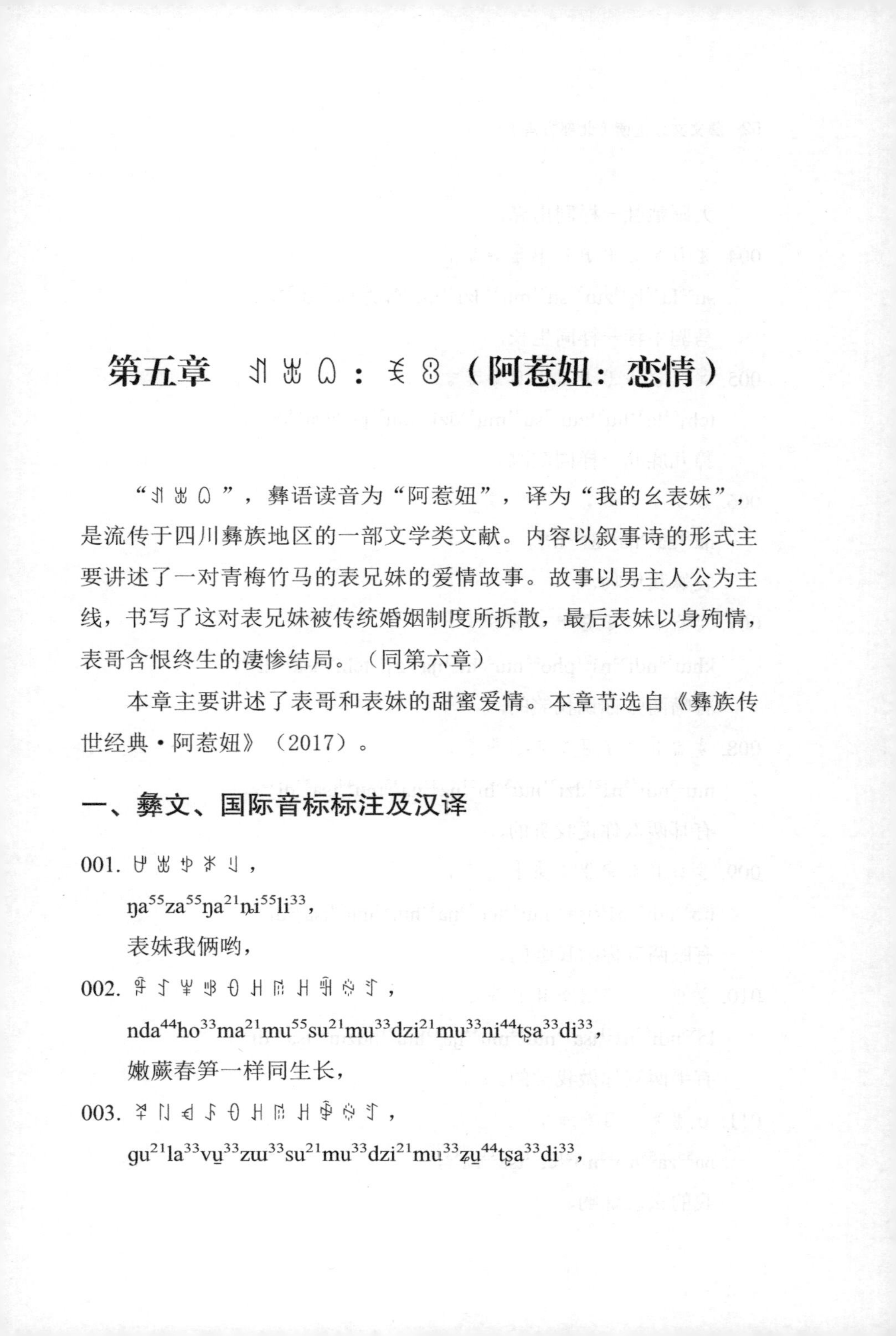

# 第五章　[illegible]：[illegible]（阿惹妞：恋情）

“[illegible]”，彝语读音为“阿惹妞”，译为“我的幺表妹”，是流传于四川彝族地区的一部文学类文献。内容以叙事诗的形式主要讲述了一对青梅竹马的表兄妹的爱情故事。故事以男主人公为主线，书写了这对表兄妹被传统婚姻制度所拆散，最后表妹以身殉情，表哥含恨终生的凄惨结局。（同第六章）

本章主要讲述了表哥和表妹的甜蜜爱情。本章节选自《彝族传世经典·阿惹妞》（2017）。

## 一、彝文、国际音标标注及汉译

001. [illegible]，

$ŋa^{55}za^{55}ŋa^{21}ȵi^{55}li^{33}$，

表妹我俩哟，

002. [illegible]，

$nda^{44}ho^{33}ma^{21}mu^{55}su^{21}mu^{33}dzi^{21}mu^{33}ni^{44}tʂa^{33}di^{33}$，

嫩蕨春笋一样同生长，

003. [illegible]，

$gu^{21}la^{33}vu̠^{33}zɯ^{33}su^{21}mu^{33}dzi^{21}mu^{33}ʐu̠^{44}tʂa^{33}di^{33}$，

大雁戴胜一样同出壳，

004. [illegible]，

ʂu̩⁵⁵la³³ɬɿ³³zɯ³³su²¹mu³³dzi²¹mu³³ve⁴⁴tʂa³³di³³，

马驹牛犊一样同生长，

005. [illegible]。

tɕhɿ⁴⁴la³³lɯ²¹zɯ³³su²¹mu³³dzi²¹mu³³pe⁴⁴tʂa³³di³³。

獐儿鹿儿一样同欢跳。

006. [illegible]，

ŋa⁵⁵za⁵⁵ŋa²¹ȵi⁵⁵li³³，

表妹我俩哟，

007. [illegible]，

khɯ³³ndi⁵⁵ȵi²¹pho⁵⁵nɯ³³hi²¹ŋa³³ʑɿ³³tɕhi⁴⁴tʂa³³di³³，

有嘴两张你说我笑的，

008. [illegible]，

n̥ɯ³³ndi⁵⁵ȵi²¹dzi²¹nɯ³³hi²¹ŋa³³n̥a³³mu⁴⁴tʂa³³di³³，

有耳两双你说我听的，

009. [illegible]，

ȵɔ³³ndi⁵⁵ȵi²¹tʂa³³nɯ⁴⁴tɕo³³ŋa³³hɯ⁴⁴mu⁴⁴tʂa³³di³³，

有眼两双你瞅我瞧的，

010. [illegible]。

lo⁵⁵ndi⁵⁵ȵi²¹tʂa³³nɯ³³mu³³ŋa³³hɯ²¹ndzɯ⁴⁴tʂa³³di³³。

有手两双你做我尝的。

011. [illegible]，

ŋa⁵⁵za⁵⁵ȵo⁵⁵ȵo²¹ɕi²¹tʂa³³ȵi³³，

我的幺表妹哟，

012. [Yi script]，

sɿ$^{21}$ŋgɯ$^{21}$pho$^{21}$ŋgɯ$^{21}$ʑi$^{33}$gu$^{44}$ʑi$^{33}$ɣa$^{33}$ɲi$^{44}$thɯ$^{33}$ko$^{33}$，

谈情说爱房前屋后坐，

013. [Yi script]，

ʂɿ$^{33}$vu$^{55}$ʂɿ$^{33}$nɔ$^{33}$nɯ$^{33}$tʂɯ$^{21}$ŋa$^{33}$ka$^{55}$mu$^{44}$ɲi$^{33}$sa$^{33}$，

蓝毡黑毡你为我披上也幸福，

014. [Yi script]；

ŋa$^{33}$tʂɯ$^{21}$nɯ$^{33}$ka$^{55}$mu$^{44}$ɲi$^{33}$ga$^{33}$ga$^{33}$sa$^{33}$lo$^{44}$vɯ$^{44}$；

我为你披上也幸福；

015. [Yi script]，

sɔ$^{33}$la$^{33}$kho$^{33}$do$^{21}$nɯ$^{33}$hi$^{21}$ŋa$^{44}$kɯ$^{33}$mu$^{44}$ɲi$^{33}$sa$^{33}$，

悄悄话儿你说我听美滋滋，

016. [Yi script]；

ŋa$^{33}$hi$^{21}$nɯ$^{44}$kɯ$^{33}$mu$^{44}$ɲi$^{33}$ga$^{33}$ga$^{33}$sa$^{33}$lo$^{44}$vɯ$^{44}$；

我说你听也美滋滋；

017. [Yi script]，

ŋgu$^{33}$la$^{33}$ɕi$^{33}$dʑu$^{21}$nɯ$^{44}$tɕo$^{33}$ŋa$^{33}$hɯ$^{44}$mu$^{44}$ɲi$^{33}$sa$^{33}$，

爱的目光你瞧我也美滋滋，

018. [Yi script]。

ŋa$^{33}$tɕo$^{33}$nɯ$^{33}$hɯ$^{44}$mu$^{44}$ɲi$^{33}$ga$^{33}$ga$^{33}$sa$^{33}$lo$^{44}$vɯ$^{44}$。

我瞧你也美滋滋。

019. [Yi script]，

ŋa$^{55}$za$^{55}$ŋa$^{21}$ɲi$^{55}$li$^{33}$，

表妹我俩哟，

020. [Yi script]，

he$^{33}$mu̠$^{33}$ɳɔ$^{33}$sa$^{33}$ŋga$^{21}$vu$^{55}$ŋga$^{21}$dʐʅ̠$^{33}$ȵi$^{44}$thɯ$^{33}$ko$^{33}$，

心花怒放房前屋后坐，

021. [Yi script]，

xo$^{21}$xo$^{55}$va$^{33}$dzi$^{21}$nɯ$^{33}$m̥o$^{21}$ŋa$^{44}$kɯ$^{33}$mu$^{44}$ȵi$^{33}$sa$^{33}$，

双簧口弦你弹我听也幸福，

022. [Yi script]，

ŋa$^{33}$m̥o$^{21}$nɯ$^{44}$kɯ$^{33}$mu$^{44}$ȵi$^{33}$ga$^{33}$ga$^{33}$sa$^{33}$，

我弹你听也幸福，

023. [Yi script]，[Yi script]；

a$^{33}$za$^{55}$bu$^{33}$a$^{21}$dʑʅ$^{55}$，xo$^{21}$xo$^{55}$za$^{55}$do$^{21}$thi$^{44}$ȵi$^{33}$ga$^{33}$ga$^{33}$sa$^{33}$lo$^{44}$vɯ$^{44}$；

表妹虽然不开口，表妹心声口弦里飞扬；

024. [Yi script]，

bu$^{33}$ɕi$^{33}$pha$^{44}$mbe$^{33}$ŋa$^{33}$m̥o$^{21}$nɯ$^{44}$kɯ$^{33}$mu$^{44}$ȵi$^{33}$sa$^{33}$，

丝弦月琴我弹你听也幸福，

025. [Yi script]，

nɯ$^{33}$m̥o$^{21}$ŋa$^{44}$kɯ$^{33}$mu$^{44}$ȵi$^{33}$ga$^{33}$ga$^{33}$sa$^{33}$lo$^{44}$vɯ$^{44}$，

你弹我听也幸福，

026. [Yi script]，[Yi script]。

ɬi$^{55}$ȵo$^{21}$bu$^{33}$a$^{21}$dʑʅ$^{55}$，

pha$^{44}$mbe$^{33}$bu$^{33}$dʑʅ$^{55}$la$^{44}$ȵi$^{33}$ga$^{33}$ga$^{33}$sa$^{33}$lo$^{44}$vɯ$^{44}$。

表哥虽然不开口，月琴说话也甜蜜。

027. [Yi script]，

ŋa$^{55}$za$^{55}$ŋa$^{21}$ȵi$^{55}$li$^{33}$，

表妹我俩哟，

028. [Yi script]，

sɿ̠$^{33}$ʐɯ$^{21}$ʑɿ$^{33}$khi$^{55}$sɿ̠$^{33}$ɕɿ$^{33}$gu$^{33}$ɣa$^{33}$tɕo$^{44}$thɯ$^{33}$ko$^{33}$，

找柴背水林中转，

029. 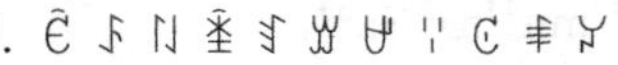，

ʑo$^{44}$zɯ$^{33}$la$^{33}$bo$^{44}$nɯ$^{33}$ɕe$^{33}$ŋa$^{55}$khɯ$^{33}$tsi$^{21}$ȵi$^{33}$tɕhɿ$^{33}$，

杏子你摘来喂我也香甜，

030. 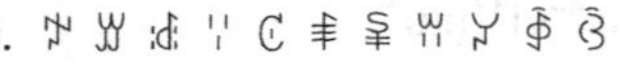；

ŋa$^{33}$ɕe$^{33}$ni$^{55}$khɯ$^{33}$tsi$^{21}$ȵi$^{33}$ga$^{33}$ga$^{33}$tɕhɿ$^{33}$lo$^{44}$vɯ$^{44}$；

我摘来喂你也香甜；

031. 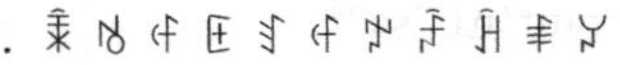，

ʂɔ$^{44}$m̥a$^{33}$tɕɿ$^{55}$tɕɿ$^{21}$nɯ$^{33}$tɕɿ$^{55}$ŋa$^{33}$to$^{44}$mu$^{44}$ȵi$^{33}$tɕhɿ$^{33}$，

索玛花蕊你吸来喂我也甜，

032. 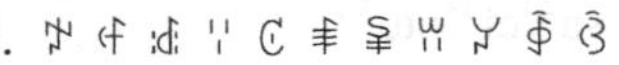；

ŋa$^{33}$tɕɿ$^{55}$ni$^{55}$khɯ$^{33}$tsi$^{21}$ȵi$^{33}$ga$^{33}$ga$^{33}$tɕhɿ$^{33}$lo$^{44}$vɯ$^{44}$；

我吸来喂你也美；

033. ，

vo$^{55}$pa$^{33}$sɿ$^{21}$ndʑu$^{33}$ŋa$^{33}$ŋgo$^{55}$nɯ$^{33}$to$^{44}$la$^{33}$su$^{33}$mbo$^{21}$，

荔枝我摘来喂你也甜，

034. 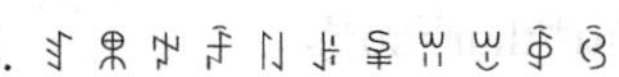。

nɯ$^{33}$ŋgo$^{55}$ŋa$^{33}$to$^{44}$la$^{33}$su$^{33}$ga$^{33}$ga$^{33}$mbo$^{21}$lo$^{44}$vɯ$^{44}$。

你摘来喂我也美。

035. ，

ŋa$^{55}$za$^{55}$ŋa$^{21}$ȵi$^{55}$li$^{33}$，

表妹我俩哟，

036. ，

bu$^{33}$ɬu$^{55}$bu$^{33}$gɯ$^{21}$ndi$^{21}$tɕhu$^{33}$ʂɿ$^{33}$ɣa$^{33}$ndʑɔ$^{44}$thɯ$^{33}$ko$^{33}$，

放牧欢乐在草原，

037. [illegible]，

bu$^{55}$gu$^{33}$tshɯ$^{21}$ɬo$^{33}$nɯ$^{33}$ŋgo$^{55}$ŋa$^{33}$to$^{44}$mu$^{44}$ȵi$^{33}$sa$^{33}$，

草中野莓你摘我吃也快乐，

038. [illegible]；

ŋa$^{33}$ŋgo$^{55}$nɯ$^{33}$to$^{44}$mu$^{44}$ȵi$^{33}$ga$^{33}$ga$^{33}$sa$^{44}$ɕi$^{33}$ŋɯ$^{33}$；

我摘来喂你也快乐；

039. [illegible]，

tsɿ$^{55}$tsɿ̱$^{33}$pho$^{21}$ɬɯ$^{21}$ŋa$^{33}$thu̱$^{33}$nɯ$^{33}$bɿ$^{44}$gɯ$^{21}$ȵi$^{33}$sa$^{33}$，

山中鸟儿我套给你玩也快乐，

040. [illegible]。

nɯ$^{33}$tɕhɿ̱$^{33}$ŋa$^{44}$tʂa$^{33}$mu$^{44}$ȵi$^{33}$ga$^{33}$ga$^{33}$sa$^{44}$ɕi$^{33}$ŋɯ$^{33}$。

你烧给我吃也快乐。

041. [illegible]，

ŋa$^{55}$za$^{55}$ŋa$^{21}$ȵi$^{55}$li$^{33}$，

表妹我俩哟，

042. [illegible]，

ka$^{33}$tʂha$^{21}$ka$^{33}$de$^{33}$tɕe$^{33}$ʂa$^{55}$ga$^{33}$dʐɿ$^{33}$ȵi$^{44}$thɯ$^{33}$ko$^{33}$，

赶场赶街街边坐，

043. [illegible]，

xɔ$^{33}$mu$^{33}$ndʐɿ$^{33}$tɕɿ$^{33}$nɯ$^{33}$vɿ$^{33}$ŋa$^{33}$to$^{44}$mu$^{44}$ȵi$^{33}$sa$^{33}$，

汉区美酒你买我喝也幸福，

044. [illegible]；

ŋa$^{33}$ndo$^{33}$ŋa$^{33}$ʑi$^{55}$la$^{44}$ȵi$^{33}$ga$^{33}$ga$^{33}$sa$^{44}$ɕi$^{33}$ŋɯ$^{33}$；

我喝我醉也幸福；

045. 

xɔ$^{33}$mu$^{33}$ʂa$^{44}$dʑi$^{33}$ŋa$^{33}$vɿ$^{33}$nɯ$^{44}$tʂa$^{33}$mu$^{44}$ȵi$^{33}$sa$^{33}$，

汉区糖果我买你吃也幸福，

046. 

nɯ$^{33}$tɕɿ$^{55}$nɯ$^{33}$tɕɔ$^{33}$la$^{44}$ȵi$^{33}$ga$^{33}$ga$^{33}$sa$^{44}$ɕi$^{33}$ŋɯ$^{33}$；

你吮你吸起来也幸福；

047. 

ʂu$^{21}$pha$^{33}$ʂu$^{21}$tɕɿ$^{33}$nɯ$^{33}$vɿ$^{33}$ŋa$^{33}$ti$^{55}$la$^{44}$ȵi$^{33}$sa$^{33}$，

蜀绣头帕你买我戴也幸福，

048. 

ŋa$^{33}$ndi$^{55}$ŋa$^{33}$ndzɯ$^{33}$la$^{44}$ȵi$^{33}$ga$^{33}$ga$^{33}$sa$^{44}$ɕi$^{33}$ŋɯ$^{33}$；

我戴我美也幸福；

049. 

pi$^{21}$pu$^{55}$tɕɿ$^{33}$ɬo$^{21}$ŋa$^{33}$vɿ$^{33}$nɯ$^{33}$ka$^{55}$la$^{44}$ȵi$^{33}$sa$^{33}$，

白布花布我买你穿也幸福，

050. 

nɯ$^{33}$ga$^{55}$nɯ$^{33}$ndʐa$^{55}$la$^{44}$ȵi$^{33}$ga$^{33}$ga$^{33}$sa$^{33}$lo$^{44}$vɯ$^{44}$。

你穿你美也幸福。

051. 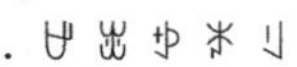

ŋa$^{55}$za$^{55}$ŋa$^{21}$ȵi$^{55}$li$^{33}$，

表妹我俩哟，

052. 

ȵi$^{21}$nɯ$^{33}$ʂɿ$^{33}$tɕhu$^{33}$tho$^{55}$thu̱$^{33}$ȵi$^{33}$，

ʂɿ$^{33}$tɕhu$^{33}$thu̱$^{33}$ta$^{33}$sa$^{55}$ʑɿ$^{33}$tɕhi$^{21}$tʂa$^{33}$di$^{33}$；

白天白色披毡顶头坐，白色披毡顶着挡阴凉；

053. [illegible]，[illegible]。

si$^{44}$nɯ$^{33}$ʂɿ$^{33}$nɔ$^{33}$la$^{21}$vu$^{55}$kho$^{33}$，

ʂɿ$^{33}$nɔ$^{33}$kho$^{33}$ta$^{33}$mu$^{33}$tɕɿ$^{33}$ɬu$^{55}$tʂa$^{33}$di$^{33}$。

黑夜黑色披毡垫下面，垫着黑色披毡望星星。

054. [illegible]，

ŋa$^{55}$za$^{55}$ŋa$^{21}$ȵi$^{55}$li$^{33}$，

表妹我俩哟，

055. [illegible]，[illegible]；

ɬo$^{21}$bo$^{21}$tshɿ$^{21}$pho$^{55}$mu$^{33}$mi$^{44}$ȵi$^{33}$，

lo$^{55}$khɯ$^{33}$tshɿ$^{33}$ma$^{21}$ndi$^{33}$lo$^{44}$vɯ$^{44}$；

想让双手合一手，只怨衣袖装不下；

056. [illegible]，[illegible]；

ɕɿ$^{33}$li$^{33}$tshɿ$^{21}$pho$^{55}$mu$^{33}$mi$^{44}$ȵi$^{33}$，ɬa$^{55}$ɕɿ$^{33}$tshɿ$^{33}$ma$^{21}$ndi$^{33}$lo$^{44}$vɯ$^{44}$；

想让双腿合一腿，只怨裤脚装不下；

057. [illegible]，[illegible]。

he$^{33}$mo$^{21}$tshɿ$^{21}$ma$^{33}$mu$^{33}$mi$^{44}$ȵi$^{33}$，ko$^{33}$lo$^{33}$tshɿ$^{33}$ma$^{21}$ndi$^{33}$lo$^{44}$vɯ$^{44}$。

想让两心合一心，只怨胸膛装不下。

058. [illegible]，

ŋa$^{55}$za$^{55}$ŋa$^{21}$ȵi$^{55}$li$^{33}$，

表妹我俩哟，

059. [illegible]，[illegible]；

do$^{21}$khu$^{33}$ha$^{44}$ɕi$^{33}$li$^{33}$，ɬi$^{55}$o$^{33}$ȵo$^{21}$ȵo$^{21}$kɯ$^{44}$tʂa$^{33}$di$^{33}$；

心里话儿呢，只给表哥听；

060. [illegible]，[illegible]。

do$^{21}$mu$^{33}$ha$^{33}$ndʐa$^{55}$li$^{33}$，za$^{55}$la$^{33}$ȵo$^{55}$ȵo$^{21}$kɯ$^{44}$tʂa$^{33}$di$^{33}$。

爱言情语呢，只给表妹听。

061. [illegible]，

$ŋa^{55}za^{55}ŋa^{21}ȵi^{55}li^{33}$，

表妹我俩哟，

062. [illegible]，[illegible]；

$tɕɔ^{55}nɔ^{21}su^{21}mu^{33}mu^{33}gu^{33}vo^{33}$，$bu̠^{44}ʐʅ̠^{33}tshɿ^{21}ga^{55}dʑi^{21}tʂa^{33}di^{33}$；

像两只雄鹰天上飞，影子落一处；

063. [illegible]，[illegible]；

$la^{55}n̥i^{33}su^{21}mu^{33}lo^{33}ko^{33}tɕɿ^{44}$，$vo^{33}bu^{33}tshɿ^{21}dʑu^{21}tu^{55}tʂa^{33}di^{33}$；

像两只虎山间走，足印踩一处；

064. [illegible]，[illegible]；

$m̥a^{33}ve^{33}su^{21}mu^{33}lo^{33}ko^{33}ve^{33}$，$ve^{33}ndʐa^{55}tshɿ^{21}pu^{33}mu^{44}tʂa^{33}di^{33}$；

像索玛儿山中开，两朵并蒂一起开；

065. [illegible]，[illegible]。

$dʑi^{21}ʑo^{33}su^{21}mu^{33}bu^{55}gu^{33}lɿ^{33}$，$bu^{55}ve^{33}tshɿ^{21}pu^{33}tʂu^{21}tʂa^{33}di^{33}$。

像蜜蜂一样花中舞，两只落在一朵花上面。

066. [illegible]，

$ŋa^{55}za^{55}ŋa^{21}ȵi^{55}li^{33}$，

表妹我俩哟，

067. [illegible]，[illegible]，

$he^{44}li^{33}ŋo^{21}dʑu^{21}tɕho^{44}tʂa^{33}di^{33}$，$khɯ^{44}li^{33}dʐɿ^{55}dʑu^{21}tɕho^{44}tʂa^{33}di^{33}$，

称心如意的一个，所言如实的一个，

068. [illegible]，[illegible]。

$lo^{55}li^{33}mu^{33}dʑu^{21}tɕho^{44}tʂa^{33}di^{33}$，$ɕɿ^{44}li^{33}tu^{55}dʑu^{21}tɕho^{44}tʂa^{33}di^{33}$。

手随心愿的一个，脚随道印的一个。

069. [illegible]，

ŋa$^{55}$za$^{55}$ŋa$^{21}$ȵi$^{55}$li$^{33}$，

表妹我俩哟，

070. [illegible]，[illegible]；

bo$^{44}$o$^{33}$ȵi$^{21}$ma$^{33}$ȵi$^{21}$di$^{44}$dʑi$^{21}$，bo$^{44}$ʐɿ̱$^{33}$tshɿ$^{21}$ga$^{55}$tɕo$^{44}$tʂa̱$^{33}$di$^{33}$；

两个山头在两处，山影终归落一处；

071. [illegible]，[illegible]；

ʐɿ$^{33}$ndʐa̱$^{55}$ȵi$^{21}$m̥o$^{33}$ȵi$^{21}$di$^{44}$ʐɿ$^{33}$，ʐɿ$^{33}$m̥ɿ$^{33}$tshɿ$^{21}$ga$^{55}$ʐɯ̱$^{21}$tʂa̱$^{33}$di$^{33}$；

两条江河流两处，水尾终归汇一处；

072. [illegible]，[illegible]。

sɿ̱$^{33}$ndʐa̱$^{55}$ȵi$^{21}$bo$^{33}$ȵi$^{21}$di$^{44}$dʐu̱$^{33}$，sɿ̱$^{33}$tɕhi$^{33}$tshɿ$^{21}$ga$^{55}$ɬ$^{21}$tʂa̱$^{33}$di$^{33}$。

两棵树儿长两处，树叶终归落一处。

073. [illegible]，

ŋa$^{55}$za$^{55}$ŋa$^{21}$ȵi$^{55}$li$^{33}$，

表妹我俩哟，

074. [illegible]，[illegible]；

ȵi$^{44}$o$^{33}$sɔ$^{33}$ɬɯ$^{21}$nɯ$^{33}$，bu$^{55}$ve$^{33}$kha$^{44}$ve$^{33}$bu$^{21}$ɬu$^{21}$vo$^{33}$；

春天三月里，花儿在处蝴蝶转；

075. [illegible]，[illegible]；

a$^{33}$za$^{55}$kha$^{55}$dʑo$^{33}$nɯ$^{33}$，ɬi$^{55}$o$^{33}$he$^{33}$mo$^{21}$kha$^{55}$ko$^{33}$vo$^{33}$；

表妹在哪里，表哥心在哪里转；

076. [illegible]，[illegible]，

tʂhu̱$^{44}$o$^{33}$sɔ$^{33}$ɬɯ$^{21}$li$^{33}$，ŋgɯ$^{21}$ʂɿ$^{33}$kha$^{44}$dzu̱$^{33}$tsɿ$^{55}$tsɿ̱$^{33}$vo$^{33}$，

秋天三月里，荞籽所在鸟儿转，

077. [illegible]，[illegible]。

a$^{33}$za$^{55}$kha$^{55}$ȵi$^{33}$nɯ$^{33}$，ɬi$^{55}$o$^{33}$kha$^{55}$hɯ$^{21}$ȵi$^{44}$tʂa$^{33}$di$^{33}$。

表妹坐在哪里，表哥望在哪里坐。

078. [彝文]，

ŋa$^{55}$za$^{55}$ŋa$^{21}$ȵi$^{55}$li$^{33}$，

表妹我俩哟，

079. [彝文]，

ȵi$^{21}$nɯ$^{33}$ti$^{33}$tɕhu$^{33}$gɯ$^{44}$zɯ$^{33}$tɕho$^{33}$，

白天跟随云彩和太阳，

080. [彝文]，[彝文]；

zi$^{44}$zi$^{33}$tshɿ$^{21}$ga$^{33}$zi$^{33}$，ma$^{21}$zi$^{33}$tɕho$^{33}$go$^{55}$dzi$^{33}$tʂa$^{33}$di$^{33}$；

温暖在一起，寒冷也不分开；

081. [彝文]，

si$^{44}$nɯ$^{33}$tɕɿ$^{33}$la$^{33}$ɬɯ$^{21}$zɯ$^{33}$tɕho$^{33}$，

夜晚跟随星星和月亮，

082. [彝文]，[彝文]。

ndʐa$^{55}$ndʐa$^{33}$tshɿ$^{21}$ga$^{33}$ndʐa$^{55}$，ma$^{21}$ndʐa$^{55}$tɕho$^{33}$go$^{55}$dzi$^{33}$tʂa$^{33}$di$^{33}$。

闪亮在一起，暗淡也不分开。

## 二、生词

1. [彝文] za$^{55}$ 表妹
2. [彝文] ŋa$^{21}$ȵi$^{55}$ 我俩
3. [彝文] nda$^{44}$ho$^{33}$ 嫩蕨
4. [彝文] dzi$^{21}$ 同时
5. [彝文] ma$^{21}$mu$^{55}$ 竹笋
6. [彝文] su$^{21}$mu$^{33}$ 像
7. [彝文] dzi$^{21}$mu$^{33}$ 同时
8. [彝文] ni$^{44}$ 生长
9. [彝文] vu̠$^{33}$ 戴胜鸟
10. [彝文] ʐu̠$^{44}$ 出生；生长
11. [彝文] lɯ$^{21}$zɯ$^{33}$ 獐子
12. [彝文] pho$^{55}$ 张（量词）

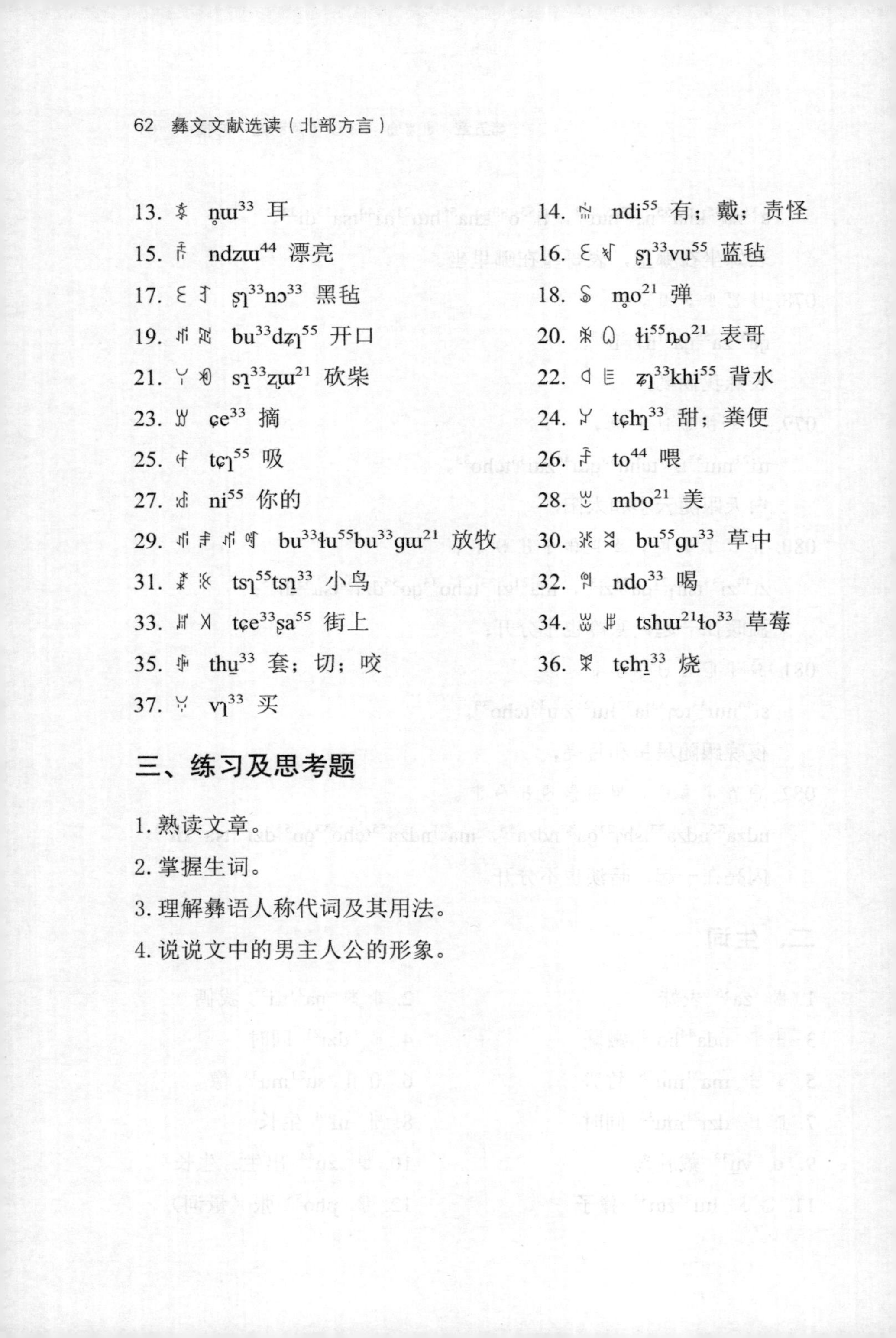

13. ṇɯ$^{33}$ 耳

14. ndi$^{55}$ 有；戴；责怪

15. ndzɯ$^{44}$ 漂亮

16. ʂɿ$^{33}$vu$^{55}$ 蓝毡

17. ʂɿ$^{33}$nɔ$^{33}$ 黑毡

18. m̥o$^{21}$ 弹

19. bu$^{33}$dʐɿ$^{55}$ 开口

20. ɬi$^{55}$ȵo$^{21}$ 表哥

21. sɿ̱$^{33}$ʐ̱ɯ$^{21}$ 砍柴

22. ʐɿ$^{33}$khi$^{55}$ 背水

23. ɕe$^{33}$ 摘

24. tɕhɿ$^{33}$ 甜；粪便

25. tɕɿ$^{55}$ 吸

26. to$^{44}$ 喂

27. ni$^{55}$ 你的

28. mbo$^{21}$ 美

29. bu$^{33}$ɬu$^{55}$bu$^{33}$gɯ$^{21}$ 放牧

30. bu$^{55}$gu$^{33}$ 草中

31. tsɿ$^{55}$tsɿ̱$^{33}$ 小鸟

32. ndo$^{33}$ 喝

33. tɕe$^{33}$ʂa$^{55}$ 街上

34. tshɯ$^{21}$ɬo$^{33}$ 草莓

35. thu̱$^{33}$ 套；切；咬

36. tɕhɿ̱$^{33}$ 烧

37. vɿ$^{33}$ 买

## 三、练习及思考题

1. 熟读文章。
2. 掌握生词。
3. 理解彝语人称代词及其用法。
4. 说说文中的男主人公的形象。

# 第六章 [illegible]（阿惹妞：盼归）

本章主要讲述了表哥对表妹的期盼，希望表妹早日归来。本章节选自《彝族传世经典·阿惹妞》（2017），部分内容参考了《我的幺表妹》（2003）。

## 一、彝文、国际音标标注及汉译

001. [illegible]，[illegible]，

ŋa$^{55}$za$^{55}$ȵo$^{55}$ȵo$^{21}$ɕi$^{21}$tʂa$^{33}$ȵi$^{33}$，he$^{33}$mo$^{21}$ŋo$^{21}$dɯ$^{33}$dʑi$^{21}$hi$^{55}$ɕi$^{33}$，

我的幺表妹哟，但愿心想事能成，

002. [illegible]，[illegible]，

tɕo$^{33}$su$^{33}$tɕo$^{33}$la$^{33}$ɕi$^{33}$，ŋa$^{55}$za$^{55}$tɕo$^{33}$la$^{33}$ɕi$^{33}$，

该回来的快回来，我的表妹快回来，

003. [illegible]，[illegible]。

pu̱$^{33}$su$^{33}$pu̱$^{33}$la$^{33}$ɕi$^{33}$，ŋa$^{55}$za$^{55}$pu̱$^{33}$la$^{33}$ɕi$^{33}$。

该归来的快归来，我的表妹快归来。

004. [illegible]，

ŋa$^{55}$za$^{55}$ȵo$^{55}$ȵo$^{21}$ɕi$^{21}$tʂa$^{33}$ȵi$^{33}$，

我的幺表妹哟，

005. [illegible]，[illegible]，

mbo$^{33}$tɕhu$^{33}$la$^{21}$va$^{33}$tɯ$^{44}$la$^{33}$ɕi$^{33}$，mbo$^{33}$m̥ɿ$^{33}$ʑe$^{44}$sɿ̠$^{33}$mu$^{33}$la$^{33}$ɕi$^{33}$，

白裙飘扬着回来，裙边拖地地回来，

006. [illegible]，[illegible]。

lo$^{55}$gu̠$^{33}$tsɿ$^{33}$di$^{21}$tsɿ$^{33}$la$^{33}$ɕi$^{33}$，lo$^{55}$pi$^{33}$zɔ̠$^{33}$di$^{21}$zɔ̠$^{33}$la$^{33}$ɕi$^{33}$。

手镯叮当作响地回来，戒指哗哗作响地回来。

007. [illegible]，[illegible]，

ŋa$^{55}$za$^{55}$ȵo$^{55}$ȵo$^{21}$ɕi$^{21}$tʂa$^{33}$ȵi$^{33}$，ʂo$^{33}$su$^{33}$ʂo$^{33}$ta$^{33}$a$^{21}$la$^{33}$la$^{21}$，

我的幺表妹哟，找个借口快来嘛，

008. [illegible]，[illegible]，

vo$^{55}$la$^{33}$va$^{33}$ho$^{33}$ʂo$^{33}$mu$^{33}$a$^{21}$la$^{33}$la$^{21}$，

sɿ̠$^{33}$ʐɯ$^{21}$ʐɿ$^{33}$khi$^{55}$ʂo$^{33}$mu$^{33}$a$^{21}$la$^{33}$la$^{21}$，

借口喂猪喂鸡快来嘛，借口找柴背水快来嘛，

009. [illegible]，[illegible]，

ȵo$^{21}$mu$^{33}$tsa$^{33}$ɕe$^{33}$ʂo$^{33}$mu$^{33}$a$^{21}$la$^{33}$la$^{21}$，

bu$^{33}$ɬu$^{55}$bu$^{33}$gɯ$^{21}$ʂo$^{33}$mu$^{33}$a$^{21}$la$^{33}$la$^{21}$，

借口干活锄地快来嘛，借口放牛放羊快来嘛，

010. [illegible]，[illegible]，

ndʐɯ$^{33}$bu$^{44}$ndʐɯ$^{33}$to$^{55}$ʂo$^{33}$mu$^{33}$a$^{21}$la$^{33}$la$^{21}$，

tɕi$^{21}$ʂu$^{33}$ɕi$^{44}$ŋga$^{33}$ʂo$^{33}$mu$^{33}$a$^{21}$la$^{33}$la$^{21}$，

借口催债收债快来嘛，借口走亲访友快来嘛，

011. [illegible]，[illegible]。

tshɿ$^{44}$ȵi$^{33}$a$^{21}$la$^{33}$a$^{21}$la$^{33}$vɯ$^{44}$，ŋa$^{55}$za$^{55}$ȵo$^{55}$ȵo$^{21}$a$^{21}$la$^{33}$vɯ$^{44}$。

但是表妹不来了，我的表妹不来了。

012. [illegible]，

ŋa$^{55}$za$^{55}$ȵo$^{55}$ȵo$^{21}$ɕi$^{21}$tʂa$^{33}$ȵi$^{33}$，

我的幺表妹哟，

013. [illegible]，[illegible]，

a$^{21}$la$^{33}$a$^{21}$la$^{33}$vɯ$^{44}$，ŋa$^{55}$za$^{55}$a$^{21}$la$^{33}$vɯ$^{44}$，

不来不来了，我的表妹不来了，

014. [illegible]，[illegible]，

ʐʅ$^{33}$tsʅ$^{44}$a$^{21}$dʐa$^{33}$ve$^{33}$la$^{33}$vɯ$^{44}$，bo$^{44}$o$^{33}$m̥a$^{33}$ve$^{33}$tɕhu$^{33}$la$^{33}$vɯ$^{44}$，

沼泽里的水草花儿要开了，山谷里的索玛花儿要开了，

015. [illegible]。

ŋa$^{55}$za$^{55}$a$^{21}$la$^{33}$vɯ$^{44}$。

我的表妹不来了。

016. [illegible]，[illegible]，

xo$^{33}$gu$^{44}$va$^{21}$ka$^{33}$ve$^{33}$la$^{33}$vɯ$^{44}$，va$^{21}$ka$^{33}$ʂʅ$^{33}$dɯ$^{44}$dɯ$^{21}$la$^{33}$vɯ$^{44}$，

菜园油菜花儿要开了，油菜花儿开得黄澄澄，

017. [illegible]，[illegible]，

bu$^{21}$ɬu$^{21}$ve$^{33}$ndʐa$^{55}$ndʐu$^{44}$kɯ$^{33}$vɯ$^{44}$，

dʑi$^{21}$ʑo$^{33}$ve$^{33}$ndʐa$^{55}$tʂu$^{21}$kɯ$^{33}$vɯ$^{44}$，

蝴蝶忙在花儿上飞了，蜜蜂忙在花儿上采了，

018. [illegible]。

ŋa$^{55}$za$^{55}$a$^{21}$la$^{33}$vɯ$^{44}$。

我的表妹不来了。

019. [illegible]，[illegible]，

a$^{21}$la$^{33}$a$^{21}$la$^{33}$vɯ$^{44}$，ŋa$^{55}$za$^{55}$a$^{21}$la$^{33}$vɯ$^{44}$，

不来不来了，我的表妹不来了，

020. [illegible]，[illegible]，

dʑo²¹ko³³mu³³khu²¹dʑe⁴⁴kɯ³³vɯ⁴⁴，

l̩²¹ndʑo²¹mu³³tsi⁴⁴ɬɯ⁴⁴ŋɯ³³vɯ⁴⁴，

坝上地气在飘了，播种时节到来了，

021. [illegible]。

ŋa⁵⁵za⁵⁵a²¹la³³vɯ⁴⁴。

我的表妹不来了。

022. [illegible]，[illegible]，

tsɿ⁵⁵tsɿ̱³³ho²¹phu⁵⁵la⁴⁴ɕi³³vɯ⁴⁴，

ho³³mu³³ŋgɯ³³tɕhi²¹ɬɯ⁴⁴ŋɯ³³vɯ⁴⁴，

鸟儿已在欢唱了，山地种荞时候了，

023. [illegible]。

ŋa⁵⁵za⁵⁵a²¹la³³vɯ⁴⁴。

我的表妹不来了。

024. [illegible]，[illegible]，

a²¹la³³a²¹la³³vɯ⁴⁴，ŋa⁵⁵za⁵⁵a²¹la³³vɯ⁴⁴，

不来不来了，我的表妹不来了，

025. [illegible]，[illegible]，

tʂhu̱⁴⁴go³³ha⁴⁴sɿ³³tɕo³³la³³vɯ⁴⁴，di²¹ko²¹zʅ³³ho³³vu⁵⁵la³³vɯ⁴⁴，

冬去春雨到来了，坎上草儿发芽了，

026. [illegible]，[illegible]。

ho²¹mu³³tʂhɯ³³tsɿ³³ɬɯ⁴⁴ŋɯ³³vɯ⁴⁴，ŋa⁵⁵za⁵⁵a²¹la³³vɯ⁴⁴。

坝上插秧时候到来了，我的表妹不来了。

027. [illegible]，[illegible]，

sɿ̱³³ɕɿ³³bu²¹dzɿ̱³³mo³³la³³vɯ⁴⁴，lo³³n̥o⁵⁵zʅ²¹tso³³tɕhe³³la³³vɯ⁴⁴，

林间的知了鸣叫了，山林的瀑布又挂了，

028. 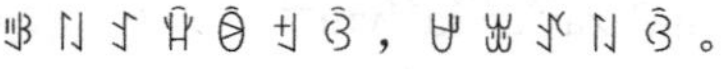

mu$^{55}$la$^{33}$ho$^{33}$fu$^{44}$ɬɯ$^{44}$ŋɯ$^{33}$vɯ$^{44}$，ŋa$^{55}$za$^{55}$a$^{21}$la$^{33}$vɯ$^{44}$。

忙锄忙薅时节到来了，我的表妹不来了。

029. 

a$^{21}$la$^{33}$a$^{21}$la$^{33}$vɯ$^{44}$，ŋa$^{55}$za$^{55}$a$^{21}$la$^{33}$vɯ$^{44}$，

不来不来了，我的表妹不来了，

030. 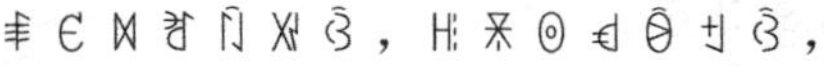

n̥i$^{33}$ʑo$^{33}$ho$^{21}$dʑi$^{21}$la$^{44}$ɕi$^{33}$vɯ$^{44}$，la$^{55}$tʂhɯ$^{33}$xo$^{33}$vu̠$^{33}$ɬɯ$^{44}$ŋɯ$^{33}$vɯ$^{44}$，

牛羊避暑回来了，秋收入库时节到来了，

031. 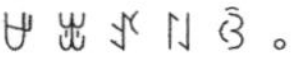

ŋa$^{55}$za$^{55}$a$^{21}$la$^{33}$vɯ$^{44}$。

我的表妹不来了。

032. 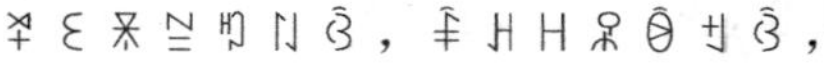

gu$^{21}$ʂʅ$^{33}$tʂhɯ$^{33}$ɣa$^{33}$ʑi$^{33}$la$^{33}$vɯ$^{44}$，n̥i$^{44}$mu$^{33}$pha$^{55}$ŋgo$^{33}$ɬɯ$^{44}$ŋɯ$^{33}$vɯ$^{44}$，

雁已飞回稻茬地，远嫁女儿该回父母身边了，

033. 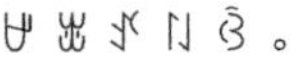

ŋa$^{55}$za$^{55}$a$^{21}$la$^{33}$vɯ$^{44}$。

我的表妹不来了。

034. 

a$^{21}$la$^{33}$a$^{21}$la$^{33}$vɯ$^{44}$，ŋa$^{55}$za$^{55}$a$^{21}$la$^{33}$vɯ$^{44}$，

不来不来了，我的表妹不来了，

035. 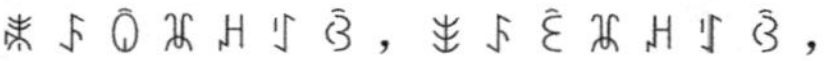

zu$^{21}$zɯ$^{33}$tɕhu$^{44}$gɔ$^{33}$ga$^{55}$kɯ$^{33}$vɯ$^{44}$，ʂu$^{55}$zɯ$^{33}$ʂʅ$^{44}$gɔ$^{33}$ga$^{55}$kɯ$^{33}$vɯ$^{44}$，

银杉披上银装了，红杉披上金装了，

036. 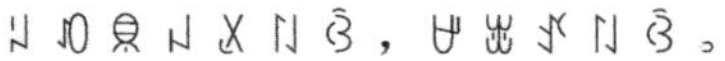

go$^{21}$o$^{21}$si$^{33}$go$^{33}$tsɿ$^{33}$la$^{33}$vɯ$^{44}$，ŋa$^{55}$za$^{55}$a$^{21}$la$^{33}$vɯ$^{44}$。

夜深寒气逼人了，我的表妹不来了。

037. [illegible]，[illegible]，

mu$^{21}$ko$^{21}$tɕo$^{33}$dʐɿ$^{33}$phu̠$^{44}$kɯ$^{33}$vɯ$^{44}$，

zɯ$^{33}$mu$^{33}$gu$^{33}$ko$^{33}$thi$^{33}$kɯ$^{33}$vɯ$^{44}$，

骏马在大聚会上赛跑了，英雄在聚会中扬名了，

038. [illegible]，[illegible]。

n̥i$^{44}$mu$^{33}$gu$^{33}$ko$^{33}$ndʐa̠$^{55}$kɯ$^{33}$vɯ$^{44}$，ŋa$^{55}$za$^{55}$a$^{21}$la$^{33}$vɯ$^{44}$。

贤女在大聚会中显美了，我的表妹不来了。

039. [illegible]，

ŋa$^{55}$za$^{55}$ȵo$^{55}$ȵo$^{21}$ɕi$^{21}$tʂa$^{33}$ȵi$^{33}$，

我的幺表妹哟，

040. [illegible]，[illegible]，

a$^{21}$la$^{33}$a$^{21}$la$^{33}$vɯ$^{44}$，ŋa$^{55}$za$^{55}$a$^{21}$la$^{33}$vɯ$^{44}$，

不来不来了，我的表妹不来了，

041. [illegible]，

ha$^{33}$nɔ$^{33}$ko$^{21}$ko$^{21}$zu$^{21}$dzu̠$^{33}$bo$^{33}$ȵe$^{55}$dʑo$^{33}$su$^{33}$ɕi$^{33}$la$^{33}$vɯ$^{44}$，

葛葛鸟儿去了杉树林的回来了，

042. [illegible]，

tʂa$^{55}$tʂa$^{55}$du̠$^{33}$dzi$^{44}$sɿ̠$^{33}$go$^{33}$tɕhu$^{33}$ȵe$^{55}$dʑo$^{33}$su$^{33}$ɕi$^{33}$la$^{33}$vɯ$^{44}$，

花翅喜鹊去了百树坪的回来了，

043. [illegible]。

ŋa$^{55}$za$^{55}$a$^{21}$la$^{33}$vɯ$^{44}$。

我的表妹不来了。

044. [illegible]，[illegible]，

a²¹la³³a²¹la³³vɯ⁴⁴，ŋa⁵⁵za⁵⁵a²¹la³³vɯ⁴⁴，

不来不来了，我的表妹不来了，

045.

a⁴⁴dʑi³³pu³³nɔ³³mo²¹thu²¹lo³³ndzi⁴⁴dʑo³³su³³ɕi³³la³³vɯ⁴⁴，

黑鸟乌鸦去了蒙图沟也回来了，

046.

a⁴⁴vu̠³³nɔ³³dzi²¹xɔ³³mu³³lo³³ŋgɯ⁴⁴dʑo³³su³³ɕi³³la³³vɯ⁴⁴，

花鸟戴胜去了汉居地也回来了。

047.

ŋa⁵⁵za⁵⁵a²¹la³³vɯ⁴⁴。

我的表妹不来了。

048.

a²¹la³³a²¹la³³vɯ⁴⁴，ŋa⁵⁵za⁵⁵a²¹la³³vɯ⁴⁴，

不来不来了，我的表妹不来了，

049.

sʅ²¹ɬʅ³³bo³³ȵo²¹ȵe²¹ȵe²¹va⁵⁵ɕʅ³³dʑo³³su³³ɕi³³la³³vɯ⁴⁴，

仕尔波略去了奶头山的回来了，

050.

ȵi²¹bʅ²¹tɕo³³lo³³vo²¹nɔ²¹dʑe⁴⁴gu̠³³dʑo³³su³³ɕi³³la³³vɯ⁴⁴，

尼别久落去深雪谷也回来了，

051.

ŋa⁵⁵za⁵⁵a²¹la³³vɯ⁴⁴。

我的表妹不来了。

052.

a²¹la³³a²¹la³³vɯ⁴⁴，ŋa⁵⁵za⁵⁵a²¹la³³vɯ⁴⁴，

不来不来了，我的表妹不来了，

053. [彝文]

tɕɔ$^{55}$nɔ$^{21}$vɿ$^{55}$ɬe$^{33}$mo$^{21}$ho$^{21}$va$^{55}$xo$^{33}$dʑo$^{33}$su$^{33}$ɕi$^{33}$la$^{33}$vɯ$^{44}$，

白眉黑鹰去深谷也回来了，

054. [彝文]

ɬɯ$^{21}$tʂɿ$^{33}$du̠$^{33}$n̥i$^{33}$ka$^{33}$lo$^{33}$li$^{33}$phi$^{55}$dʑo$^{33}$su$^{33}$ɕi$^{33}$la$^{33}$vɯ$^{44}$，

红翅鹞子去甘洛坝的也回来了，

055. [彝文]。

ŋa$^{55}$za$^{55}$a$^{21}$la$^{33}$vɯ$^{44}$。

我的表妹不来了。

056. [彝文]，[彝文]，

a$^{21}$la$^{33}$a$^{21}$la$^{33}$vɯ$^{44}$，ŋa$^{55}$za$^{55}$a$^{21}$la$^{33}$vɯ$^{44}$，

不来不来了，我的表妹不来了，

057. [彝文]，

lo$^{33}$tho$^{55}$ko$^{55}$pu$^{33}$a$^{21}$bu$^{33}$lo$^{33}$xa$^{55}$bo$^{33}$su$^{33}$tɕo$^{33}$la$^{33}$vɯ$^{44}$，

山间布谷去阿布洛哈也回来了，

058. [彝文]，

mu$^{33}$vu$^{55}$gu$^{21}$ʂɿ$^{33}$gu$^{21}$tʂho$^{33}$tʂho$^{44}$ho$^{33}$bo$^{33}$su$^{33}$tɕo$^{33}$la$^{33}$vɯ$^{44}$，

天上大雁去谷戳戳洪也回来了，

059. [彝文]“[彝文]”[彝文]，

tshe$^{33}$ndʑe$^{33}$ “pa$^{55}$to$^{33}$” ma$^{55}$ho$^{33}$la$^{33}$da$^{33}$bo$^{33}$su$^{33}$tɕo$^{33}$la$^{33}$vɯ$^{44}$，

鹿子“巴咚”去妈火拉达也回来了，

060. [彝文]“[彝文]”[彝文]，

lɯ$^{21}$pu$^{33}$ “tʂho$^{33}$tɕhu$^{33}$” bɿ$^{33}$lu$^{21}$zu$^{21}$n̥o$^{55}$bo$^{33}$su$^{33}$tɕo$^{33}$la$^{33}$vɯ$^{44}$，

獐子“冲曲”去比尔深山也回来了，

061. [illegible]。

ŋa$^{55}$za$^{55}$a$^{21}$la$^{33}$vɯ$^{44}$。

我的表妹不来了。

062. [illegible]，[illegible]，

a$^{21}$la$^{33}$a$^{21}$la$^{33}$vɯ$^{44}$，ŋa$^{55}$za$^{55}$a$^{21}$la$^{33}$vɯ$^{44}$，

不来不来了，我的表妹不来了，

063. [illegible]，

dzi$^{21}$vo$^{21}$ku̠$^{33}$nɔ$^{33}$mu$^{33}$ȵe$^{55}$ku$^{33}$lu$^{33}$bo$^{33}$su$^{33}$tɕo$^{33}$la$^{33}$vɯ$^{44}$，

责俄黑鸟去木聂古尔也回来了，

064. [illegible]，

te$^{21}$le$^{21}$du̠$^{33}$dzi$^{44}$ndi$^{21}$pho$^{21}$ʑʅ$^{33}$ndo$^{33}$bo$^{33}$su$^{33}$tɕo$^{33}$la$^{33}$vɯ$^{44}$，

甸来花鸟去坝上喝水也回来了，

065. [illegible]。

ŋa$^{55}$za$^{55}$a$^{21}$la$^{33}$vɯ$^{44}$。

我的表妹不来了。

066. [illegible]，[illegible]，

a$^{21}$la$^{33}$a$^{21}$la$^{33}$vɯ$^{44}$，ŋa$^{55}$za$^{55}$a$^{21}$la$^{33}$vɯ$^{44}$，

不来不来了，我的表妹不来了，

067. [illegible]，

ʂu̠$^{55}$ȵi$^{33}$vo$^{21}$lɯ$^{33}$te$^{44}$pha$^{33}$ʂu̠$^{33}$nɔ$^{33}$bo$^{33}$su$^{33}$tɕo$^{33}$la$^{33}$vɯ$^{44}$，

孔雀去滇濮署诺也回来了，

068. [illegible]，

va$^{55}$ʂʅ$^{33}$thɯ$^{21}$ɬɯ$^{21}$vo$^{21}$ndi$^{21}$ɬu$^{55}$tɕhu$^{33}$bo$^{33}$su$^{33}$tɕo$^{33}$la$^{33}$vɯ$^{44}$，

斑鸠去俄地尔曲也回来了，

069. [illegible]。

ŋa$^{55}$za$^{55}$a$^{21}$la$^{33}$vɯ$^{44}$。

我的表妹不来了。

070. [illegible]，

ŋa$^{55}$za$^{55}$ɳo$^{55}$ɳo$^{21}$ɕi$^{21}$tʂa$^{33}$ɳi$^{33}$，

我的幺表妹哟，

071. [illegible]，[illegible]，

a$^{21}$la$^{33}$a$^{21}$la$^{33}$vɯ$^{44}$，ŋa$^{55}$za$^{55}$a$^{21}$la$^{33}$vɯ$^{44}$，

不来不来了，我的表妹不来了，

072. [illegible]，

bo$^{44}$o$^{33}$hi$^{55}$dʑe$^{33}$tʅ$^{33}$mu$^{33}$za$^{55}$la$^{33}$hɯ$^{44}$，

站在山巅一直等妹来，

073. [illegible]；

hi$^{55}$hi$^{55}$ɕʅ$^{33}$li$^{33}$dʑe$^{44}$ɳi$^{33}$a$^{21}$la$^{33}$vɯ$^{44}$；

站得腿脚酸软也不来了；

074. [illegible]，

ga$^{33}$ɳ̊i$^{33}$ɳɔ$^{33}$ɬu$^{55}$tɕhi$^{21}$mu$^{33}$za$^{55}$la$^{33}$hɯ$^{44}$，

望着山路一直等妹来，

075. [illegible]。

hɯ$^{21}$hɯ$^{33}$ɳɔ$^{33}$tɕi$^{21}$ge$^{44}$ɳi$^{33}$a$^{21}$la$^{33}$vɯ$^{44}$。

望得双眼呆滞也不来了。

076. [illegible]，[illegible]，

a$^{21}$la$^{33}$a$^{21}$la$^{33}$vɯ$^{44}$，ŋa$^{55}$za$^{55}$a$^{21}$la$^{33}$vɯ$^{44}$，

不来不来了，我的表妹不来了，

077. [illegible]，

bo$^{44}$o$^{33}$hi$^{55}$ta$^{33}$ʂʅ$^{21}$tɕhi$^{33}$va$^{33}$，

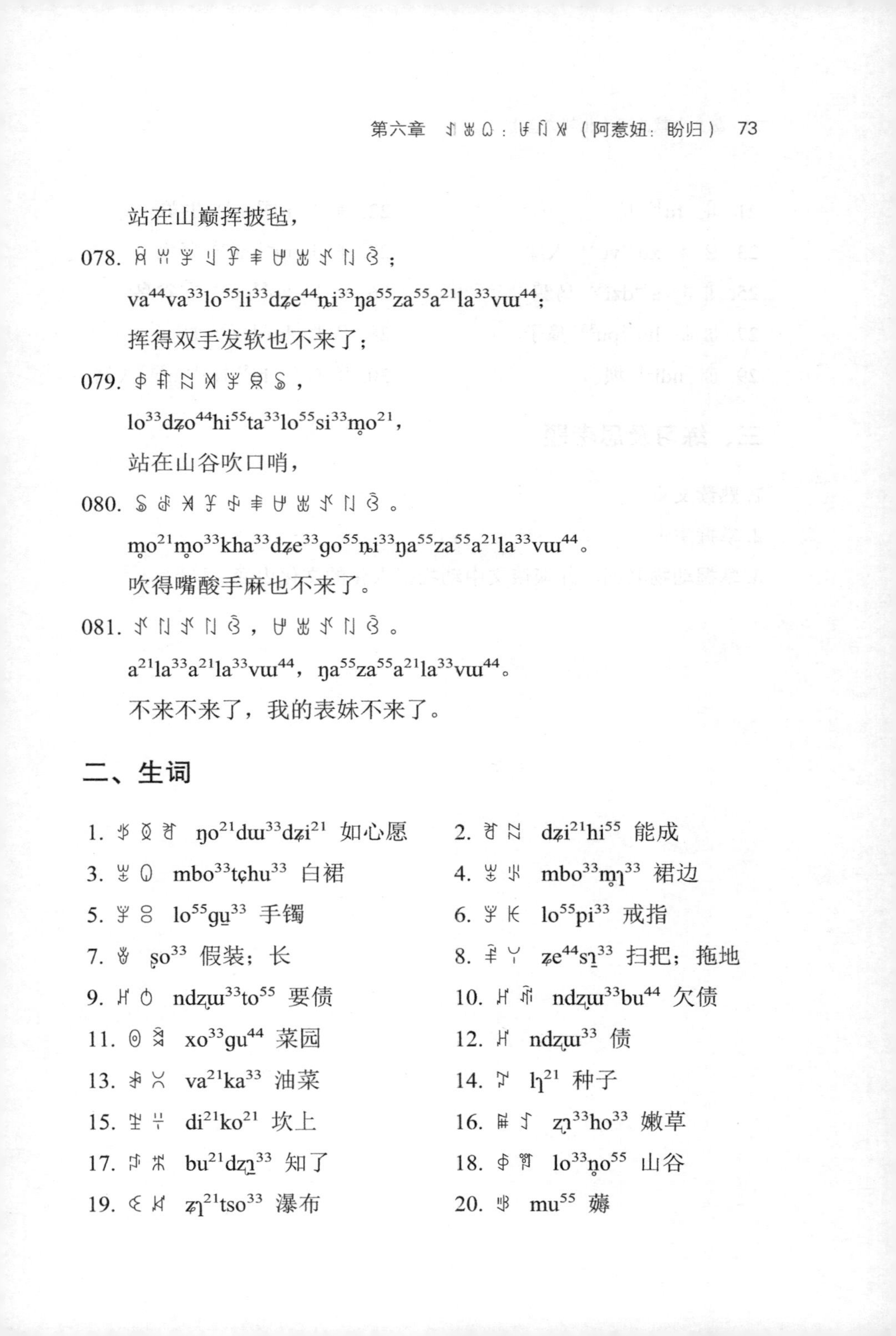

站在山巅挥披毡，

078. ；

va$^{44}$va$^{33}$lo$^{55}$li$^{33}$dʑe$^{44}$ȵi$^{33}$ŋa$^{55}$za$^{55}$a$^{21}$la$^{33}$vɯ$^{44}$；

挥得双手发软也不来了；

079. ，

lo$^{33}$dʑo$^{44}$hi$^{55}$ta$^{33}$lo$^{55}$si$^{33}$m̥o$^{21}$，

站在山谷吹口哨，

080. 。

m̥o$^{21}$m̥o$^{33}$kha$^{33}$dʑe$^{33}$go$^{55}$ȵi$^{33}$ŋa$^{55}$za$^{55}$a$^{21}$la$^{33}$vɯ$^{44}$。

吹得嘴酸手麻也不来了。

081. ，。

a$^{21}$la$^{33}$a$^{21}$la$^{33}$vɯ$^{44}$，ŋa$^{55}$za$^{55}$a$^{21}$la$^{33}$vɯ$^{44}$。

不来不来了，我的表妹不来了。

## 二、生词

1. ŋo$^{21}$dɯ$^{33}$dʑi$^{21}$ 如心愿
2. dʑi$^{21}$hi$^{55}$ 能成
3. mbo$^{33}$tɕhu$^{33}$ 白裙
4. mbo$^{33}$m̥ɿ$^{33}$ 裙边
5. lo$^{55}$gu̠$^{33}$ 手镯
6. lo$^{55}$pi$^{33}$ 戒指
7. ʂo̥$^{33}$ 假装；长
8. ʑe$^{44}$sɿ̠$^{33}$ 扫把；拖地
9. ndʐɯ$^{33}$to$^{55}$ 要债
10. ndʐɯ$^{33}$bu$^{44}$ 欠债
11. xo$^{33}$gu$^{44}$ 菜园
12. ndʐɯ$^{33}$ 债
13. va$^{21}$ka$^{33}$ 油菜
14. lɿ$^{21}$ 种子
15. di$^{21}$ko$^{21}$ 坎上
16. ʐɿ̠$^{33}$ho̥$^{33}$ 嫩草
17. bu$^{21}$dʐɿ̠$^{33}$ 知了
18. lo$^{33}$n̥o$^{55}$ 山谷
19. ʑɿ$^{21}$tso$^{33}$ 瀑布
20. mu$^{55}$ 蕼

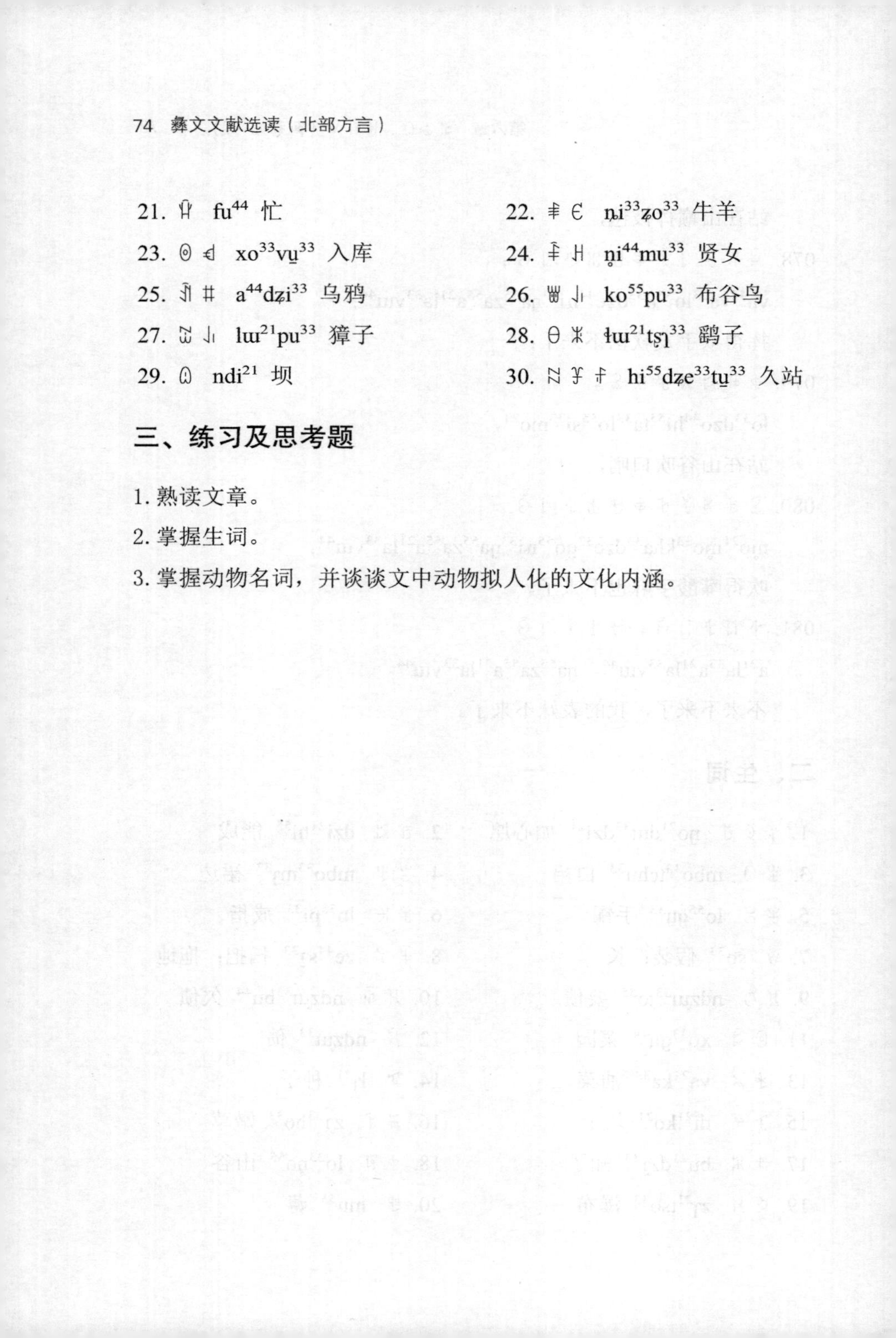

21. fu⁴⁴ 忙

22. n̥i³³zo³³ 牛羊

23. xo³³vu̱³³ 入库

24. n̥i⁴⁴mu³³ 贤女

25. a⁴⁴dʑi³³ 乌鸦

26. ko⁵⁵pu³³ 布谷鸟

27. lɯ²¹pu³³ 獐子

28. ɬɯ²¹tʂʅ³³ 鹞子

29. ndi²¹ 坝

30. hi⁵⁵dʑe³³tu̱³³ 久站

## 三、练习及思考题

1. 熟读文章。

2. 掌握生词。

3. 掌握动物名词，并谈谈文中动物拟人化的文化内涵。

# 第七章 [彝文]1（妈妈的女儿1）

“[彝文]”，译为“妈妈的女儿”，是流传于四川彝族地区的一部文学类文献。内容讲述了彝族传统婚姻制度下彝族妇女的生活。“妈妈的女儿”（同第八、第九章）的版本较多，多数为线装抄本，中央民族大学藏有全国唯一的石印本，但内容都大同小异。

本章主要讲述了妈妈的女儿的出生以及其快乐成长的过程。本章节选自《妈妈的女儿》（2009）。

## 一、彝文、国际音标标注及汉译

001. [彝文]，

a⁴⁴mo³³n̥i⁴⁴zɯ³³ȵi³³，

妈妈的女儿哟，

002. [彝文]，[彝文]，

sa⁴⁴nɯ³³ho³³mu³³sa³³，ho³³mu³³sa³³ma²¹dʑɿ³³，

人说高山乐趣多，高山未必真快乐，

003. [彝文]，[彝文]；

ho³³mu³³ʂo²¹ʑi³³ʑi³³，ho³³mu³³ʑo³³dʑo³³sa³³dɯ³³ŋɯ³³；

在那绵绵山脉上，只有羊儿最快活；

004. [illegible]，[illegible]，

sa$^{44}$nɯ$^{33}$ndi$^{21}$tɕhu$^{33}$sa$^{33}$，ndi$^{21}$tɕhu$^{33}$sa$^{33}$ma$^{21}$dʑʅ$^{33}$，

人说草原乐趣多，草原未必真快乐，

005. [illegible]，[illegible]；

ndi$^{21}$tɕhu$^{33}$bo$^{21}$lɔ$^{33}$lɔ$^{33}$，ndi$^{21}$tɕhu$^{33}$tɕu$^{55}$ndza$^{33}$sa$^{33}$dɯ$^{33}$ŋɯ$^{33}$；

在那辽阔草原上，只有云雀最快活；

006. [illegible]，[illegible]，

ndz̧a$^{55}$nɯ$^{33}$lo$^{33}$n̥o$^{55}$ndz̧a$^{55}$，lo$^{33}$n̥o$^{55}$ndz̧a$^{55}$ma$^{21}$dʑʅ$^{33}$，

人说山林最美丽，可山林不是都美丽，

007. [illegible]，[illegible]；

lo$^{33}$n̥o$^{55}$sɔ$^{33}$kho$^{33}$kho$^{33}$，lo$^{33}$n̥o$^{55}$tɕʅ$^{33}$bo$^{33}$ndz̧a$^{55}$dɯ$^{33}$ŋɯ$^{33}$；

山林静幽幽，林中漆树最美丽；

008. [illegible]，[illegible]，

ʂa$^{33}$nɯ$^{33}$dʑu$^{55}$dzu̱$^{33}$ʂa$^{33}$，tshʅ$^{44}$ȵi$^{33}$ʂa$^{33}$ma$^{21}$dʑʅ$^{33}$，

人说人间很痛苦，可人间并非都痛苦，

009. [illegible]，[illegible]。

dʑu$^{55}$dzu̱$^{33}$dʑi$^{21}$bu$^{33}$te$^{33}$，dʑu$^{55}$dzu̱$^{33}$n̥i$^{44}$zɯ$^{33}$ʂa$^{33}$dɯ$^{33}$ŋɯ$^{33}$。

茫茫人世间，妈妈女儿最痛苦。

010. [illegible]，

a$^{44}$mo$^{33}$n̥i$^{44}$zɯ$^{33}$ȵi$^{33}$，

妈妈的女儿哟，

011. [illegible]，[illegible]，

a$^{33}$ɬɯ$^{44}$mu$^{33}$khu$^{55}$mbo$^{21}$tshʅ$^{21}$khu̱$^{33}$，mu$^{33}$ɬɯ$^{21}$mbo$^{21}$tshʅ$^{21}$ɬɯ$^{21}$，

年份好的那一年，月份好的那一月，

012. 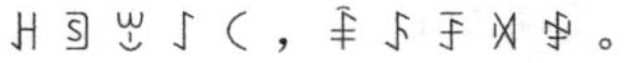

mu$^{33}$ho$^{55}$mbo$^{21}$tshɿ$^{21}$hɔ$^{33}$，n̥i$^{44}$zɯ$^{33}$thi$^{55}$ta$^{33}$ʑu̱$^{33}$。

日子好的那一晚，女儿在此生。

013. 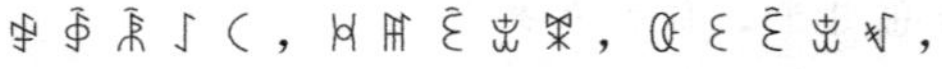

ʑu̱$^{33}$lo$^{44}$mo$^{44}$tshɿ$^{21}$hɔ$^{33}$，va$^{33}$ma$^{55}$ʂʅ$^{44}$ʑu$^{33}$tɕhɿ̱$^{33}$，

ŋgɯ$^{21}$ʂʅ$^{33}$ʂʅ$^{44}$ʑu$^{33}$vu$^{55}$，

女儿出生第一夜，宰了黄母鸡，磨了黄荞面，

014. 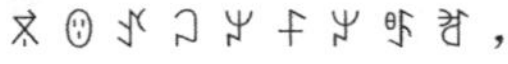

vu$^{21}$lu$^{55}$a$^{21}$mo$^{21}$ʂʅ$^{21}$tshi$^{33}$ʂʅ$^{21}$ʑo$^{55}$dʑi$^{21}$，

迎来邻里姨姨七十七，

015. 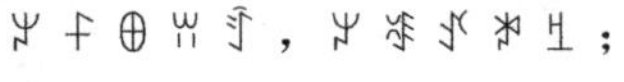

ʂʅ$^{21}$tshi$^{33}$li$^{21}$li$^{21}$di$^{44}$，ʂʅ$^{21}$ʑɔ$^{55}$a$^{21}$ndʐʅ$^{55}$ndʐʅ$^{21}$；

七十是句口头禅，七个是真言；

016. 

khu̱$^{33}$bu̱$^{33}$i$^{55}$sa$^{33}$ʂʅ$^{21}$tshi$^{33}$ʂʅ$^{44}$tɕi$^{33}$pi$^{55}$，

摆出彩盔彩勺七十七，

017. 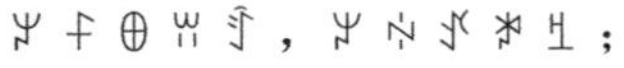

ʂʅ$^{21}$tshi$^{33}$li$^{21}$li$^{21}$di$^{44}$，ʂʅ$^{21}$tɕi$^{33}$a$^{21}$ndʐʅ$^{55}$ndʐʅ$^{21}$；

七十是句口头禅，实说是七件；

018. 

va$^{33}$ma$^{55}$kha$^{33}$ʑɿ$^{33}$ʂʅ$^{44}$tɕhe$^{33}$tɕhe$^{33}$，gɯ$^{21}$ʂʅ$^{33}$kha$^{33}$ʑɿ$^{33}$ʂʅ$^{44}$dɯ$^{33}$dɯ$^{33}$，

母鸡看着黄油油，苦荞看着黄澄澄，

019. 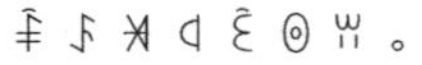

n̥i$^{44}$zɯ$^{33}$kha$^{33}$ʑɿ$^{33}$ʂʅ$^{44}$xo$^{33}$xo$^{33}$。

女儿看着黄亮亮。

020. [illegible]

tɔ$^{33}$po$^{21}$ʂɿ$^{44}$gu$^{33}$bu̱$^{33}$，gu$^{33}$bu̱$^{33}$li$^{21}$li$^{21}$di$^{44}$，sɔ$^{33}$bu̱$^{33}$a$^{21}$ndʐɿ$^{55}$ndʐɿ$^{21}$；

裹婴毡布九幅大，九幅是句口头禅，实有三幅宽；

021. [illegible]

ndzɿ$^{55}$ʑɿ$^{33}$tɕhu$^{33}$gu$^{33}$tha$^{33}$，gu$^{33}$tha$^{33}$li$^{21}$lo$^{21}$di$^{44}$，

sɔ$^{33}$tha$^{33}$a$^{21}$ndʐɿ$^{55}$ndʐɿ$^{21}$。

洗婴净水九满坛，九坛是句口头禅，实在是三坛。

022. [illegible]

ʑu̱$^{33}$lo$^{21}$mu$^{44}$sɔ$^{33}$ho$^{55}$，tɕhɔ$^{33}$ʑɔ$^{33}$tɕhu$^{44}$gu$^{33}$bo$^{21}$，

女儿出世第三天，羊圈看九个，

023. [illegible]

bu̱$^{33}$n̥a$^{55}$tɕhe$^{33}$ve$^{33}$go$^{33}$n̥i$^{33}$po$^{21}$ko$^{33}$tɕho$^{33}$ma$^{44}$su$^{33}$，

选了出牧走在前，

024. [illegible]

ŋgo$^{44}$n̥i$^{33}$m̥ɿ$^{21}$ko$^{33}$tɕho$^{33}$ma$^{44}$su$^{33}$，si$^{21}$la$^{33}$n̥i$^{44}$o$^{33}$tshɿ$^{33}$。

归牧走在后的那只大骟羊，用来做女儿洗礼牲。

025. [illegible]

vu$^{21}$lu$^{55}$a$^{21}$mo$^{21}$ʂɿ$^{21}$ha$^{33}$ʂɿ$^{44}$tshi$^{33}$dʑi$^{21}$，

迎来邻里姨姨七百七，

026. [illegible]

ʂɿ$^{21}$ha$^{33}$li$^{21}$li$^{21}$di$^{44}$，ʂɿ$^{21}$tshi$^{33}$a$^{21}$ndʐɿ$^{55}$ndʐɿ$^{21}$；

七百是句口头禅，七十没有少；

027. [illegible]

bu̱$^{33}$n̥a$^{55}$kha$^{33}$ʑɿ$^{33}$tso$^{33}$gu$^{21}$gu$^{21}$，n̥i$^{44}$zɯ$^{33}$kha$^{33}$ʑɿ$^{33}$ndu̱$^{33}$gu$^{21}$gu$^{21}$。

羊儿步子矫健，女儿步履轻盈。

028. [illegible]

a$^{44}$mo$^{33}$n̥i$^{44}$zɯ$^{33}$ɲi$^{33}$，ʑu̠$^{33}$lo$^{44}$mu$^{44}$tshɿ$^{21}$khu̠$^{33}$，

妈妈的女儿哟，长到一岁时，

029. [illegible]

mo$^{21}$li$^{33}$tɔ$^{33}$gu$^{55}$ɲi$^{33}$，mo$^{21}$khɯ$^{33}$mo$^{21}$ɲɔ$^{33}$ɬu$^{55}$，

母亲怀里坐，善观母脸色，

030. [illegible]

ɲi$^{21}$tɕhu$^{33}$dza$^{44}$tshi$^{33}$tʂa$^{33}$，ha$^{33}$o$^{33}$tɕhɿ$^{44}$mo$^{33}$mo$^{33}$。

母乳拌饭吃，吃着甜又香。

031. [illegible]

i$^{55}$mu$^{33}$i$^{55}$tɕho$^{21}$ʂɯ$^{21}$，zo$^{21}$ndʐɿ$^{33}$ʂɔ$^{33}$mo$^{21}$i$^{55}$tɕho$^{21}$mu$^{33}$。

睡时找睡伴，羊皮褥子当睡伴。

032. [illegible]

n̥i$^{44}$zɯ$^{33}$ɲi$^{33}$a$^{21}$to$^{21}$sɿ$^{33}$mo$^{44}$li$^{33}$，ma$^{33}$po$^{33}$ɲi$^{33}$tɕho$^{21}$to$^{33}$。

女儿不能端坐时，背靠竹篼坐。

033. [illegible]

a$^{44}$mo$^{33}$n̥i$^{44}$zɯ$^{33}$ɲi$^{33}$，ʑu̠$^{33}$lo$^{44}$mu$^{44}$ɲi$^{21}$khu̠$^{33}$，

妈妈的女儿哟，长到两岁时，

034. [illegible]

pha$^{55}$li$^{33}$tɔ$^{33}$gu$^{55}$ɲi$^{33}$，pha$^{55}$khɯ$^{33}$pha$^{55}$ɲɔ$^{33}$ɬu$^{55}$，

父亲怀里坐，善观父脸色，

035. [illegible]

xɯ$^{33}$vi$^{33}$dza$^{44}$tshi$^{33}$tʂa$^{33}$，ha$^{33}$o$^{33}$ŋo$^{44}$tɕu̠$^{33}$tɕu̠$^{33}$。

香肉拌饭吃，吃着香又甜。

036. [illegible]

hi$^{55}$a$^{21}$to$^{21}$sɿ$^{33}$mo$^{44}$li$^{33}$，hi$^{55}$mu$^{33}$hi$^{55}$tɕho$^{21}$ʂɯ$^{21}$，

ka$^{33}$ha$^{55}$ʑi$^{44}$zi$^{33}$hi$^{55}$tɕho$^{21}$to$^{33}$。

未能站稳时，站时找撑点，靠着火塘上方柱子站。

037. [illegible]，[illegible]，

a$^{44}$mo$^{33}$n̥i$^{44}$zɯ$^{33}$ȵi$^{33}$，ʐu̠$^{33}$lo$^{33}$mu$^{44}$sɔ$^{33}$khu$^{55}$，

妈妈的女儿哟，长到三岁时，

038. [illegible]，[illegible]；

ȵi$^{33}$ɣa$^{33}$ȵi$^{33}$tɕho$^{21}$ʂɯ$^{21}$，ka$^{55}$lu$^{21}$a$^{44}$tʂhɿ$^{33}$ȵi$^{33}$tɕho$^{21}$mu$^{33}$；

坐时找坐伴，锅庄石做坐伴；

039. [illegible]，[illegible]；

hi$^{55}$ɣa$^{33}$hi$^{55}$tɕho$^{21}$ʂɯ$^{21}$，ʑe$^{33}$gu̠$^{33}$zo$^{33}$bo$^{33}$hi$^{55}$tɕho$^{21}$mu$^{33}$；

站时找站伴，家中柱子做站伴；

040. [illegible]，[illegible]。

bi$^{33}$a$^{21}$to$^{21}$sɿ$^{33}$mo$^{44}$li$^{33}$，a$^{44}$mo$^{33}$mbo$^{33}$m̥ɿ$^{33}$bi$^{33}$tɕho$^{21}$mu$^{33}$。

蹒跚难起步时，抓着母亲裙边走。

041. [illegible]，[illegible]，

a$^{44}$mo$^{33}$n̥i$^{44}$zɯ$^{33}$ȵi$^{33}$，ʐu̠$^{33}$lo$^{33}$mu$^{44}$ɬɿ$^{33}$khu$^{55}$，

妈妈的女儿哟，长到四岁时，

042. [illegible]，[illegible]，

vɿ$^{55}$gu$^{21}$vɿ$^{55}$lɯ$^{21}$tɕo$^{33}$，ma$^{33}$tɕe$^{33}$lo$^{55}$pho$^{21}$tsɿ̠$^{33}$，

姐姐身边转，手持小竹棍，

043. [illegible]，

ndʑe$^{33}$gu$^{21}$ndʑe$^{33}$ki$^{33}$vi$^{55}$la$^{33}$va$^{33}$ŋgo$^{55}$ndʑɔ$^{33}$，

房前房后撵猪鸡，

044. [illegible]，[illegible]。

vɿ$^{55}$ȵi$^{33}$dʐɿ$^{55}$tɕho$^{21}$to$^{21}$，m̥a$^{21}$tsɿ$^{55}$mu̠$^{44}$zɯ$^{33}$tsɿ$^{55}$tɕho$^{21}$to$^{21}$。

姐姐瞪凶眼，哥哥骂恶语。

045. [illegible]

a$^{44}$mo$^{33}$n̥i$^{44}$zɯ$^{33}$ȵi$^{33}$，ʑu̠$^{33}$ɣa$^{33}$mu$^{44}$ŋɯ$^{33}$khu$^{55}$，

妈妈的女儿哟，长到五岁时，

046. [illegible]

pha$^{55}$gu$^{21}$pha$^{55}$lɯ$^{33}$tɕo$^{33}$，pha$^{55}$li$^{33}$ndu$^{21}$tɕho$^{21}$to$^{33}$，

父母身边转，父亲假装打，

047. [illegible]

mo$^{21}$li$^{33}$n̥a$^{55}$tɕho$^{21}$to$^{33}$，n̥i$^{44}$zɯ$^{33}$ȵɔ$^{33}$bɿ$^{33}$ɕɿ̠$^{33}$ɕɿ̠$^{33}$ka$^{33}$。

母亲总要哄，女儿泪汪汪。

048. [illegible]

a$^{44}$mo$^{33}$n̥i$^{44}$zɯ$^{33}$ȵi$^{33}$，ʑu̠$^{33}$ɣa$^{33}$mo$^{44}$fu$^{55}$khu$^{55}$，

妈妈的女儿哟，长到六岁时，

049. [illegible]

xa$^{55}$khu$^{33}$n̥i$^{33}$i$^{55}$dɯ$^{33}$，ŋga$^{21}$vu$^{55}$n̥i$^{33}$ȵi$^{33}$dɯ$^{33}$，

内屋是女儿住处，屋檐是女儿坐处，

050. [illegible]

ndʑe$^{33}$gu$^{21}$n̥i$^{33}$tɕhe$^{33}$dɯ$^{33}$，vu$^{21}$lu$^{55}$n̥i$^{33}$gɯ$^{21}$dɯ$^{33}$。

院子是女儿玩处，邻居是女儿串处。

051. [illegible]

dʑɿ$^{55}$mu$^{33}$dʑɿ$^{55}$tɕho$^{21}$ʂɯ$^{21}$，a$^{33}$ho$^{33}$tɕho$^{21}$ɣo$^{33}$ʐɯ$^{44}$，

寻找小朋友，常邀一群小友玩，

052. [illegible]

lu̠$^{33}$tɕɔ$^{33}$xɯ$^{44}$dʑɿ$^{33}$mu$^{33}$，m̥u$^{44}$ʂɿ$^{33}$dza$^{21}$ma$^{33}$mu$^{33}$，

石板当作锅，沙粒当作饭，

053. [illegible]，[illegible]，

sɿ̱$^{33}$tɕhi$^{33}$i$^{55}$tʂhɿ$^{21}$mu$^{33}$，ma$^{33}$du$^{33}$sɿ̱$^{33}$mu$^{33}$tɕe$^{33}$，

树叶当作勺，竹签当柴火，

054. [illegible]，[illegible]。

ka$^{55}$lu$^{21}$dza$^{21}$dza$^{33}$ti$^{33}$，ʑi$^{33}$gu$^{44}$ʑi$^{33}$lɯ$^{44}$gɯ$^{21}$li$^{33}$vɯ$^{44}$。

办起锅锅宴，房前房后跑得欢。

055. [illegible]，[illegible]，

a$^{44}$mo$^{33}$n̥i$^{44}$zɯ$^{33}$ȵi$^{33}$，zu̱$^{33}$ɣa$^{33}$ʂɿ$^{21}$khu̱$^{33}$hi$^{55}$khu̱$^{33}$lo$^{44}$hi$^{33}$nɯ$^{33}$，

妈妈的女儿哟，长到七八岁后，

056. [illegible]，[illegible]，

thi$^{44}$mo$^{33}$a$^{44}$dʐɔ$^{33}$tʂa$^{33}$，ʂo$^{33}$bo$^{33}$bo$^{44}$dʐɔ$^{33}$gu$^{33}$，

一件破毛衫，一件旧蓑衣，

057. [illegible]，[illegible]，

ʂa$^{21}$ɬa$^{55}$n̥i$^{44}$dʑe$^{33}$gu$^{33}$，ɬu$^{55}$bu$^{21}$a$^{44}$dʐɔ$^{33}$ma$^{33}$，

一条红童裙，一顶破斗笠，

058. [illegible]，[illegible]，

dʐɯ̱$^{33}$go$^{33}$dʐɯ̱$^{33}$ɣa$^{33}$hi$^{55}$li$^{33}$vɯ$^{44}$，dza$^{33}$ʐɿ$^{55}$dza$^{33}$mo$^{44}$hi$^{55}$li$^{33}$vɯ$^{44}$，

放牧跟着走，收割跟着站，

059. [illegible]，[illegible]。

zu$^{21}$du̱$^{33}$zu$^{21}$ɣa$^{33}$ŋgu̱$^{33}$li$^{33}$vɯ$^{44}$，ʂa$^{33}$du̱$^{33}$ʂa$^{33}$ɣa$^{33}$ŋgu̱$^{33}$li$^{33}$vɯ$^{44}$。

收青稞拾青稞，收小麦拾小麦。

060. [illegible]，[illegible]，

a$^{44}$mo$^{33}$n̥i$^{44}$zɯ$^{33}$ȵi$^{33}$，ʂa$^{33}$dzi$^{33}$va$^{55}$ɣa$^{33}$dzu̱$^{33}$，

妈妈的女儿哟，辛苦在野外，

061. [illegible]

ʂɯ$^{21}$tɯ$^{21}$dʐʅ$^{33}$ȵe$^{55}$nɯ$^{33}$，n̥i$^{44}$ʂa$^{33}$vi$^{55}$ɣa$^{33}$ŋgo$^{55}$，

vi$^{55}$go$^{33}$dʑo$^{21}$go$^{33}$ʂa$^{33}$，

天亮以后呢，叫女跟猪去，放猪在坝上，

062. [illegible]

vi$^{55}$ȵi$^{33}$n̥i$^{44}$mo$^{33}$gu$^{33}$，n̥i$^{33}$mo$^{33}$lʅ$^{33}$gu$^{21}$gu$^{21}$，

猪对女儿有情感，面对女儿哼哼叫，

063. [illegible]

n̥i$^{44}$ȵi$^{33}$vi$^{55}$mo$^{33}$gu$^{33}$，vi$^{55}$mo$^{33}$ve$^{33}$phu$^{21}$phu$^{21}$。

女儿也对猪有情感，放牧猪群精神爽。

064. [illegible]

ma$^{21}$ɬo$^{21}$dʐʅ$^{33}$ȵe$^{55}$nɯ$^{33}$，vi$^{55}$n̥o$^{21}$lo$^{33}$ɣa$^{33}$ʂa$^{33}$，vi$^{55}$dʑo$^{33}$ȵɔ$^{33}$a$^{21}$mo$^{33}$，

下午的时候，赶猪进林中，猪影失林中，

065. [illegible]

n̥i$^{44}$zɯ$^{33}$di$^{33}$ndu$^{44}$vi$^{55}$ɣa$^{33}$ŋgo$^{55}$bo$^{33}$vɯ$^{44}$。

女儿捶胸顿足在林边。

066. [illegible]

bu$^{21}$dzi$^{33}$dʐʅ$^{33}$ȵe$^{55}$nɯ$^{33}$，tsʅ$^{21}$ko$^{33}$vi$^{55}$ŋgo$^{33}$la$^{33}$，

vi$^{55}$ŋgo$^{33}$tsʅ$^{21}$xo$^{21}$nɔ$^{33}$la$^{33}$vɯ$^{44}$，

到了黄昏时，猪从沼泽边回来，猪回后天已黑了，

067. [illegible]

n̥i$^{44}$ŋgo$^{33}$mo$^{21}$do$^{21}$thi$^{33}$la$^{33}$vɯ$^{44}$，mo$^{21}$tɯ$^{21}$n̥i$^{33}$dza$^{33}$tʂa$^{33}$la$^{33}$vɯ$^{44}$，

女儿归来报母亲，母亲为女儿上饭菜，

068. [illegible]

n̥i$^{44}$ȵi$^{33}$pha$^{55}$so$^{55}$tsha$^{33}$ɬɔ$^{33}$ɬɔ$^{33}$la$^{33}$vɯ$^{44}$，

mo$^{21}$ȵi$^{33}$tɕi$^{33}$bu$^{33}$ʅ$^{21}$ti$^{21}$ti$^{21}$la$^{33}$vɯ$^{44}$。

女儿感觉浑身暖洋洋，母亲也觉得无比欣慰。

069. 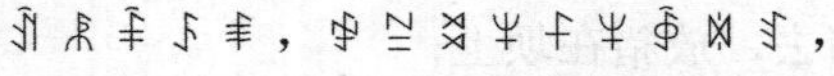

a$^{44}$mo$^{33}$n̥i$^{44}$zɯ$^{33}$ȵi$^{33}$，ʐu̠$^{33}$ɣa$^{33}$gu$^{33}$khu$^{55}$tshi$^{33}$khu$^{55}$lo$^{44}$hi$^{33}$nɯ$^{33}$，

妈妈的女儿哟，长到九、十岁后，

070. 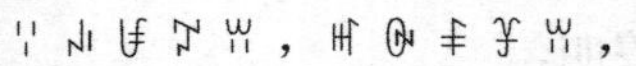

khɯ$^{33}$dʐʅ$^{33}$pu̠$^{33}$ʅ$^{21}$ʅ$^{21}$，ʂa$^{33}$ɬa$^{55}$n̥i$^{44}$dʑe$^{33}$dʑe$^{33}$，

耳坠摇摇垂两肩，红裙闪闪穿在身，

071. 

vi$^{55}$si$^{21}$ga$^{55}$si$^{21}$tʂha$^{33}$gu$^{21}$gu$^{21}$，ku$^{33}$si$^{21}$li$^{33}$si$^{44}$tʂʅ$^{33}$ʅ$^{33}$ʅ$^{33}$，

穿戴见利落，姿容显端庄，

072. 

ʑi$^{33}$si$^{21}$ka$^{33}$si$^{44}$ʑɔ$^{33}$gu$^{21}$gu$^{21}$。

协理家务已娴熟。

073. 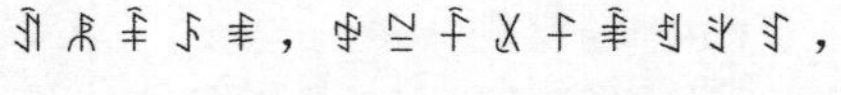

a$^{44}$mo$^{33}$n̥i$^{44}$zɯ$^{33}$ȵi$^{33}$，ʐu̠$^{33}$ɣa$^{33}$tshi$^{44}$tsʅ$^{33}$tshi$^{33}$ȵi$^{44}$khu̠$^{33}$ko$^{33}$nɯ$^{33}$，

妈妈的女儿哟，长到十一二岁后，

074. 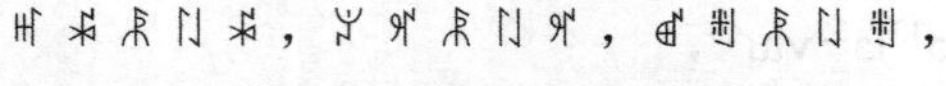

ʂa$^{33}$dzʅ$^{33}$mo$^{33}$la$^{33}$dzʅ$^{33}$，vi$^{55}$gu$^{55}$mo$^{33}$la$^{33}$gu$^{55}$，

ʑi$^{55}$tʂhʅ$^{21}$mo$^{33}$la$^{33}$tʂhʅ$^{21}$，

见人纺线她学纺，见人缝衣她学缝，见人织布她学织，

075. 

kha$^{33}$hɯ$^{21}$i$^{21}$zo$^{33}$lu$^{33}$，kha$^{33}$mu$^{33}$ʑɔ$^{44}$phe$^{33}$phe$^{33}$。

事事勤奋学，件件都灵活。

076. 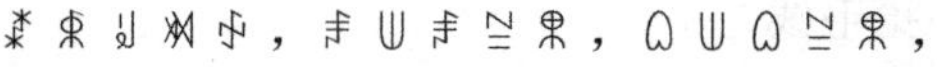

tsɿ$^{55}$tʂha$^{33}$le$^{33}$ba$^{33}$go$^{55}$，ɬu$^{55}$du̱$^{33}$ɬu$^{55}$ɣa$^{33}$ŋgo$^{55}$，

ȵo$^{21}$du̱$^{33}$ȵo$^{21}$ɣa$^{33}$ŋgo$^{55}$，

肩上扛锄头，有牧放牧去，有活做活去，

077. 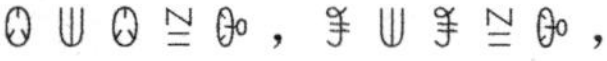

tɕho$^{21}$du̱$^{33}$tɕho$^{21}$ɣa$^{33}$tɕho$^{33}$，ɣo$^{33}$du̱$^{33}$ɣo$^{33}$ɣa$^{33}$tɕho$^{33}$，

有伴随伴玩，有亲陪亲玩，

078. 

vi$^{21}$la$^{33}$vi$^{21}$ɣa$^{33}$tsɿ$^{33}$，do$^{21}$thi$^{33}$su̱$^{33}$lu̱$^{33}$lu̱$^{33}$。

有客便待客，说话口才好。

079. 

a$^{44}$mo$^{33}$n̥i$^{44}$zɯ$^{33}$ȵi$^{33}$，ʑu̱$^{33}$ɣa$^{33}$tshi$^{44}$sɔ$^{33}$tshi$^{44}$lɿ$^{33}$khu$^{55}$ko$^{33}$nɯ$^{33}$，

妈妈的女儿哟，长到十三四岁后，

080. 

ʑo$^{21}$gɯ$^{21}$ʂa$^{33}$bu̱$^{33}$si$^{21}$，ma$^{33}$tsɿ$^{33}$po$^{21}$li$^{21}$tʂa$^{33}$，

学会捻线了，腰佩捻线兜一个，

081. 

ʂa$^{33}$vu̱$^{33}$phɿ$^{21}$dzɿ$^{33}$tɕi$^{33}$，ʂa$^{33}$li$^{21}$lo$^{55}$sa$^{33}$zi$^{33}$，

头戴短坠子一把，手持羊毛团，

082. 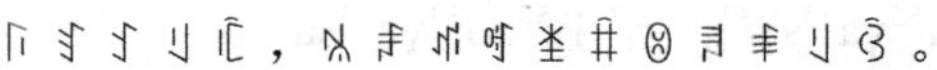

ȵi$^{21}$nɯ$^{33}$ho$^{33}$li$^{33}$tɕɿ$^{44}$，

bu̱$^{33}$ɬu$^{55}$bu$^{33}$gɯ$^{21}$bo$^{33}$dʑi$^{44}$ka$^{21}$thɔ$^{33}$ȵi$^{33}$li$^{33}$vɯ$^{44}$。

白天满山跑，坐在山头上去放牧。

083. 

vɿ$^{21}$lo$^{55}$ʂa$^{33}$bu̱$^{33}$si$^{21}$，ʑi$^{21}$lo$^{55}$ʂa$^{33}$ɕi$^{33}$ŋgo$^{33}$，

左手拿羊毛，右手捻毛线，

084. [illegible]

vɿ$^{33}$lo$^{55}$ʂa$^{33}$vu̠$^{33}$bɿ$^{21}$da$^{33}$si$^{21}$，ʑi$^{21}$lo$^{55}$ʂa$^{33}$ȵe$^{33}$dzi$^{33}$sɿ$^{33}$pe$^{33}$。

左手拿坠子板，右手羊毛如云飘。

085. [illegible]

ʂa$^{33}$vu̠$^{33}$pu̠$^{33}$ɬ$^{21}$ɬ$^{21}$，ʂa$^{33}$ɕi$^{33}$dʑo$^{21}$ȵe$^{33}$ȵe$^{33}$，

坠子转溜溜，毛线细匀匀，

086. [illegible]

ʑo$^{33}$dʑo$^{33}$tɕhu$^{44}$ndʑe$^{33}$ndʑe$^{33}$，ʑo$^{33}$mo$^{33}$dʑe$^{44}$thɔ$^{33}$thɔ$^{33}$。

吃草羊群白茫茫，羊群叫声声声脆。

087. [illegible]

bu$^{21}$dzi$^{33}$dʑɿ$^{33}$ȵe$^{55}$nɯ$^{33}$，ȵi$^{44}$ʑo$^{33}$dʑo$^{33}$ho$^{33}$phu$^{55}$，

ʑo$^{33}$tɕo$^{33}$bo$^{33}$ɕɿ$^{33}$dʑo$^{33}$。

太阳偏西后，牛羊叫声欢，羊回山脚下。

088. [illegible]

n̥i$^{33}$tɕo$^{33}$bo$^{44}$o$^{33}$ȵi$^{33}$ko$^{33}$nɯ$^{33}$，la$^{55}$n̥i$^{33}$dʑi$^{44}$ho$^{33}$ŋo$^{33}$，

la$^{55}$la$^{33}$ʑo$^{44}$phu$^{33}$pi$^{33}$，

女儿回到山头上坐时，可恨的豺狼，冲入羊群中，

089. [illegible]

n̥i$^{44}$zɯ$^{33}$lu̠$^{33}$ŋgu̠$^{33}$la$^{55}$ɣa$^{33}$ʂa$^{33}$，ʂɿ$^{33}$ɬ$^{55}$ʑo$^{33}$ɣa$^{33}$ʂa$^{33}$，

女儿掷石打豺狼，用毡赶羊群，

090. [illegible]

la$^{55}$ho$^{33}$lo$^{33}$ko$^{33}$tsi$^{21}$，ʑo$^{33}$ho$^{33}$ndi$^{21}$ko$^{33}$ʂa$^{33}$，

si$^{21}$da$^{21}$a$^{21}$si$^{21}$ȵi$^{33}$a$^{21}$dʑi$^{33}$。

轰狼入林中，唤羊到坝上，不知叼去了没有。

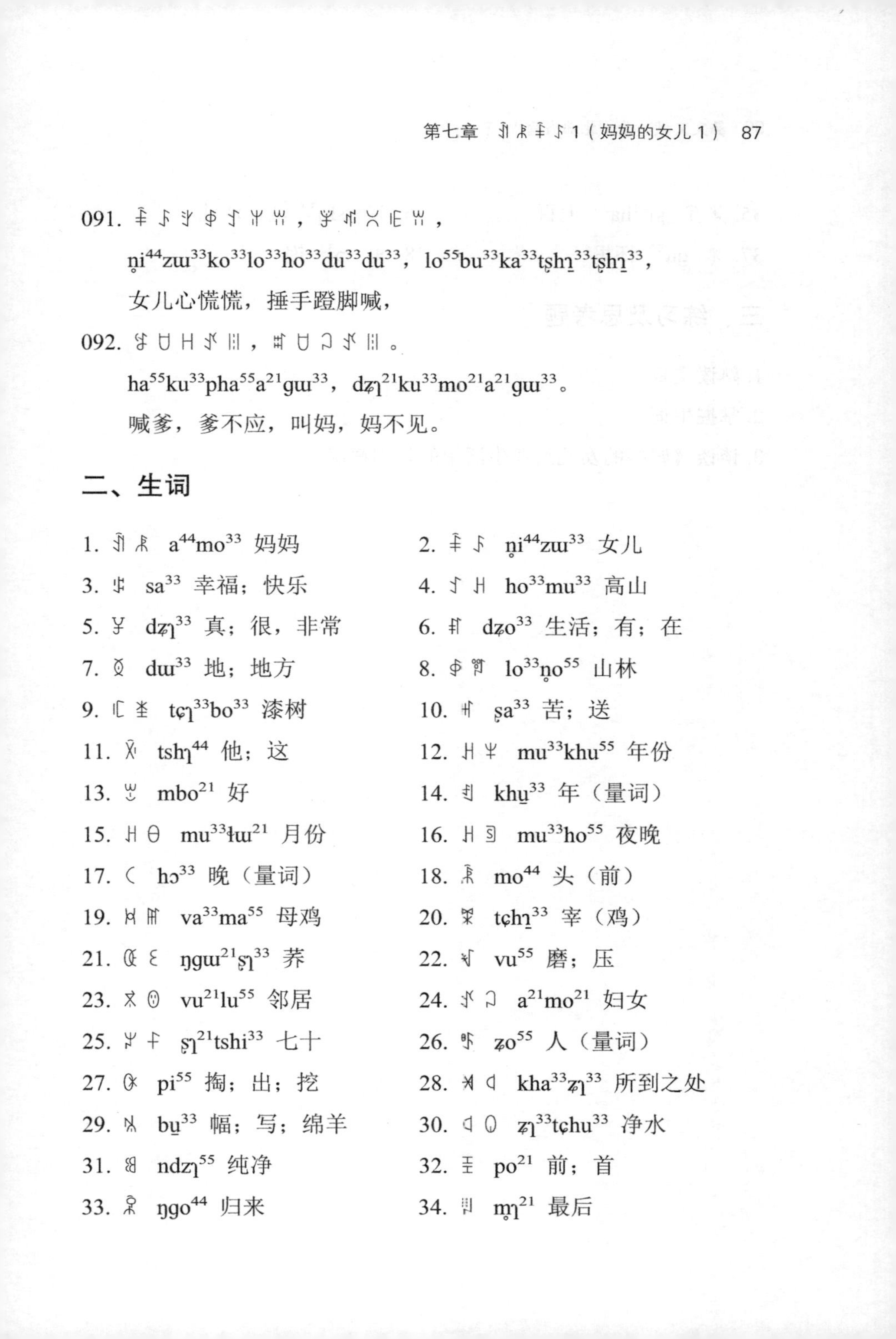

091. ，，

n̥i$^{44}$zɯ$^{33}$ko$^{33}$lo$^{33}$ho$^{33}$du$^{33}$du$^{33}$，lo$^{55}$bu$^{33}$ka$^{33}$tʂhʅ̱$^{33}$tʂhʅ̱$^{33}$，

女儿心慌慌，捶手蹬脚喊，

092. ，。

ha$^{55}$ku$^{33}$pha$^{55}$a$^{21}$gɯ$^{33}$，dʑʅ$^{21}$ku$^{33}$mo$^{21}$a$^{21}$gɯ$^{33}$。

喊爹，爹不应，叫妈，妈不见。

## 二、生词

1. a$^{44}$mo$^{33}$ 妈妈
2. n̥i$^{44}$zɯ$^{33}$ 女儿
3. sa$^{33}$ 幸福；快乐
4. ho$^{33}$mu$^{33}$ 高山
5. dʑʅ$^{33}$ 真；很，非常
6. dʑo$^{33}$ 生活；有；在
7. dɯ$^{33}$ 地；地方
8. lo$^{33}$n̥o$^{55}$ 山林
9. tɕʅ$^{33}$bo$^{33}$ 漆树
10. ʂa̱$^{33}$ 苦；送
11. tshʅ$^{44}$ 他；这
12. mu$^{33}$khu$^{55}$ 年份
13. mbo$^{21}$ 好
14. khu̱$^{33}$ 年（量词）
15. mu$^{33}$ɬɯ$^{21}$ 月份
16. mu$^{33}$ho$^{55}$ 夜晚
17. hɔ$^{33}$ 晚（量词）
18. mo$^{44}$ 头（前）
19. va$^{33}$ma$^{55}$ 母鸡
20. tɕhʅ̱$^{33}$ 宰（鸡）
21. ŋgɯ$^{21}$ʂʅ$^{33}$ 荞
22. vu$^{55}$ 磨；压
23. vu$^{21}$lu$^{55}$ 邻居
24. a$^{21}$mo$^{21}$ 妇女
25. ʂʅ$^{21}$tshi$^{33}$ 七十
26. ʑo$^{55}$ 人（量词）
27. pi$^{55}$ 掏；出；挖
28. kha$^{33}$ʑʅ$^{33}$ 所到之处
29. bu̱$^{33}$ 幅；写；绵羊
30. ʑʅ$^{33}$tɕhu$^{33}$ 净水
31. ndzʅ$^{55}$ 纯净
32. po$^{21}$ 前；首
33. ŋgo$^{44}$ 归来
34. m̥ʅ$^{21}$ 最后

35. ꏃ ꉙ ʂɿ[21]ha[33] 七百

36. ꊪ tshɿ[33] 洗；洗礼

37. ꇬ gu[55] 怀里

38. ꄀ tɔ[33] 抱

## 三、练习及思考题

1. 熟读文章。

2. 掌握生词。

3. 谈谈《妈妈的女儿》在生活中的使用情况。

# 第八章 [illegible] 2（妈妈的女儿 2）

本章主要讲述了父母对女儿的议婚和逼婚过程。本章节选自《妈妈的女儿》（2009）。

## 一、彝文、国际音标标注及汉译

001. [illegible]，

a$^{44}$mo$^{33}$n̥i$^{44}$zɯ$^{33}$ȵi$^{33}$，

妈妈的女儿哟，

002. [illegible]，[illegible]，

ʑu̠$^{33}$ɣa$^{33}$tshi$^{33}$fu$^{55}$tshi$^{33}$ʂʅ$^{44}$khu̠$^{33}$ko$^{33}$nɯ$^{33}$，vi$^{55}$sɿ̠$^{33}$ga$^{55}$ʂo$^{21}$ndʐa$^{55}$，

长到十六七岁后，穿着懂打扮，

003. [illegible]，[illegible]，

kha$^{44}$la$^{33}$ʑʅ$^{44}$su$^{33}$su$^{33}$，kha$^{44}$ndʑɔ$^{33}$ɬ$^{21}$ti$^{21}$ti$^{21}$，

入门笑满面，出门容止端，

004. [illegible]，[illegible]，

kha$^{33}$hi$^{21}$kha$^{44}$ndzɯ$^{33}$ndzɯ$^{33}$，kha$^{33}$hɯ$^{21}$kha$^{33}$mu$^{33}$ndʐa$^{55}$，

伶俐会言谈，美丽又大方，

005. [illegible]

ɣo$^{44}$du̠$^{33}$ɣo$^{33}$tɕho$^{33}$phi$^{33}$，sa$^{55}$du̠$^{33}$sa$^{55}$tɕho$^{33}$phi$^{33}$。

陪伴姻亲有礼貌，亲戚中间传美名。

006. [illegible]

n̥i$^{44}$ʑu̠$^{33}$tshɿ$^{21}$thɯ$^{33}$ɕi$^{33}$ko$^{33}$nɯ$^{33}$，

女儿长成这样后，

007. [illegible]

pha$^{55}$ȵi$^{33}$n̥i$^{44}$fu̠$^{33}$ndzi$^{33}$，mu̠$^{44}$ȵi$^{33}$dʐɯ$^{33}$dzɯ$^{33}$ndzi$^{33}$。

爸爸为嫁女而叨念，兄弟为彩礼在盘算。

008. [illegible]

mu$^{33}$ɭ$^{21}$ʂu$^{33}$khu$^{55}$nɯ$^{33}$，a$^{21}$bo$^{33}$a$^{44}$mo$^{33}$ȵi$^{33}$，ma$^{55}$ɭ$^{33}$ɭ$^{33}$mu$^{33}$dʑi$^{44}$，

从这一年开始，爸爸和妈妈呢，言行异从前，

009. [illegible]

m̥a$^{21}$tsɿ$^{55}$mu̠$^{44}$zɯ$^{33}$ȵi$^{33}$，ma$^{55}$ɭ$^{33}$ɭ$^{33}$mu$^{33}$dʑi$^{44}$，

哥哥和弟弟呢，言行也有变，

010. [illegible]

n̥i$^{44}$zɯ$^{33}$he$^{33}$mo$^{21}$ȵi$^{33}$，ma$^{55}$ɭ$^{33}$ɭ$^{33}$mu$^{33}$dʑi$^{44}$。

女儿的心思，从此生疑端。

011. [illegible]

a$^{44}$mo$^{33}$n̥i$^{44}$zɯ$^{33}$ȵi$^{33}$，ʂɯ$^{21}$tɯ$^{21}$dʐɿ$^{33}$ȵe$^{55}$nɯ$^{33}$，

妈妈的女儿哟，清晨迎朝阳时，

012. [illegible]

ȵi$^{33}$ʑo$^{33}$me$^{21}$kɯ$^{44}$n̥o$^{21}$，ʂa$^{33}$dʐɿ$^{33}$ʑo$^{33}$ɣa$^{33}$tɕho$^{33}$，

羊群赶在前面，捻线随着羊后，

013. [illegible]

bu$^{33}$go$^{33}$ʑi$^{33}$ha$^{55}$ŋga$^{33}$，gɯ$^{33}$tɯ$^{21}$bo$^{33}$dʐʅ̱$^{44}$du̱$^{33}$，

赶羊屋后过，朝阳挂山巅，

014. [illegible]，[illegible]！

ʂɯ$^{21}$tɯ$^{21}$ho$^{33}$bu$^{33}$ɕʅ$^{33}$，ʂɯ$^{21}$tɯ$^{21}$ho$^{33}$ŋo$^{33}$ȵi$^{33}$！

早晨的阳光，好像藏寒意！

015. [illegible]，[illegible]，

n̥i$^{44}$zɯ$^{33}$a$^{21}$ni$^{21}$bo$^{44}$o$^{33}$ȵi$^{33}$ko$^{33}$nɯ$^{33}$，tɕe$^{55}$ʂʅ̱$^{33}$gu$^{33}$bu̱$^{33}$vi$^{55}$，

女儿坐在阿尼山头上时，身披九幅毡，

016. [illegible]，[illegible]，

a$^{21}$ni$^{21}$bo$^{33}$dʑu$^{55}$ȵi$^{33}$ko$^{33}$nɯ$^{33}$，ȵi$^{33}$ʐo$^{33}$dʑɔ$^{33}$ʂu̱$^{33}$tɕhi$^{21}$，

女儿坐在阿尼山腰时，牧群归来满草坝，

017. [illegible]，[illegible]。

a$^{21}$ni$^{21}$bo$^{33}$mʅ$^{33}$ȵi$^{33}$ko$^{33}$nɯ$^{33}$，ŋgɯ$^{33}$ve$^{33}$n̥i$^{44}$xo$^{33}$ʂʅ$^{44}$kɯ$^{33}$vɯ$^{44}$。

女儿坐在阿尼山脚时，荞花正在吐芬芳。

018. [illegible]，

a$^{44}$mo$^{33}$n̥i$^{44}$zɯ$^{33}$ȵi$^{33}$，

妈妈的女儿哟，

019. [illegible]，[illegible]，

ʂʅ$^{21}$mu$^{33}$khɯ$^{55}$la$^{33}$vɯ$^{44}$，ʂʅ$^{21}$go$^{55}$dzi$^{33}$la$^{33}$vɯ$^{44}$，

天色将晚了，夕阳西下了，

020. [illegible]，[illegible]，

a$^{44}$dʑi$^{33}$ho$^{33}$ɣa$^{33}$ŋgo$^{33}$la$^{33}$vɯ$^{44}$，a$^{33}$tʂa$^{55}$ho$^{21}$ɣa$^{33}$ŋgo$^{33}$la$^{33}$vɯ$^{44}$，

乌鸦回山了，喜鹊归坝了，

021. [illegible]，[illegible]，

ni$^{21}$zɯ$^{33}$ni$^{21}$mu$^{33}$ŋgo$^{33}$la$^{33}$vɯ$^{44}$，xɔ$^{33}$zɯ$^{33}$xɔ$^{33}$mu$^{33}$ŋgo$^{33}$la$^{33}$vɯ$^{44}$，

彝人回彝乡了，汉人归汉地了，

022. [illegible]

bo$^{44}$o$^{33}$ɬu$^{55}$su$^{33}$ŋgo$^{33}$la$^{33}$vɯ$^{44}$，lo$^{33}$dʑo$^{44}$mo$^{33}$su$^{33}$ŋgo$^{33}$la$^{33}$vɯ$^{44}$，

山中牧者归来了，谷里耕者归来了，

023. [illegible]

dʑo$^{21}$ko$^{33}$tsɿ$^{55}$su$^{33}$ŋgo$^{33}$la$^{33}$vɯ$^{44}$，

坝上锄者归来了，

024. [illegible]

bu$^{33}$ŋgo$^{33}$ʑi$^{33}$ha$^{55}$nɔ$^{33}$la$^{33}$vɯ$^{44}$，dzɿ$^{55}$ŋgo$^{33}$va$^{55}$tɕe$^{33}$tɕhu$^{33}$la$^{33}$vɯ$^{44}$，

绵羊归来盖后山，山羊归来满岩坡，

025. [illegible]

ʑe$^{33}$ŋgo$^{33}$ŋga$^{21}$vu$^{55}$ʂɿ$^{33}$la$^{33}$vɯ$^{44}$，n̥i$^{44}$ŋgo$^{33}$mo$^{21}$dʐɿ$^{44}$ɕi$^{33}$la$^{33}$vɯ$^{44}$。

鸡群归来黄院坝，女儿归来母旁坐。

026. [illegible]

a$^{44}$mo$^{33}$n̥i$^{44}$zɯ$^{33}$ȵi$^{33}$，li$^{21}$ʑi$^{33}$ʂɿ$^{33}$vu$^{55}$ɕi$^{33}$la$^{33}$ko$^{33}$nɯ$^{33}$，

妈妈的女儿哟，女儿回到家里时，

027. [illegible]

a$^{21}$bo$^{33}$a$^{33}$ko$^{44}$ko$^{33}$ma$^{21}$dʑo$^{33}$，a$^{21}$bo$^{33}$a$^{33}$ko$^{44}$ȵi$^{33}$！

不见爸爸在家中，爸爸阿果呢！

028. [illegible]

khɯ$^{33}$si$^{33}$hi$^{55}$ŋgo$^{55}$bo$^{33}$ʂu$^{33}$kha$^{44}$，

khɯ$^{21}$mo$^{21}$a$^{55}$ko$^{21}$ŋga$^{21}$vu$^{55}$i$^{55}$ʑi$^{21}$sɿ$^{33}$；

以为打猎去了，可猎狗阿各还在屋檐下；

029. [illegible]

bu$^{33}$ʐʅ$^{21}$dʑi$^{33}$ʂa$^{33}$bo$^{33}$ʂu$^{33}$kha$^{44}$,

ndʑi$^{33}$tɕhu$^{33}$tɕe$^{44}$zɯ$^{33}$ʑi$^{55}$lo$^{33}$dʐu̠$^{33}$ʑi$^{21}$sɿ$^{33}$;

以为远征杀敌去了，可弓箭还在屋楼上；

030. [illegible]；

mu$^{21}$hi$^{21}$n̥o$^{21}$hi$^{21}$bo$^{33}$ʂu$^{33}$kha$^{44}$,

mu$^{21}$ndʑi$^{55}$ŋo$^{44}$zɯ$^{33}$ka$^{44}$pha$^{33}$i$^{55}$ʑi$^{21}$sɿ$^{33}$;

以为说案去了，可骏马欧惹还在隔屋里；

031. [illegible]；

hi$^{33}$mu$^{33}$ga$^{44}$ʂu$^{33}$bo$^{33}$ʂu$^{33}$kha$^{44}$,

lɯ$^{21}$pu$^{33}$lɯ$^{33}$ɬɿ$^{55}$xa$^{55}$bo$^{33}$dʐʅ$^{21}$ʑi$^{21}$sɿ$^{33}$;

以为外出游走了，可獐皮口袋还在屋柱上；

032. [illegible]；

mu$^{44}$mo$^{33}$ha$^{33}$tsɿ$^{55}$bo$^{33}$ʂu$^{33}$kha$^{44}$,

sɿ̠$^{33}$gu$^{55}$la$^{33}$ta$^{33}$mo$^{21}$thu$^{21}$le$^{44}$nɔ$^{33}$dʐɔ$^{33}$ʑi$^{21}$sɿ$^{33}$;

以为耕地开荒去了，可犁头枷档还在门槛边；

033. [illegible]。

hɯ$^{33}$ŋgo$^{55}$hɯ$^{33}$ɕe$^{33}$bo$^{33}$ʂu$^{33}$kha$^{55}$,

hɯ$^{33}$ɕe$^{33}$ma$^{33}$tɕe$^{33}$ŋga$^{21}$vu$^{55}$ndi$^{55}$ʑi$^{21}$sɿ$^{33}$。

以为捕鱼网鱼去了，可渔网鱼叉还在屋檐下。

034. [illegible]，

n̥i$^{44}$zɯ$^{33}$ʂɯ$^{21}$lo$^{44}$ʂɯ$^{21}$lo$^{44}$mu$^{33}$，ʂɯ$^{21}$n̥o$^{44}$ʑi$^{33}$ha$^{55}$ɕi$^{33}$,

女儿四处找父亲，找到屋后面，

035. [illegible]；

ʑi$^{33}$ha$^{55}$ndʑi$^{33}$su$^{33}$sɔ$^{33}$tshu̠$^{33}$ɲi$^{33}$，a$^{21}$bo$^{33}$a$^{33}$ko$^{44}$ko$^{33}$ma$^{21}$tɕho$^{33}$;

见屋后有人在交谈，不见我父亲阿果；

036. [illegible]，

ʂɯ$^{21}$n̥o$^{44}$ʑi$^{33}$dʐʅ$^{44}$ɕi$^{33}$，

找到屋前面，

037. [illegible]，[illegible]。

ʑi$^{33}$dʐʅ$^{44}$ndzi$^{33}$su$^{33}$sɔ$^{33}$tshu̱$^{33}$ȵi$^{33}$，a$^{21}$bo$^{33}$a$^{33}$ko$^{44}$ko$^{44}$tɕho$^{33}$lo$^{44}$。

屋前三堆人在议，我的父亲果然在其中。

038. [illegible]？

ɕi$^{44}$gɯ$^{33}$ndzi$^{33}$ʂu$^{33}$kha$^{44}$？

他们何所议？

039. [illegible]，[illegible]，

tshʅ$^{44}$ȵi$^{33}$tshʅ$^{55}$la$^{33}$vi$^{44}$zɯ$^{33}$ndzi$^{33}$dɯ$^{21}$lo$^{44}$，

ɣo$^{33}$la$^{33}$sa$^{55}$zɯ$^{33}$ndzi$^{33}$dɯ$^{21}$lo$^{44}$，

原来家族人在议，原来姻族人在议，

040. [illegible]，[illegible]，

a$^{33}$ɬɯ$^{44}$pha$^{55}$ndzi$^{33}$zɯ$^{33}$bʅ$^{21}$lo$^{44}$，mo$^{21}$l̥ʅ$^{33}$n̥i$^{33}$bʅ$^{21}$lo$^{44}$，

彝规父传子，母传女相袭，

041. [illegible]，[illegible]。

i$^{21}$ȵi$^{21}$tshʅ$^{44}$thɯ$^{33}$nɯ$^{33}$，n̥i$^{44}$fu̱$^{33}$n̥i$^{33}$dzɯ$^{33}$thɯ$^{33}$ɕi$^{33}$vɯ$^{44}$。

时到今日啊，买女卖女的时日到来了。

042. [illegible]，[illegible]，[illegible]，

a$^{44}$mo$^{33}$n̥i$^{44}$zɯ$^{33}$ȵi$^{33}$，di$^{33}$si$^{33}$tsʅ$^{33}$l̥ʅ$^{33}$l̥ʅ$^{33}$，he$^{21}$mo$^{21}$to$^{33}$di$^{21}$tshi$^{33}$，

妈妈的女儿哟，胸中一阵痛，心已破碎了，

043. [illegible]，[illegible]，

ȵɔ$^{33}$bʅ$^{33}$ɕʅ̱$^{33}$ɕʅ̱$^{33}$ka$^{33}$，ɕʅ$^{33}$tɕhʅ$^{44}$ɣɯ$^{33}$ma$^{21}$ȵi$^{33}$，

眼泪汪汪掉，走路脚无力，

044. [illegible]，[illegible]，

lo55li33tɕo33di21tshi33，a21ku̠33ho21di33di33，

手也无力气，实在可恨了，

045. [illegible]！[illegible]！

n̥i44zɯ33he33mo21ʂa33dzi33tsi44su33thi55ko33du̠33lo44vɯ44！

n̥i44zɯ33ʂa21ȵi21dɯ33！

女儿忧愁从此出了！女儿真可怜！

046. [illegible]，[illegible]，

a44mo33n̥i44zɯ33ȵi33，a33ɬɯ44mu̠33zɯ33n̥i44zɯ33dzi21ta33ʐu̠33，

妈妈的女儿哟，此前兄妹同生长，

047. [illegible]，

i21ȵi21tshɿ44thɯ33nɯ33，

时至今日才明白，

048. [illegible]，[illegible]，

mu̠44li33tsho33ko33ŋɯ33dɯ21lo44，n̥i44li33tsho33ba33ŋɯ33dɯ21lo44，

原来兄是本家人，妹是代养人，

049. [illegible]，

a33ɬɯ44mu̠33la33n̥i33vi55tshɿ21gu33ŋɯ33ʂu33kha44，

曾以为兄妹同穿一样衣，

050. [illegible]，

mu̠33la33n̥i44dza33tshɿ21dʑi33ŋɯ33ʂu33kha44，

同吃一桌饭，

051. [illegible]。

mu̠33la33n̥i44zɯ33te33te33ʐɿ21ʂu33kha44。

同是一样的女儿。

052. [illegible]，

i$^{21}$ȵi$^{21}$tshɿ$^{44}$thɯ$^{33}$nɯ$^{33}$，

时至今日才明白，

053. [illegible]，[illegible]，

mu̱$^{44}$li$^{33}$bo$^{21}$ʑo$^{33}$ŋɯ$^{33}$dɯ$^{21}$lo$^{44}$，n̥i$^{44}$li$^{33}$ɬu$^{55}$ʑo$^{33}$ŋɯ$^{33}$dɯ$^{21}$lo$^{44}$，

原来兄是家养羊，妹是寄养羊，

054. [illegible]，[illegible]，

mu̱$^{44}$li$^{33}$ta$^{44}$dʐɯ$^{33}$ŋɯ$^{33}$dɯ$^{21}$lo$^{44}$，n̥i$^{44}$li$^{33}$gɯ$^{21}$dʐɯ$^{33}$ŋɯ$^{33}$dɯ$^{21}$lo$^{44}$，

兄是不动产，妹是零花钱，

055. [illegible]，[illegible]，

n̥i$^{44}$zɯ$^{33}$he$^{33}$mo$^{21}$tɕhe$^{33}$tɕhe$^{33}$phu̱$^{33}$，ȵɔ$^{33}$bɿ$^{33}$sɿ$^{44}$tʂhɿ̱$^{33}$tʂhɿ̱$^{33}$，

女儿心里翻滚滚，泪水如泉涌，

056. [illegible]！

n̥i$^{44}$zɯ$^{33}$ʂa$^{21}$ȵi$^{21}$dɯ$^{33}$！

女儿真可怜！

057. [illegible]，[illegible]，

a$^{44}$mo$^{33}$n̥i$^{44}$zɯ$^{33}$ɕi$^{21}$tʂa$^{33}$ȵi$^{33}$，

ɣa$^{44}$la$^{33}$ʂɿ$^{21}$ȵi$^{21}$tshi$^{44}$sɔ$^{33}$dʑi$^{21}$ko$^{33}$nɯ$^{33}$，

可怜的妈妈女儿哟，后经七到十三天，

058. [illegible]，[illegible]，

ʑi$^{55}$khi$^{33}$mu$^{33}$tɕɿ$^{33}$dzu̱$^{33}$，ʑi$^{55}$xo$^{33}$si$^{44}$si$^{33}$tɕi$^{33}$，

线桩如星罗长空，织幅垂如彩虹，

059. [illegible]，[illegible]，

ʑi$^{55}$mo$^{21}$tɕo$^{55}$du̱$^{33}$ɬi$^{55}$，ʑi$^{55}$sɿ$^{21}$ndu$^{21}$ndu$^{21}$tɕhe$^{33}$，

织板如鹰翅飞舞，分纱棒儿蹦蹦跳，

060. [illegible]，[illegible]。

ʑi55pu̠33dʑi21ʑo33ŋga33，ʑi55n̥e33vo55dʑɿ33ʐo55。

梭子穿梭似蜜蜂，经线纬线交叉飞。

061. [illegible]，[illegible]，

ʑi55tʂhɿ21ŋga21vu55ȵi33ko33nɯ33，

ʑi33dʑɿ44khɯ33nɔ33ȵi21tʂa33dzi21vo55tɕhi21，

坐在屋檐下织布，屋前两只黑狗交替叫，

062. [illegible]，[illegible]，

tshɿ33vo55tshɿ21mu33vo55ʂu33kha44，

ɣo33la33sa55zɯ33mo44nɯ33vo55dɯ21lo44，

以为它叫它的啊，原来是见了婆家男子才叫的，

063. [illegible]，[illegible]，

ɣo33la33sa55zɯ33ȵi33，tshɿ33la33tshɿ21mu33la33ʂu33kha44，

婆家的男子哟，以为他来他的吧，

064. [illegible]。

tshɿ44ȵi33n̥i44tsɿ33n̥i44tɕe33la33dɯ21lo44。

原来他是接娶女儿来的。

065. [illegible]，

n̥i44zɯ33ko33lo33ho33du33du33，

女儿心慌突突跳，

066. [illegible]，[illegible]，

he33mo21ndzɿ55lɿ33tɕhi21，he33tshi33tshɿ21ko33ndo21，

心中恨切切，心儿掉入肺下了，

067. [illegible]，[illegible]，

n̥ɔ33tshi33ɕɿ33ko33ndo44，n̥ɔ33bɿ33ɕɿ̠33ɕɿ̠33ka33，

眼儿掉入脚下了，眼泪汪汪掉，

068. [illegible]，[illegible]。

lo$^{55}$mo$^{21}$ȵɔ$^{33}$bɿ$^{33}$tha$^{55}$，lo$^{55}$tɕɿ$^{33}$ȵɔ$^{33}$bɿ$^{33}$sɿ̱$^{33}$。

拇指挡泪珠，食指擦泪水。

069. [illegible]，[illegible]。

n̥i$^{44}$zɯ$^{33}$dʐɯ$^{21}$dʐɯ$^{33}$ʑi$^{55}$lo$^{33}$mɿ$^{33}$，ʂu$^{44}$ʂu$^{33}$ŋga$^{21}$vu$^{55}$ɕi$^{33}$lo$^{44}$vɯ$^{33}$。

女儿伸手只能齐屋楼，走路无非走到屋檐下。

070. [illegible]？[illegible]，

ni$^{44}$zɯ$^{33}$kha$^{21}$mu$^{33}$mi$^{44}$？i$^{21}$ȵi$^{21}$tshɿ$^{21}$thɯ$^{33}$nɯ$^{33}$，

女儿怎么办？时至今日啊，

071. [illegible]，[illegible]，

ŋgo$^{33}$su$^{33}$me$^{21}$le$^{33}$ɕi$^{33}$，ɣo$^{33}$la$^{33}$sa$^{55}$zɯ$^{33}$ɕi$^{33}$，

拉的先到了，婆家男子先到了，

072. [illegible]，[illegible]。

di$^{21}$su$^{33}$ɣa$^{44}$li$^{33}$ɕi$^{33}$，a$^{21}$bo$^{33}$m̥a$^{21}$tsɿ$^{55}$dʐo$^{33}$lo$^{44}$vɯ$^{44}$。

撵的在后了，父兄在后赶人了。

073. [illegible]，[illegible]，

a$^{44}$mo$^{33}$n̥i$^{44}$zɯ$^{33}$ȵi$^{33}$，a$^{21}$bo$^{33}$a$^{44}$mo$^{33}$n̥o$^{21}$la$^{33}$ʂa$^{44}$kɯ$^{33}$vɯ$^{44}$，

妈妈的女儿哟，父母也来催促了，

074. [illegible]，

m̥a$^{21}$tsɿ$^{55}$mu̱$^{44}$zɯ$^{33}$tsɿ$^{55}$la$^{33}$pi$^{55}$kɯ$^{21}$vɯ$^{44}$，

弟兄也来责骂了，

075. [illegible]，

vɿ$^{55}$mo$^{21}$ȵi$^{33}$ma$^{55}$m̥a$^{55}$la$^{33}$ʑi$^{21}$kɯ$^{21}$vɯ$^{44}$，

姐妹也来劝说了，

076. [illegible]，

vu²¹lu⁵⁵a²¹mo²¹te²¹la³³va⁵⁵kɯ²¹vɯ⁴⁴，

邻居也来抚慰了，

077. [illegible]，[illegible]。

n̥i⁴⁴fu̱³³a²¹bo³³ndzɿ³³lo⁴⁴vɯ⁴⁴，

dzɯ̱³³dzɯ³³m̥a²¹tsɿ⁵⁵ndzɿ³³lo⁴⁴vɯ⁴⁴。

嫁女父亲做主，吃钱是兄长的权利。

078. [illegible]！[illegible]！

a³³ɬɯ⁴⁴n̥i³³vi⁵⁵a⁴⁴mo³³ka⁵⁵di⁴⁴mɔ²¹！

a³³ɬɯ⁴⁴n̥i⁴⁴dza³³a⁴⁴mo³³tʂa³³di⁴⁴mɔ²¹！

过去妈妈给衣穿！过去妈妈喂饭吃！

079. [illegible]！[illegible]！

a³³ɬɯ⁴⁴n̥i⁴⁴ho³³a⁴⁴mo³³ʂa³³di⁴⁴mɔ²¹！

a²¹mɿ³³ndzɿ³³tha⁵⁵a⁴⁴mo³³ɕi³³di⁴⁴mɔ²¹！

过去养女妈妈苦！现在应该妈做主！

080. [illegible]，[illegible]，

a⁴⁴mo³³n̥i⁴⁴zɯ³³n̥i³³，mu³³ɬ²¹ʂu³³khu⁵⁵nɯ³³，

妈妈的女儿哟，时至今年啊，

081. [illegible]，[illegible]。

li²¹ʑi³³a⁴⁴mo³³ŋgu³³ʑi²¹ko³³，a⁴⁴mo³³ŋgu³³a²¹tshɿ³³lo⁴⁴vɯ⁴⁴。

思母心虽切，可母亲难爱了。

082. [illegible]，[illegible]，[illegible]，

a⁴⁴tɕhɿ³³tshi³³ʂɿ⁴⁴khu̱³³，i⁵⁵phu²¹thi⁵⁵a²¹phu²¹，

i⁵⁵n̥o²¹thi⁵⁵a²¹n̥o²¹lo⁴⁴vɯ⁴⁴，

姑娘十七岁，田不归女了，地不属女了，

083. [illegible]，[illegible]，

a$^{21}$mɿ$^{33}$ɕɿ$^{21}$mi$^{44}$ȵi$^{33}$，xa$^{55}$khu$^{33}$mbo$^{55}$ma$^{21}$kha$^{55}$vɯ$^{44}$，

姑娘要嫁人，躲在内屋也无用，

084. [illegible]，[illegible]，

ka$^{33}$si$^{33}$ni$^{33}$mi$^{44}$ȵi$^{33}$，ʑi$^{55}$lo$^{33}$sɿ$^{21}$ma$^{21}$kha$^{55}$，

大蒜要发芽，放在楼上熏烤也无用，

085. [illegible]，[illegible]，

mu$^{21}$lɿ$^{21}$ni$^{33}$mi$^{44}$ȵi$^{33}$，ka$^{33}$ndzi$^{33}$va$^{55}$ma$^{21}$kha$^{55}$，

大麻要生长，火塘边上烘烤也无用，

086. [illegible]，[illegible]，

sɿ̱$^{33}$mo$^{21}$tu$^{55}$ndʐɯ$^{33}$bu$^{44}$，lo$^{33}$n̥o$^{55}$dzu̱$^{33}$ma$^{21}$kha$^{55}$，

老树欠火债，山林待不了，

087. [illegible]，[illegible]，

khɯ$^{21}$tɕhu$^{33}$zɿ$^{55}$ndʐɯ$^{33}$bu$^{44}$，ŋga$^{21}$vu$^{55}$mba$^{33}$ma$^{21}$kha$^{55}$，

白狗欠豹债，屋檐躲不了，

088. [illegible]，[illegible]，

ʑe$^{33}$mo$^{21}$tɕo$^{55}$ndʐɯ$^{33}$bu$^{44}$，xo$^{33}$ɕɿ$^{33}$mba$^{33}$ma$^{21}$kha$^{55}$，

母鸡欠鹰债，院落躲不了，

089. [illegible]，[illegible]，

ȵi$^{33}$ʑo$^{33}$la$^{55}$ndʐɯ$^{33}$bu$^{44}$，ndi$^{21}$tɕhu$^{33}$mba$^{33}$ma$^{21}$kha$^{55}$，

牛羊欠虎债，草原躲不了，

090. [illegible]，[illegible]，

bu$^{55}$ve$^{33}$dʑi$^{33}$ndʐɯ$^{33}$bu$^{44}$，tsɿ$^{21}$xo$^{21}$mba$^{33}$ma$^{21}$kha$^{55}$，

花儿欠蜂债，开在沼泽也枉然，

091. [illegible]，[illegible]，

lɯ$^{21}$pu$^{33}$khɯ$^{33}$ndʐɯ$^{33}$bu$^{44}$，va$^{55}$tsɿ̱$^{33}$hi$^{55}$ma$^{21}$kha$^{55}$，

獐子欠犬债，躲在悬岩也枉然，

092. 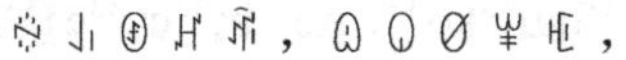

tʂa$^{33}$pu$^{33}$tɕu$^{55}$ndʐɯ$^{33}$bu$^{44}$，ndi$^{21}$tɕhu$^{33}$pe$^{33}$ma$^{21}$kha$^{55}$，

蚱蜢欠鸟债，草中跳不脱，

093. 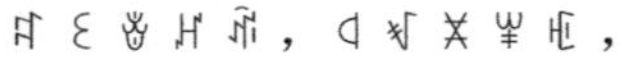

hɯ$^{21}$ʂɿ$^{33}$ʂo$^{33}$ndʐɯ$^{33}$bu$^{44}$，ʑɿ$^{33}$vu$^{55}$mba$^{33}$ma$^{21}$kha$^{55}$，

鱼儿欠水獭债，躲在水里也枉然，

094. 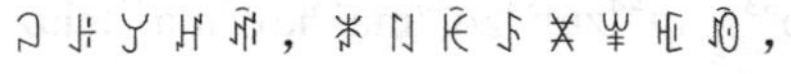

mo$^{21}$su$^{33}$sɿ$^{33}$ndʐɯ$^{33}$bu$^{44}$，ȵi$^{55}$la$^{33}$pi$^{44}$zɯ$^{33}$mba$^{33}$ma$^{21}$kha$^{55}$o$^{44}$，

老人欠死债，驱邪做祭也枉然，

095. 

a$^{44}$tɕhɿ$^{33}$sa$^{55}$ndʐɯ$^{33}$bu$^{44}$，li$^{21}$ʑi$^{33}$dʑo$^{33}$ma$^{21}$gu$^{33}$lo$^{44}$vɯ$^{44}$。

姑娘欠嫁债，躲在家里也枉然。

096. 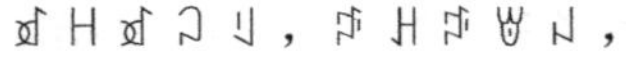

i$^{21}$pha$^{55}$i$^{21}$mo$^{21}$li$^{33}$，bu$^{21}$mu$^{33}$bu$^{21}$lu$^{33}$go$^{33}$，

自己的父母呢，欠了不该欠的债，

097. 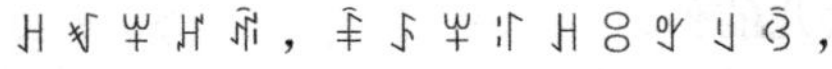

mu$^{33}$vu$^{55}$tɕo$^{55}$ndʐɯ$^{33}$bu$^{44}$，n̥i$^{44}$zɯ$^{33}$tɕo$^{21}$si$^{21}$mu$^{33}$gu̱$^{33}$vo$^{33}$li$^{33}$vɯ$^{44}$，

欠了天空鹰的债，女儿被鹰叼到天空去了，

098. 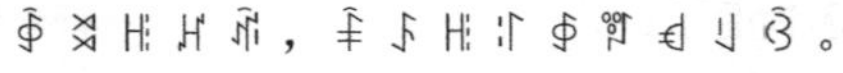

lo$^{44}$gu$^{33}$la$^{55}$ndʐɯ$^{33}$bu$^{44}$，n̥i$^{44}$zɯ$^{33}$la$^{55}$si$^{21}$lo$^{33}$n̥o$^{55}$vu̱$^{33}$li$^{33}$vɯ$^{44}$。

欠了野外老虎的债，女儿被虎带到山谷去了。

099. 

n̥i$^{44}$zɯ$^{33}$ʂa$^{21}$ȵi$^{21}$dɯ$^{33}$！

女儿真可怜！

100. [彝文]，[彝文]，[彝文]。

a$^{44}$mo$^{33}$n̥i$^{44}$zɯ$^{33}$ȵi$^{33}$，bu$^{44}$m̥u$^{33}$do$^{21}$gɯ$^{33}$ko$^{33}$，ȵɔ$^{33}$bʅ$^{33}$ɕɿ$^{33}$ɕɿ$^{33}$ka$^{33}$。

妈妈的女儿哟，听到婆家的话，眼泪汪汪掉。

101. [彝文]，

i$^{21}$ȵi$^{21}$tshɿ$^{44}$thɯ$^{33}$nɯ$^{33}$，

时至今日啊，

102. [彝文]，[彝文]；

ʑi$^{33}$ha$^{55}$ȵi$^{33}$zo$^{33}$ȵi$^{33}$gu$^{33}$ɣo$^{33}$，n̥i$^{44}$zɯ$^{33}$ʑo$^{44}$ma$^{33}$ko$^{33}$ma$^{21}$tɕho$^{33}$；

屋后九群羊，没有女儿的羊；

103. [彝文]，[彝文]；

ʑi$^{33}$dʑʅ$^{44}$phu$^{21}$dʑi$^{21}$phu$^{21}$gu$^{33}$tsi$^{21}$，

n̥i$^{44}$zɯ$^{33}$mu$^{33}$tɕo$^{55}$ko$^{33}$ma$^{21}$tɕho$^{33}$；

屋前九块田，没有女儿的田；

104. [彝文]，[彝文]；

xa$^{55}$khu$^{33}$dza$^{33}$ta$^{33}$dza$^{33}$sɔ$^{33}$dʐu$^{33}$，

ni$^{44}$zɯ$^{33}$dza$^{33}$dʐu$^{33}$ko$^{33}$ma$^{21}$tɕho$^{33}$；

屋里三柜粮食，没有女儿的份；

105. [彝文]，[彝文]。

n̥i$^{44}$zɯ$^{33}$bo$^{33}$li$^{33}$bo$^{33}$ga$^{33}$bu$^{33}$，a$^{21}$bo$^{33}$a$^{21}$hi$^{55}$vɯ$^{44}$。

女儿只能是走了，不得不走了。

106. [彝文]，[彝文]，

n̥i$^{44}$zɯ$^{33}$ȵi$^{44}$ȵi$^{33}$tɯ$^{21}$ma$^{21}$tɕhi$^{33}$，tɯ$^{21}$ȵi$^{33}$bo$^{33}$ma$^{21}$tɕhi$^{33}$，

女儿久坐不愿起，即使起也不想走，

107. [彝文]，[彝文]！

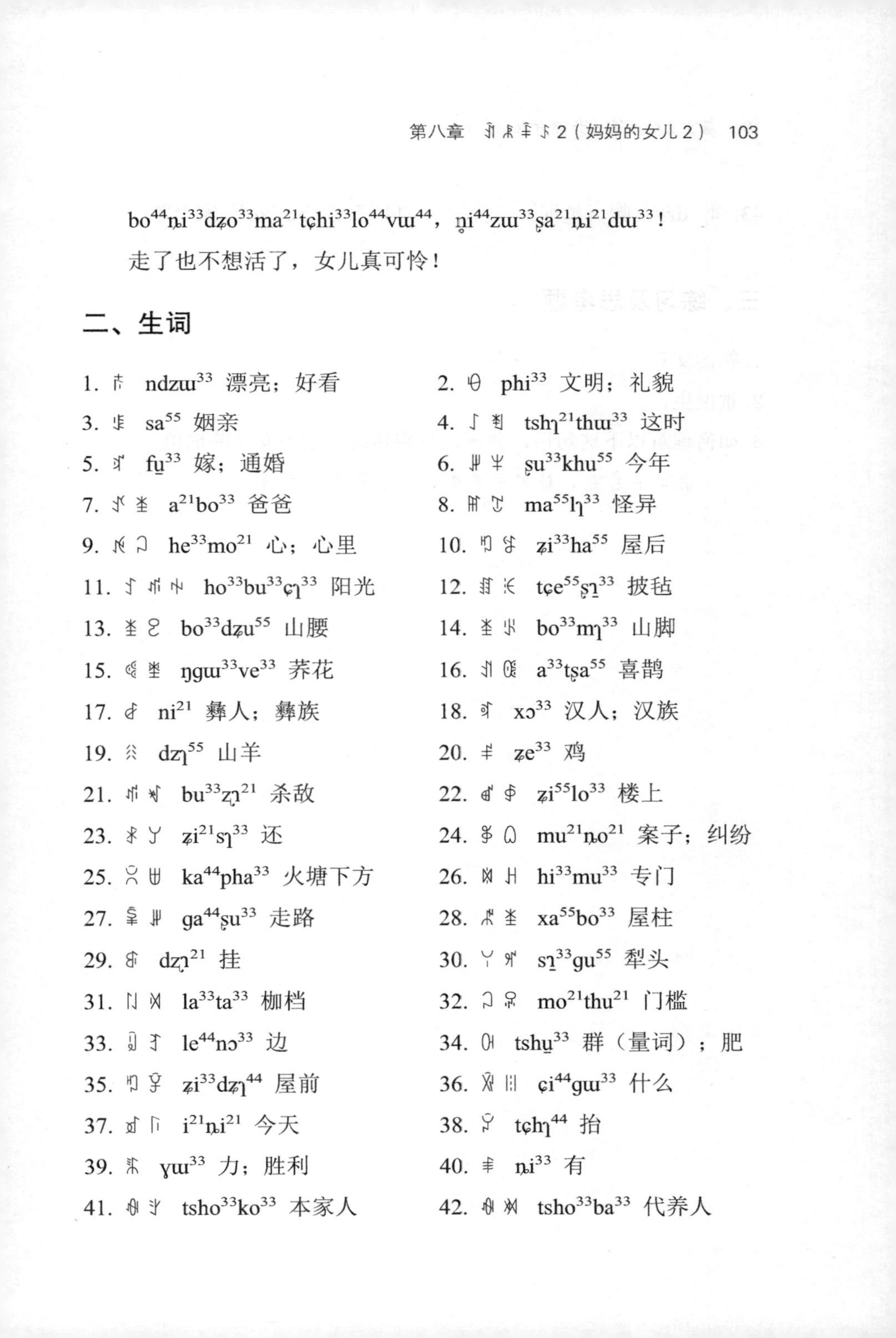

bo$^{44}$ȵi$^{33}$dʑo$^{33}$ma$^{21}$tɕhi$^{33}$lo$^{44}$vɯ$^{44}$，n̥i$^{44}$zɯ$^{33}$ʂa$^{21}$ȵi$^{21}$dɯ$^{33}$！

走了也不想活了，女儿真可怜！

## 二、生词

1. ndzɯ$^{33}$ 漂亮；好看
2. phi$^{33}$ 文明；礼貌
3. sa$^{55}$ 姻亲
4. tshɿ$^{21}$thɯ$^{33}$ 这时
5. fu̠$^{33}$ 嫁；通婚
6. ʂu$^{33}$khu$^{55}$ 今年
7. a$^{21}$bo$^{33}$ 爸爸
8. ma$^{55}$lɿ$^{33}$ 怪异
9. he$^{33}$mo$^{21}$ 心；心里
10. ʑi$^{33}$ha$^{55}$ 屋后
11. ho$^{33}$bu$^{33}$ɕɿ$^{33}$ 阳光
12. tɕe$^{55}$ʂɿ̠$^{33}$ 披毡
13. bo$^{33}$dʑu$^{55}$ 山腰
14. bo$^{33}$mɿ$^{33}$ 山脚
15. ŋgɯ$^{33}$ve$^{33}$ 荞花
16. a$^{33}$tʂa$^{55}$ 喜鹊
17. ni$^{21}$ 彝人；彝族
18. xɔ$^{33}$ 汉人；汉族
19. dzɿ$^{55}$ 山羊
20. ʑe$^{33}$ 鸡
21. bu$^{33}$zɿ̠$^{21}$ 杀敌
22. ʑi$^{55}$lo$^{33}$ 楼上
23. ʑi$^{21}$sɿ$^{33}$ 还
24. mu$^{21}$ȵo$^{21}$ 案子；纠纷
25. ka$^{44}$pha$^{33}$ 火塘下方
26. hi$^{33}$mu$^{33}$ 专门
27. ga$^{44}$ʂu$^{33}$ 走路
28. xa$^{55}$bo$^{33}$ 屋柱
29. dzɿ̠$^{21}$ 挂
30. sɿ̠$^{33}$gu$^{55}$ 犁头
31. la$^{33}$ta$^{33}$ 枷档
32. mo$^{21}$thu$^{21}$ 门槛
33. le$^{44}$nɔ$^{33}$ 边
34. tshu̠$^{33}$ 群（量词）；肥
35. ʑi$^{33}$dʑɿ$^{44}$ 屋前
36. ɕi$^{44}$gɯ$^{33}$ 什么
37. i$^{21}$ȵi$^{21}$ 今天
38. tɕhɿ$^{44}$ 抬
39. ɣɯ$^{33}$ 力；胜利
40. ȵi$^{33}$ 有
41. tsho$^{33}$ko$^{33}$ 本家人
42. tsho$^{33}$ba$^{33}$ 代养人

43. ♯ dʑi³³ 顿（量词）　　44. ♉ ∈ bo²¹ʑo³³ 家养羊

## 三、练习及思考题

1. 熟读文章。
2. 掌握生词。
3. 如何理解以下这句话，并谈谈彝族传统婚姻中女性的地位。

　　ꀊ ꌅ ꀋ ꂷ ꌐ，ꃀ ꀑ ꊿ ꎼ ꀑ，ꃀ ꂵ ꊿ ꎼ ꂵ ꁧ ꎁ。

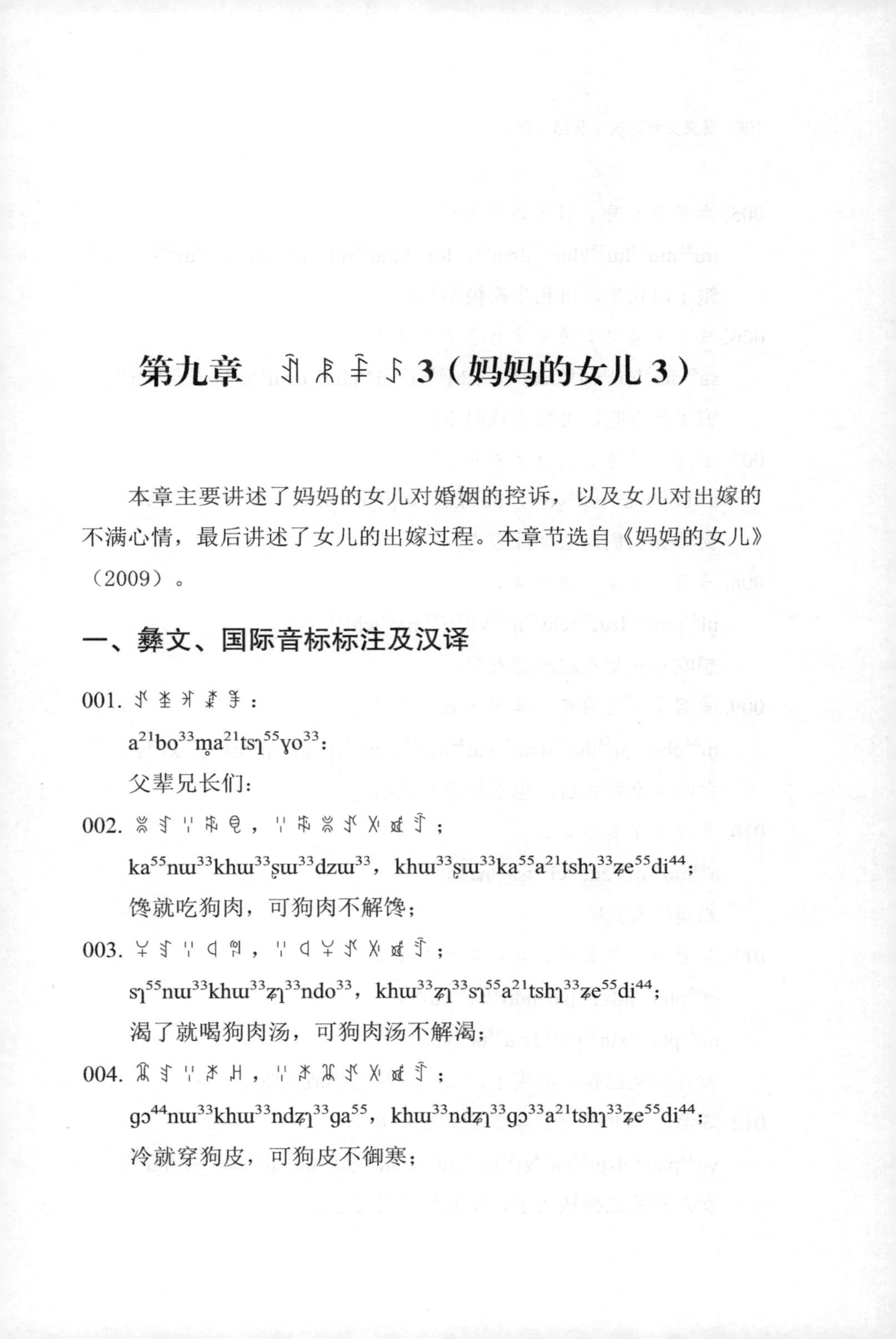

# 第九章 [illegible] 3（妈妈的女儿 3）

本章主要讲述了妈妈的女儿对婚姻的控诉，以及女儿对出嫁的不满心情，最后讲述了女儿的出嫁过程。本章节选自《妈妈的女儿》（2009）。

## 一、彝文、国际音标标注及汉译

001. [illegible]：

a$^{21}$bo$^{33}$m̥a$^{21}$tsɿ$^{55}$ɣo$^{33}$：

父辈兄长们：

002. [illegible]，[illegible]；

ka$^{55}$nɯ$^{33}$khɯ$^{33}$ʂɯ$^{33}$dzɯ$^{33}$，khɯ$^{33}$ʂɯ$^{33}$ka$^{55}$a$^{21}$tshɿ$^{33}$ʑe$^{55}$di$^{44}$；

馋就吃狗肉，可狗肉不解馋；

003. [illegible]，[illegible]；

sɿ$^{55}$nɯ$^{33}$khɯ$^{33}$ʑɿ$^{33}$ndo$^{33}$，khɯ$^{33}$ʑɿ$^{33}$sɿ$^{55}$a$^{21}$tshɿ$^{33}$ʑe$^{55}$di$^{44}$；

渴了就喝狗肉汤，可狗肉汤不解渴；

004. [illegible]，[illegible]；

gɔ$^{44}$nɯ$^{33}$khɯ$^{33}$ndʑɿ$^{33}$ga$^{55}$，khɯ$^{33}$ndʑɿ$^{33}$gɔ$^{33}$a$^{21}$tshɿ$^{33}$ʑe$^{55}$di$^{44}$；

冷就穿狗皮，可狗皮不御寒；

005. [illegible]

mi$^{55}$nɯ$^{33}$lɯ$^{33}$khɯ$^{21}$dzɯ$^{33}$，lɯ$^{33}$khɯ$^{21}$mi$^{55}$a$^{21}$tshʅ$^{33}$ʑe$^{55}$di$^{44}$；

饿了出租牛，可租牛换粮不抵事；

006. [illegible]

ṣa$^{44}$nɯ$^{33}$n̥i$^{33}$vu$^{44}$dzɯ$^{33}$，tshʅ$^{44}$ȵi$^{33}$n̥i$^{44}$phu$^{33}$dẓɯ$^{33}$a$^{21}$so$^{55}$ʑe$^{55}$di$^{44}$。

穷了卖女吃，可卖女钱财不抵用。

007. [illegible]

a$^{21}$bo$^{33}$m̥a$^{21}$tsʅ$^{55}$ɣo$^{33}$，he$^{33}$kɔ$^{33}$tshʅ$^{21}$ṣo$^{44}$ṣo$^{33}$，

父辈兄长们，心如此狠毒，

008. [illegible]

n̥i$^{44}$phu$^{33}$dzɯ$^{33}$tɕhi$^{33}$n̥i$^{33}$vi$^{55}$ti$^{55}$ma$^{21}$tɕhi$^{33}$，

想吃彩礼却不愿给嫁衣穿，

009. [illegible]

n̥i$^{44}$phu$^{33}$n̥i$^{44}$tha$^{33}$dzɯ$^{33}$vɯ$^{44}$nɯ$^{33}$，n̥i$^{33}$sʅ$^{33}$n̥i$^{33}$gi$^{55}$ȵi$^{33}$a$^{21}$ki$^{21}$。

贪吃嫁女彩礼后，也不管女儿死活。

010. [illegible]

a$^{44}$mo$^{33}$n̥i$^{44}$zɯ$^{33}$ɕi$^{21}$tṣa$^{33}$ȵi$^{33}$，

妈妈的女儿哟，

011. [illegible]

sʅ$^{33}$phu$^{33}$ndẓʅ$^{33}$pa$^{33}$ndo$^{33}$ta$^{33}$vɯ$^{44}$，

no$^{55}$phu$^{33}$xɯ$^{33}$pa$^{33}$dzɯ$^{33}$ta$^{33}$vɯ$^{44}$，

女儿彩礼已换成酒喝了，女儿彩礼已换成肉吃了，

012. [illegible]

ɣo$^{33}$phu$^{33}$dẓɯ$^{33}$pa$^{33}$zi$^{33}$ta$^{33}$vɯ$^{44}$，n̥i$^{44}$zɯ$^{33}$bo$^{33}$li$^{33}$bo$^{33}$ga$^{33}$bu$^{33}$。

女儿彩礼已换钱用了，女儿只有嫁走了。

013. [illegible]，

ɬɿ$^{44}$ʂɿ$^{33}$mu$^{33}$vu$^{55}$dzu̱$^{33}$ȵi$^{33}$bo$^{33}$ga$^{33}$bu$^{33}$，

狂风连天也得走，

014. [illegible]，

ha$^{33}$sɿ$^{33}$nɔ$^{33}$ɕɿ̱$^{33}$ɕɿ̱$^{33}$ȵi$^{33}$bo$^{33}$ga$^{33}$bu$^{33}$，

暴雨滂沱也得走，

015. [illegible]，

vo$^{33}$dʑi$^{21}$nɔ$^{33}$phu$^{33}$phu$^{33}$ȵi$^{33}$bo$^{33}$ga$^{33}$bu$^{33}$，

大雪飘飘也得走，

016. [illegible]，

hi$^{33}$tɕhu$^{33}$tɕhu$^{44}$ʂa$^{33}$ʂa$^{33}$ȵi$^{33}$bo$^{33}$ga$^{33}$bu$^{33}$，

寒霜皑皑也得走，

017. [illegible]，

ȵɔ$^{33}$tsi$^{33}$vo$^{33}$bo$^{33}$ʂo$^{21}$ȵi$^{33}$bo$^{33}$ga$^{33}$bu$^{33}$，

睫毛结成冰也得走，

018. [illegible]，

ndʐo$^{55}$ʂo$^{21}$tsɿ$^{33}$tɕo$^{33}$tɕo$^{33}$ȵi$^{33}$bo$^{33}$ga$^{33}$bu$^{33}$，

结冰闪闪也得走，

019. [illegible]，

ɬɿ$^{44}$ʂɿ$^{33}$ha$^{33}$nɔ$^{33}$thi$^{55}$ȵi$^{33}$bo$^{33}$ga$^{33}$bu$^{33}$，

风雨交加也得走，

020. [illegible]，

ʂɿ$^{21}$mu$^{33}$tʂu$^{21}$nɔ$^{33}$ʑɿ$^{33}$ȵi$^{33}$bo$^{33}$ga$^{33}$bu$^{33}$，

天地漆黑也得走，

021. [illegible]，

ȵo$^{21}$thi$^{33}$ɕɿ$^{33}$bu$^{33}$m̥u$^{21}$ȵi$^{33}$bo$^{33}$ga$^{33}$bu$^{33}$，

泥浆淹脚也得走，

022. [illegible]，

mu$^{33}$dzɿ$^{33}$gu$^{33}$ȵi$^{21}$ŋga$^{33}$ȵi$^{33}$bo$^{33}$ga$^{33}$bu$^{33}$，

骑马走九天也得走，

023. [illegible]，

khɯ$^{33}$pho$^{33}$tshɿ$^{21}$ɬɿ$^{33}$ŋɯ$^{33}$ȵi$^{33}$bo$^{33}$ga$^{33}$bu$^{33}$，

狗跑一程也得走，

024. [illegible]，[illegible]。

dʑi$^{33}$ŋga$^{33}$tshɿ$^{21}$ʂɿ$^{55}$ŋɯ$^{33}$ȵi$^{33}$bo$^{33}$ga$^{33}$bu$^{33}$，

ma$^{21}$bo$^{33}$ma$^{21}$hi$^{55}$ȵo$^{21}$lo$^{44}$vɯ$^{44}$。

蜂飞一途也得走，不走不成了。

025. [illegible]，

ʑi$^{33}$ha$^{55}$ma$^{21}$dɔ$^{33}$va$^{55}$sɔ$^{33}$tsi$^{21}$，

屋后绝岩有三层，

026. [illegible]，[illegible]；

ŋɯ$^{33}$ȵi$^{33}$dɔ$^{33}$dɯ$^{33}$gu$^{44}$，ma$^{21}$ŋɯ$^{33}$dɔ$^{33}$dɯ$^{33}$gu$^{44}$；

早也要爬，晚也要爬；

027. [illegible]，

ʑi$^{33}$dʐɿ$^{44}$ma$^{21}$gu$^{21}$ʐɿ$^{33}$sɔ$^{33}$m̥o$^{33}$，

屋前三条深河水，

028. [illegible]，[illegible]，[illegible]！

ŋɯ$^{33}$ȵi$^{33}$gu$^{21}$dɯ$^{33}$gu$^{44}$，ma$^{21}$ŋɯ$^{33}$gu$^{21}$dɯ$^{33}$gu$^{44}$，

n̥i$^{44}$zɯ$^{33}$ʂa$^{21}$ȵi$^{21}$dɯ$^{33}$！

早也要渡，晚也要渡，女儿真可怜！

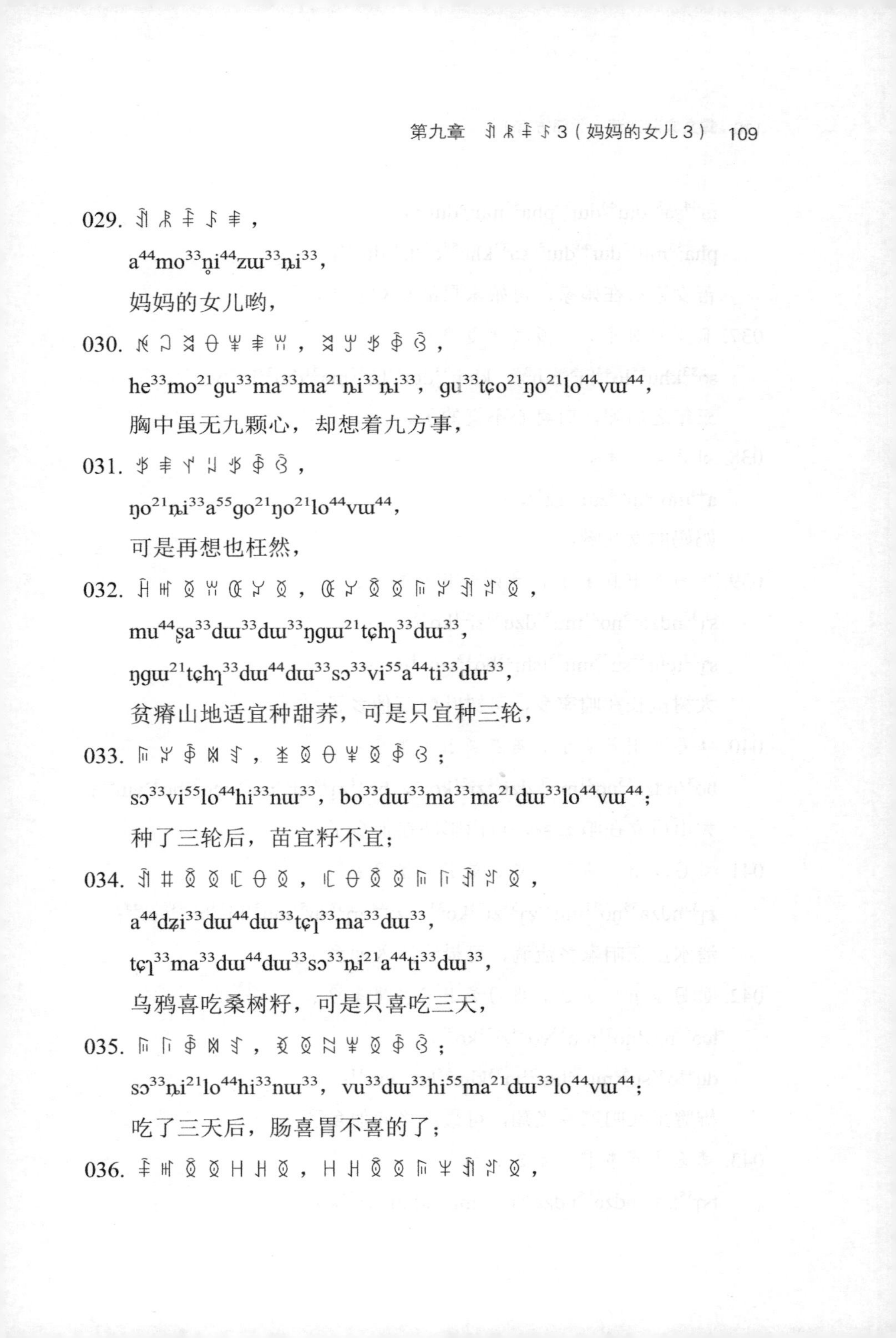

029. [illegible]，

a$^{44}$mo$^{33}$n̥i$^{44}$zɯ$^{33}$ȵi$^{33}$，

妈妈的女儿哟，

030. [illegible]，[illegible]，

he$^{33}$mo$^{21}$gu$^{33}$ma$^{33}$ma$^{21}$ȵi$^{33}$ȵi$^{33}$，gu$^{33}$tɕo$^{21}$ŋo$^{21}$lo$^{44}$vɯ$^{44}$，

胸中虽无九颗心，却想着九方事，

031. [illegible]，

ŋo$^{21}$ȵi$^{33}$a$^{55}$go$^{21}$ŋo$^{21}$lo$^{44}$vɯ$^{44}$，

可是再想也枉然，

032. [illegible]，[illegible]，

mu$^{44}$ʂa$^{33}$dɯ$^{33}$dɯ$^{33}$ŋgɯ$^{21}$tɕhʅ$^{33}$dɯ$^{33}$，

ŋgɯ$^{21}$tɕhʅ$^{33}$dɯ$^{44}$dɯ$^{33}$sɔ$^{33}$vi$^{55}$a$^{44}$ti$^{33}$dɯ$^{33}$，

贫瘠山地适宜种甜荞，可是只宜种三轮，

033. [illegible]，[illegible]；

sɔ$^{33}$vi$^{55}$lo$^{44}$hi$^{33}$nɯ$^{33}$，bo$^{33}$dɯ$^{33}$ma$^{33}$ma$^{21}$dɯ$^{33}$lo$^{44}$vɯ$^{44}$；

种了三轮后，苗宜籽不宜；

034. [illegible]，[illegible]，

a$^{44}$dʑi$^{33}$dɯ$^{44}$dɯ$^{33}$tɕʅ$^{33}$ma$^{33}$dɯ$^{33}$，

tɕʅ$^{33}$ma$^{33}$dɯ$^{44}$dɯ$^{33}$sɔ$^{33}$ȵi$^{21}$a$^{44}$ti$^{33}$dɯ$^{33}$，

乌鸦喜吃桑树籽，可是只喜吃三天，

035. [illegible]，[illegible]；

sɔ$^{33}$ȵi$^{21}$lo$^{44}$hi$^{33}$nɯ$^{33}$，vu$^{33}$dɯ$^{33}$hi$^{55}$ma$^{21}$dɯ$^{33}$lo$^{44}$vɯ$^{44}$；

吃了三天后，肠喜胃不喜的了；

036. [illegible]，[illegible]，

n̥i⁴⁴ʂa³³dɯ⁴⁴dɯ³³pha⁵⁵mu³³dɯ³³，

pha⁵⁵mu³³dɯ⁴⁴dɯ³³sɔ³³khu⁵⁵a⁴⁴ti³³dɯ³³，

苦女喜欢在娘家，可娘家只能喜欢三年，

037. [illegible]，[illegible]。

sɔ³³khu⁵⁵lo⁴⁴hi³³nɯ³³，khɯ³³dɯ³³he³³ma²¹dɯ³³lo⁴⁴vɯ⁴⁴。

三年之后呢，口喜心不喜的了。

038. [illegible]，

a⁴⁴mo³³n̥i⁴⁴zɯ³³ȵi³³，

妈妈的女儿哟，

039. [illegible]，[illegible]；

sɿ̠³³ndʐa⁵⁵ŋo²¹mu³³dzu̠³³ʑi²¹ko³³，

sɿ̠³³tɕhi³³su⁵⁵mu³³tshi³³bo³³vɯ⁴⁴；

大树虽长在咱家乡，可树叶飘落他乡了；

040. [illegible]，[illegible]；

bo³³ndʐa⁵⁵ŋo²¹mu³³dʑi²¹ʑi²¹ko³³，bo⁴⁴ʑɿ̠³³su⁵⁵mu³³tɕo³³bo³³vɯ⁴⁴；

大山虽立在咱家乡，可山影映在他乡了；

041. [illegible]，[illegible]；

ʑɿ³³ndʐa⁵⁵ŋo²¹mu³³ʑɿ³³ʑi²¹ko³³，ʑɿ⁴⁴mɿ³³su⁵⁵mu³³bi³³bo³³vɯ⁴⁴；

清水虽在咱家乡流淌，可最终流入他乡了；

042. [illegible]，[illegible]；

tɕɔ⁵⁵nɔ²¹ŋo²¹mu³³vo³³ʑi²¹ko³³，

du̠⁴⁴o³³su⁵⁵mu³³hɯ²¹ta³³khu⁵⁵bo³³vɯ⁴⁴；

雄鹰虽在咱家乡飞翔，可最终飞向他乡了；

043. [illegible]，

tsɿ⁵⁵tsɿ̠³³ndʐa⁵⁵ndʐa³³ŋo²¹mu³³khɯ³³ʑi²¹ko³³，

美丽小鸟虽筑巢在咱家乡，

044. [illegible]；

du̱$^{44}$o$^{33}$su$^{21}$mu$^{33}$hɯ$^{21}$ta$^{33}$khu$^{55}$bo$^{33}$vɯ$^{44}$；

可最终飞向他乡了；

045. [illegible]，[illegible]。

n̥i$^{33}$ndz̧a$^{55}$ŋo$^{21}$mu$^{33}$dʑo$^{33}$ʑi$^{21}$ko$^{33}$，ʑi$^{55}$xo$^{33}$su$^{21}$mu$^{33}$ʂʅ$^{33}$bo$^{33}$vɯ$^{44}$。

美女虽长在咱家乡，可远嫁他乡成家了。

046. [illegible]，[illegible]，

a$^{44}$mo$^{33}$n̥i$^{44}$zɯ$^{33}$ɲi$^{33}$，a$^{21}$bo$^{33}$a$^{21}$hi$^{55}$vɯ$^{44}$，

妈妈的女儿哟，不走不行了，

047. [illegible]？

n̥i$^{44}$zɯ$^{33}$pha$^{55}$bo$^{21}$n̥i$^{33}$ŋɯ$^{44}$ŋɯ$^{33}$？

女儿是有父之女吗？

048. [illegible]，[illegible]？

pha$^{55}$bo$^{21}$n̥i$^{33}$ŋɯ$^{33}$nɯ$^{33}$，pha$^{55}$tɯ$^{21}$n̥i$^{44}$ʂa$^{33}$a$^{21}$la$^{33}$la$^{21}$？

女儿若是还有父亲，父亲何不快来送女儿？

049. [illegible]，[illegible]，

ma$^{21}$ʂʅ$^{21}$ma$^{21}$ʂa$^{33}$ɲi$^{33}$，n̥i$^{33}$bo$^{33}$li$^{33}$ma$^{21}$ɣo$^{33}$，

父亲不来送，女儿走了心不甘，

050. [illegible]，[illegible]，

pha$^{55}$di$^{21}$he$^{33}$ma$^{21}$dzʅ̱$^{33}$，n̥i$^{44}$ɲi$^{33}$dʑe$^{44}$mo$^{33}$mo$^{33}$ʑe$^{55}$di$^{44}$，

父亲将愧疚，女儿会难受，

051. [illegible]，[illegible]。

pha$^{55}$tɯ$^{21}$n̥i$^{44}$ʂa$^{33}$li$^{33}$，mo$^{21}$thu$^{21}$khu$^{33}$hi$^{33}$a$^{44}$ti$^{33}$ɕi$^{33}$lo$^{44}$vɯ$^{44}$。

父亲来送女，只是送到大门口。

052. [illegible]？

n̥i⁴⁴zɯ³³mo²¹bo²¹n̥i³³ŋɯ⁴⁴ŋɯ³³？

女儿是有母之女吗？

053. [illegible]，[illegible]？

mo²¹bo²¹n̥i³³ŋɯ³³nɯ³³，mo²¹tɯ²¹n̥i⁴⁴ʂa³³a²¹la³³la²¹？

女儿若是还有母亲，母亲何不快来送女儿？

054. [illegible]，[illegible]，

ma²¹ʂɿ²¹ma²¹ʂa³³ȵi³³，n̥i³³bo³³li³³ma²¹ɣo³³，

母亲不来送，女儿走了心不甘，

055. [illegible]，[illegible]，

mo²¹di⁴⁴he³³ma²¹dzɿ³³，n̥i⁴⁴ȵi³³dʑe⁴⁴mo³³mo³³ʑe⁵⁵di⁴⁴，

母亲将愧疚，女儿会难受，

056. [illegible]，[illegible]。

mo²¹tɯ²¹n̥i⁴⁴ʂa³³li³³，vo²¹li³³khu³³hi³³a⁴⁴ti³³ɕi³³lo⁴⁴vɯ⁴⁴。

母亲来送女，只是送到家门口。

057. [illegible]？

n̥i⁴⁴zɯ³³vɿ⁵⁵bo²¹n̥i³³ŋɯ⁴⁴ŋɯ³³？

女儿是有姐之女吗？

058. [illegible]，[illegible]？

vɿ⁵⁵bo²¹n̥i³³ŋɯ³³nɯ³³，vɿ⁵⁵tɯ²¹n̥i⁴⁴ʂa³³a²¹la³³la²¹？

女儿若是还有姐姐，姐姐何不快来送妹妹？

059. [illegible]，[illegible]，

ma²¹ʂɿ²¹ma²¹ʂa³³ȵi³³，n̥i³³bo³³li³³ma²¹ɣo³³，

姐姐不来送，妹妹走了心不甘，

060. [illegible]，[illegible]，

vɿ$^{55}$ȵi$^{33}$he$^{33}$ma$^{21}$dzɿ$^{33}$，n̥i$^{44}$ȵi$^{33}$dʑe$^{44}$mo$^{33}$mo$^{33}$ʑe$^{55}$di$^{44}$，

姐姐将愧疚，妹妹会难受，

061. [illegible]，[illegible]；

vɿ$^{55}$tɯ$^{21}$n̥i$^{44}$ʂa$^{33}$li$^{33}$，ma$^{55}$ɬo$^{21}$khu$^{44}$hi$^{33}$a$^{44}$ti$^{33}$ʂa$^{33}$lo$^{44}$vɯ$^{44}$；

姐来送妹走，只送大半天就回去了；

062. [illegible]，

vɿ$^{55}$ȵi$^{33}$ȵɔ$^{33}$bɿ$^{33}$ɕɿ̠$^{33}$ɕɿ̠$^{33}$ka$^{33}$ta$^{33}$dʑe$^{33}$lo$^{44}$vɯ$^{44}$，

姐姐泪流如雨返回了，

063. [illegible]，

n̥i$^{44}$ȵi$^{33}$ʂɿ$^{44}$phu̠$^{33}$o$^{33}$tsu$^{21}$xɔ$^{33}$ga$^{33}$tsɿ$^{33}$lo$^{44}$vɯ$^{44}$，

妹妹披毡蒙头走他乡了，

064. [illegible]，

khɯ$^{44}$ȵi$^{33}$ɣa$^{33}$ge$^{33}$ndi$^{21}$ko$^{33}$hi$^{55}$lo$^{44}$vɯ$^{44}$，

狗也难舍地站在坝上了，

065. [illegible]。

hi$^{55}$ȵi$^{33}$ɣa$^{33}$ge$^{33}$lo$^{33}$ŋga$^{33}$bo$^{44}$ɕi$^{33}$vɯ$^{44}$。

兽也留恋地走在山上了。

066. [illegible]？

n̥i$^{44}$zɯ$^{33}$mu̠$^{33}$bo$^{21}$n̥i$^{33}$ŋɯ$^{44}$ŋɯ$^{33}$？

女儿是有哥之女吗？

067. [illegible]，[illegible]？

mu̠$^{33}$bo$^{21}$n̥i$^{33}$ŋɯ$^{33}$nɯ$^{33}$，mu̠$^{33}$tɯ$^{21}$n̥i$^{44}$ʂa$^{33}$a$^{21}$la$^{33}$la$^{21}$？

女儿若是还有哥哥，哥哥何不快来送妹妹？

068. [illegible]，[illegible]，

ma$^{21}$ʂɿ$^{21}$ma$^{21}$ʂa$^{33}$ȵi$^{33}$，n̥i$^{33}$bo$^{33}$li$^{33}$ma$^{21}$ɣo$^{33}$，

哥哥若不来送，妹妹走了不甘心，

069. [illegible]

mu̠$^{44}$ȵi$^{33}$he$^{33}$ma$^{21}$dzɿ$^{33}$，n̥i$^{44}$ȵi$^{33}$dʑe$^{44}$mo$^{33}$mo$^{33}$ʑe$^{55}$di$^{44}$，

哥哥将愧疚，妹妹会难受，

070. [illegible]

mu̠$^{33}$tɯ$^{21}$n̥i$^{44}$ʂa$^{33}$li$^{33}$，ɣo$^{33}$la$^{33}$sa$^{55}$dzɿ$^{21}$ɕi$^{44}$dʐo$^{33}$dʐo$^{33}$。

哥来送妹走，必将送到婆家里。

071. [illegible]

a$^{44}$mo$^{33}$n̥i$^{44}$zɯ$^{33}$ȵi$^{33}$，

妈妈的女儿哟，

072. [illegible]

tɯ$^{21}$li$^{33}$xa$^{55}$khu$^{33}$ɕɿ$^{33}$ɣa$^{33}$tɯ$^{21}$，

tɕhu$^{33}$mu$^{33}$ʂɿ$^{33}$tha$^{33}$sɔ$^{33}$ha$^{33}$n̥i$^{44}$tɕho$^{33}$ndzi$^{33}$，

女儿从内屋起身，金器银物三百想跟女儿走，

073. [illegible]

tshɿ$^{44}$ȵi$^{33}$n̥i$^{33}$ko$^{33}$ɣa$^{44}$li$^{33}$ndo$^{21}$lo$^{44}$vɯ$^{44}$；

它们全被女儿劝留家中了；

074. [illegible]

n̥i$^{33}$tɯ$^{21}$ȵi$^{33}$mo$^{44}$sɔ$^{33}$phɔ$^{33}$ŋga$^{33}$，

vi$^{55}$mu$^{33}$ga$^{55}$ndʐa$^{55}$sɔ$^{33}$ha$^{33}$n̥i$^{44}$tɕho$^{33}$ndzi$^{33}$，

女儿从火塘上方过，美丽衣裙三百想随女儿走，

075. [illegible]

tshɿ$^{44}$ȵi$^{33}$n̥i$^{33}$ko$^{33}$ɣa$^{44}$li$^{33}$ndo$^{21}$lo$^{44}$vɯ$^{44}$；

它们全被女儿劝留家中了；

076. [illegible]

n̥i$^{33}$tɯ$^{21}$ndʑe$^{33}$gu$^{21}$ɕʅ$^{33}$ɣa$^{33}$ɕi$^{33}$,

vi$^{55}$mu$^{33}$va$^{33}$ʂɯ$^{55}$sɔ$^{33}$ha$^{33}$n̥i$^{44}$tɕho$^{33}$ndzi$^{33}$,

女儿走过院坝时，肥猪阉鸡三百想跟女儿走，

077. 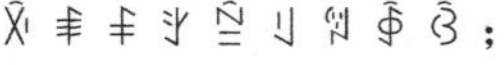

tshʅ$^{44}$ȵi$^{33}$n̥i$^{33}$ko$^{33}$ɣa$^{44}$li$^{33}$ndo$^{21}$lo$^{44}$vɯ$^{44}$;

它们全被女儿劝留家中了；

078. 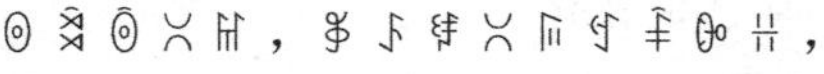

xo$^{33}$gu$^{44}$xo$^{33}$ka$^{33}$ŋga$^{33}$，mu$^{21}$zɯ$^{33}$la$^{21}$ka$^{33}$sɔ$^{33}$ha$^{33}$n̥i$^{44}$tɕho$^{33}$ndzi$^{33}$,

走过大街小巷时，马驹牛犊三百想跟女儿走，

079. 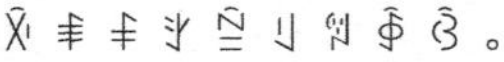

tshʅ$^{44}$ȵi$^{33}$n̥i$^{33}$ko$^{33}$ɣa$^{44}$li$^{33}$ndo$^{21}$lo$^{44}$vɯ$^{44}$。

它们全被女儿劝留家中了。

080. 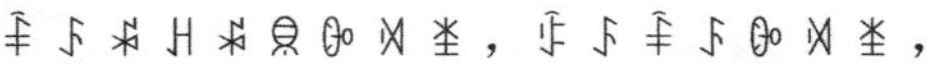

n̥i$^{44}$zɯ$^{33}$dzʅ$^{33}$mu$^{33}$dzʅ$^{33}$si$^{33}$tɕho$^{33}$ta$^{33}$bo$^{33}$,

mu̠$^{44}$zɯ$^{33}$n̥i$^{44}$zɯ$^{33}$tɕho$^{33}$ta$^{33}$bo$^{33}$,

女儿骑马随人走，哥哥陪送起走，

081. 

bo$^{33}$lo$^{44}$bo$^{33}$lo$^{44}$mu$^{33}$，bo$^{33}$n̥o$^{44}$tɕe$^{33}$tɕɔ$^{33}$sɔ$^{33}$ma$^{33}$ŋga$^{33}$,

走了一坡又一坡，走过三面坡，

082. 

lu̠$^{33}$mbo$^{33}$sɔ$^{33}$ma$^{33}$dzi$^{33}$，n̥i$^{44}$zɯ$^{33}$mbo$^{33}$mʅ$^{33}$sɔ$^{33}$te$^{33}$ge$^{33}$,

遭遇三块大石滚下来，女儿裙边破三层，

083. 

ko$^{33}$lo$^{33}$ho$^{33}$du$^{33}$du$^{33}$，lo$^{55}$bu$^{33}$ka$^{33}$tʂʅ̠$^{33}$tʂʅ̠$^{33}$,

心儿中怦怦跳，拍手呼天地，

084. [illegible]，[illegible]。

ha$^{55}$ku$^{33}$pha$^{55}$a$^{21}$gɯ$^{33}$，dʐʅ$^{21}$ku$^{33}$mo$^{21}$a$^{21}$gɯ$^{33}$。

喊爹，爹不应，叫妈，妈不见。

085. [illegible]，[illegible]，

bo$^{33}$n̥o$^{44}$la$^{33}$da$^{33}$sɔ$^{33}$tɕi$^{33}$ŋga$^{33}$，ha$^{33}$ʂʅ$^{33}$sɔ$^{33}$thu$^{33}$dzi$^{33}$，

走过三条沟，遭遇三场大暴雨，

086. [illegible]，[illegible]。

n̥i$^{44}$zɯ$^{33}$ʂʅ$^{44}$phu̱$^{33}$o$^{33}$tsu$^{21}$ga$^{55}$ʐʅ$^{33}$vɯ$^{44}$，n̥ɔ$^{33}$bʅ$^{33}$ɕʅ̱$^{33}$ɕʅ̱$^{33}$ka$^{33}$。

女儿举毡蒙头上，泪水哗哗流。

087. [illegible]，[illegible]，

bo$^{33}$n̥o$^{44}$kɯ$^{21}$dzi$^{21}$sɔ$^{33}$tɕi$^{33}$ŋga$^{33}$，ɬʅ$^{44}$ʂʅ$^{33}$sɔ$^{33}$thu$^{33}$dzi$^{33}$，

走过三座大山梁，遭遇三场大风沙，

088. [illegible]，

n̥i$^{44}$zɯ$^{33}$ʂʅ$^{44}$tɕhi$^{33}$sɔ$^{33}$te$^{33}$ge$^{33}$，

女儿披毡破三处，

089. [illegible]，[illegible]。

n̥i$^{44}$zɯ$^{33}$lo$^{55}$bu$^{33}$ka$^{33}$tʂʅ̱$^{33}$tʂʅ̱$^{33}$，n̥ɔ$^{33}$bʅ$^{33}$ɕʅ̱$^{33}$ɕʅ̱$^{33}$ka$^{33}$。

女儿拍手呼天地，泪水哗哗流。

090. [illegible]，[illegible]，

n̥i$^{44}$zɯ$^{33}$bo$^{33}$lo$^{44}$bo$^{33}$lo$^{44}$mu$^{33}$，bo$^{33}$n̥o$^{44}$nda$^{33}$ɕʅ$^{33}$gu$^{33}$ɣa$^{33}$ŋga$^{33}$，

女儿走了一山又一山，走过蕨草丛，

091. [illegible]，

nda$^{33}$ɕʅ$^{33}$ʂu$^{21}$pu$^{33}$sɔ$^{33}$ha$^{33}$n̥i$^{44}$tɕho$^{33}$ʂa$^{33}$，

蕨草丛中三百雉鸡想跟女儿走，

092. [illegible]；

tshɿ$^{44}$ȵi$^{33}$n̥i$^{33}$ko$^{33}$ɣa$^{44}$li$^{33}$ʂa$^{33}$lo$^{44}$vɯ$^{44}$；

它们被女儿劝下了；

093. [Yi script]，[Yi script]，

bo$^{33}$n̥o$^{44}$ma$^{33}$ɕɿ$^{33}$gu$^{33}$ɣa$^{33}$ŋga$^{33}$，

ma$^{33}$ɕɿ$^{33}$ha$^{21}$pu$^{33}$sɔ$^{33}$ha$^{33}$n̥i$^{44}$tɕho$^{33}$ʂa$^{33}$，

走过竹林时，林中三百锦鸡想跟女儿走，

094. [Yi script]；

tshɿ$^{44}$ȵi$^{33}$n̥i$^{33}$ko$^{33}$ɣa$^{44}$li$^{33}$ʂa$^{33}$lo$^{44}$vɯ$^{44}$；

它们被女儿劝下了；

095. [Yi script]，[Yi script]，

bo$^{33}$n̥o$^{44}$ndi$^{21}$tɕhu$^{33}$gu$^{33}$ɣa$^{33}$ŋga$^{33}$，

ndi$^{21}$tɕhu$^{33}$ȵi$^{33}$ʑo$^{33}$sɔ$^{33}$ha$^{33}$n̥i$^{44}$tɕho$^{33}$ʂa$^{33}$，

走到草原上，草原三百牛羊想跟女儿走，

096. [Yi script]；

tshɿ$^{44}$ȵi$^{33}$n̥i$^{33}$ko$^{33}$ɣa$^{44}$li$^{33}$ʂa$^{33}$lo$^{44}$vɯ$^{44}$；

它们被女儿劝下了；

097. [Yi script]，[Yi script]，

bo$^{33}$n̥o$^{44}$zu$^{21}$dzu̠$^{33}$bo$^{33}$ȵe$^{55}$ŋga$^{33}$，zu$^{21}$ho$^{33}$nɔ$^{33}$tɕɿ$^{33}$tɕɿ$^{33}$，

走到杉树林，杉林阴森森，

098. [Yi script]，

tɕhɿ$^{44}$la$^{33}$lɯ$^{21}$zɯ$^{33}$sɔ$^{33}$ha$^{33}$n̥i$^{44}$tɕho$^{33}$ʂa$^{33}$，

麂子獐子三百想跟女儿走，

099. [Yi script]；

tshɿ$^{44}$ȵi$^{33}$n̥i$^{33}$ko$^{33}$ɣa$^{44}$li$^{33}$ʂa$^{33}$lo$^{44}$vɯ$^{44}$；

它们被女儿劝下了；

100. [Yi script]，[Yi script]，[Yi script]，

va$^{55}$ṇi$^{33}$gu$^{33}$ɣa$^{33}$ŋga$^{33}$，va$^{55}$ṇi$^{33}$bɔ$^{21}$lɔ$^{33}$lɔ$^{33}$，

ṇi$^{44}$zɯ$^{33}$thi$^{55}$ŋgɯ$^{21}$bɔ$^{21}$lɔ$^{33}$lɔ$^{33}$，

走到悬岩上，悬崖悬乎乎，女儿心也随之悬乎乎，

101. [Yi script]，[Yi script]；

dʑi$^{21}$ʐo$^{33}$sɔ$^{33}$ha$^{33}$ṇi$^{44}$tɕho$^{33}$ʂa$^{33}$，

tshɿ$^{44}$ȵi$^{33}$ṇi$^{33}$ko$^{33}$ɣa$^{44}$li$^{33}$ʂa$^{33}$lo$^{44}$vɯ$^{44}$；

岩蜂三百想跟女儿走，它们被女儿劝下了；

102. [Yi script]，

bo$^{44}$o$^{33}$bo$^{33}$tho$^{55}$ŋga$^{33}$，

走到山顶上，

103. [Yi script]，[Yi script]；

vo$^{33}$so$^{55}$hi$^{33}$so$^{55}$ŋgo$^{44}$tʂɿ̠$^{33}$tʂɿ̠$^{33}$，ṇi$^{44}$zɯ$^{33}$thi$^{55}$ŋgɯ$^{21}$ŋgo$^{44}$tʂɿ̠$^{33}$tʂɿ̠$^{33}$；

霜雪寒气冷冰冰，女儿心也随之冷冰冰；

104. [Yi script]，

lo$^{33}$ṇo$^{55}$gu$^{33}$ɣa$^{33}$ŋga$^{33}$，

走进大山林，

105. [Yi script]，[Yi script]；

lo$^{33}$ṇo$^{55}$sɔ$^{33}$kho$^{33}$kho$^{33}$，ṇi$^{44}$zɯ$^{33}$thi$^{55}$ŋgɯ$^{21}$sɔ$^{33}$kho$^{33}$kho$^{33}$；

山林阴沉沉，女儿心也随之阴沉沉；

106. [Yi script]，[Yi script]，

sɿ̠$^{33}$dzu̠$^{33}$bo$^{33}$ȵe$^{55}$ŋga$^{33}$，

sɿ̠$^{33}$tɕhi$^{33}$ȵi$^{21}$tɕhi$^{33}$ɬɿ$^{33}$si$^{21}$tɕhe$^{33}$tɕhe$^{33}$phu̠$^{33}$，

走过一片杂树坡，两片树叶被风掀翻，

107. [Yi script]；

n̥i⁴⁴zɯ³³he³³mo²¹thi⁵⁵ŋgɯ²¹tɕhe³³tɕhe³³phu̠³³；

女儿心也随之掀翻了；

108. [illegible]

ma³³dzu̠³³bo³³ɲe⁵⁵ŋga³³，

ma³³tɕhi³³ɲi²¹tɕhi³³ɬɿ³³si²¹tɕhe³³tɕhe³³phu̠³³，

走过一片竹林地，两片竹叶被风吹得颤颤抖，

109. [illegible]

n̥i⁴⁴zɯ³³he³³mo²¹thi⁵⁵ŋgɯ²¹tɕhe³³tɕhe³³phu̠³³；

女儿心也随之颤颤抖；

110. [illegible]

bu⁵⁵dzu̠³³bo³³ɲe⁵⁵ŋga³³，

bu⁵⁵tɕhi³³ɲi²¹tɕhi³³ɬɿ³³si²¹tɕhe³³tɕhe³³phu̠³³，

走过一片草丛地，两片草叶被风吹动了，

111. [illegible]

n̥i⁴⁴zɯ³³he³³mo²¹thi⁵⁵ŋgɯ²¹tɕhe³³tɕhe³³phu̠³³；

女儿心也随之跳不停；

112. [illegible]

bo³³n̥o⁴⁴ho³³mu³³sɔ³³tsi²¹ŋga³³，ho³³ʑi⁵⁵a²¹lo²¹sɿ³³，

翻过三座山，女儿险些被晕死，

113. [illegible]

o⁴⁴li³³ndʑo⁵⁵ʑu³³a²¹lo²¹go³³，n̥i⁴⁴zɯ³³ku⁴⁴tʂɿ̠³³tʂɿ̠³³；

头部险些被冰冻，女儿哭声凄惨惨；

114. [illegible]

ndi²¹mu³³sɔ³³tsi²¹ŋga³³，dʑu⁵⁵li³³ɬɿ³³ndu²¹ma²¹lo²¹tɕhɿ³³，

走过三片坝，细腰险些被风吹断了，

115. [illegible]；

ṇi$^{44}$zɯ$^{33}$lo$^{55}$bu$^{33}$ka$^{33}$tʂʅ$^{33}$tʂʅ$^{33}$；

女儿拍手呼天地；

116. [illegible]，[illegible]；

tsɿ$^{21}$xo$^{33}$sɔ$^{33}$ma$^{33}$ŋga$^{33}$，ɕɿ$^{44}$li$^{33}$tsa$^{33}$ʑu$^{33}$a$^{21}$lo$^{21}$phe$^{33}$；

走过三处沼泽地，腿脚险些磨出血；

117. [illegible]，[illegible]，[illegible]；

ṇi$^{44}$zɯ$^{33}$ȵɔ$^{33}$bɿ$^{33}$ɕʅ$^{33}$ɕʅ$^{33}$ka$^{33}$，ha$^{55}$ku$^{33}$pha$^{55}$a$^{21}$gɯ$^{33}$，

dʑɿ$^{21}$ku$^{33}$mo$^{21}$a$^{21}$gɯ$^{33}$；

女儿泪水汪汪掉，喊爹，爹不应，叫妈，妈不见；

118. [illegible]，[illegible]，

ne$^{33}$ʑɿ$^{33}$bo$^{33}$ȵe$^{55}$ŋga$^{33}$，ʑɿ$^{21}$bu$^{33}$ʑɿ$^{21}$ɬ$^{55}$mbo$^{33}$，

走过河旁边，河水浪涛滚，

119. [illegible]，[illegible]！

ṇi$^{44}$zɯ$^{33}$he$^{33}$mo$^{21}$thi$^{55}$ŋgɯ$^{21}$mbo$^{33}$，ṇi$^{44}$zɯ$^{33}$ʂa$^{21}$ȵi$^{21}$dɯ$^{33}$！

女儿心也随之滚，女儿真可怜！

## 二、生词

1. [illegible] ka$^{55}$ 馋
2. [illegible] khɯ$^{33}$ʂɯ$^{33}$ 狗肉
3. [illegible] sɿ$^{55}$ 渴
4. [illegible] gɔ$^{44}$ 冷
5. [illegible] khɯ$^{33}$ndʑɿ$^{33}$ 狗皮
6. [illegible] lɯ$^{33}$khɯ$^{21}$ 出租牛
7. [illegible] mi$^{55}$ 饿
8. [illegible] he$^{33}$kɔ$^{33}$ 心狠
9. [illegible] pa$^{33}$ 换
10. [illegible] a$^{21}$ki$^{21}$ 不顾；心甘
11. [illegible] no$^{55}$ 肉
12. [illegible] zi$^{33}$ 花（钱）；使用
13. [illegible] hi$^{33}$tɕhu$^{33}$ 寒霜
14. [illegible] ȵɔ$^{33}$tsi$^{33}$ 睫毛

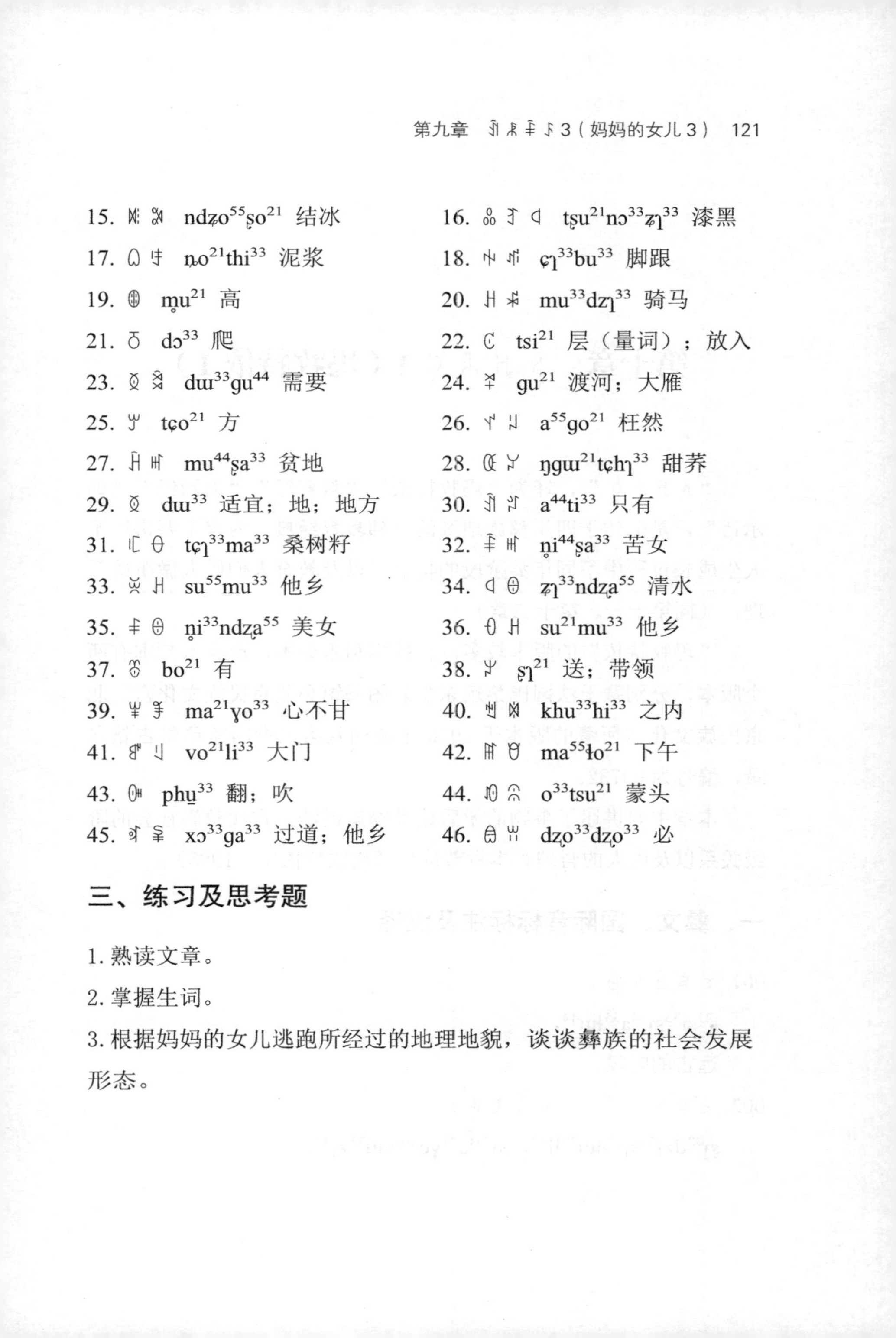

15. ndʐo$^{55}$ʂo$^{21}$ 结冰

16. tʂu$^{21}$nɔ$^{33}$ʐɿ$^{33}$ 漆黑

17. ȵo$^{21}$thi$^{33}$ 泥浆

18. ɕɿ$^{33}$bu$^{33}$ 脚跟

19. m̥u$^{21}$ 高

20. mu$^{33}$dʐɿ$^{33}$ 骑马

21. dɔ$^{33}$ 爬

22. tsi$^{21}$ 层（量词）；放入

23. dɯ$^{33}$gu$^{44}$ 需要

24. gu$^{21}$ 渡河；大雁

25. tɕo$^{21}$ 方

26. a$^{55}$go$^{21}$ 枉然

27. mu$^{44}$ʂa$^{33}$ 贫地

28. ŋgɯ$^{21}$tɕhɿ$^{33}$ 甜荞

29. dɯ$^{33}$ 适宜；地；地方

30. a$^{44}$ti$^{33}$ 只有

31. tɕɿ$^{33}$ma$^{33}$ 桑树籽

32. n̥i$^{44}$ʂa$^{33}$ 苦女

33. su$^{55}$mu$^{33}$ 他乡

34. ʐɿ$^{33}$ndʐa̱$^{55}$ 清水

35. n̥i$^{33}$ndʐa̱$^{55}$ 美女

36. su$^{21}$mu$^{33}$ 他乡

37. bo$^{21}$ 有

38. ʂɿ$^{21}$ 送；带领

39. ma$^{21}$ɣo$^{33}$ 心不甘

40. khu$^{33}$hi$^{33}$ 之内

41. vo$^{21}$li$^{33}$ 大门

42. ma$^{55}$ɬo$^{21}$ 下午

43. phu̱$^{33}$ 翻；吹

44. o$^{33}$tsu$^{21}$ 蒙头

45. xɔ$^{33}$ga$^{33}$ 过道；他乡

46. dʐo̱$^{33}$dʐo̱$^{33}$ 必

## 三、练习及思考题

1. 熟读文章。

2. 掌握生词。

3. 根据妈妈的女儿逃跑所经过的地理地貌，谈谈彝族的社会发展形态。

# 第十章 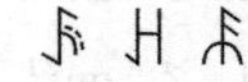1（玛牧特依1）

“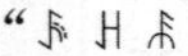”，译为“玛牧特依”“教育经”“训示经”“训示诗”，是流传于四川彝族地区的一部教育经典。内容主要讲述了人生成长过程中不同年龄阶段的特点，以及教育人们做人做事的哲理。（同第十一、第十二章）

“玛牧特依”的版本较多，有抄本和木刻本，现存木刻本有两个版本，分别藏于法国巴黎远东学院图书馆和北京民族文化宫。北京民族文化宫所藏的版本于2010年被列入第三批国家珍贵古籍名录，编号为09732。

本章主要讲述了事物的矛盾论唯物辩证法、古代彝族社会的阶级关系以及做人的哲理。本章节选自《玛牧特依》（1985）。

## 一、彝文、国际音标标注及汉译

001. ，

i$^{21}$si$^{33}$ʂɿ$^{44}$a$^{33}$ɬɯ$^{44}$，

远古的时候，

002. 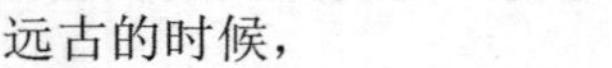；

ʂɿ$^{33}$dzɿ$^{55}$ʂɿ$^{33}$dɯ$^{21}$li$^{33}$，ʂɿ$^{21}$la$^{21}$ɣo$^{44}$thɯ$^{33}$zɿ$^{33}$；

史子史德呢，是史纳俄特时代的人；

003. 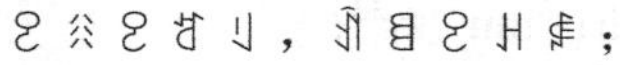

dʑu$^{55}$dzɿ$^{55}$dʑu$^{55}$dɯ$^{21}$li$^{33}$，a$^{44}$phu$^{33}$dʑu$^{55}$mu$^{33}$zɿ$^{33}$；

居子居德呢，是祖宗居木时代的人；

004. 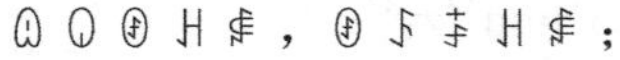

ndi$^{21}$tɕhu$^{33}$tɕu$^{55}$mu$^{33}$zɿ$^{33}$，tɕu$^{55}$zɯ$^{33}$ndza$^{33}$mu$^{33}$zɿ$^{33}$；

草原是云雀乐园，云雀一生是歌唱的一生；

005. 

sɿ̠$^{33}$tho$^{55}$ȵu$^{55}$mu$^{33}$zɿ$^{33}$，ȵu$^{55}$zɯ$^{33}$gɯ$^{21}$mu$^{33}$zɿ$^{33}$；

树上是猴子乐园，猴子一生是玩乐的一生；

006. 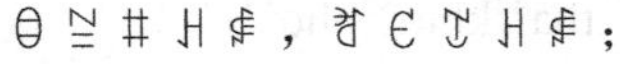

va$^{55}$ɣa$^{33}$dʑi$^{33}$mu$^{33}$zɿ$^{33}$，dʑi$^{21}$ʑo$^{33}$lɿ$^{33}$mu$^{33}$zɿ$^{33}$；

崖上是蜜蜂乐园，蜜蜂一生是嗡嗡的一生；

007. 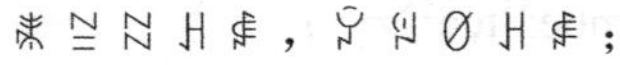

zu$^{21}$ɣa$^{33}$hi$^{55}$mu$^{33}$zɿ$^{33}$，tɕhɿ$^{44}$lɯ$^{33}$pe$^{33}$mu$^{33}$zɿ$^{33}$；

杉林是野兽乐园，獐鹿一生是跳跃的一生；

008. 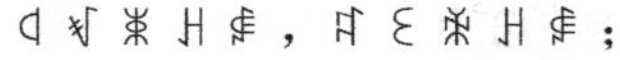

ʑɿ$^{33}$vu$^{55}$hɯ$^{33}$mu$^{33}$zɿ$^{33}$，hɯ$^{21}$ʂɿ$^{33}$ɬi$^{55}$mu$^{33}$zɿ$^{33}$；

水中是鱼儿乐园，鱼儿一生是畅游的一生；

009. 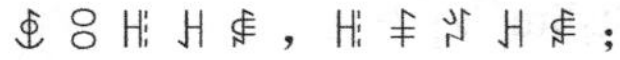

lɔ$^{33}$gu̠$^{33}$la$^{55}$mu$^{33}$zɿ$^{33}$，la$^{55}$n̥i$^{33}$ti$^{33}$mu$^{33}$zɿ$^{33}$；

深山是老虎乐园，老虎一生是逛游的一生；

010. 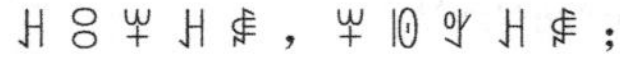

mu$^{33}$gu̠$^{33}$tɕo$^{55}$mu$^{33}$zɿ$^{33}$，tɕo$^{55}$nɔ$^{21}$vo$^{33}$mu$^{33}$zɿ$^{33}$；

天空是老鹰乐园，雄鹰一生是飞翔的一生；

011. [illegible]，[illegible]；

ma$^{33}$ɕɿ$^{33}$ha$^{33}$mu$^{33}$zɿ$^{33}$，ha$^{21}$pu$^{33}$tʂhɿ̱$^{33}$mu$^{33}$zɿ$^{33}$；

竹林是锦鸡乐园，锦鸡一生是鸣叫的一生；

012. [illegible]，[illegible]；

nda$^{33}$ɕɿ$^{33}$ʂu$^{33}$mu$^{33}$zɿ$^{33}$，ʂu$^{21}$pu$^{33}$tso$^{33}$mu$^{33}$zɿ$^{33}$；

蕨丛是雉鸡乐园，雉鸡一生是鸣啼的一生；

013. [illegible]，[illegible]；

ɣo$^{33}$la$^{33}$sa$^{55}$mu$^{33}$zɿ$^{33}$，fu̱$^{33}$lu$^{33}$tɕho$^{44}$phu$^{33}$zɿ$^{33}$；

姻亲的一生，是通婚的一生；

014. [illegible]，[illegible]；

tshɿ$^{55}$la$^{33}$vi$^{33}$mu$^{33}$zɿ$^{33}$，mo$^{21}$ŋgɯ$^{21}$tha$^{44}$khɯ$^{33}$phu$^{33}$；

家族的一生，开会需开坛口；

015. [illegible]，[illegible]；

bu$^{33}$la$^{33}$dʑi$^{33}$mu$^{33}$zɿ$^{33}$，si$^{55}$ŋgɯ$^{21}$mbe$^{33}$tɕe$^{55}$zɿ$^{33}$；

冤家的一生，是打仗的一生；

016. [illegible]，[illegible]；

li$^{21}$ʑi$^{33}$a$^{44}$mo$^{33}$zɿ$^{33}$，he$^{33}$tɕhɿ$^{55}$ɬa$^{33}$ʂa$^{33}$zɿ$^{33}$；

妈妈的一生，是忧愁的一生；

017. [illegible]，[illegible]；

a$^{21}$mɿ$^{33}$ɕɿ$^{21}$ɬe$^{33}$zɿ$^{33}$，he$^{33}$dʑi$^{33}$ȵɔ$^{33}$tʂhɯ$^{33}$zɿ$^{33}$；

姑娘的一生，是忐忑的一生；

018. [illegible]，[illegible]；

za$^{21}$bu$^{33}$zɯ$^{21}$ɬi$^{55}$zɿ$^{33}$，he$^{33}$mu̱$^{33}$ȵɔ$^{33}$sa$^{33}$zɿ$^{33}$；

小伙的一生，是欢乐的一生；

019. [illegible]，[illegible]，[illegible]。

dʑɿ^33^mo^21^thɯ^33^sɔ^44^zɿ^33^，thɯ^21^phu^21^dʑu^55^gu^33^tshɿ^55^，

vo^33^tsho^33^tshɿ^21^zɿ^33^dʑo^33^。

一鹦三代松，一松九代人，人类活一生。

020. [illegible]，

dʑu^55^mu^33^a^44^zɯ^33^lɿ^33^，

居木的子孙，

021. [illegible]；

mu^33^ɣa^33^mɿ^33^ȵi^44^tʂa^33^，ti^33^tɕɿ^44^ȵi^44^dzɯ^33^ndzi^33^，

gɯ^33^ɬɯ^44^ȵi^44^tɕhi^33^ŋgo^33^；

天与地两家，要争吃云星，日月来劝解；

022. [illegible]；

ni^21^ɣa^33^xɔ^33^ȵi^21^tʂa^33^，pu̠^33^tɕhu^33^ȵi^44^dzɯ^33^ndzi^33^，

tɕhu^33^ʂɿ^33^ȵi^44^tɕhi^33^ŋgo^33^；

彝与汉两家，要争吃冠顶，金银来劝解；

023. [illegible]；

ndzɿ^33^ɣa^33^lu̠^33^ȵi^21^tʂa^33^，lɯ^33^mo^21^ȵi^44^dzɯ^33^ndzi^33^，

mu^21^tu^21^ȵi^44^tɕhi^33^ŋgo^33^；

君与民两家，要争吃老牛，骏马来劝解；

024. [illegible]。

ɣo^33^ɣa^33^sa^55^ȵi^21^tʂa^33^，la^55^tʂhɯ^33^ȵi^44^dzɯ^33^ndzi^33^，

ȵi^33^ʑo^33^ȵi^44^tɕhi^33^ŋgo^33^。

亲与戚两家，要争吃粮食，绵羊来劝解。

025. [illegible]，

dʑu^55^mu^33^a^44^zɯ^33^lɿ^33^，

居木的子孙，

026. [illegible]，[illegible]，

ŋɯ$^{33}$dʑʅ$^{44}$ti$^{55}$mu$^{33}$nɯ$^{33}$，go$^{21}$tɕhu$^{33}$zɯ$^{33}$ma$^{21}$ndza$^{33}$，

在恩吉丁木呢，白雁不鸣叫，

027. [illegible]，[illegible]；

ma$^{21}$ndza$^{33}$ȵi$^{33}$ma$^{21}$dʑʅ$^{33}$，go$^{21}$dʑɔ$^{33}$mo$^{44}$nɯ$^{33}$ndza$^{33}$；

不鸣叫也不真实，见了孤雁就会叫；

028. [illegible]，[illegible]，

thi$^{33}$ȵe$^{55}$tsa$^{33}$lo$^{33}$nɯ$^{33}$，zɯ$^{33}$ʑu̠$^{33}$ʑʅ$^{33}$ma$^{33}$dʑi$^{21}$，

在铁捏咱洛呢，养子不成人，

029. [illegible]，[illegible]；

ma$^{21}$dʑi$^{21}$ȵi$^{33}$ma$^{21}$dʑʅ$^{33}$，tɕho$^{21}$ha$^{55}$ʑʅ$^{44}$nɯ$^{33}$dʑi$^{21}$；

不成人也不真实，超越群友就能成人；

030. [illegible]，

ndzʅ$^{33}$zɯ$^{33}$he$^{33}$ma$^{21}$ʂa$^{33}$，

君的心中无忧愁，

031. [illegible]，[illegible]，

ma$^{21}$ʂa$^{33}$ȵi$^{33}$ma$^{21}$dʑʅ$^{33}$，ʑʅ$^{33}$fi$^{44}$du̠$^{44}$nɯ$^{33}$ʂa$^{33}$，

无忧愁也不真实，涨洪水了便忧愁，

032. [illegible]，[illegible]；

ho$^{33}$ʂʅ$^{33}$ndzʅ$^{33}$zɯ$^{33}$kha$^{33}$，ndzʅ$^{33}$zɯ$^{33}$ʂa$^{33}$li$^{33}$vo$^{44}$；

治政需要君来担任，君就会辛苦了；

033. [illegible]，[illegible]，

mo$^{21}$zɯ$^{33}$li$^{33}$ma$^{21}$ʂa$^{33}$，ma$^{21}$ʂa$^{33}$ȵi$^{33}$ma$^{21}$dʑʅ$^{33}$，

臣的心中无苦事，无苦事也不真实，

034. [illegible]，[illegible]；

mo$^{21}$li$^{33}$kha$^{33}$khe$^{33}$su$^{33}$，mo$^{21}$zɯ$^{33}$ʂa$^{33}$li$^{33}$vo$^{44}$；

臣是判案的，臣就会辛苦了；

035. [illegible]，[illegible]，

pi$^{44}$zɯ$^{33}$li$^{33}$ma$^{21}$ʂa$^{33}$，ma$^{21}$ʂa$^{33}$ȵi$^{33}$ma$^{21}$dʐʅ$^{33}$，

师的心中无苦事，无苦事也不真实，

036. [illegible]，[illegible]；

pi$^{44}$zɯ$^{33}$ni$^{21}$tʂhʅ$^{21}$su$^{33}$，pi$^{44}$zɯ$^{33}$ʂa$^{33}$li$^{33}$vo$^{44}$；

师是除灵的，师就会辛苦了；

037. [illegible]，[illegible]，

kɯ$^{55}$zɯ$^{33}$li$^{33}$ma$^{21}$ʂa$^{33}$，ma$^{21}$ʂa$^{33}$ȵi$^{33}$ma$^{21}$dʐʅ$^{33}$，

匠的心中无苦事，无苦事也不真实，

038. [illegible]，[illegible]；

kɯ$^{55}$li$^{33}$ʂɯ$^{33}$tsʅ$^{44}$su$^{33}$，kɯ$^{55}$zɯ$^{33}$ʂa$^{33}$li$^{33}$vo$^{44}$；

匠是做工的，匠就会辛苦了；

039. [illegible]，[illegible]，

dʐo$^{21}$dʐo$^{21}$li$^{33}$ma$^{21}$ʂa$^{33}$，ma$^{21}$ʂa$^{33}$ȵi$^{33}$ma$^{21}$dʐʅ$^{33}$，

民的心中无苦事，无苦事也不真实，

040. [illegible]，[illegible]；

dʐo$^{21}$li$^{33}$ɬu$^{55}$mu$^{33}$su$^{33}$，dʐo$^{21}$dʐo$^{21}$ʂa$^{33}$li$^{33}$vo$^{44}$；

民是耕牧的，民就会辛苦了；

041. [illegible]，[illegible]。

ʂa$^{44}$li$^{33}$tshʅ$^{33}$di$^{44}$ŋɯ$^{33}$，tshʅ$^{33}$di$^{44}$lu$^{33}$ma$^{21}$bo$^{33}$。

辛苦如此说，未必全如此。

042. [illegible]，

dʐu$^{55}$mu$^{33}$a$^{44}$zɯ$^{33}$lʅ$^{33}$，

居木的子孙，

043. [illegible]，[illegible]；

ʑi$^{44}$vu$^{33}$ka$^{44}$vu$^{33}$li$^{33}$，ȵe$^{33}$mo$^{21}$tɕi$^{21}$ti$^{55}$khɯ$^{21}$；

房屋若狭窄，猫儿就拴着养；

044. [illegible]，[illegible]；

ndʑe$^{33}$vu$^{44}$ndʑe$^{33}$vu$^{33}$li$^{33}$，ʑe$^{33}$mo$^{21}$ɕɿ$^{33}$do$^{55}$tshu̠$^{33}$；

院坝若狭窄，母鸡就套脚养；

045. [illegible]，[illegible]；

xo$^{33}$vu$^{33}$ɬo$^{44}$vu$^{33}$li$^{33}$，vi$^{55}$mo$^{21}$le$^{33}$ga$^{33}$ȵe$^{33}$；

猪圈若狭窄，母猪就套绳养；

046. [illegible]，[illegible]；

ɕɿ$^{44}$vu$^{33}$kha$^{44}$vu$^{33}$li$^{33}$，mu$^{21}$ndʑi$^{33}$kha$^{33}$ʂɔ$^{33}$dzɿ$^{33}$；

腿脚若狭窄，骑马要套马辔；

047. [illegible]，[illegible]；

phu$^{21}$vu$^{33}$ȵo$^{44}$vu$^{33}$li$^{33}$，lɯ$^{33}$mo$^{21}$n̥a$^{33}$ʑɿ$^{33}$tsi$^{44}$；

土地若狭窄，耕牛要穿鼻绳；

048. [illegible]，[illegible]；

zu$^{21}$vu$^{33}$va$^{55}$vu$^{33}$li$^{33}$，zɿ$^{55}$la$^{55}$bo$^{33}$ndu$^{44}$tshu̠$^{33}$；

杉岩若狭窄，虎豹要拴木棒；

049. [illegible]，[illegible]；

bo$^{44}$vu$^{33}$lo$^{44}$vu$^{33}$li$^{33}$，n̥i$^{33}$ʑo$^{33}$hi$^{55}$ɬu$^{55}$tɕhi$^{21}$；

山谷若狭窄，绵羊要站着放；

050. [illegible]，[illegible]；

gu$^{21}$vu$^{33}$ga$^{44}$vu$^{33}$li$^{33}$，ɕɿ$^{44}$khɔ$^{33}$he$^{33}$ndo$^{55}$tsi$^{21}$；

道路若狭窄，骏马会伤心；

051. [illegible]

gɯ44vu33ɬo21vu33li33，ŋɯ33dʐʅ44ka44dzu̠33ʂa33；

日月若狭窄，庄稼会长得苦；

052. [illegible]

ɬʅ33vu33ha33vu33li33，ʑe33mo33dzu̠44dɯ33ʂa33；

风雨若逼得紧，房子会难立稳；

053. [illegible]

sʅ33vu33na44vu33li33，ʑu̠33ŋɯ33ɕʅ33li33dʑe33；

病魔若逼得紧，好汉会脚无力；

054. [illegible]

ɣo44vu33sa55vu33li33，ŋga21vu55n̥i44zɯ33ɬʅ33；

姻亲若逼得紧，檐下姑娘就悲伤；

055. [illegible]

bu33vu33dʑi44vu33li33，zɯ33ʑu̠33tɕi21a21mo33；

敌人若逼得紧，生儿见不了亲戚；

056. [illegible]

vi44vu33khɯ33vu33li33，ndzʅ33ʂa33lu̠33ʂa33tɕhi44；

纠纷若逼得紧，君民会同受苦；

057. [illegible]

ndzʅ33vu33mo44vu33li33，lu̠33dʑi33ɕʅ44ʂa33tɕhi21；

君臣若追得紧，平民会受苦难；

058. [illegible]

“vu44”li33tshʅ33di44ŋɯ33，tshʅ33di44lu33ma21bo33。

“狭窄”如此说，未必全如此。

059. [illegible]

dʑu$^{55}$mu$^{33}$a$^{44}$zɯ$^{33}$lɿ$^{33}$，

居木的子孙，

060. [illegible]

ndzɿ$^{33}$mi$^{55}$ŋo$^{33}$tshɿ$^{21}$ʑɔ$^{55}$，ho$^{33}$mu$^{33}$ “ʂu$^{55}$ni$^{21}$” si$^{21}$，

一个无能的君王，骑着“苏尼”马，

061. [illegible]

o$^{44}$ɣa$^{33}$tʂa$^{55}$tʂa$^{55}$khɯ$^{33}$，dʑu$^{55}$ɣa$^{33}$dʐɯ$^{33}$vo$^{21}$bu$^{33}$，

头上筑喜鹊巢，腰间长有钱洞，

062. [illegible]

ɕɿ$^{33}$ɣa$^{33}$bu$^{21}$vu$^{55}$khɯ$^{33}$，tɕi$^{21}$tɯ$^{21}$bu$^{33}$ha$^{33}$vo$^{33}$。

脚心筑蚂蚁巢，背后有百蝇飞。

063. [illegible]

vɿ$^{44}$ɣa$^{33}$gɯ$^{33}$phu$^{21}$ʑɿ$^{33}$，ʑi$^{44}$ɣa$^{33}$ɬɯ$^{21}$vi$^{55}$di$^{33}$，

左边太阳大，右边月亮明，

064. [illegible]

ndzɿ$^{33}$di$^{33}$lu̠$^{33}$ku$^{33}$dzɿ$^{33}$，lu̠$^{33}$di$^{33}$ndzɿ$^{33}$tɕo$^{44}$ʂɿ$^{33}$。

无能之君骑民颈，无能之民陷害君王。

065. [illegible]

ndzɿ$^{33}$ŋɯ$^{33}$tshɿ$^{21}$li$^{33}$ʑu̠$^{33}$，ndɯ$^{21}$gu$^{21}$lu̠$^{33}$dʐo$^{21}$si$^{21}$。

出生一个君王，平民都能判案子。

066. [illegible]

ndzɿ$^{33}$ɣa$^{33}$lu̠$^{33}$ȵi$^{21}$bu$^{21}$，

君与民两家，

067. [illegible]

ndzɿ$^{44}$ȵi$^{33}$lu̠$^{33}$khu$^{33}$ho$^{33}$，lu̠$^{44}$ȵi$^{33}$ndzɿ$^{33}$tʂhɯ$^{33}$dʐɯ$^{33}$；

君是民的荣誉，民是君的钱粮；

068. ，

ɣo$^{33}$ɣa$^{33}$sa$^{55}$ȵi$^{21}$bu$^{21}$，

亲与戚两家，

069. ，；

ɣo$^{33}$ŋɯ$^{33}$sa$^{55}$lu$^{44}$mu$^{33}$，sa$^{55}$ŋɯ$^{33}$ɣo$^{33}$khu$^{33}$ʈʂhɿ$^{21}$；

亲为戚谋好事，戚为亲做好事；

070. ，

pi$^{33}$ɣa$^{33}$si$^{33}$ȵi$^{21}$bu$^{21}$，

毕摩与主人两家，

071. ，，

pi$^{33}$ŋɯ$^{33}$si$^{44}$khu$^{33}$ho$^{33}$，si$^{33}$ŋɯ$^{33}$pi$^{33}$lu$^{44}$mu$^{33}$，

毕摩是主人的荣誉，主人为毕做好事，

072. 。

pi$^{33}$ŋɯ$^{33}$si$^{44}$khu$^{33}$ʈʂhɿ$^{21}$。

毕摩为主人做祈福。

073. ，

dʑu$^{55}$mu$^{33}$a$^{44}$zɯ$^{33}$lɿ$^{33}$，

居木的子孙，

074. ，，

vo$^{33}$tsho$^{33}$tshɿ$^{21}$ʑɔ$^{55}$ʑu̠$^{33}$，ʑu̠$^{33}$ɣa$^{33}$tshɿ$^{21}$khu̠$^{33}$ȵi$^{21}$khu̠$^{33}$，

人类出生时，生后一两岁，

075. ，，

mo$^{21}$li$^{33}$tɔ$^{33}$gu$^{55}$ȵi$^{33}$，lo$^{55}$li$^{33}$mo$^{21}$di$^{33}$vɿ̠$^{33}$，

母亲怀中坐，伸手抓母胸，

076. [illegible]

ɕʅ$^{44}$li$^{33}$mo$^{21}$ɣa$^{33}$ŋgo$^{55}$，mo$^{21}$nɯ$^{33}$ʑi$^{33}$ʑi$^{33}$ʐʅ$^{33}$。

动脚跟母跑，随母到处走。

077. [illegible]，

dʐu$^{55}$mu$^{33}$a$^{44}$zɯ$^{33}$lʅ$^{33}$，

居木的子孙啊，

078. [illegible]，[illegible]，

ʐu̱$^{33}$ɣa$^{33}$fu$^{55}$khu̱$^{33}$ʂʅ$^{21}$khu̱$^{33}$，dzʅ$^{55}$ɣa$^{33}$dɯ$^{21}$la$^{33}$lu$^{33}$，

出生后到六七岁，将生长成人，

079. [illegible]，[illegible]，

su$^{44}$ʐu̱$^{33}$ŋgu$^{55}$ʐu̱$^{33}$su$^{33}$，ha$^{33}$nɔ$^{33}$ŋgu$^{55}$tɕhe$^{33}$su$^{33}$，

人要往高处长，乌鸦要向上飞，

080. [illegible]，[illegible]，

a$^{21}$ɬɯ$^{21}$ŋgu$^{55}$pe$^{33}$su$^{33}$，mu$^{44}$tɕhʅ$^{33}$ŋgu$^{55}$ti$^{55}$su$^{33}$，

兔子要往高处跳，山火要往上方烧，

081. [illegible]，[illegible]，

khɔ$^{33}$khɔ$^{33}$ŋgu$^{55}$vo$^{55}$su$^{33}$，ŋgu$^{55}$ʐu̱$^{33}$di$^{33}$tha$^{21}$mu$^{33}$，

竹筐要往上方编，成长时莫要做坏事，

082. [illegible]，[illegible]。

ŋgu$^{55}$ʐu̱$^{33}$di$^{33}$mu$^{33}$nɯ$^{33}$，zɯ$^{33}$lʅ$^{33}$tʂʅ$^{21}$ma$^{21}$bo$^{21}$。

若是做了坏事，子孙就无礼节。

083. [illegible]，[illegible]；

vu$^{21}$lu$^{21}$khɯ$^{33}$tha$^{21}$ndu$^{21}$，khɯ$^{33}$ndu$^{21}$mo$^{33}$si$^{33}$ʑi$^{44}$；

莫要打邻居之狗，打狗要顾主人脸；

084. [illegible]，[illegible]；

ga$^{44}$ȵi$^{33}$ɕɿ$^{21}$tha$^{21}$ʑu$^{33}$，ɕɿ$^{21}$pho$^{33}$kha$^{33}$la$^{33}$dzi$^{33}$；

莫要娶近处之妻，妻逃时会随时相遇；

085. [illegible]

ga$^{44}$ȵi$^{33}$ʑe$^{33}$tha$^{21}$vɿ$^{33}$，ʑe$^{33}$pho$^{33}$ʑe$^{33}$ʑi$^{33}$ɕi$^{33}$，a$^{33}$ho$^{33}$ʑe$^{33}$ʑu$^{33}$ʂa$^{33}$。

莫要买近处之鸡，鸡会逃回鸡之窝，孩童难以捉到鸡。

086. [illegible]，

dʑu$^{55}$mu$^{33}$a$^{44}$zɯ$^{33}$lɿ$^{33}$，

居木的子孙，

087. [illegible]；

pha$^{55}$mo$^{21}$dʑɿ$^{55}$ho$^{21}$mbo$^{21}$，zɯ$^{33}$lɿ$^{33}$he$^{33}$gu$^{55}$tshi$^{33}$；

父母若言语美，子孙就心暖；

088. [illegible]。

zɯ$^{33}$lɿ$^{33}$dʑɿ$^{55}$ho$^{21}$mbo$^{21}$，pha$^{55}$mo$^{21}$he$^{33}$sa$^{33}$ti$^{55}$。

子孙若言语美，父母就宽心。

## 二、生词

1. [illegible] ȵu$^{55}$ 猴
2. [illegible] ʑɿ$^{33}$vu$^{55}$ 水中；水下
3. [illegible] lɔ$^{33}$gu̠$^{33}$ 深山
4. [illegible] ha$^{33}$ 锦鸡
5. [illegible] ha$^{21}$pu$^{33}$ 公锦鸡
6. [illegible] ʂu$^{33}$ 雉鸡
7. [illegible] mo$^{21}$ŋgɯ$^{21}$ 开会
8. [illegible] tha$^{44}$khɯ$^{33}$ 坛口
9. [illegible] ɕɿ$^{21}$ɬe$^{33}$ 姑娘
10. [illegible] zɯ$^{21}$ɬi$^{55}$ 小伙
11. [illegible] dʑɿ$^{33}$mo$^{21}$ 鹦
12. [illegible] thɯ$^{21}$phu$^{21}$ 松林
13. [illegible] dʑu$^{55}$ 人；腰
14. [illegible] ti$^{33}$tɕɿ$^{44}$ 云星
15. [illegible] dzɯ$^{33}$ndzi$^{33}$ 争吃
16. [illegible] gɯ$^{33}$ɬɯ$^{44}$ 日月
17. [illegible] tɕhi$^{33}$ŋgo$^{33}$ 劝解
18. [illegible] tɕhu$^{33}$ʂɿ$^{33}$ 金银

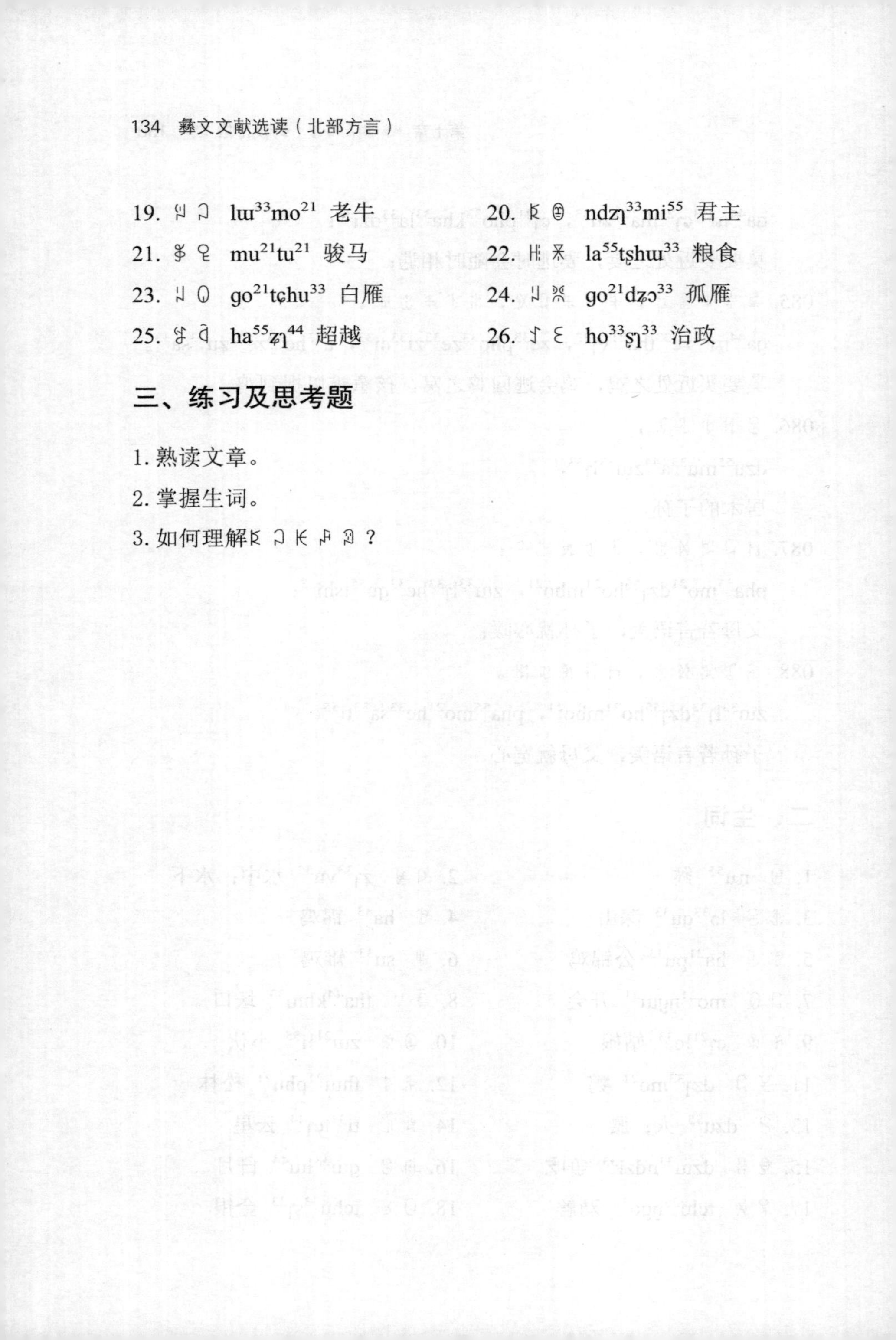

19. lɯ$^{33}$mo$^{21}$ 老牛　　20. ndzɿ$^{33}$mi$^{55}$ 君主

21. mu$^{21}$tu$^{21}$ 骏马　　22. la$^{55}$tʂhɯ$^{33}$ 粮食

23. go$^{21}$tɕhu$^{33}$ 白雁　　24. go$^{21}$dʑɔ$^{33}$ 孤雁

25. ha$^{55}$zɿ$^{44}$ 超越　　26. ho$^{33}$ʂɿ$^{33}$ 治政

## 三、练习及思考题

1. 熟读文章。

2. 掌握生词。

3. 如何理解[illegible]？

# 第十一章 [illegible] 2（玛牧特依 2）

本章主要讲述了人在十三岁、十六岁、二十一岁、二十五岁、三十三岁各阶段的成长特点、为人处事思想、禁盗思想、学习思想等。本章节选自《玛牧特依》（1985）。

## 一、彝文、国际音标标注及汉译

001. [illegible]

dʑu$^{55}$mu$^{33}$a$^{44}$zɯ$^{33}$lɿ$^{33}$，ʑu̠$^{33}$ɣa$^{33}$tshɿ$^{21}$gu$^{21}$tshi$^{44}$sɔ$^{33}$khu$^{55}$，

居木的子孙，生后一轮一十三，

002. [illegible]

ɣo$^{33}$ʑu̠$^{33}$no$^{55}$ma$^{21}$ti$^{21}$，dʑu$^{55}$ʑu̠$^{33}$ȵi$^{33}$sɿ$^{21}$ma$^{21}$dzɿ̠$^{33}$，

长骨肉没丰满，人生知识少，

003. [illegible]

a$^{33}$ho$^{33}$ŋo$^{21}$ma$^{21}$dʑi$^{33}$，mu$^{21}$ndʑi$^{33}$tu$^{55}$ma$^{21}$ndʑo$^{33}$，

mu$^{33}$ʑu̠$^{33}$ɬo$^{21}$tɕe$^{33}$xo$^{33}$，

孩童想不周，马驹踏不稳，马驹生长伤栏杆，

004. [illegible]

a$^{33}$ho$^{33}$gɯ$^{21}$sa$^{33}$lɿ$^{44}$，tshɿ$^{21}$ȵi$^{21}$gu$^{33}$ga$^{55}$tɕhe$^{33}$。

孩童只图玩开心，一日奔九处玩。

005. [illegible]

dʑu$^{55}$mu$^{33}$a$^{44}$zɯ$^{33}$lɿ$^{33}$，ʑu̠$^{33}$ɣa$^{33}$tshi$^{33}$fu$^{55}$tshi$^{33}$ṣɿ$^{44}$khu̠$^{33}$，

居木的子孙，出生十六七岁，

006. [illegible]

vi$^{55}$sɿ̠$^{33}$ga$^{55}$ṣɯ$^{21}$ndẓa$^{55}$，ho$^{44}$dzɿ$^{33}$tɕɿ$^{33}$ndi$^{55}$phi$^{33}$，

ɣo$^{33}$si$^{44}$sa$^{55}$ṣɯ$^{21}$ndẓa$^{55}$。

穿着打扮美，骑马穿戴有礼貌，跟随亲与戚而美丽。

007. [illegible]

zɯ$^{21}$ɬi$^{55}$ko$^{21}$su$^{33}$ṣɿ$^{21}$，khɯ$^{33}$mu$^{33}$ŋɯ$^{33}$su$^{33}$ndʐɿ$^{55}$，

率领强干的小伙子，带上优秀的猎犬，

008. [illegible]

bo$^{44}$m̥u$^{33}$ŋo$^{21}$ɕe$^{33}$thu̠$^{33}$，lo$^{33}$ndẓa$^{55}$ŋo$^{21}$khɯ$^{33}$lɿ$^{55}$，

山高我们套野兽，林大我们放猎犬，

009. [illegible]

ʐɿ$^{33}$ndẓa$^{55}$ŋo$^{21}$hɯ$^{33}$ŋgo$^{55}$，ndi$^{21}$ndẓa$^{55}$ŋo$^{21}$mu$^{33}$kɯ$^{21}$，

mu$^{21}$ko$^{21}$ŋo$^{21}$mu$^{33}$ko$^{21}$。

河大我们捉鱼儿，坝大我们赛马，赛马我们的马最强。

010. [illegible]

dʑo$^{21}$dʑi$^{21}$ŋo$^{21}$tṣhɯ$^{33}$tsɿ$^{33}$，bo$^{33}$dʑi$^{44}$ŋo$^{21}$ʑo$^{33}$ho$^{33}$。

有坝我们插秧，有山我们养羊。

011. [illegible]

ṇi$^{33}$ndẓa$^{55}$ŋo$^{21}$ṇi$^{33}$ndẓa$^{55}$，go$^{44}$du̠$^{33}$ŋo$^{21}$ṇi$^{33}$ndẓa$^{55}$；

我们家最美丽，聚会我们家姑娘最漂亮；

012. [illegible]

za$^{33}$khɔ$^{33}$ŋo$^{21}$za$^{33}$khɔ$^{33}$，dʑi$^{44}$du̠$^{33}$ŋo$^{21}$za$^{33}$khɔ$^{33}$；

我们家最勇敢，斗敌我们家男儿最勇敢；

013. [illegible]，[illegible]。

he$^{33}$ɣa$^{33}$ŋo$^{21}$he$^{33}$ȵi$^{33}$，ma$^{21}$sa$^{33}$sa$^{33}$mo$^{33}$ŋo$^{44}$。

我们意志最坚强，多么幸福啊。

014. [illegible]，

dʑu$^{55}$mu$^{33}$a$^{44}$zɯ$^{33}$lʅ$^{33}$，

居木的子孙，

015. [illegible]，[illegible]；

ndzʅ$^{33}$zɯ$^{33}$vi$^{44}$zi$^{33}$ʂʅ$^{55}$，pi$^{44}$khɯ$^{33}$mo$^{21}$khɯ$^{33}$n̥a$^{33}$；

君王初始理政时，需求教于师与臣；

016. [illegible]，[illegible]；

mo$^{21}$zɯ$^{33}$kha$^{33}$khe$^{33}$ʂʅ$^{55}$，mu$^{21}$ɬʅ$^{33}$ȵo$^{21}$gɔ$^{33}$n̥a$^{33}$；

臣子初始判案时，需参考于老案例；

017. [illegible]，[illegible]；

pi$^{44}$zɯ$^{33}$pi$^{33}$ʑu$^{33}$ʂʅ$^{55}$，thɯ$^{21}$ʐʅ$^{33}$ʂʅ$^{33}$po$^{21}$n̥a$^{33}$；

毕徒初始学习时，需求教于经典；

018. [illegible]，[illegible]；

kɯ$^{55}$zɯ$^{33}$kɯ$^{55}$ʑu$^{33}$ʂʅ$^{55}$，su$^{44}$mu$^{33}$lo$^{55}$ɣa$^{33}$n̥a$^{33}$；

匠人初始学艺时，需求教于他人手艺；

019. [illegible]，[illegible]。

dʐo$^{21}$dʐo$^{21}$ɬu$^{55}$mu$^{33}$ʂʅ$^{55}$，ɬu$^{55}$mo$^{21}$a$^{44}$phu$^{33}$n̥a$^{33}$。

平民初始学耕牧时，需求教于老牧人。

020. [illegible]？[illegible]，

ma$^{21}$ʑu$^{33}$ndzʅ$^{33}$dʑo$^{44}$dʑo$^{33}$？ma$^{21}$ʑu$^{33}$ndzʅ$^{33}$ma$^{21}$dʑo$^{33}$，

有无不学的君？没有不学的君，

021. [illegible]，[illegible]。

ma$^{21}$ʑu$^{33}$ndzʅ$^{33}$dʑo$^{44}$nɯ$^{33}$，ndzʅ$^{33}$zɯ$^{33}$ho$^{33}$ʂʅ$^{33}$pu̠$^{33}$。

若有不学的君，君会重新理政。

022. [illegible]？[illegible]，

ma$^{21}$ʑu$^{33}$mo$^{21}$dʑo$^{44}$dʑo$^{33}$？ma$^{21}$ʑu$^{33}$mo$^{21}$ma$^{21}$dʑo$^{33}$，

有无不学的臣？没有不学的臣，

023. [illegible]，[illegible]。

ma$^{21}$ʑu$^{33}$mo$^{21}$dʑo$^{44}$nɯ$^{33}$，mo$^{21}$zɯ$^{33}$kha$^{33}$khe$^{33}$pu̠$^{33}$。

若有不学的臣，案子会重新判决。

024. [illegible]？[illegible]，

ma$^{21}$ʑu$^{33}$pi$^{33}$dʑo$^{44}$dʑo$^{33}$？ma$^{21}$ʑu$^{33}$pi$^{33}$ma$^{21}$dʑo$^{33}$，

有无不学的师？没有不学的师，

025. [illegible]，[illegible]。

ma$^{21}$ʑu$^{33}$pi$^{33}$dʑo$^{44}$nɯ$^{33}$，thɯ$^{21}$ʑʅ$^{33}$su$^{33}$le$^{44}$tɕʅ̠$^{33}$。

若有不学的师，经书会难住师。

026. [illegible]？[illegible]，

ma$^{21}$ʑu$^{33}$kɯ$^{55}$dʑo$^{44}$dʑo$^{33}$？ma$^{21}$ʑu$^{33}$kɯ$^{55}$ma$^{21}$dʑo$^{33}$，

有无不学的匠？没有不学的匠，

027. [illegible]，[illegible]。

ma$^{21}$ʑu$^{33}$kɯ$^{55}$dʑo$^{33}$nɯ$^{33}$，du̠$^{44}$ndzʅ$^{33}$kɯ$^{55}$le$^{44}$tɕʅ̠$^{33}$。

若有不学的匠，工艺会难住匠。

028. [illegible]？[illegible]，

ma$^{21}$ʑu$^{33}$dʑo̠$^{21}$dʑo$^{44}$dʑo$^{33}$？ma$^{21}$ʑu$^{33}$dʑo̠$^{21}$ma$^{21}$dʑo$^{33}$，

有无不学的民？没有不学的民，

029. [illegible]，[illegible]。

ma$^{21}$ʑu$^{33}$dʐo$^{21}$dʑo$^{33}$nɯ$^{33}$，ȵi$^{33}$ʑo$^{33}$bu$^{55}$ʅ$^{21}$tɕhi$^{21}$。

若有不学的民，羊儿会齐遭殃。

030. [illegible]，

dʑu$^{55}$mu$^{33}$a$^{44}$zɯ$^{33}$ʅ$^{33}$，

居木的子孙，

031. [illegible]，[illegible]，

di$^{33}$su$^{33}$dzɯ$^{33}$lu$^{33}$go$^{33}$，hɔ$^{33}$su$^{33}$zo$^{33}$lu$^{33}$go$^{33}$，

愚者无所不吃，智者无所不学，

032. [illegible]，[illegible]；

tshʅ$^{21}$ȵi$^{21}$hi$^{21}$su$^{33}$ʑʅ$^{33}$，dzʅ$^{55}$su$^{33}$dzo$^{21}$su$^{33}$zo$^{33}$；

以口才为贵时，要学习辩与论；

033. [illegible]，[illegible]；

tshʅ$^{21}$ȵi$^{21}$ɣɯ$^{33}$su$^{33}$ʑʅ$^{33}$，ndzu$^{21}$ʑu$^{33}$ɣɯ$^{33}$kɯ$^{21}$zo$^{33}$；

以胜利为贵时，要学习搏与斗；

034. [illegible]，[illegible]；

tshʅ$^{21}$ȵi$^{21}$khɔ$^{33}$su$^{33}$ʑʅ$^{33}$，si$^{55}$ŋgɯ$^{21}$mbe$^{33}$tɕe$^{55}$zo$^{33}$；

以勇猛为贵时，要学习兵法与战争；

035. [illegible]，[illegible]；

tshʅ$^{21}$ȵi$^{21}$kɯ$^{55}$su$^{33}$ʑʅ$^{33}$，ndu$^{21}$du$^{33}$lo$^{55}$pho$^{21}$tsɿ̱$^{33}$；

以技术为贵时，工具要不离手；

036. [illegible]，[illegible]；

tshʅ$^{21}$ȵi$^{21}$ʑu$^{33}$su$^{33}$ʑʅ$^{33}$，thɯ$^{21}$ʑʅ$^{33}$lo$^{55}$pho$^{21}$tsɿ̱$^{33}$；

以学习为贵时，书本要不离手；

037. [illegible]，[illegible]；

tshɿ$^{21}$ȵi$^{21}$ɬu$^{55}$su$^{33}$ʑɿ$^{33}$，ʂo$^{33}$bo$^{33}$ɬu$^{55}$bu$^{21}$ʂɯ$^{21}$；

以放牧为贵时，要寻蓑衣和斗笠；

038. [illegible]

tshɿ$^{21}$ȵi$^{21}$mo$^{33}$su$^{33}$ʑɿ$^{33}$，sɿ̠$^{33}$gu$^{55}$la$^{33}$ta$^{33}$ʂɯ$^{21}$。

以耕种为贵时，要找犁头和枷档。

039. [illegible]

dʑu$^{55}$mu$^{33}$a$^{44}$zɯ$^{33}$lɿ$^{33}$，ʑu̠$^{33}$ɣa$^{33}$ȵi$^{21}$tsi$^{33}$tshɿ$^{44}$khu̠$^{33}$ȵi$^{44}$khu̠$^{33}$，

居木的子孙，长到二十一二岁，

040. [illegible]

tsha$^{44}$li$^{33}$gɯ$^{33}$zɯ$^{33}$tsha$^{33}$，gɯ$^{44}$zɯ$^{33}$ndi$^{55}$dɯ$^{33}$m̥u$^{33}$；

虽然太阳最暖和，但太阳太遥远；

041. [illegible]

ŋgu$^{44}$li$^{33}$pha$^{55}$mo$^{21}$ŋgu$^{33}$，pha$^{55}$mo$^{21}$ŋgu$^{44}$dɯ$^{33}$ʂo$^{33}$；

虽然最爱父母，但父母已离远；

042. [illegible]

mu$^{44}$nɯ$^{33}$la$^{55}$tʂhɯ$^{33}$mu$^{33}$，la$^{55}$tʂhɯ$^{33}$mu$^{33}$su$^{33}$dzɯ$^{33}$；

种要种五谷，五谷由种者吃；

043. [illegible]

ɬu$^{55}$nɯ$^{33}$ȵi$^{33}$ʑo$^{33}$ɬu$^{55}$，ȵi$^{33}$ʑo$^{33}$ɬu$^{55}$su$^{33}$bo$^{21}$；

牧要牧绵羊，绵羊由牧者拥有；

044. [illegible]

ho$^{44}$nɯ$^{33}$dzɿ$^{33}$mu$^{33}$ho$^{33}$，dzɿ$^{33}$mu$^{33}$ho$^{33}$su$^{33}$dzɿ$^{33}$；

养要养骏马，骏马由养者骑；

045. [illegible]

mbe$^{44}$nɯ$^{33}$mo$^{33}$lɯ$^{33}$mbe$^{33}$，kɔ$^{44}$nɯ$^{33}$ʂɿ$^{21}$tsu$^{21}$kɔ$^{33}$；

斗就要斗牯牛，最凶的是石祖；

046\. [illegible]，[illegible]，

tɕho$^{44}$nɯ$^{33}$pha$^{55}$mo$^{21}$tɕho$^{33}$，tʂho$^{21}$nɯ$^{33}$ndzʅ$^{33}$mi$^{55}$tʂho$^{21}$，

要跟的是父母，遵从要遵君主，

047\. [illegible]，[illegible]，

ʂʅ$^{21}$mu$^{33}$phi$^{44}$nɯ$^{33}$ndzʅ$^{33}$mi$^{55}$phi$^{33}$，

tɕho$^{33}$su$^{33}$ndʐa$^{55}$nɯ$^{33}$ndzʅ$^{33}$mi$^{55}$ndʐa$^{55}$，

随从礼貌君主便礼貌，随从美丽君主就美丽，

048\. [illegible]。

kɯ$^{21}$bu$^{33}$ŋɯ$^{44}$nɯ$^{33}$pi$^{33}$mo$^{44}$ŋɯ$^{33}$。

格布答应毕摩就答应。

049\. [illegible]，

ɣa$^{33}$tshɿ$^{55}$ɣa$^{44}$ʐu̠$^{33}$su$^{33}$，

晚辈后生们，

050\. [illegible]，[illegible]；

kɯ$^{55}$mu$^{33}$ʑi$^{33}$mu$^{33}$nɯ$^{33}$，i$^{55}$khɯ$^{33}$i$^{55}$zɯ$^{21}$ȵo$^{21}$；

若会为人处事，己嘴会助自己；

051\. [illegible]，[illegible]。

ma$^{21}$kɯ$^{55}$ma$^{21}$ʑi$^{33}$nɯ$^{33}$，i$^{55}$khɯ$^{33}$i$^{55}$bu$^{33}$dʑi$^{33}$。

若不会为人处事，己嘴会害自己。

052\. [illegible]，[illegible]，

tsho$^{33}$kɯ$^{55}$nɯ$^{33}$tsho$^{44}$ndzɯ$^{33}$，si$^{21}$kɯ$^{55}$nɯ$^{33}$mo$^{33}$dʐo$^{44}$，

会做人则显优雅，会牵牛则犁地直，

053\. [illegible]，[illegible]。

mu$^{33}$kɯ$^{55}$nɯ$^{33}$dza$^{44}$dzu̠$^{33}$，tsɿ̠$^{33}$kɯ$^{55}$nɯ$^{33}$su$^{33}$ga$^{55}$。

会种地则庄稼壮，会积存则富裕。

054. [illegible]，[illegible]；

ȵi$^{33}$ʑo$^{33}$dʑo$^{33}$kɯ$^{55}$nɯ$^{33}$，ndu$^{21}$lu̧$^{33}$tshɿ$^{33}$a$^{21}$zo$^{21}$；

绵羊若会处世，飞石打不着它；

055. [illegible]，[illegible]；

va$^{33}$ʂɯ$^{55}$dʑo$^{33}$kɯ$^{55}$nɯ$^{33}$，va$^{33}$pu$^{33}$tshɿ$^{33}$a$^{21}$dze$^{33}$；

骟鸡若会处世，公鸡不啄它；

056. [illegible]，[illegible]；

lɯ$^{33}$ʂɯ$^{55}$dʑo$^{33}$kɯ$^{55}$nɯ$^{33}$，lɯ$^{33}$ho$^{33}$tshɿ$^{33}$a$^{21}$mbe$^{33}$；

骟牛若会处世，小牛不斗它；

057. [illegible]，[illegible]。

vo$^{33}$tsho$^{33}$dʑo$^{33}$kɯ$^{55}$nɯ$^{33}$，mu$^{21}$ȵo$^{21}$tshɿ$^{33}$a$^{21}$zo$^{21}$。

人类若会处世，祸事不惹他。

058. [illegible]，[illegible]。

kɯ$^{55}$li$^{33}$tshɿ$^{33}$di$^{44}$ŋɯ$^{33}$，tshɿ$^{33}$di$^{44}$lu$^{33}$a$^{21}$bo$^{33}$。

会就如此说，未必全如此。

059. [illegible]，

dʑu$^{55}$mu$^{33}$a$^{44}$zɯ$^{33}$lɿ$^{33}$，

居木的子孙，

060. [illegible]，[illegible]，[illegible]；

ȵi$^{33}$n̥i$^{33}$ko$^{44}$dʑo$^{33}$su$^{33}$，pha$^{55}$mu$^{33}$li$^{33}$tha$^{21}$ndʑu$^{21}$，

tɕi$^{21}$ndi$^{21}$pha$^{55}$mu$^{33}$ŋgo$^{33}$；

所有妇女们，莫要嫌弃娘家，娘家最能维护人；

061. [illegible]，[illegible]，[illegible]；

zɯ$^{33}$n̥i$^{33}$ko$^{44}$dʑo$^{33}$su$^{33}$，tshʅ$^{55}$vi$^{33}$di$^{33}$tha$^{21}$mu$^{33}$，

di$^{21}$ndi$^{21}$tshʅ$^{55}$vi$^{33}$ŋgo$^{33}$；

所有男儿们，莫要得罪家族，家族最能袒护人；

062. 

ndzʅ$^{33}$mi$^{55}$ko$^{44}$dʑo$^{33}$su$^{33}$，lu̠$^{33}$dʑi$^{33}$di$^{33}$tha$^{21}$mu$^{33}$，

ɬʅ$^{44}$du̠$^{33}$lu̠$^{33}$dʑi$^{33}$ŋgo$^{33}$；

所有的君主，莫要得罪百姓，纳税百姓最优秀；

063. 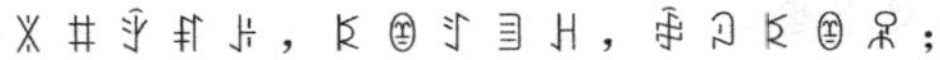

lu̠$^{33}$dʑi$^{33}$ko$^{44}$dʑo$^{33}$su$^{33}$，ndzʅ$^{33}$mi$^{55}$di$^{33}$tha$^{21}$mu$^{33}$，

ȵo$^{44}$ki$^{33}$ndzʅ$^{33}$mi$^{55}$ŋgo$^{33}$；

所有的平民，莫要得罪君主，治政君主最优秀；

064. 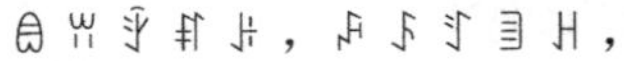

dʑo̜$^{33}$dʑo̜$^{33}$ko$^{44}$dʑo$^{33}$su$^{33}$，kɯ$^{55}$zɯ$^{33}$di$^{33}$tha$^{21}$mu$^{33}$，

所有的百姓，莫要得罪匠人，

065. 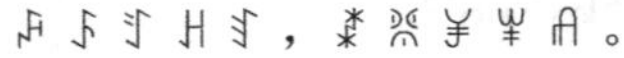

kɯ$^{55}$zɯ$^{33}$di$^{33}$mu$^{33}$nɯ$^{33}$，tsʅ$^{55}$dʑɔ$^{33}$ŋgu$^{21}$ma$^{21}$dzʅ̠$^{33}$。

若是得罪匠人，烂锄就修不成。

066. 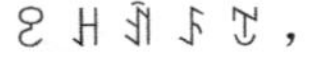

dʑu$^{55}$mu$^{33}$a$^{44}$zɯ$^{33}$lʅ$^{33}$，

居木的子孙，

067. 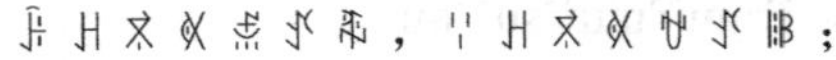

su$^{44}$mu$^{33}$vu$^{21}$lu$^{21}$do$^{21}$a$^{21}$ʂɯ$^{21}$，khɯ$^{33}$mu$^{33}$vu$^{21}$lu$^{21}$vo$^{55}$a$^{21}$zʅ$^{55}$；

好汉不告邻居，好犬不咬邻猪；

068. 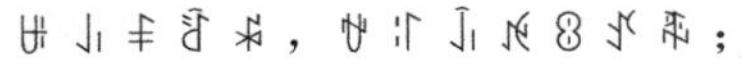

ta$^{55}$pu$^{33}$n̥i$^{33}$dzi$^{44}$dzʅ$^{33}$，vo$^{55}$si$^{21}$pu$^{44}$he$^{33}$dʑu$^{21}$a$^{21}$ʂɯ$^{21}$；

骑花大公马者，不找土猪刺猬踪迹；

069. [illegible]

ʂu$^{21}$mu$^{33}$kɯ$^{21}$mu$^{33}$vi$^{55}$，dʑu$^{55}$ɕɿ$^{33}$ʂɯ$^{33}$a$^{21}$ŋo$^{33}$。

穿绫罗绸缎者，不往腰间摸虱子。

070. [illegible]

dʑu$^{55}$mu$^{33}$a$^{44}$zɯ$^{33}$lɿ$^{33}$，

居木的子孙，

071. [illegible]

ȵi$^{21}$gu$^{21}$ȵi$^{21}$tsi$^{44}$ŋɯ$^{33}$，zɿ$^{33}$mu$^{33}$ŋgɯ$^{33}$mu$^{33}$ʑu$^{33}$，

二轮二十五岁，如虎狼般勇猛，

072. [illegible]

su$^{33}$ŋgo$^{55}$ȵi$^{33}$su$^{44}$m̥ɿ$^{33}$，i$^{33}$pho$^{33}$ȵi$^{33}$i$^{33}$ɬɿ̠$^{33}$，

追他人时能追上，自己逃时能逃出，

073. [illegible]

o$^{21}$li$^{55}$kha$^{33}$pa$^{33}$sa$^{33}$，bu$^{33}$kɔ$^{33}$dʑi$^{44}$kɔ$^{33}$ŋo$^{55}$，

英勇而无畏，战胜强敌猛敌，

074. [illegible]

tsho$^{44}$ko$^{33}$mu$^{33}$ko$^{33}$ʑu$^{33}$，kɯ$^{33}$ʑi$^{33}$ȵi$^{44}$bu̠$^{33}$dzi$^{21}$，

抓了俘虏与马匹，看似聪明又愚蠢，

075. [illegible]

i$^{33}$mbu̠$^{33}$nɯ$^{33}$su$^{33}$mbu̠$^{33}$，i$^{33}$mi$^{55}$nɯ$^{33}$su$^{33}$mi$^{55}$。

己饱以为别人也饱，己饿以为别人也饿。

076. [illegible]

dʑu$^{55}$mu$^{33}$a$^{44}$zɯ$^{33}$lɿ$^{33}$，

居木的子孙，

077. [illegible]

ŋgu$^{44}$nɯ$^{33}$tɕi$^{21}$ɕi$^{33}$ŋgu$^{33}$，tɕho$^{44}$nɯ$^{33}$tshɿ$^{55}$vi$^{33}$tɕho$^{33}$，

lɿ$^{33}$tsɿ$^{44}$the$^{33}$ȵi$^{33}$lo$^{44}$。

爱要爱亲戚，跟要跟宗族，胸中已有计谋。

078. [illegible]

dʑu$^{55}$mu$^{33}$a$^{44}$zɯ$^{33}$lɿ$^{33}$，

居木的子孙，

079. [illegible]

vo$^{33}$tsho$^{33}$gu$^{55}$ȵi$^{33}$kha$^{55}$，gu$^{55}$ȵi$^{33}$su$^{33}$ga$^{55}$la$^{33}$；

人类勤俭好，勤俭会致富；

080. [illegible]

dʐɯ$^{21}$mo$^{21}$tshɯ$^{33}$ȵi$^{33}$kha$^{55}$，tshɯ$^{33}$phu̠$^{33}$no$^{55}$dʑi$^{21}$la$^{33}$；

牲畜喂盐好，盐会长成膘；

081. [illegible]

phu$^{21}$ȵo$^{33}$ɕɿ$^{33}$ȵi$^{33}$kha$^{55}$，ɕɿ$^{33}$phu̠$^{33}$dza$^{33}$dʑi$^{44}$la$^{33}$。

土地有肥好，肥会变成粮。

082. [illegible]

ɣa$^{33}$tshɿ$^{55}$ɣa$^{44}$ʑu̠$^{33}$su$^{33}$，

晚辈后生们，

083. [illegible]

zɯ$^{33}$ʑu̠$^{33}$khu$^{33}$tha$^{21}$ʂa$^{33}$，n̥i$^{44}$ʑu̠$^{33}$tʂhɯ$^{33}$tha$^{21}$ndzi$^{33}$。

是男莫想偷，是女莫想拐。

084. [illegible]

khu$^{44}$li$^{33}$khu$^{33}$tha$^{21}$li$^{33}$，khu$^{33}$li$^{33}$nɯ$^{33}$khu$^{33}$dʑi$^{21}$，

莫要去偷盗，去偷了便成小偷，

085. [illegible]，[illegible]，

khu$^{44}$li$^{33}$khu$^{33}$tha$^{21}$dẓi$^{21}$，khu$^{33}$dẓi$^{21}$khu$^{33}$ho$^{33}$tshi$^{33}$，

莫要去当小偷，成小偷便丢人，

086. [illegible]，

khu$^{33}$dẓi$^{21}$ɬa$^{44}$du̱$^{33}$nɯ$^{33}$，

小偷若曝光了，

087. [illegible]，[illegible]。

ɬi$^{55}$zɯ$^{33}$khu$^{33}$ho$^{33}$tshi$^{33}$，n̥i$^{44}$zɯ$^{33}$m̥i$^{33}$di$^{33}$pɿ$^{21}$。

男儿会失荣誉，女子会背恶名。

088. [illegible]，[illegible]。

tshɿ$^{21}$ga$^{55}$ta$^{33}$a$^{21}$kɯ$^{55}$，tshi$^{33}$ga$^{55}$li$^{21}$li$^{21}$mbo$^{33}$。

一处站不稳，十处地上滚。

089. [illegible]，[illegible]。

khu$^{44}$li$^{33}$su$^{33}$tha$^{21}$khu$^{33}$，su$^{44}$khu$^{33}$ẓi$^{21}$ẓi$^{33}$xo$^{33}$。

莫要偷他人，偷人害自己。

090. [illegible]，[illegible]。

tshɿ$^{55}$khu$^{33}$thɯ$^{33}$li$^{33}$dza$^{33}$，vi$^{44}$khu$^{33}$la$^{55}$bu$^{33}$nɔ$^{33}$。

偷家门赔饭来和解，偷族人赔黑牛来和解。

091. [illegible]，[illegible]。

dẓɯ$^{33}$ŋgu$^{33}$khu$^{33}$tha$^{21}$li$^{33}$，khu$^{33}$li$^{33}$zɯ$^{33}$ʂɯ$^{33}$tshɿ$^{21}$。

贪财莫要去偷，偷者嘴必馋。

092. [illegible]，[illegible]，

di$^{44}$di$^{33}$khu$^{33}$su$^{33}$di$^{33}$，khu$^{33}$su$^{33}$lu$^{33}$a$^{21}$ȵi$^{33}$，

偷者最可耻，偷者不光彩，

093. [illegible]，[illegible]。

khu$^{44}$dʐɯ$^{33}$khu$^{33}$ɬa$^{55}$pa$^{33}$，khu$^{33}$ɬa$^{55}$tsi$^{44}$ȵe$^{33}$ȵe$^{33}$。

偷钱换裤子，裤子穿着不光彩。

094. 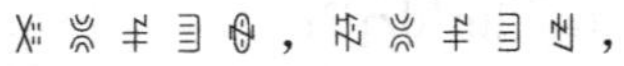，

dza$^{33}$ka$^{55}$ʑe$^{33}$tha$^{21}$ndʑe$^{33}$，ʂɯ$^{33}$ka$^{55}$ʑe$^{33}$tha$^{21}$khu$^{33}$，

贪食莫偷饭，贪肉莫偷鸡，

095. 。

mɿ$^{21}$ka$^{55}$ɬɿ$^{21}$tha$^{21}$pho$^{33}$，zɯ$^{33}$ka$^{55}$gu$^{21}$tha$^{21}$dʐɯ$^{33}$。

好色莫奸幼女，好男莫荒淫。

096. 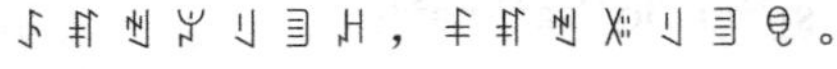。

zɯ$^{33}$dʑo$^{33}$khu$^{33}$vi$^{55}$li$^{33}$tha$^{21}$ga$^{55}$，n̥i$^{33}$dʑo$^{33}$khu$^{33}$dza$^{33}$li$^{33}$tha$^{21}$dzɯ$^{33}$。

好男不穿偷来衣，好女不吃偷来食。

097. 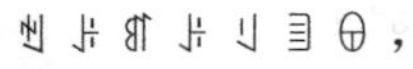，

khu$^{33}$su$^{33}$ŋge$^{33}$su$^{33}$li$^{33}$tha$^{21}$zo$^{33}$，

莫学偷盗和撒谎，

098. 。

mɿ$^{21}$ŋge$^{33}$kha$^{33}$ɣa$^{33}$pɿ$^{21}$，n̥i$^{33}$ŋge$^{33}$n̥i$^{44}$o$^{33}$dzɯ$^{33}$，ɬi$^{55}$ŋge$^{33}$lu$^{33}$a$^{21}$ȵi$^{33}$。

妇女撒谎遭议论，姑娘撒谎丧生命，小伙撒谎不体面。

099. 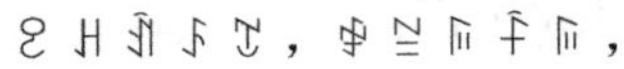，

dʑu$^{55}$mu$^{33}$a$^{44}$zɯ$^{33}$lɿ$^{33}$，ʑu̠$^{33}$ɣa$^{33}$sɔ$^{33}$tshi$^{44}$sɔ$^{33}$，

居木的子孙，长到三十三岁，

100. 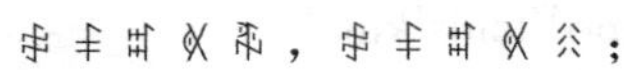；

ȵo$^{33}$n̥i$^{33}$dʑɿ$^{21}$lu$^{21}$ʂɯ$^{21}$，ȵo$^{33}$n̥i$^{33}$dʑɿ$^{21}$lu$^{21}$dzɿ$^{55}$；

寻找女尼吉尔，得到女尼吉尔；

101. 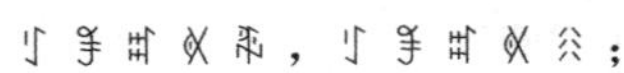；

kɯ$^{33}$ɣo$^{33}$dʑɿ$^{21}$lu$^{21}$ʂɯ$^{21}$，kɯ$^{33}$ɣo$^{33}$dʑɿ$^{21}$lu$^{21}$dzɿ$^{55}$；

寻找格俄吉尔，得到格俄吉尔；

102. [illegible]

ʂɯ²¹ʂɯ²¹dʑɿ²¹lu²¹ʂɯ²¹，ʂɯ²¹ʂɯ²¹dʑɿ²¹lu²¹dʑɿ⁵⁵；

寻找圣圣吉尔，得到圣圣吉尔；

103. [illegible]

tɕho⁵⁵pu³³dʑɿ²¹lu²¹ʂɯ²¹，tɕho⁵⁵pu³³dʑɿ²¹lu²¹dʑɿ⁵⁵。

寻找邛布吉尔，得到邛布吉尔。

104. [illegible]

ndzɿ³³zɯ³³dʑɿ²¹lu²¹li³³，ʂɿ³³n̥i³³lo⁵⁵sa³³ma³³；

君主的吉尔，是一颗红金印；

105. [illegible]

kɯ⁵⁵zɯ³³dʑɿ²¹lu²¹li³³，ʂɯ³³ndu⁴⁴ʂɯ²¹ti³³ma³³；

匠人的吉尔，是套铁锤和砧子；

106. [illegible]

pi⁴⁴zɯ³³dʑɿ²¹lu²¹li³³，vɿ⁴⁴thu³³ʂɿ⁴⁴ndʐu³³tɕi³³；

毕摩的吉尔，是根镶金的签筒；

107. [illegible]

n̥i⁵⁵zɯ³³dʑɿ²¹lu²¹li³³，dzi⁴⁴mu³³a³³vu⁵⁵tɕi³³；

巫师的吉尔，是根绿色的鼓槌；

108. [illegible]

dʐo³³dʐo³³dʑɿ²¹lu²¹li³³，ɬu⁵⁵mu³³mo³³tɕhi²¹kɯ⁵⁵；

百姓的吉尔，是耕种放牧；

109. [illegible]

si³³n̥i³³dʑɿ²¹lu²¹li³³，ko²¹fi³³ʐɿ³³ɬa³³ma³³；

妇女的吉尔，是个生育魂；

110. [illegible]，[illegible]。

xɔ33zɯ33dʑʅ21lu21li33，ti33ndzʅ21a33vu55ma33。

汉人的吉尔，是顶蓝色的官帽。

111. [illegible]，[illegible]，

vo33tsho33ko44dʑo33su33，ŋo21mu33ŋo44lu33nɯ33，

世间的人们，所思所想的，

112. [illegible]，[illegible]，

ndʐa55li33dʑʅ21lu21ndʐa55，dʑʅ21lu21ve33lo21pu33，

美是吉尔美，吉尔是朵花，

113. [illegible]，[illegible]；

dʑʅ21lu21ma21ŋɯ33ȵi33，su21ha55dʐɯ33ma21da33；

若不是吉尔，不能超他人；

114. [illegible]，[illegible]，

ʑʅ44li33khu33ho33ʑʅ33，khu33ho33bo44te33tu33，

大是苦合大，苦合厚如山，

115. [illegible]，[illegible]；

khu33ho33ma21ŋɯ33ȵi33，su33ȵe55zʅ̱33ma21da33；

若不是苦合，不能压众人；

116. [illegible]，[illegible]；

sʅ21mu33ma21ŋɯ33ȵi33，su33ȵe55thi33ma21da33；

若不是知识，言谈不超群；

117. [illegible]，[illegible]；

tɕho33lu33ma21ŋɯ33ȵi33，dʑi44dzu̱33su33ma21zo21；

若不是福气，不会打中敌；

118. [illegible]，[illegible]；

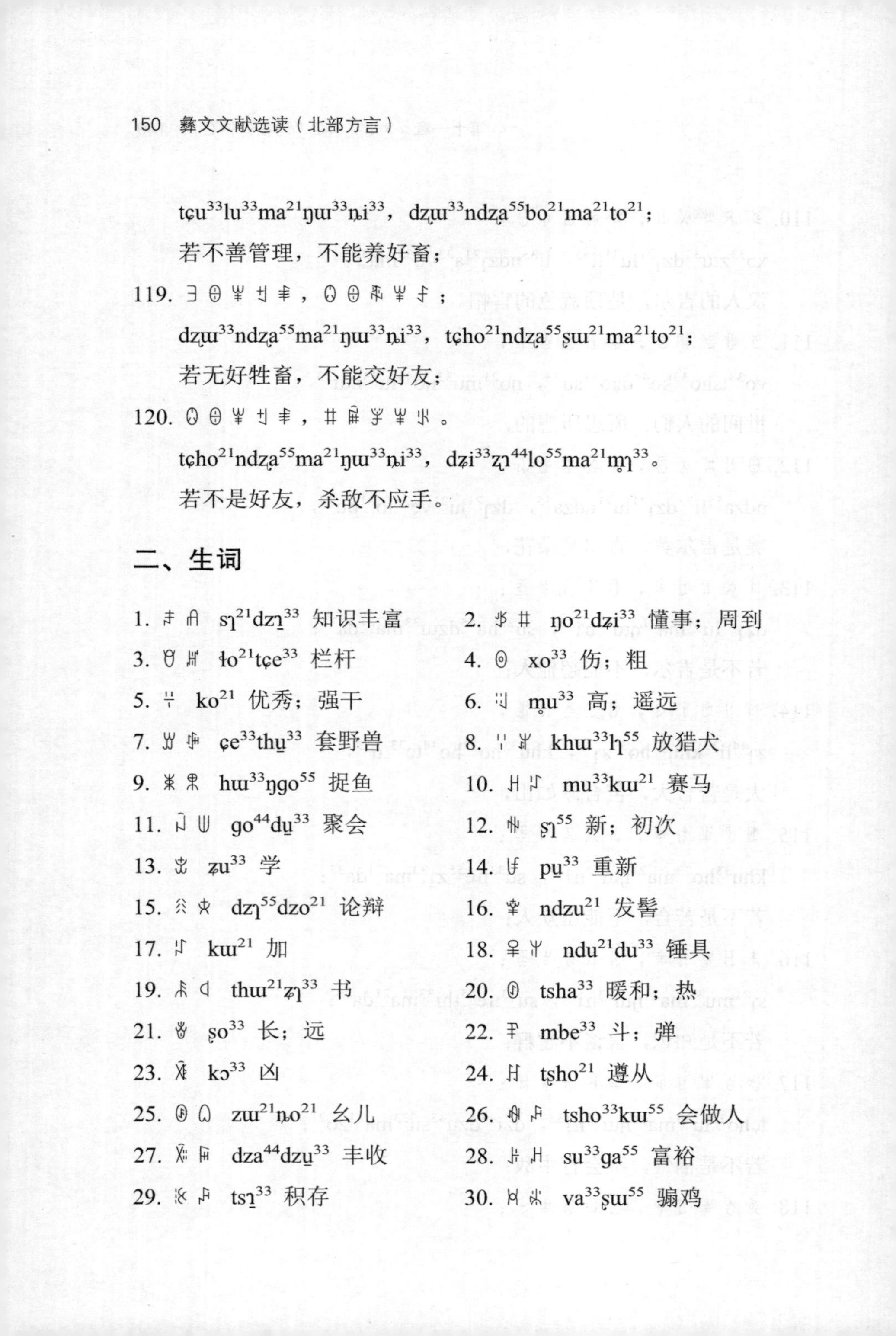

tɕu$^{33}$lu$^{33}$ma$^{21}$ŋɯ$^{33}$ȵi$^{33}$，dʐɯ$^{33}$ndʐa̠$^{55}$bo$^{21}$ma$^{21}$to$^{21}$；

若不善管理，不能养好畜；

119. [彝文]，[彝文]；

dʐɯ$^{33}$ndʐa̠$^{55}$ma$^{21}$ŋɯ$^{33}$ȵi$^{33}$，tɕho$^{21}$ndʐa̠$^{55}$ʂɯ$^{21}$ma$^{21}$to$^{21}$；

若无好牲畜，不能交好友；

120. [彝文]，[彝文]。

tɕho$^{21}$ndʐa̠$^{55}$ma$^{21}$ŋɯ$^{33}$ȵi$^{33}$，dʑi$^{33}$ʐʅ$^{44}$lo$^{55}$ma$^{21}$m̥ʅ$^{33}$。

若不是好友，杀敌不应手。

## 二、生词

1. [彝文] sɿ$^{21}$dzɿ̠$^{33}$ 知识丰富
2. [彝文] ŋo$^{21}$dʑi$^{33}$ 懂事；周到
3. [彝文] ɬo$^{21}$tɕe$^{33}$ 栏杆
4. [彝文] xo$^{33}$ 伤；粗
5. [彝文] ko$^{21}$ 优秀；强干
6. [彝文] m̥u$^{33}$ 高；遥远
7. [彝文] ɕe$^{33}$thu̠$^{33}$ 套野兽
8. [彝文] khɯ$^{33}$ɬ̩$^{55}$ 放猎犬
9. [彝文] hɯ$^{33}$ŋgo$^{55}$ 捉鱼
10. [彝文] mu$^{33}$kɯ$^{21}$ 赛马
11. [彝文] go$^{44}$du̠$^{33}$ 聚会
12. [彝文] ʂʅ$^{55}$ 新；初次
13. [彝文] ʐu$^{33}$ 学
14. [彝文] pu̠$^{33}$ 重新
15. [彝文] dzɿ$^{55}$dzo$^{21}$ 论辩
16. [彝文] ndzu$^{21}$ 发髻
17. [彝文] kɯ$^{21}$ 加
18. [彝文] ndu$^{21}$du$^{33}$ 锤具
19. [彝文] thɯ$^{21}$ʐʅ$^{33}$ 书
20. [彝文] tsha$^{33}$ 暖和；热
21. [彝文] ʂo$^{33}$ 长；远
22. [彝文] mbe$^{33}$ 斗；弹
23. [彝文] kɔ$^{33}$ 凶
24. [彝文] tʂho$^{21}$ 遵从
25. [彝文] zɯ$^{21}$ȵo$^{21}$ 幺儿
26. [彝文] tsho$^{33}$kɯ$^{55}$ 会做人
27. [彝文] dza$^{44}$dzu̠$^{33}$ 丰收
28. [彝文] su$^{33}$ga$^{55}$ 富裕
29. [彝文] tsɿ̠$^{33}$ 积存
30. [彝文] va$^{33}$ʂɯ$^{55}$ 骟鸡

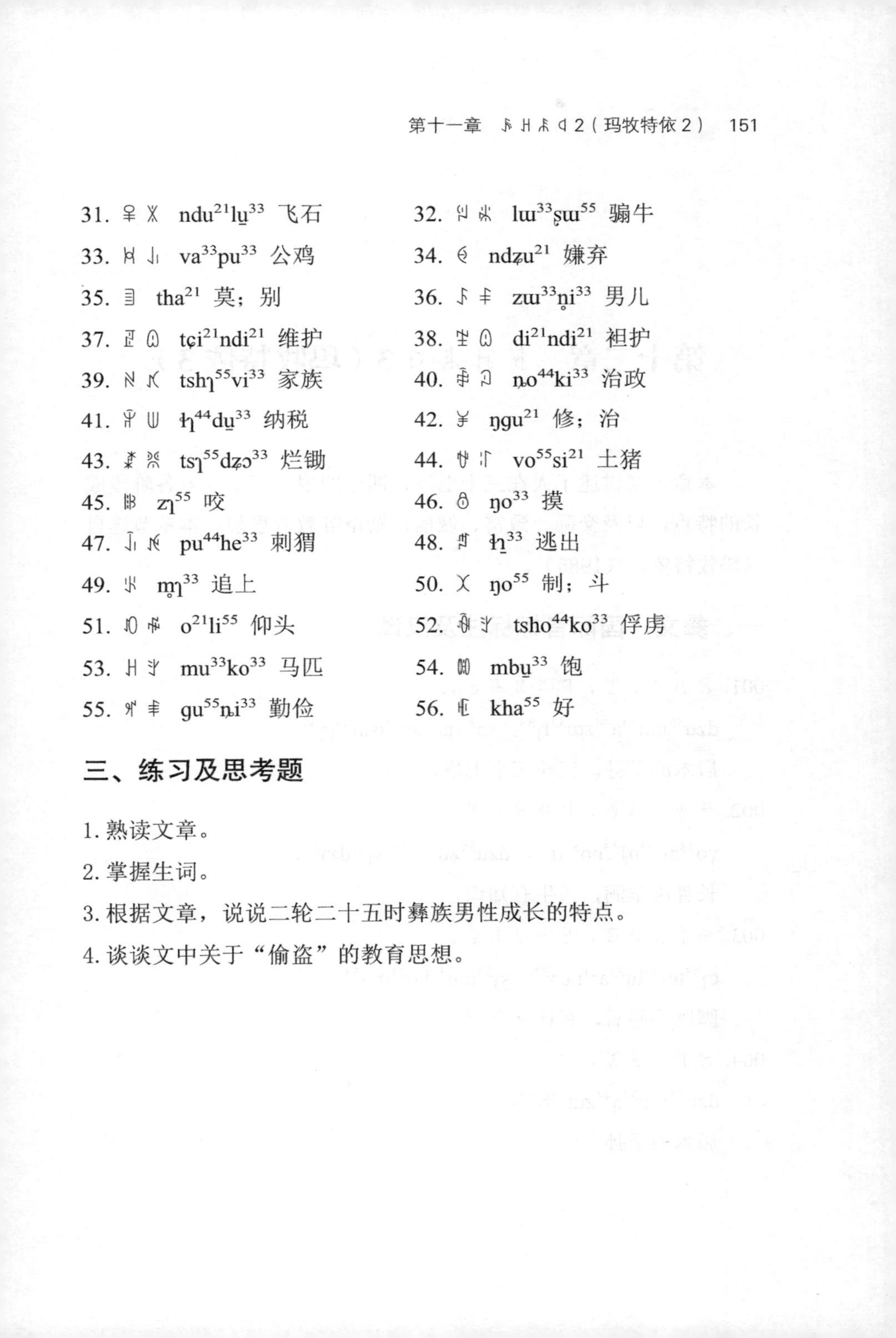

31. ndu$^{21}$lu̱$^{33}$ 飞石
32. lɯ$^{33}$ʂɯ$^{55}$ 骗牛
33. va$^{33}$pu$^{33}$ 公鸡
34. ndʑu$^{21}$ 嫌弃
35. tha$^{21}$ 莫；别
36. zɯ$^{33}$n̥i$^{33}$ 男儿
37. tɕi$^{21}$ndi$^{21}$ 维护
38. di$^{21}$ndi$^{21}$ 袒护
39. tshɿ$^{55}$vi$^{33}$ 家族
40. n̥o$^{44}$ki$^{33}$ 治政
41. ɬɿ$^{44}$du̱$^{33}$ 纳税
42. ŋgu$^{21}$ 修；治
43. tsɿ$^{55}$dʑɔ$^{33}$ 烂锄
44. vo$^{55}$si$^{21}$ 土猪
45. zɿ$^{55}$ 咬
46. ŋo$^{33}$ 摸
47. pu$^{44}$he$^{33}$ 刺猬
48. ɬɿ̱$^{33}$ 逃出
49. m̥ɿ$^{33}$ 追上
50. ŋo$^{55}$ 制；斗
51. o$^{21}$li$^{55}$ 仰头
52. tsho$^{44}$ko$^{33}$ 俘虏
53. mu$^{33}$ko$^{33}$ 马匹
54. mbu̱$^{33}$ 饱
55. gu$^{55}$n̥i$^{33}$ 勤俭
56. kha$^{55}$ 好

## 三、练习及思考题

1. 熟读文章。
2. 掌握生词。
3. 根据文章，说说二轮二十五时彝族男性成长的特点。
4. 谈谈文中关于“偷盗”的教育思想。

# 第十二章　[illegible] 3（玛牧特依 3）

本章主要讲述了人在三十七岁、四十四岁、四十九岁各阶段成长的特点，以及交际、致富、诚信、勤奋等教育思想。本章节选自《玛牧特依》（1985）。

## 一、彝文、国际音标标注及汉译

001. [illegible]，[illegible]，

dʑu$^{55}$mu$^{33}$a$^{44}$zɯ$^{33}$lʅ$^{33}$，sɔ$^{33}$gu$^{21}$sɔ$^{33}$tshi$^{33}$ʂʅ$^{44}$，

居木的子孙，三轮三十七岁，

002. [illegible]，[illegible]，

ɣo$^{33}$ʑu̱$^{33}$ȵi$^{33}$no$^{55}$ti$^{21}$，dʑu$^{55}$ʑu̱$^{33}$ȵi$^{33}$sʅ$^{21}$dʑʅ̱$^{33}$，

长骨肉丰满，人生有知识，

003. [illegible]，[illegible]。

ɕʅ$^{33}$tɕʅ$^{44}$lu̱$^{33}$a$^{21}$ŋgɔ$^{33}$，ʂʅ$^{33}$mu$^{33}$ko$^{21}$mu$^{33}$ʑu̱$^{33}$。

脚趾不碰石，有计又有谋。

004. [illegible]，

dʑu$^{55}$mu$^{33}$a$^{44}$zɯ$^{33}$lʅ$^{33}$，

居木的子孙，

005.

ŋɯ$^{33}$do$^{21}$a$^{44}$lu$^{33}$ȵi$^{33}$，kha$^{33}$hi$^{21}$i$^{55}$do$^{21}$dʑi$^{21}$；

恩舵阿尔呢，所说皆应验；

006.

kɯ$^{33}$ɣo$^{33}$a$^{44}$lu$^{33}$ȵi$^{33}$，kha$^{33}$hi$^{21}$di$^{44}$su$^{33}$ndzɯ$^{33}$；

耿俄阿尔呢，所言都动听；

007.

khu$^{33}$ho$^{33}$ɬu$^{55}$vi$^{33}$tɕho$^{33}$，kha$^{33}$mu$^{33}$su$^{33}$ȵi$^{55}$tʂɔ$^{33}$；

苦合随放牧，所做如心愿；

008.

li$^{55}$lu$^{21}$a$^{44}$lu$^{33}$ȵi$^{33}$，kha$^{33}$ʐɿ$^{33}$dɯ$^{33}$dʐɯ$^{33}$ʂɯ$^{21}$，

里尔阿尔呢，处处在挣钱，

009.

su$^{33}$ndʐa$^{55}$tshɿ$^{21}$ʑɔ$^{55}$tɕho$^{33}$，mu$^{33}$ndʐa$^{55}$tshɿ$^{21}$li$^{33}$dzɿ$^{33}$，

带着一个好人，骑着一匹好马，

010.

ʑi$^{33}$ndʐa$^{55}$tshɿ$^{21}$ka$^{33}$ndo$^{33}$，ʑi$^{55}$ndʐa$^{55}$tshɿ$^{21}$phi$^{55}$ndi$^{55}$，

抽着一支好烟，带着一把好剑，

011.

bo$^{33}$ȵi$^{44}$a$^{21}$la$^{33}$ndʐɯ$^{44}$。

一去就不复返。

012.

dʑu$^{55}$mu$^{33}$a$^{44}$zɯ$^{33}$lɿ$^{33}$，

居木的子孙，

013.

dzu̱$^{33}$mu$^{33}$dzu̱$^{33}$ȵo$^{44}$ndzɿ$^{21}$，ŋo$^{21}$mu$^{33}$ŋo$^{44}$lu$^{33}$go$^{33}$，

一切为了立基业，一切都考虑周全，

014. [illegible]，[illegible]；

he$^{33}$mo$^{21}$a$^{33}$dʑɿ$^{33}$ŋo$^{21}$，dʑɿ$^{21}$lu$^{21}$bo$^{44}$te$^{33}$tu$^{33}$；

心里想得宽，吉尔厚如山；

015. [illegible]，[illegible]。

vo$^{33}$tsho$^{33}$li$^{33}$m̥i$^{44}$ko$^{33}$，la$^{55}$sɿ$^{33}$li$^{33}$ndʑɿ$^{33}$bu$^{55}$。

人活贵在名声，虎死贵在皮毛。

016. [illegible]，

ɣa$^{33}$tshɿ$^{55}$ɣa$^{44}$ʑu̱$^{33}$su$^{33}$，

晚辈后生们，

017. [illegible]，[illegible]，

tsho$^{33}$dʑo$^{33}$tsɿ$^{21}$ŋo$^{21}$kɯ$^{55}$，tsho$^{33}$dʑo$^{33}$m̥ɿ$^{21}$ŋo$^{21}$kɯ$^{55}$，

人活应想前途，人活应思未来，

018. [illegible]，[illegible]，

mu$^{33}$bo$^{21}$nɯ$^{33}$ga$^{44}$de$^{33}$，zɯ$^{33}$bo$^{21}$nɯ$^{33}$ɕɿ$^{21}$ʑu$^{33}$，

有马要修路，有儿要娶妻，

019. [illegible]，[illegible]。

n̥i$^{33}$bo$^{44}$nɯ$^{33}$sa$^{55}$tɕɿ$^{21}$，bu$^{33}$bo$^{21}$nɯ$^{33}$hɔ$^{44}$du̱$^{33}$。

有女要嫁人，有羊要避暑。

020. [illegible]，[illegible]；

phu$^{21}$ʂɯ$^{21}$ȵo$^{33}$ʂɯ$^{44}$li$^{33}$，zɯ$^{33}$l̩$^{33}$tsɿ$^{21}$m̥ɿ$^{21}$ŋo$^{21}$；

寻找田地呢，是为儿孙未来；

021. [illegible]，[illegible]；

ʑi$^{44}$tshu̱$^{33}$ka$^{44}$ta$^{33}$li$^{33}$，zɯ$^{33}$l̩$^{33}$dzu̱$^{33}$dʑu$^{44}$ndzɿ$^{21}$；

修建房屋呢，是为子孙基业强；

022. 

tɕhu³³ʂɯ⁴⁴ʂʅ³³ʂɯ²¹li³³，zɯ³³ɭ³³gu³³tshʅ⁵⁵ga⁵⁵；

寻找金银呢，儿孙富九代；

023. 

vi⁵⁵ʂɯ²¹ga⁵⁵ʂɯ²¹li³³，zɯ³³ɭ³³tshʅ²¹xo³³ndʐa⁵⁵。

寻找衣物呢，儿孙美一代。

024. 

dʐu⁵⁵mu³³a⁴⁴zɯ³³ɭ³³，

居木的子孙，

025. 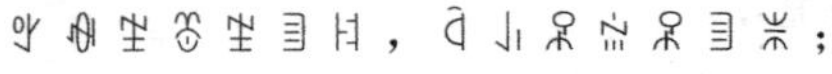

vo³³tsho³³di²¹bo²¹di²¹tha²¹tɕhɔ³³，ʑʅ⁴⁴pu³³ŋgo³³ndi⁵⁵ŋgo³³tha²¹ʑʅ⁵⁵；

人类有制度莫要毁，水桶有箍莫要毁；

026. 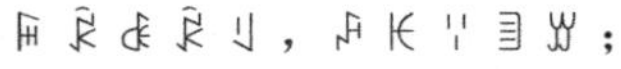

dʐu³³mi⁴⁴ndʐɯ²¹mi⁴⁴li³³，kɯ⁵⁵pi³³khɯ³³tha²¹ɕe³³；

若想兴旺，莫顶工匠与毕摩之嘴；

027. 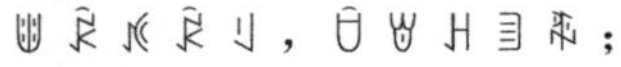

tʂɯ²¹mi⁴⁴te³³mi⁴⁴li³³，ku⁴⁴lu³³mu³³tha²¹ʂɯ²¹；

若想全面发展，莫要找骡子马；

028. 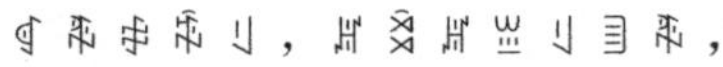

phu²¹ʂɯ²¹ɲo³³ʂɯ⁴⁴li³³，tɕe³³gu⁴⁴tɕe³³ndʑe⁵⁵li³³tha²¹ʂɯ²¹，

若要寻田地，莫找陡坡地，

029. 

tɕe³³gu⁴⁴tɕe³³ndʑe⁵⁵li³³，tshu⁴⁴nɯ³³ndʑo⁵⁵si²¹bo³³，

ʂɯ⁴⁴nɯ³³ha³³si²¹bo³³。

因为陡坡地，冬天要受冰冻，夏天要遭雨冲。

030. [illegible]，[illegible]，

ndzɿ$^{33}$mi$^{55}$khɯ$^{21}$tha$^{21}$gɯ$^{21}$，ndzɿ$^{33}$mi$^{55}$ʑe$^{33}$ta$^{33}$tɕho$^{33}$，

莫与君主耍嘴皮，君主要顺着跟，

031. [illegible]，[illegible]，[illegible]。

nɔ$^{33}$ʑɿ$^{33}$ʑe$^{33}$ta$^{33}$gu$^{21}$，va$^{55}$n̥i$^{33}$ʑe$^{33}$ta$^{33}$dɔ$^{33}$，kɯ$^{55}$pi$^{33}$mi$^{55}$ta$^{33}$tɕho$^{33}$。

江河要顺着渡，山崖要顺着爬，请工匠毕摩要礼貌。

032. [illegible]，[illegible]，

dʑɿ$^{55}$tɕho$^{21}$ʂɯ$^{21}$dʑɿ$^{55}$ta$^{33}$，ʑɿ$^{33}$tɕho$^{21}$ʂɯ$^{21}$ʑɿ$^{33}$ta$^{33}$，

能力小的可做朋友，能力大的可做朋友，

033. [illegible]，[illegible]，

tɕho$^{21}$li$^{33}$a$^{44}$n̥i$^{33}$kha$^{55}$，dʑi$^{44}$li$^{33}$i$^{44}$n̥i$^{33}$kha$^{55}$，

朋友多为好，敌人少为好，

034. [illegible]，[illegible]；

tɕho$^{21}$ha$^{33}$a$^{33}$a$^{21}$n̥i$^{33}$，dʑi$^{33}$ti$^{33}$i$^{33}$a$^{21}$n̥i$^{33}$；

百友不算多，一敌不算少；

035. [illegible]，[illegible]；

dʑɿ$^{55}$m̥a$^{55}$ʑɿ$^{33}$kɯ$^{44}$mu$^{33}$，kɯ$^{33}$m̥a$^{55}$ʑi$^{44}$te$^{33}$mu$^{33}$；

小者教成大者，愚者教成贤者；

036. [illegible]，[illegible]。

a$^{21}$ndzɯ$^{33}$su$^{33}$lo$^{55}$de$^{33}$，la$^{21}$gu$^{55}$su$^{33}$fu$^{33}$tʂho$^{44}$。

不美者用手修饰，弯曲者用锤锻直。

037. [illegible]，[illegible]，

dʑu$^{55}$mu$^{33}$a$^{44}$zɯ$^{33}$l̩$^{33}$，tshɿ$^{21}$ma$^{33}$ga$^{55}$mi$^{44}$li$^{33}$，

居木的子孙，一人要富裕，

038. 

tsɿ$^{55}$ʂo$^{33}$lo$^{55}$pho$^{21}$tsɿ̠$^{33}$，phu$^{21}$la$^{33}$ȵo$^{33}$ndzi$^{44}$tɕo$^{33}$；

手握长锄头，田地周围转；

039. 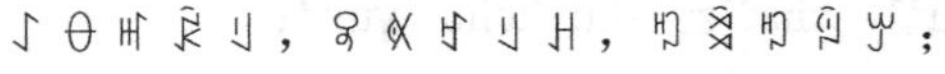

tshɿ$^{21}$ma$^{33}$ʂa$^{33}$mi$^{44}$li$^{33}$，ʂu$^{21}$lu$^{21}$fi$^{33}$li$^{33}$mu$^{33}$，ʑi$^{33}$gu$^{44}$ʑi$^{33}$lɯ$^{44}$tɕo$^{33}$；

一人要变穷，游手好闲玩，房前屋后转；

040. 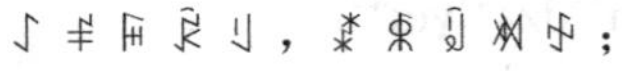

tshɿ$^{21}$ʑe$^{33}$dzu̠$^{33}$mi$^{44}$li$^{33}$，tsɿ$^{55}$tʂha$^{33}$le$^{44}$ba$^{33}$go$^{55}$；

一家要立业，锄头扛肩上；

041. 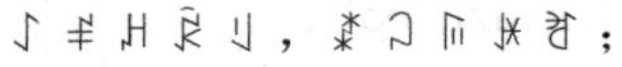

tshɿ$^{21}$ʑe$^{33}$ga$^{55}$mi$^{44}$li$^{33}$，tsɿ$^{55}$mo$^{21}$sɔ$^{33}$tɕhe$^{33}$dʑi$^{21}$；

一家要富裕，锄头有三把；

042. 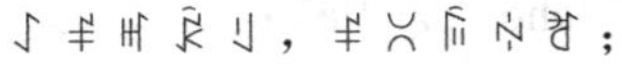

tshɿ$^{21}$ʑe$^{33}$ʂa$^{33}$mi$^{44}$li$^{33}$，ʑe$^{33}$ka$^{33}$sɔ$^{44}$tɕi$^{33}$dʑi$^{21}$；

一家要变穷，烟杆有三根；

043. 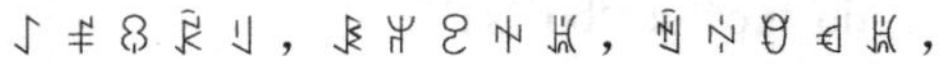

tshɿ$^{21}$ʑe$^{33}$gi$^{55}$mi$^{44}$li$^{33}$，pɿ$^{33}$ɬɿ$^{33}$dʑu$^{55}$ɕɿ$^{33}$ȵe$^{33}$，khu$^{44}$tɕi$^{33}$e$^{55}$vu̠$^{33}$ȵe$^{33}$，

一家要绝灭，笛子夹腰间，心怀盗与抢，

044. 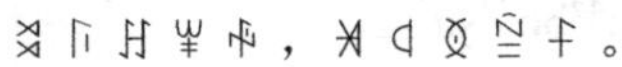

gu$^{33}$ȵi$^{21}$tʂho$^{21}$ma$^{21}$ɣɯ$^{21}$，kha$^{33}$ʐɿ$^{33}$dɯ$^{33}$ɣa$^{44}$tshi$^{33}$。

九天无饭食，处处都落伍。

045. 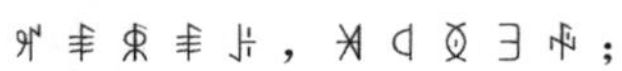

gu$^{55}$ȵi$^{33}$tʂha$^{33}$ȵi$^{33}$su$^{33}$，kha$^{33}$ʐɿ$^{33}$dɯ$^{33}$dʐɯ$^{33}$ɣɯ$^{21}$；

勤俭的人们，处处都能挣到钱；

046. 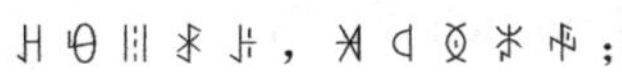

mu$^{33}$phi$^{33}$gɯ$^{33}$ʑi$^{21}$su$^{33}$，kha$^{33}$ʑɿ$^{33}$dɯ$^{33}$n̥i$^{55}$ɣɯ$^{21}$；

文明礼貌者，处处都体面；

047. [彝文]，[彝文]；

hi$^{21}$kɯ$^{55}$pa$^{33}$kɯ$^{55}$su$^{33}$，kha$^{33}$ʑɿ$^{33}$dɯ$^{33}$tɕho$^{21}$ɣɯ$^{21}$；

能说会道者，处处都有朋友；

048. [彝文]，[彝文]。

ɕɿ$^{44}$phi$^{33}$lo$^{55}$ʑi$^{33}$su$^{33}$，kha$^{33}$ʑɿ$^{33}$dɯ$^{33}$dza$^{33}$ɣɯ$^{44}$。

手脚勤快者，处处都有饭食。

049. [彝文]，[彝文]；

zɯ$^{33}$tshɿ$^{21}$fu̠$^{33}$du$^{33}$ʑɿ$^{33}$，fu̠$^{44}$phu̠$^{33}$dʑi$^{33}$dʑi$^{44}$bo$^{33}$；

莽汉到姻亲家，亲家变冤家；

050. [彝文]，[彝文]；

zɯ$^{33}$mu$^{33}$dʑi$^{33}$du$^{33}$ʑɿ$^{33}$，dʑi$^{44}$phu̠$^{33}$tɕho$^{21}$dʑi$^{21}$la$^{33}$；

贤儿到冤家，冤家变朋友；

051. [彝文]，[彝文]；

n̥i$^{44}$mu$^{33}$ga$^{44}$bo$^{33}$li$^{33}$，do$^{21}$xo$^{21}$ga$^{44}$bo$^{33}$ʂa$^{33}$；

贤女到路旁，良言传路旁；

052. [彝文]，[彝文]。

n̥i$^{33}$tshɿ$^{44}$ga$^{44}$bo$^{33}$li$^{33}$，tsɿ$^{21}$phɿ$^{55}$ga$^{44}$bo$^{33}$ʂa$^{33}$。

莽女到路旁，吐痰在路旁。

053. [彝文]，

dʑu$^{55}$mu$^{33}$a$^{44}$zɯ$^{33}$lɿ$^{33}$，

居木的子孙，

054. [彝文]，[彝文]，

a$^{21}$ndʐɿ̠$^{33}$tshɿ$^{55}$tɕho$^{33}$lo$^{44}$，a$^{21}$ndʐɿ̠$^{33}$vi$^{33}$tɕho$^{33}$lo$^{44}$，

对家门要守信用，对宗族要守信用，

055. [illegible]，[illegible]，

ndzɿ$^{33}$ndzɿ̱$^{33}$ndzɿ$^{33}$khu$^{33}$dʑi$^{21}$，mo$^{21}$ndzɿ̱$^{33}$mo$^{21}$ɬa$^{44}$du̱$^{33}$，

君主失信会丢脸，臣子失信会失魂，

056. [illegible]。

ɬi$^{55}$ndzɿ̱$^{33}$vi$^{44}$khɯ$^{33}$pɿ$^{21}$。

小伙失信会惹祸。

057. [illegible]，[illegible]；

ɣo$^{33}$ndzɿ̱$^{33}$sa$^{55}$ndzɿ̱$^{33}$li$^{33}$，tsɿ$^{44}$khɯ$^{33}$fu̱$^{44}$ka$^{33}$ta$^{33}$；

姻亲若不守信用，派能言者来当媒人；

058. [illegible]，[illegible]；

vi$^{44}$ndzɿ̱$^{33}$khɯ$^{33}$ndzɿ̱$^{33}$li$^{33}$，mo$^{21}$ʑɿ$^{33}$sa$^{33}$ʑɿ$^{33}$tsi$^{21}$；

案子若不守信用，派大臣子来调解；

059. [illegible]，[illegible]，

tɕhu$^{44}$ndzɿ̱$^{33}$ʂɿ$^{44}$ndzɿ̱$^{33}$li$^{33}$，ta$^{21}$ndzɿ$^{33}$zɿ$^{55}$ma$^{33}$ti$^{55}$，

金银若不守信用，戥子刻星花来测；

060. [illegible]，[illegible]；

phu$^{21}$ndzɿ̱$^{33}$ɲo$^{44}$ndzɿ̱$^{33}$li$^{33}$，di$^{21}$bu̱$^{33}$ɲi$^{33}$ʂo$^{33}$ti$^{55}$；

田地若不守信用，地边修筑大界桩；

061. [illegible]，[illegible]；

la$^{55}$ndzɿ̱$^{33}$tʂhɯ$^{44}$ndzɿ̱$^{33}$li$^{33}$，go$^{33}$phi$^{44}$tshɿ$^{21}$ma$^{33}$ta$^{33}$；

粮食若不守信用，拿一个量具来装；

062. “[illegible]”[illegible]，[illegible]。

“ndzɿ̱$^{33}$” li$^{33}$tshɿ$^{33}$di$^{44}$ŋɯ$^{33}$，tshɿ$^{33}$di$^{44}$lu$^{33}$ma$^{21}$bo$^{33}$。

“不守信用”如此说，未必全如此。

063. [彝文]，

dʑu$^{55}$mu$^{33}$a$^{44}$zɯ$^{33}$lɿ$^{33}$，

居木的子孙，

064. [彝文]，[彝文]；

phi$^{33}$mu$^{33}$ɣo$^{33}$sa$^{55}$tɕho$^{33}$，ɣo$^{33}$sa$^{55}$tsho$^{44}$fu̱$^{33}$la$^{33}$；

若以礼貌待姻亲，姻亲就与你开亲；

065. [彝文]，[彝文]；

kɯ$^{55}$mu$^{33}$tɕho$^{21}$po$^{21}$tɕho$^{33}$，tɕho$^{21}$po$^{21}$tsho$^{44}$ŋgu$^{33}$la$^{33}$；

若以礼貌待朋友，朋友就会喜爱你；

066. [彝文]，[彝文]；

tɕe$^{33}$mu$^{33}$ndzɿ$^{33}$mi$^{55}$tɕho$^{33}$，ndzɿ$^{33}$mi$^{55}$tsho$^{44}$ʑi$^{21}$bo$^{21}$；

若好生敬畏君主，君主就会顾及你；

067. [彝文]，[彝文]。

ŋgu$^{33}$mu$^{33}$pha$^{55}$mo$^{21}$tɕho$^{33}$，pha$^{55}$mo$^{21}$tsho$^{44}$phu$^{33}$zɿ$^{33}$。

若好生孝顺父母，父母就会关爱你。

068. [彝文]，[彝文]，

dʑu$^{55}$mu$^{33}$a$^{44}$zɯ$^{33}$lɿ$^{33}$，ʐu̱$^{33}$ɣa$^{33}$lɿ$^{33}$tshi$^{44}$lɿ$^{33}$，

居木的子孙，长到四十四岁，

069. [彝文]，[彝文]，

pi$^{33}$sɿ$^{44}$ni$^{21}$dʑu$^{21}$sɿ$^{21}$，ni$^{21}$dʑu$^{21}$sɿ$^{21}$ɣa$^{33}$tsi$^{44}$，

毕重视学除灵，除灵若学不精，

070. [彝文]，[彝文]；

kɔ$^{44}$nɯ$^{33}$ho$^{44}$khɯ$^{33}$kɔ$^{33}$，ho$^{44}$khɯ$^{33}$kɔ$^{33}$ma$^{21}$du̱$^{33}$；

遇凶恶合克时，会镇不了合克；

071. [彝文]，[彝文]；

tɕɿ$^{21}$nɯ$^{33}$vi$^{33}$ŋo$^{44}$tɕɿ$^{21}$，vi$^{33}$ŋo$^{44}$tɕɿ$^{21}$ma$^{21}$m̥ɿ$^{33}$；

遇凶恶伟卧时，会镇不了伟卧；

072. [illegible]，[illegible]。

ŋgu$^{44}$nɯ$^{33}$pha$^{55}$mo$^{21}$ŋgu$^{33}$，ko$^{44}$nɯ$^{33}$zɯ$^{33}$lɿ$^{33}$ko$^{33}$。

爱的是父母，亲的是子孙。

073. [illegible]，

ɣa$^{33}$tshɿ$^{55}$ɣa$^{44}$ʑu̠$^{33}$su$^{33}$，

晚辈后生们，

074. [illegible]，[illegible]；

pha$^{55}$mo$^{21}$tsɿ̠$^{33}$a$^{21}$ȵi$^{33}$，zɯ$^{33}$lɿ$^{33}$dzu̠$^{33}$bi$^{33}$tɕhi$^{21}$；

父母不勤俭，子孙会离散；

075. [illegible]，[illegible]；

mu$^{21}$mo$^{21}$ga$^{33}$gu$^{55}$vu̠$^{33}$，mu$^{21}$zɯ$^{33}$ga$^{44}$ʂa$^{33}$tsi$^{21}$；

母马入歧途，马驹会受苦；

076. [illegible]，[illegible]。

ndzɿ$^{33}$mi$^{55}$tsɿ̠$^{33}$a$^{21}$ȵi$^{33}$，lu̠$^{33}$dʑi$^{33}$dzu̠$^{44}$bi$^{33}$tɕhi$^{21}$。

君主不勤俭，百姓会分散。

077. [illegible]，[illegible]；

ndzɿ$^{33}$mi$^{55}$tsɿ̠$^{33}$ȵi$^{33}$nɯ$^{33}$，lu̠$^{33}$dʑi$^{33}$ɬɿ$^{44}$phu$^{33}$du̠$^{33}$；

君主若勤俭，百姓会纳税；

078. [illegible]，[illegible]，

lu̠$^{33}$dʑi$^{33}$tsɿ̠$^{33}$ȵi$^{33}$nɯ$^{33}$，tsɿ$^{55}$tʂha$^{33}$le$^{44}$ba$^{33}$go$^{55}$，

百姓若勤俭，锄头往肩扛，

079. [illegible]，[illegible]；

gu$^{21}$tshu$^{33}$pa$^{33}$ȵo$^{33}$li$^{55}$，lɿ$^{21}$ndʐa$^{55}$kha$^{33}$ndʐa$^{55}$ɣɯ$^{21}$；

冬天开荒地，会得好种子；

080. 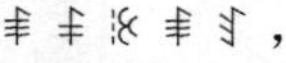，

ȵi$^{33}$n̥i$^{33}$tsɿ̱$^{33}$ȵi$^{33}$nɯ$^{33}$，

妇女若勤俭，

081. 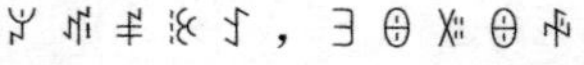；

vi$^{55}$bu$^{33}$ʑe$^{33}$tsɿ̱$^{33}$ho$^{33}$，dʐɯ̱$^{33}$ndʐa̱$^{55}$dza$^{33}$ndʐa̱$^{55}$ɣɯ$^{21}$；

会养鸡和猪，将得好畜禽；

082. 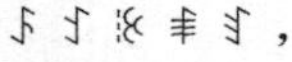，

zɯ$^{33}$ho$^{33}$tsɿ̱$^{33}$ȵi$^{33}$nɯ$^{33}$，

男儿若勤俭，

083. 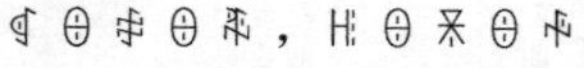；

phu$^{21}$ndʐa̱$^{55}$n̥o$^{33}$ndʐa̱$^{55}$ʂɯ$^{21}$，la$^{55}$ndʐa̱$^{55}$tʂhɯ$^{33}$ndʐa̱$^{55}$ɣɯ$^{21}$；

会寻好田地，将得好粮食；

084. ，

dʑi$^{44}$zɯ$^{33}$tsɿ̱$^{33}$ȵi$^{33}$nɯ$^{33}$，sɿ̱$^{33}$gu$^{55}$la$^{33}$ta$^{33}$ʂɯ$^{21}$，

百姓若勤俭，会寻犁头枷档，

085. 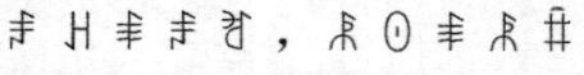；

ɬu$^{55}$mu$^{33}$ȵi$^{33}$ɬu$^{55}$dʑi$^{21}$，mo$^{33}$tɕhi$^{21}$ȵi$^{33}$mo$^{33}$dʑi$^{44}$；

放牧会成功，耕种会成功；

086. 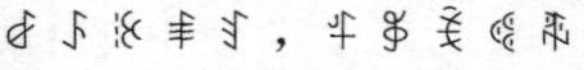，

ni$^{21}$zɯ$^{33}$tsɿ̱$^{33}$ȵi$^{33}$nɯ$^{33}$，tʂɔ$^{33}$mu$^{21}$ŋgu$^{44}$ŋgɯ$^{33}$ʂɯ$^{21}$，

彝人若勤俭，会寻好武器，

087. 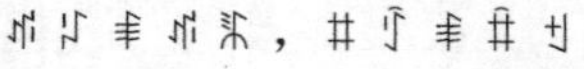。

bu$^{33}$kɯ$^{21}$ȵi$^{33}$bu$^{33}$ɣɯ$^{33}$，dʑi$^{33}$kɯ$^{44}$ȵi$^{33}$dʑi$^{44}$ŋɯ$^{33}$。

斗敌会制胜，抗敌会制胜。

088. [illegible]，[illegible]，

ɣa$^{33}$tshʅ$^{55}$ɣa$^{44}$ʑu̠$^{33}$su$^{33}$，zɯ$^{33}$li$^{33}$zɯ$^{33}$tha$^{21}$di$^{33}$，

晚辈后生们，莫要成孬儿，

089. [illegible]，[illegible]。

zɯ$^{33}$di$^{33}$pha$^{55}$mo$^{21}$tʂo$^{55}$，zɯ$^{33}$tshʅ$^{21}$pha$^{55}$mo$^{21}$di$^{33}$ʑʅ$^{33}$dʑu̠$^{33}$。

孬儿玷污父母，儿鲁莽便觉父母孬。

090. [illegible]，[illegible]；

zɯ$^{33}$di$^{33}$phu$^{21}$ȵo$^{33}$ʂɯ$^{21}$，i$^{21}$phu$^{21}$su$^{21}$phu$^{21}$dʑi$^{21}$；

孬儿找土地，己地变人地；

091. [illegible]，[illegible]。

zɯ$^{33}$di$^{33}$ɕʅ$^{21}$hɔ$^{33}$ʑu$^{33}$，i$^{21}$ɕʅ$^{21}$su$^{21}$ɕʅ$^{21}$dʑi$^{21}$。

蠢儿娶能妻，己妻成人妻。

092. [illegible]，[illegible]，

dʑu$^{55}$mu$^{33}$a$^{44}$zɯ$^{33}$lʅ$^{33}$，lʅ$^{33}$gu$^{33}$lʅ$^{33}$tshi$^{44}$gu$^{33}$，

居木的子孙，四轮四十九岁，

093. [illegible]，[illegible]。

sʅ$^{21}$dzʅ̠$^{33}$ŋo$^{21}$ʑi$^{33}$la$^{33}$，sʅ$^{21}$ha$^{33}$gu$^{33}$dʑu̠$^{33}$dzi$^{33}$。

博学又聪明，知识更丰富。

094. [illegible]，[illegible]；

xo$^{33}$bu$^{33}$hi$^{33}$tshi$^{33}$ȵi$^{33}$，ndzɯ$^{33}$su$^{33}$me$^{21}$le$^{33}$mbe$^{33}$；

箭筒有十箭，灵的要先射；

095. [illegible]，[illegible]，

ko$^{33}$lo$^{33}$do$^{21}$tshi$^{33}$ȵi$^{33}$，ŋɯ$^{33}$su$^{33}$me$^{21}$le$^{33}$hi$^{21}$，

心中有万语，美言要先说，

096. [illegible]，[illegible]。

ŋɯ$^{33}$su$^{33}$ɣa$^{44}$tha$^{21}$ta$^{33}$，hi$^{21}$su$^{33}$hi$^{21}$tha$^{21}$di$^{33}$。

好话莫留着，出言莫说错。

097. 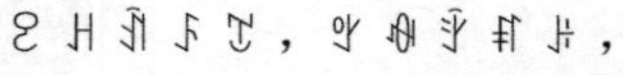

dʑu$^{55}$mu$^{33}$a$^{44}$zɯ$^{33}$lɿ$^{33}$，vo$^{33}$tsho$^{33}$ko$^{44}$dʑo$^{33}$su$^{33}$，

居木的子孙，世间的人们，

098. 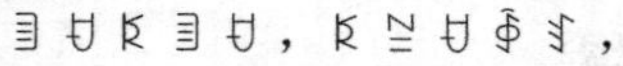

tha$^{21}$i$^{55}$ndzɿ$^{33}$tha$^{21}$i$^{55}$，ndzɿ$^{33}$ɣa$^{33}$i$^{55}$lo$^{44}$nɯ$^{33}$，

莫睡君莫睡，君若贪睡了，

099. 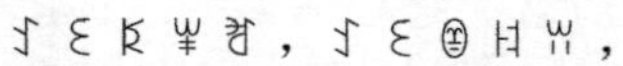

ho$^{33}$ʂɿ$^{33}$ndzɿ$^{33}$ma$^{21}$dʑi$^{21}$，ho$^{33}$ʂɿ$^{33}$mi$^{55}$tɕhɔ$^{33}$tɕhɔ$^{33}$，

成不了治政者，人民定会饿肚子，

100. 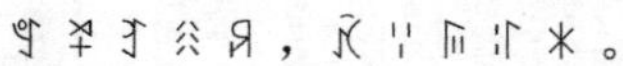

ndɯ$^{21}$gu$^{21}$nɔ$^{33}$dzɿ$^{55}$dzɿ$^{21}$，vi$^{44}$khɯ$^{33}$sɔ$^{33}$si$^{21}$bi$^{33}$。

德古办案不认真，案子定会乱糟糟。

101. 

tha$^{21}$i$^{55}$mo$^{21}$tha$^{21}$i$^{55}$，mo$^{21}$ɣa$^{33}$i$^{55}$lo$^{44}$nɯ$^{33}$，

莫睡臣莫睡，臣若贪睡了，

102. 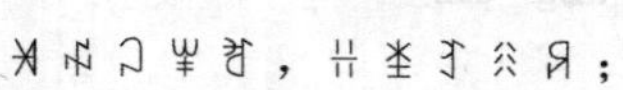

kha$^{33}$khe$^{33}$mo$^{21}$ma$^{21}$dʑi$^{21}$，ndzi$^{33}$bo$^{33}$nɔ$^{33}$dzɿ$^{55}$dzɿ$^{21}$；

成不了判案者，案子定会乱糟糟；

103. 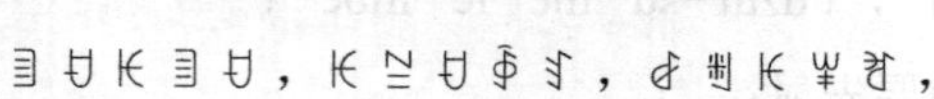

tha$^{21}$i$^{55}$pi$^{33}$tha$^{21}$i$^{55}$，pi$^{33}$ɣa$^{33}$i$^{55}$lo$^{44}$nɯ$^{33}$，ni$^{21}$tʂhɿ$^{21}$pi$^{33}$ma$^{21}$dʑi$^{21}$，

莫睡师莫睡，师若贪睡了，成不了除灵者，

104. 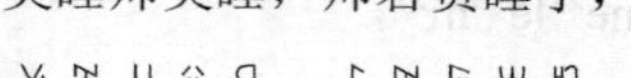

ɣo$^{21}$tʂho$^{33}$mu$^{33}$dzɿ$^{55}$dzɿ$^{21}$，zɯ$^{33}$lɿ$^{33}$dzu̠$^{33}$ma$^{21}$ʑi$^{33}$；

灵位黑沉沉，子孙不发达；

105. [illegible]，[illegible]，

tha$^{21}$i$^{55}$kɯ$^{55}$tha$^{21}$i$^{55}$，kɯ$^{55}$ɣa$^{33}$i$^{55}$lo$^{44}$nɯ$^{33}$，

莫睡匠莫睡，匠若贪睡了，

106. [illegible]，[illegible]；

ʂɯ$^{33}$ti$^{33}$mu$^{33}$dʑi$^{33}$bo$^{33}$，kɯ$^{55}$zɯ$^{33}$lo$^{55}$ma$^{21}$ʑi$^{33}$；

铁砧飞上天，匠人手不巧；

107. [illegible]，[illegible]，

tha$^{21}$i$^{55}$dʐo$^{21}$tha$^{21}$i$^{55}$，dʐo$^{21}$ɣa$^{33}$i$^{55}$lo$^{44}$nɯ$^{33}$，

莫睡民莫睡，民若贪睡了，

108. [illegible]，[illegible]。

ɬu$^{55}$mu$^{33}$dʐo$^{21}$ma$^{21}$dʑi$^{21}$，n̥i$^{33}$ʑo$^{33}$ti$^{33}$tɕʅ$^{33}$tʂho$^{21}$。

成不了耕牧人，羊群会变散乱。

109. [illegible]，[illegible]。

ʂʅ$^{33}$i$^{55}$nɯ$^{33}$ʂʅ$^{33}$ndzʅ$^{55}$，pa$^{33}$i$^{55}$nɯ$^{33}$pa$^{33}$ndzʅ$^{55}$。

蛇睡蛇变光秃，蛙睡蛙变光秃。

110. [illegible]，[illegible]，[illegible]。

gɯ$^{33}$tɯ$^{21}$ʑi$^{33}$ȵe$^{55}$ŋga$^{33}$，ndzʅ$^{33}$i$^{55}$ndzʅ$^{33}$khu$^{33}$dʑi$^{21}$，

mo$^{21}$i$^{55}$mo$^{21}$ɬa$^{44}$du̩$^{33}$。

太阳屋上照，君睡君丢丑，臣睡臣羞耻。

111. [illegible]，[illegible]；

ndzʅ$^{33}$a$^{21}$i$^{55}$ʑi$^{44}$nɯ$^{33}$，ho$^{33}$ʂʅ$^{33}$ʐʅ$^{21}$dzi$^{33}$dzi$^{33}$；

君若不贪睡，政务治得好；

112. [illegible]，[illegible]；

mo$^{21}$a$^{21}$i$^{55}$ʑi$^{44}$nɯ$^{33}$，kha$^{33}$khe$^{33}$ve$^{33}$khɯ$^{21}$khɯ$^{21}$；

臣若不贪睡，判案判得好；

113. [illegible]

pi$^{33}$a$^{21}$i$^{55}$ʑi$^{44}$nɯ$^{33}$，ni$^{21}$tʂhɿ$^{21}$bo$^{21}$lo$^{33}$lo$^{33}$；

师若不贪睡，除灵亮堂堂；

114. [illegible]

kɯ$^{55}$a$^{21}$i$^{55}$ʑi$^{44}$nɯ$^{33}$，kɯ$^{55}$mu$^{33}$ʐɿ$^{21}$dzi$^{33}$dzi$^{33}$；

匠若不贪睡，工事办得妥；

115. [illegible]

dʐo$^{21}$a$^{21}$i$^{55}$ʑi$^{44}$nɯ$^{33}$，ɬu$^{55}$mu$^{33}$ʐɿ$^{21}$dzi$^{33}$dzi$^{33}$，

mo$^{33}$tɕhi$^{21}$ve$^{33}$khɯ$^{21}$khɯ$^{21}$。

民若不贪睡，牧业办得妥，耕种办得妥。

116. [illegible]

a$^{44}$he$^{33}$a$^{21}$i$^{55}$ȵɔ$^{33}$tʂɿ$^{55}$tʂɿ$^{21}$，tshɿ$^{21}$dza$^{33}$tshɿ$^{33}$ʂɯ$^{21}$dzɯ$^{33}$；

老鼠不睡精神好，自己能找食物吃；

117. [illegible]

a$^{21}$ɬɯ$^{21}$a$^{21}$i$^{55}$tsu$^{44}$lu$^{33}$pe$^{33}$，tshɿ$^{21}$dza$^{33}$tshɿ$^{33}$ʂɯ$^{21}$dzɯ$^{33}$；

兔子不睡蹦蹦跳，自己能找食物吃；

118. [illegible]

a$^{44}$dʑu$^{33}$a$^{21}$i$^{55}$si$^{44}$ŋga$^{33}$tɕhi$^{44}$，tshɿ$^{21}$dza$^{33}$tshɿ$^{21}$ʂɯ$^{21}$dzɯ$^{33}$；

狐狸不睡夜间行，自己能找食物吃；

119. [illegible]

zɿ$^{55}$la$^{55}$a$^{21}$i$^{55}$li$^{33}$，mu$^{44}$lɿ$^{33}$di$^{21}$ɣa$^{33}$vo$^{33}$，tshɿ$^{21}$dza$^{33}$tshɿ$^{33}$ʂɯ$^{21}$dzɯ$^{33}$；

虎豹若不贪睡，就会到处游逛，自己能找食物吃；

120. [illegible]

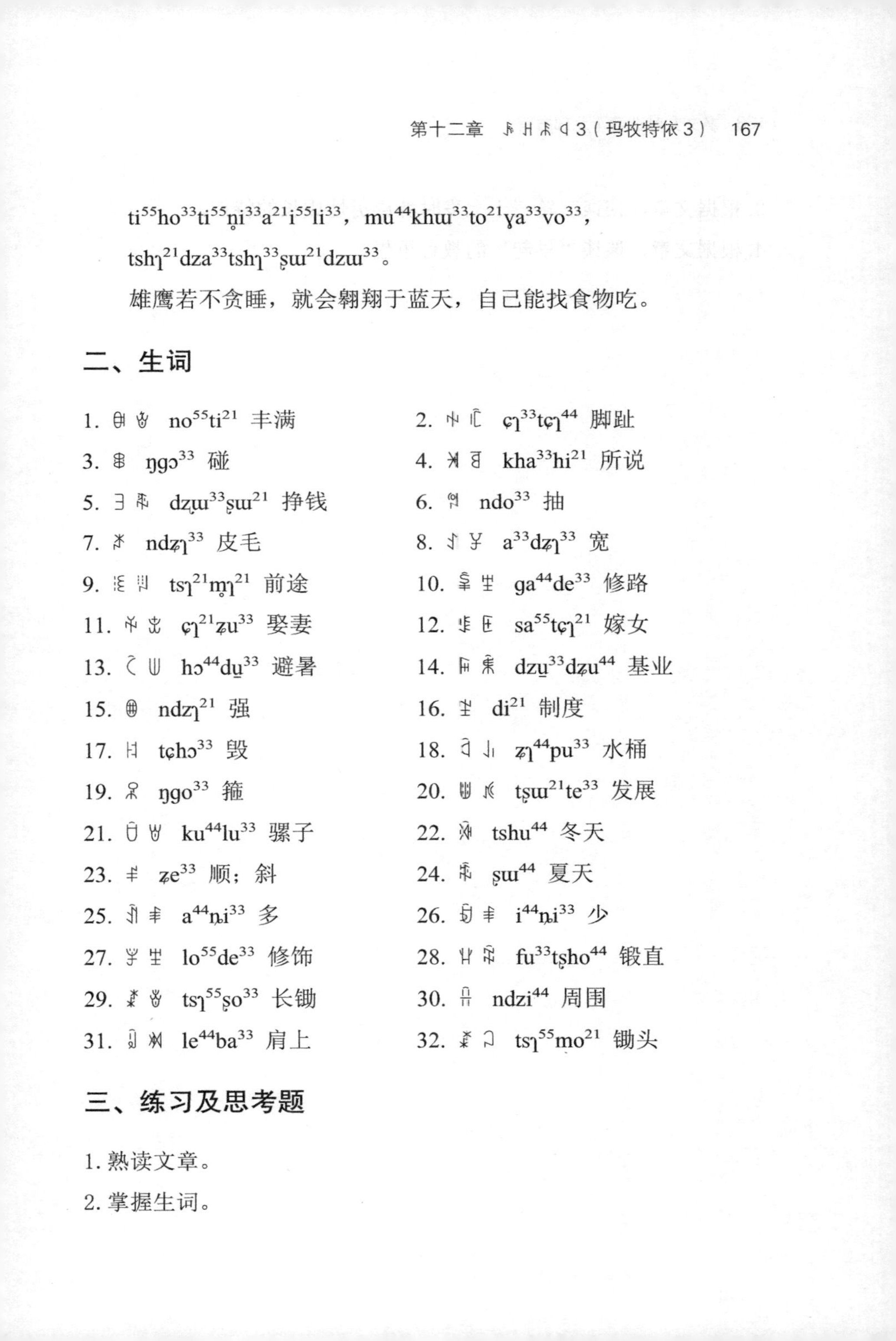

ti$^{55}$ho$^{33}$ti$^{55}$n̥i$^{33}$a$^{21}$i$^{55}$li$^{33}$，mu$^{44}$khɯ$^{33}$to$^{21}$ɣa$^{33}$vo$^{33}$，tshɿ$^{21}$dza$^{33}$tshɿ$^{33}$ʂɯ$^{21}$dzɯ$^{33}$。

雄鹰若不贪睡，就会翱翔于蓝天，自己能找食物吃。

## 二、生词

1. no$^{55}$ti$^{21}$ 丰满
2. ɕɿ$^{33}$tɕɿ$^{44}$ 脚趾
3. ŋgɔ$^{33}$ 碰
4. kha$^{33}$hi$^{21}$ 所说
5. dʐɯ$^{33}$ʂɯ$^{21}$ 挣钱
6. ndo$^{33}$ 抽
7. ndʑɿ$^{33}$ 皮毛
8. a$^{33}$dʑɿ$^{33}$ 宽
9. tsɿ$^{21}$m̥ɿ$^{21}$ 前途
10. ga$^{44}$de$^{33}$ 修路
11. ɕɿ$^{21}$ʑu$^{33}$ 娶妻
12. sa$^{55}$tɕɿ$^{21}$ 嫁女
13. hɔ$^{44}$du̠$^{33}$ 避暑
14. dzu̠$^{33}$dʑu$^{44}$ 基业
15. ndzɿ$^{21}$ 强
16. di$^{21}$ 制度
17. tɕhɔ$^{33}$ 毁
18. ʑɿ$^{44}$pu$^{33}$ 水桶
19. ŋgo$^{33}$ 箍
20. tʂɯ$^{21}$te$^{33}$ 发展
21. ku$^{44}$lu$^{33}$ 骡子
22. tshu$^{44}$ 冬天
23. ʑe$^{33}$ 顺；斜
24. ʂɯ$^{44}$ 夏天
25. a$^{44}$ȵi$^{33}$ 多
26. i$^{44}$ȵi$^{33}$ 少
27. lo$^{55}$de$^{33}$ 修饰
28. fu$^{33}$tʂho$^{44}$ 锻直
29. tsɿ$^{55}$ʂo$^{33}$ 长锄
30. ndzi$^{44}$ 周围
31. le$^{44}$ba$^{33}$ 肩上
32. tsɿ$^{55}$mo$^{21}$ 锄头

## 三、练习及思考题

1. 熟读文章。
2. 掌握生词。

3. 根据文章，谈谈三轮三十七岁时彝族男性成长的特点。

4. 根据文章，谈谈“早起”的教育思想。

# 第十三章 [illegible]（开天辟地）

“[illegible]”，译为“开天辟地”，是彝族史诗“勒俄”的内容之一。“勒俄”内容涉及天地形成、人类发展、历史迁徙、物种起源等，主要流传于四川、云南、贵州等地的彝族地区。四川地区的“勒俄”可分为“公勒俄”和“母勒俄”，“公勒俄”主要反映物种的起源，“母勒俄”主要反映人类的生产与发展。（同第十四、第十五、第十六、第十七、第十八章）

本章“开天辟地”属于“母勒俄”，主要讲述了在天神恩体古兹的主持下各路仙子贡献计策，一起开天辟地的故事。本文章节选自《勒俄特依》（1986）。

## 一、彝文、国际音标标注及汉译

001. [illegible]，[illegible]：

mu$^{33}$vu$^{55}$mu$^{33}$te$^{33}$a$^{21}$pho$^{21}$sɿ$^{33}$mo$^{44}$li$^{33}$，sɿ$^{33}$zɯ$^{33}$lɿ$^{33}$ʑɔ$^{33}$ʑu̠$^{33}$：

天地未分明前，诞生四仙子：

002. [illegible]，[illegible]；

gɯ$^{44}$du̠$^{33}$la$^{33}$ŋgɯ$^{44}$tɕo$^{44}$，zu$^{21}$zɯ$^{33}$gu̠$^{33}$da$^{33}$ʑu̠$^{33}$；

日出之东方，生有如惹古达；

003. 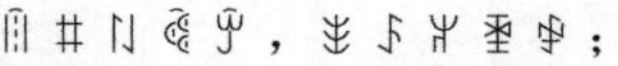

gɯ$^{44}$dʑi$^{33}$la$^{33}$ŋgɯ$^{44}$tɕo$^{44}$，ʂu$^{55}$zɯ$^{33}$ɬʅ$^{33}$da$^{33}$ʑu̠$^{33}$；

日落之西方，生有署惹尔达；

004. 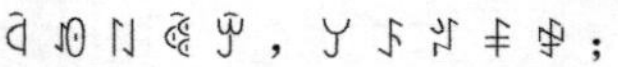

ʑʅ$^{44}$o$^{33}$la$^{33}$ŋgɯ$^{44}$tɕo$^{44}$，sɿ$^{33}$zɯ$^{33}$ti$^{33}$n̥i$^{33}$ʑu̠$^{33}$；

水头之北方，生有斯惹第尼；

005. 

ʑʅ$^{44}$m̥ʅ$^{33}$la$^{33}$ŋgɯ$^{44}$tɕo$^{44}$，a$^{33}$ɣo$^{21}$ʂu$^{55}$pu$^{33}$ʑu̠$^{33}$；

水尾之南方，生有阿俄署布；

006. 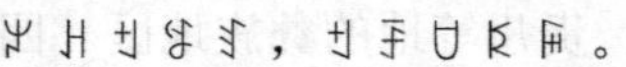

ʂʅ$^{21}$mu$^{33}$ŋɯ$^{33}$ha$^{55}$nɯ$^{33}$，ŋɯ$^{33}$thi$^{55}$ku$^{33}$ndzɿ$^{33}$dzu̠$^{33}$。

宇宙的上方，住着恩体古兹家。

007. 

ŋɯ$^{33}$thi$^{55}$ku$^{33}$ndzɿ$^{33}$thu$^{55}$，ma$^{21}$tsɿ$^{33}$lu$^{44}$li$^{33}$tsɿ$^{33}$，

dɯ$^{33}$bu$^{33}$a$^{21}$ɬʅ$^{33}$tsɿ$^{33}$，

恩体古兹家，专门派使臣，派德布阿尔去，

008. 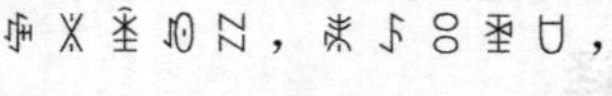

thu̠$^{33}$lu̠$^{33}$bo$^{44}$o$^{33}$hi$^{55}$，zu$^{21}$zɯ$^{33}$gu̠$^{33}$da$^{33}$ku$^{33}$，

站在土尔山顶上，请来了如惹古达，

009. 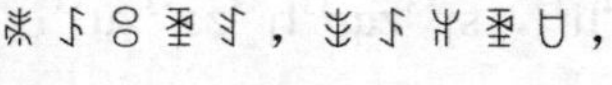

zu$^{21}$zɯ$^{33}$gu̠$^{33}$da$^{33}$nɯ$^{33}$，ʂu$^{55}$zɯ$^{33}$ɬʅ$^{33}$da$^{33}$ku$^{33}$，

如惹古达呢，又请来了署惹尔达，

010. 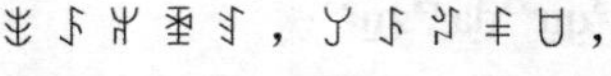

ʂu$^{55}$zɯ$^{33}$ɬʅ$^{33}$da$^{33}$nɯ$^{33}$，sɿ$^{33}$zɯ$^{33}$ti$^{33}$n̥i$^{33}$ku$^{33}$，

署惹尔达呢，又请来了斯惹第尼，

011. [彝文]，[彝文]，

sɿ$^{33}$zɯ$^{33}$ti$^{33}$n̥i$^{33}$nɯ$^{33}$，a$^{33}$ɣo$^{21}$ʂu$^{55}$pu$^{33}$ku$^{33}$，

斯惹第尼呢，又请来了阿俄署布，

012. [彝文]，[彝文]，

a$^{33}$ɣo$^{21}$ʂu$^{55}$pu$^{33}$nɯ$^{33}$，kɯ$^{55}$mo$^{21}$a$^{21}$ɬɿ$^{33}$ku$^{33}$，

阿俄署布呢，又请来了阿尔师傅，

013. [彝文]，[彝文]，[彝文]。

kɯ$^{55}$mo$^{21}$a$^{21}$ɬɿ$^{33}$nɯ$^{33}$，thu̠$^{33}$lu̠$^{33}$bo$^{44}$o$^{33}$ŋga$^{33}$，ʂɿ$^{21}$mu$^{33}$ŋɯ$^{33}$ha$^{55}$ɕi$^{33}$。

阿尔师傅呢，越过土尔山，来到宇宙的上方。

014. [彝文]，[彝文]，

ŋɯ$^{33}$thi$^{55}$ku$^{33}$ndzɿ$^{33}$thu$^{55}$，mu$^{33}$vu$^{55}$mu$^{33}$te$^{33}$pho$^{21}$mo$^{33}$di$^{44}$，

恩体古兹家，准备开天辟地，

015. [彝文]，

sɿ$^{33}$zɯ$^{33}$si$^{44}$zɯ$^{33}$ku$^{33}$la$^{33}$ndzi$^{33}$，

请来各路神仙来商议，

016. [彝文]，[彝文]，

gu$^{33}$ȵi$^{21}$ndzi$^{33}$mu$^{33}$khɯ$^{55}$，ndzi$^{44}$lɯ$^{33}$gu$^{33}$tɕi$^{33}$hɯ$^{33}$，

九天议到晚上，吃了九头牛，

017. [彝文]，[彝文]。

gu$^{33}$ho$^{55}$ndzi$^{33}$mu$^{33}$thi$^{33}$，ndzi$^{44}$ndʐɿ$^{33}$gu$^{33}$tha$^{33}$ndo$^{33}$。

九晚议到天亮，喝了九坛酒。

018. [彝文]，[彝文]，

ɬɿ$^{33}$ʂɿ$^{33}$a$^{33}$ɣo$^{21}$ndzi$^{33}$，a$^{44}$ʑɿ$^{33}$su$^{44}$ne$^{33}$bɿ$^{21}$，

尔史阿俄献一计，传给阿衣苏涅，

019. [彝文]，[彝文]，

a$^{44}$ʐʅ$^{33}$su$^{44}$ne$^{33}$ndzi$^{33}$，pho$^{21}$lɯ$^{21}$a$^{44}$ʐo$^{33}$bʅ$^{21}$，

阿衣苏涅献一计，传给坡勒阿友，

020. [illegible]

pho$^{21}$lɯ$^{21}$a$^{44}$ʐo$^{33}$ndzi$^{33}$，zu$^{21}$zɯ$^{33}$gu̠$^{33}$da$^{33}$bʅ$^{21}$，

坡勒阿友献一计，传给如惹古达，

021. [illegible]

zu$^{21}$zɯ$^{33}$gu̠$^{33}$da$^{33}$ndzi$^{33}$，ʂu$^{55}$zɯ$^{33}$ɬʅ$^{33}$da$^{33}$bʅ$^{21}$，

如惹古达献一计，传给署惹尔达，

022. [illegible]

ʂu$^{55}$zɯ$^{33}$ɬʅ$^{33}$da$^{33}$ndzi$^{33}$，a$^{33}$ɣo$^{21}$ʂu$^{55}$pu$^{33}$bʅ$^{21}$，

署惹尔达献一计，传给阿俄署布，

023. [illegible]

a$^{33}$ɣo$^{21}$ʂu$^{55}$pu$^{33}$ndzi$^{33}$，sʅ$^{33}$zɯ$^{33}$ti$^{33}$n̥i$^{33}$bʅ$^{21}$。

阿俄署布献一计，传给斯惹第尼。

024. [illegible]

sʅ$^{33}$zɯ$^{33}$ti$^{33}$n̥i$^{33}$ȵi$^{33}$，

斯惹第尼呢，

025. [illegible]

dʐʅ$^{33}$phu$^{21}$xɯ$^{33}$phu$^{44}$gu$^{33}$ma$^{33}$ndʑe$^{33}$，kɯ$^{55}$mo$^{21}$a$^{21}$ɬʅ$^{33}$bʅ$^{21}$。

砸了九个铜铁锅，交给格莫阿尔。

026. [illegible]

kɯ$^{55}$mo$^{21}$a$^{21}$ɬʅ$^{33}$ȵi$^{33}$，

格莫阿尔呢，

027. [illegible]

ba$^{21}$tsʅ̠$^{33}$ʂɯ$^{33}$ti$^{33}$mu$^{33}$ta$^{33}$dzʅ$^{33}$，kha$^{21}$phi$^{55}$ʐʅ$^{21}$ɬʅ$^{55}$mu$^{33}$ta$^{33}$dzʅ$^{33}$，

膝盖当铁砧，口腔当风箱，

028. 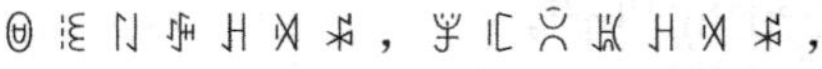

ku$^{21}$tsɿ$^{21}$la$^{33}$thu̱$^{33}$mu$^{33}$ta$^{33}$dzɿ$^{33}$，lo$^{55}$tɕɿ$^{33}$ka$^{44}$ȵe$^{33}$mu$^{33}$ta$^{33}$dzɿ$^{33}$，

拳头当铁锤，手指当火钳，

029. 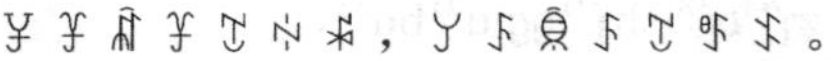

dʑɿ$^{33}$dʑe$^{33}$xɯ$^{44}$dʑe$^{33}$ɬ$^{33}$tɕi$^{33}$dzɿ$^{33}$，sɿ$^{33}$zɯ$^{33}$si$^{44}$zɯ$^{33}$ɬ$^{33}$ʑo$^{33}$bɿ$^{21}$。

制成了四把铜铁叉，交给四仙子。

030. 

tshɿ$^{21}$tɕi$^{33}$dzɿ$^{33}$la$^{33}$zu$^{21}$zɯ$^{33}$gu̱$^{33}$da$^{33}$bɿ$^{21}$，

一把交给如惹古达，

031. 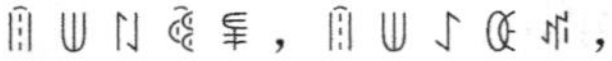

gɯ$^{44}$du̱$^{33}$la$^{33}$ŋgɯ$^{44}$pho$^{21}$，ŋgɯ$^{44}$du̱$^{33}$tshɿ$^{21}$ŋgɯ$^{21}$bu$^{33}$，

去开凿东方，东方裂一缝，

032. 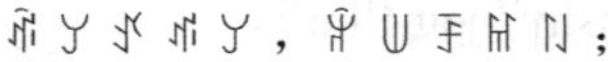

bu$^{44}$sɿ$^{33}$a$^{21}$bu$^{33}$sɿ$^{33}$，ɬ$^{44}$du̱$^{33}$thi$^{55}$ŋga$^{33}$la$^{33}$；

似裂又没裂，风从此吹进来；

033. 

tshɿ$^{21}$tɕi$^{33}$dzɿ$^{33}$la$^{33}$ʂu$^{55}$zɯ$^{33}$ɬ$^{33}$da$^{33}$bɿ$^{21}$，

一把交给署惹尔达，

034. 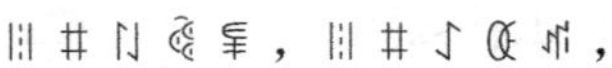

gɯ$^{33}$dʑi$^{33}$la$^{33}$ŋgɯ$^{44}$pho$^{21}$，gɯ$^{33}$dʑi$^{33}$tshɿ$^{21}$ŋgɯ$^{21}$bu$^{33}$，

去开凿西方，西方开一口，

035. 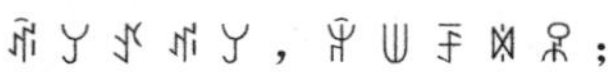

bu$^{44}$sɿ$^{33}$a$^{21}$bu$^{33}$sɿ$^{33}$，ɬ$^{44}$du̱$^{33}$thi$^{55}$hi$^{33}$ŋgo$^{33}$；

似开又没开，风从此吹进去；

036. 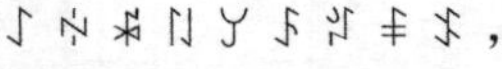

tshɿ$^{21}$tɕi$^{33}$dzɿ$^{33}$la$^{33}$sɿ$^{33}$zɯ$^{33}$ti$^{33}$n̥i$^{33}$bɿ$^{21}$，

一把交给斯惹第尼，

037. 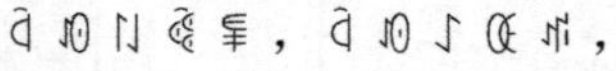

ʑɿ$^{44}$o$^{33}$la$^{33}$ŋgɯ$^{44}$pho$^{21}$，ʑɿ$^{44}$o$^{33}$tshɿ$^{21}$ŋgɯ$^{21}$bu$^{33}$，

去开凿北方，北方裂一口，

038. 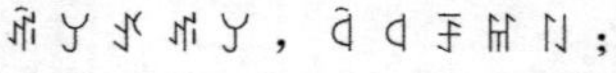

bu$^{44}$sɿ$^{33}$a$^{21}$bu$^{33}$sɿ$^{33}$，ʑɿ$^{44}$ʑɿ$^{33}$thi$^{55}$ŋga$^{33}$la$^{33}$；

似裂又没裂，水从此流进来；

039. 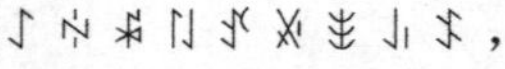

tshɿ$^{21}$tɕi$^{33}$dzɿ$^{33}$la$^{33}$a$^{21}$ɣo$^{21}$ʂu$^{55}$pu$^{33}$bɿ$^{21}$，

一把交给阿俄署布，

040. 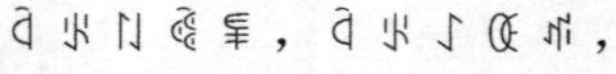

ʑɿ$^{44}$m̥ɿ$^{33}$la$^{33}$ŋgɯ$^{44}$pho$^{21}$，ʑɿ$^{44}$m̥ɿ$^{33}$tshɿ$^{21}$ŋgɯ$^{21}$bu$^{33}$，

去开凿南方，南方裂一口，

041. 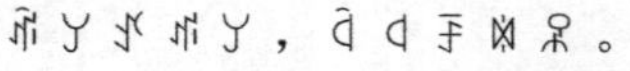

bu$^{44}$sɿ$^{33}$a$^{21}$bu$^{33}$sɿ$^{33}$，ʑɿ$^{44}$ʑɿ$^{33}$thi$^{55}$hi$^{33}$ŋgo$^{33}$。

似裂又没裂，水从此流出去。

042. 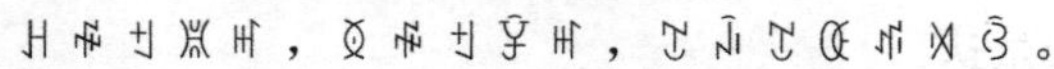

mu$^{33}$li$^{44}$ŋɯ$^{33}$ɲe$^{44}$ʂa$^{33}$，dɯ$^{33}$li$^{55}$ŋɯ$^{33}$dʑɿ$^{44}$ʂa$^{33}$，

lɿ$^{33}$dʐɿ$^{44}$lɿ$^{33}$ŋgɯ$^{21}$bu$^{33}$ta$^{33}$vɯ$^{44}$。

把天撬上去，把地掀下来，四方开了四个眼。

043. 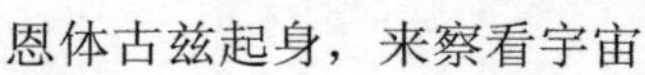

ŋɯ$^{33}$thi$^{55}$ku$^{33}$ndzɿ$^{33}$tɯ$^{44}$，ʂɿ$^{21}$mu$^{33}$ŋɯ$^{33}$dʑɿ$^{44}$hɯ$^{21}$，

恩体古兹起身，来察看宇宙下界，

044. ，

mu$^{33}$vu$^{55}$mu$^{33}$te$^{33}$pho$^{21}$a$^{21}$dzi$^{33}$ʑi$^{21}$sɿ$^{33}$di$^{44}$，

指出天地还没开好，

045. 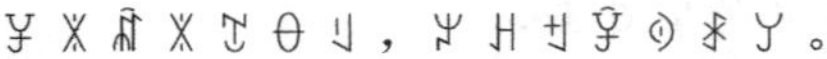。

dʑɿ$^{33}$lu̱$^{33}$xɯ$^{44}$lu̱$^{33}$lɿ$^{33}$ma$^{33}$li$^{33}$，ʂɿ$^{21}$mu$^{33}$ŋɯ$^{33}$dʑɿ$^{44}$dzu̱$^{33}$ʑi$^{21}$sɿ$^{33}$。

四个铜铁石，依然在宇宙下界。

046. ，

ŋɯ$^{33}$thi$^{55}$ku$^{33}$ndzɿ$^{33}$thu$^{55}$，ma$^{21}$tsɿ$^{33}$lu$^{44}$li$^{33}$tsɿ$^{33}$，

mu$^{21}$ko$^{21}$mu$^{21}$ndʑi$^{55}$tsɿ$^{33}$，

恩体古兹家，特地派差使，派骏马和马驹，

047. ，

ʂɿ$^{21}$mu$^{33}$ŋɯ$^{33}$dʑɿ$^{44}$tɕo$^{44}$，dʑɿ$^{33}$lu̱$^{33}$xɯ$^{44}$lu̱$^{33}$tsa$^{55}$ʐɿ$^{33}$di$^{44}$，

来到宇宙下界，专刨铜铁石，

048. 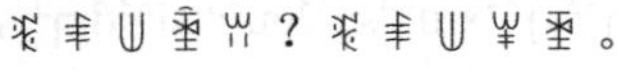。

tsa$^{55}$ȵi$^{33}$du̱$^{33}$da$^{44}$da$^{33}$？tsa$^{55}$ȵi$^{33}$du̱$^{33}$ma$^{21}$da$^{33}$。

能否刨得出？没能刨出来。

049. 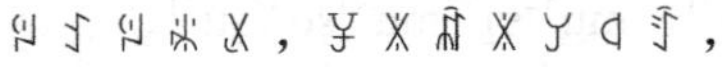，

lɯ$^{33}$ho$^{33}$hɯ$^{33}$ʂ̥ɯ$^{55}$tsɿ$^{33}$，dʑɿ$^{33}$lu̱$^{33}$xɯ$^{44}$lu̱$^{33}$sɿ$^{33}$ʐɿ$^{33}$di$^{44}$，

派牛犊和阉牛，专顶铜铁石，

050. 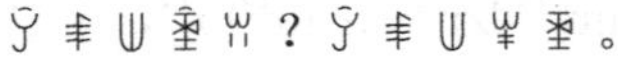。

sɿ$^{44}$ȵi$^{33}$du̱$^{33}$da$^{44}$da$^{33}$？sɿ$^{44}$ȵi$^{33}$du̱$^{33}$ma$^{21}$da$^{33}$。

能否顶得出来？没能顶得出来。

051. 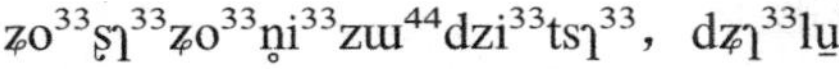，

ʑo$^{33}$ʂɿ$^{33}$ʑo$^{33}$n̥i$^{33}$zɯ$^{44}$dzi$^{33}$tsɿ$^{33}$，dʑɿ$^{33}$lu̱$^{33}$xɯ$^{44}$lu̱$^{33}$tsɿ$^{44}$ʐɿ$^{33}$di$^{44}$，

又派黄羊和红羊，去挖铜铁石，

052. [illegible]

tsɿ⁴⁴ȵi³³du̠³³da⁴⁴da³³？tsɿ⁴⁴ȵi³³du̠³³ma²¹da³³。

能否挖得出来？还是没挖出来。

053. [illegible]

vi⁵⁵ʂɿ³³vi⁵⁵nɔ²¹zɯ⁴⁴dzi³³tsɿ³³，dʑɿ³³lu̠³³xɯ⁴⁴lu̠³³sɿ³³ʑɿ³³di⁴⁴，

又派黄猪和黑猪，去拱铜铁石，

054. [illegible]

sɿ⁴⁴ȵi³³du̠³³da⁴⁴da³³？sɿ⁴⁴nɯ³³du̠³³la³³vɯ⁴⁴。

能否拱得出来？最终被拱出来。

055. [illegible]

sɿ³³zɯ³³ti³³n̥i³³ȵi³³，kɯ⁵⁵mo²¹a²¹ɬ³³tsɿ³³，

斯惹第尼啊，派阿尔师傅，

056. [illegible]

dʑɿ³³lu̠³³xɯ⁴⁴lu̠³³l̩³³ma³³si⁴⁴，dʑɿ³³sɿ̠³³xɯ⁴⁴sɿ̠³³gu³³tsi³³dʑɿ³³，

将四个铜铁石，制成九把铜铁笤帚，

057. [illegible]

sɿ³³a²¹mɿ³³si³³mɿ³³gu³³ʑɔ³³bɿ²¹，mu⁴⁴sɿ̠³³mu³³ʂo³³ʂu²¹，

交给九个仙女，去把天地扫，

058. [illegible]

mu³³sɿ̠³³ŋɯ³³ȵe⁵⁵ŋgu⁵⁵ɣa³³ʂa³³，mu³³dʑi²¹vu⁵⁵lo³³lo³³，

把天扫上去，天成蔚蓝蓝，

059. [illegible]

mu⁴⁴sɿ̠³³ŋɯ³³dʑɿ⁴⁴tshɿ⁴⁴ɣa³³ʂa³³，dɯ³³dʑi²¹n̥i⁴⁴ʑi³³ʑi³³。

把地扫下来，地变红彤彤。

060. [illegible]

phu$^{21}$tu̠$^{33}$zi$^{44}$lɿ$^{33}$bo$^{33}$，mu$^{44}$lɿ$^{33}$di$^{21}$ɣa$^{33}$tu̠$^{33}$：

四根擎天柱，撑住地四方：

061. 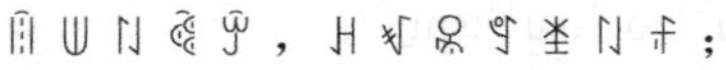

gɯ$^{44}$du̠$^{33}$la$^{33}$ŋgɯ$^{44}$tɕo$^{44}$，mu$^{33}$vu$^{55}$xa$^{21}$ndɯ$^{21}$bo$^{33}$la$^{33}$tu̠$^{33}$；

日出之东方，由木伍航德山来撑；

062. 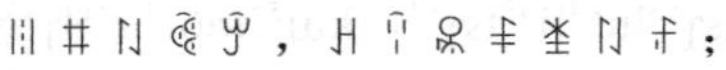

gɯ$^{33}$dʑi$^{33}$la$^{33}$ŋgɯ$^{44}$tɕo$^{44}$，mu$^{33}$khɯ$^{44}$xa$^{21}$n̥i$^{33}$bo$^{33}$la$^{33}$tu̠$^{33}$；

日落之西方，由木克航尼山来撑；

063. 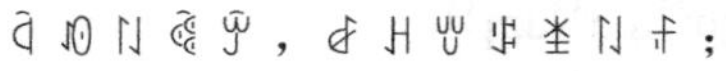

ʑɿ$^{44}$o$^{33}$la$^{33}$ŋgɯ$^{44}$tɕo$^{44}$，ni$^{21}$mu$^{33}$hɔ$^{55}$sa$^{33}$bo$^{33}$la$^{33}$tu̠$^{33}$；

水头之北方，由尼木洪萨山来撑；

064. 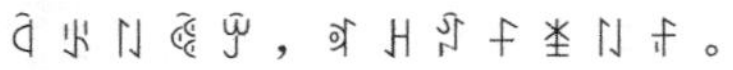

ʑɿ$^{44}$mɿ$^{33}$la$^{33}$ŋgɯ$^{44}$tɕo$^{44}$，xɔ$^{33}$mu$^{33}$ti$^{33}$tshi$^{33}$bo$^{33}$la$^{33}$tu̠$^{33}$。

水尾之南方，由伙木氏测山来撑。

065. 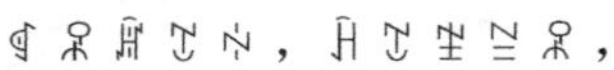

phu$^{21}$ŋgo$^{33}$tɕe$^{44}$lɿ$^{33}$tɕi$^{33}$，mu$^{44}$lɿ$^{33}$di$^{21}$ɣa$^{33}$ŋgo$^{33}$，

四根拉地绳，扣在地四方地，

066. 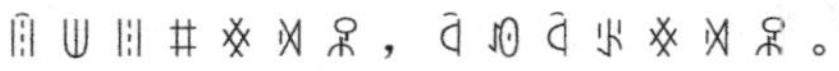

gɯ$^{44}$du̠$^{33}$gɯ$^{33}$dʑi$^{33}$zo̠$^{55}$ta$^{33}$ŋgo$^{33}$，ʑɿ$^{44}$o$^{33}$ʑɿ$^{44}$m̥ɿ$^{33}$zo̠$^{55}$ta$^{33}$ŋgo$^{33}$。

东西两头交叉拉，南北两头交叉拉。

067. 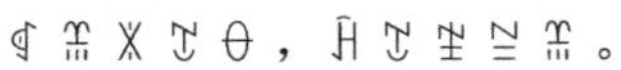

phu$^{21}$zɿ̠$^{33}$lu̠$^{33}$lɿ$^{33}$ma$^{33}$，mu$^{44}$lɿ$^{33}$di$^{21}$ɣa$^{33}$zɿ̠$^{33}$。

四个压地石，压在地四方。

068. 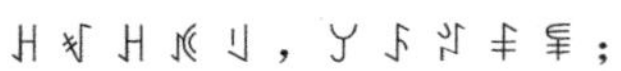

mu$^{33}$vu$^{55}$mu$^{33}$te$^{33}$li$^{33}$，sɿ$^{33}$zɯ$^{33}$ti$^{33}$n̥i$^{33}$pho$^{21}$；

开天辟地的，是斯惹第尼；

069. [illegible]

mu⁴⁴de³³ɣa⁴⁴de³³li³³，sɿ³³zɯ³³ʑo²¹tsu³³tshu̠³³。

造地整地的，是斯惹友祖。

070. [illegible]

sɿ³³zɯ³³ʑo²¹tsu³³ȵi³³，ma²¹tsɿ³³lu⁴⁴li³³tsɿ³³，kɯ⁵⁵mo²¹a²¹ɬ³³tsɿ³³，

斯惹友祖呢，特地派差使，请来阿尔师傅，

071. [illegible]

dʑɿ³³vo²¹zɯ³³xɯ³³vo²¹zɯ³³gu³³ma³³dzɿ³³，

sɿ³³ɬi⁵⁵si³³ɬi⁵⁵gu³³ʐɔ³³bɿ²¹，

铸造九把钢铁斧，交给九位仙小伙，

072. [illegible]

ʂɿ²¹la³³sɿ³³zɯ³³ʑo²¹tsu³³kɯ²¹，

随同斯惹友祖去整地，

073. [illegible]

sɿ³³zɯ³³ʑo²¹tsu³³ȵi³³，mu⁴⁴de³³ɣa⁴⁴de³³li³³mo³³di⁴⁴，

斯惹友祖呢，准备去整地造山河，

074. [illegible]

xɯ²¹tɯ²¹dʑɿ³³ȵe⁵⁵nɯ³³，nɯ³³hi²¹ŋa³³hi²¹po⁵⁵，

上午议事时，相互争着说，

075. [illegible]

gɯ²¹dzi³³dʑɿ³³ȵe⁵⁵nɯ³³，nɯ³³de³³ŋa³³de³³po⁵⁵。

下午做活时，相互抢着做。

076. [illegible]

bo³³n̥o²¹ɣa³³bo³³ndu⁴⁴，lo³³n̥o²¹ɣa³³lo³³ndʑe³³：

打山山听话，捶沟沟顺从：

077. [illegible]，[illegible]；

tshʅ$^{21}$lɔ$^{33}$ndu$^{21}$bo$^{33}$dʑi$^{44}$，ʑo$^{33}$ho$^{33}$phu$^{21}$mu$^{33}$ta$^{33}$；

一处打成山，做牧羊的地方；

078. [illegible]，[illegible]；

tshʅ$^{21}$lɔ$^{33}$ndu$^{21}$dʑo$^{21}$dʑi$^{21}$，lɯ$^{33}$kɯ$^{21}$phu$^{21}$mu$^{33}$ta$^{33}$；

一处打成平地，做放牛的地方；

079. [illegible]，[illegible]；

tshʅ$^{21}$lɔ$^{33}$ndu$^{21}$dʑe$^{21}$gu̠$^{33}$，tʂhɯ$^{33}$tsʅ$^{33}$phu$^{44}$mu$^{33}$ta$^{33}$；

一处打成平坝，做栽秧的地方；

080. [illegible]，[illegible]；

tshʅ$^{21}$lɔ$^{33}$ndu$^{21}$tɕe$^{33}$tɕɔ$^{33}$，ŋgɯ$^{21}$tɕhi$^{21}$phu$^{21}$mu$^{33}$ta$^{33}$；

一处打成斜坡，做种荞的地方；

081. [illegible]，[illegible]；

tshʅ$^{21}$lɔ$^{33}$ndu$^{21}$le$^{44}$tɕe$^{33}$，si$^{55}$ŋgɯ$^{21}$phu$^{21}$mu$^{33}$ta$^{33}$；

一处打成垭口，做打仗的地方；

082. [illegible]，[illegible]；

tshʅ$^{21}$lɔ$^{33}$ndu$^{21}$la$^{33}$da$^{33}$，ʐʅ$^{44}$ʐʅ$^{33}$dɯ$^{33}$mu$^{33}$ta$^{33}$；

一处打成深沟，做流水的地方；

083. [illegible]，[illegible]。

tshʅ$^{21}$lɔ$^{33}$ndu$^{21}$tɕhe$^{55}$thɔ$^{33}$，tsho$^{33}$i$^{55}$phu$^{21}$mu$^{33}$ta$^{33}$。

一处打成册坡，做人住的地方。

084. [illegible]，

sʅ$^{33}$zɯ$^{33}$ti$^{33}$n̥i$^{33}$ȵi$^{33}$，

斯惹第尼呢，

085. [illegible]，[illegible]，

mu$^{33}$vu$^{55}$a$^{44}$lu$^{33}$vi$^{55}$，mu$^{33}$khɯ$^{44}$a$^{44}$lu$^{33}$vi$^{55}$，

南方走一趟，北方走一遭，

086. [illegible]，[illegible]，

dʑɿ$^{21}$lo$^{21}$xɯ$^{33}$lo$^{44}$vi$^{55}$，thu̠$^{33}$lu̠$^{33}$hɔ$^{55}$tɕhu$^{33}$ŋga$^{33}$，

身带钢铁器，经过土尔山，

087. [illegible]，[illegible]，

a$^{44}$ʑi$^{33}$su$^{44}$ne$^{33}$tsɿ$^{33}$，a$^{44}$ʑɿ$^{33}$su$^{44}$ne$^{33}$ȵi$^{33}$，

派了阿依苏涅，阿依苏涅呢，

088. [illegible]，[illegible]。

lu̠$^{33}$mbi$^{55}$ɣa$^{33}$ʑɿ$^{33}$tsi$^{44}$，ʑɿ$^{44}$ʑɿ$^{33}$mu$^{33}$khɯ$^{33}$gu$^{44}$。

凿石开水道，水流遍四方。

089. [illegible]，[illegible]，

su$^{44}$ne$^{33}$lɯ$^{21}$gɯ$^{21}$zɯ$^{33}$，ʂɿ$^{33}$phu̠$^{33}$li$^{44}$dzi$^{33}$si$^{44}$，

苏涅勒格惹，披毡搭肩上，

090. [illegible]，[illegible]。

mu$^{44}$de$^{33}$ɣa$^{33}$ʐɿ$^{33}$tshu̠$^{33}$，ʐɿ$^{33}$dzu̠$^{33}$ho$^{33}$pho$^{44}$pho$^{21}$。

整地又栽草，草长一片青。

091. [illegible]，[illegible]，

ŋɯ$^{33}$thi$^{55}$ku$^{33}$ndʑɿ$^{33}$tɯ$^{44}$，ŋɯ$^{33}$dʑɿ$^{44}$sɔ$^{44}$tɕo$^{33}$tɕo$^{33}$，

恩体古兹呢，巡了下界三遍，

092. [illegible]，[illegible]，

tshɿ$^{21}$lo$^{33}$sɿ̠$^{33}$dzu̠$^{33}$ȵi$^{33}$，tshɿ$^{21}$lo$^{33}$sɿ̠$^{33}$ma$^{21}$dzu̠$^{33}$，

一山长有树，一山又无树，

093. [illegible]，[illegible]，

tshɿ$^{21}$lo$^{33}$ʐɿ$^{33}$dzu̱$^{33}$ȵi$^{33}$，tshɿ$^{21}$lo$^{33}$ʐɿ$^{33}$ma$^{21}$dzu̱$^{33}$，

一山长有草，一山又无草，

094. [illegible]，[illegible]，

tshɿ$^{21}$lo$^{33}$ʑɿ$^{33}$ʑɿ$^{33}$ȵi$^{33}$，tshɿ$^{21}$lo$^{33}$ʑɿ$^{33}$ma$^{21}$ʑɿ$^{33}$，

一沟有水流，一沟又无水，

095. [illegible]，[illegible]，

te$^{44}$phɔ$^{33}$ndi$^{21}$dʑi$^{21}$ȵi$^{33}$，te$^{44}$phɔ$^{33}$ndi$^{21}$ma$^{21}$dʑi$^{21}$，

一方有平原，一方又无平原，

096. [illegible]，[illegible]。

te$^{44}$phɔ$^{33}$dʑu$^{55}$dzu̱$^{33}$ȵi$^{33}$，te$^{44}$phɔ$^{33}$dʑu$^{55}$ma$^{21}$dzu̱$^{33}$。

一方有动物，一方又无动物。

## 二、生词

1. [illegible] sɿ$^{33}$zɯ$^{33}$ 仙子
2. [illegible] gɯ$^{44}$du̱$^{33}$ 日出；东方
3. [illegible] gɯ$^{44}$dʑi$^{33}$ 日落；西方
4. [illegible] gu$^{33}$ho$^{55}$ 九晚
5. [illegible] xɯ$^{33}$ 杀；铁；好
6. [illegible] kha$^{21}$phi$^{55}$ 口腔
7. [illegible] ba$^{21}$tsɿ̱$^{33}$ 膝盖
8. [illegible] ku$^{21}$tsɿ$^{21}$ 拳头
9. [illegible] ʑɿ$^{21}$ɬɿ$^{55}$ 风箱
10. [illegible] pho$^{21}$ 开凿
11. [illegible] la$^{33}$thu̱$^{33}$ 铁锤
12. [illegible] ŋɯ$^{33}$ȵe$^{44}$ 天上
13. [illegible] li$^{55}$ 撬
14. [illegible] tsa$^{55}$ 刨
15. [illegible] sɿ$^{33}$ 拱
16. [illegible] ʐo̱$^{55}$ 交叉
17. [illegible] xɯ$^{21}$tɯ$^{21}$ 上午
18. [illegible] po$^{55}$ 争论；跑
19. [illegible] gɯ$^{21}$dzi$^{33}$ 下午
20. [illegible] dʑe$^{21}$gu̱$^{33}$ 平坝
21. [illegible] tɕhe$^{55}$thɔ$^{33}$ 册坡
22. [illegible] te$^{44}$phɔ$^{33}$ 一方

## 三、练习及思考题

1. 熟读文章。

2. 掌握生词。

3. 根据文章，谈谈各路神仙开天辟地时是如何分工完成的。

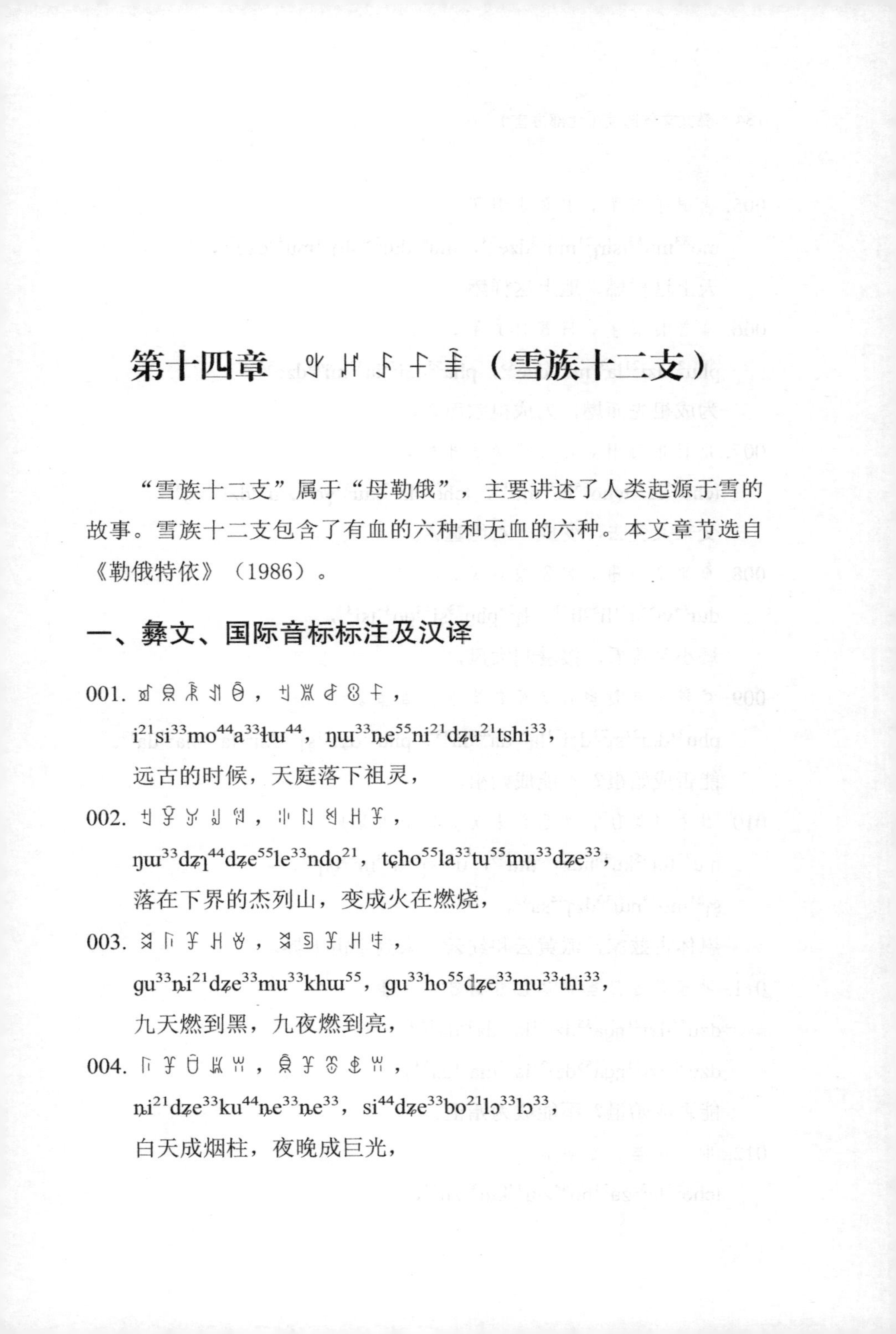

# 第十四章 [illegible]（雪族十二支）

“雪族十二支”属于“母勒俄”，主要讲述了人类起源于雪的故事。雪族十二支包含了有血的六种和无血的六种。本文章节选自《勒俄特依》（1986）。

## 一、彝文、国际音标标注及汉译

001. [illegible]，[illegible]，

i$^{21}$si$^{33}$mo$^{44}$a$^{33}$ɬɯ$^{44}$，ŋɯ$^{33}$ȵe$^{55}$ni$^{21}$dʑu$^{21}$tshi$^{33}$，

远古的时候，天庭落下祖灵，

002. [illegible]，[illegible]，

ŋɯ$^{33}$dʐʅ$^{44}$dʑe$^{55}$le$^{33}$ndo$^{21}$，tɕho$^{55}$la$^{33}$tu$^{55}$mu$^{33}$dʑe$^{33}$，

落在下界的杰列山，变成火在燃烧，

003. [illegible]，[illegible]，

gu$^{33}$ȵi$^{21}$dʑe$^{33}$mu$^{33}$khɯ$^{55}$，gu$^{33}$ho$^{55}$dʑe$^{33}$mu$^{33}$thi$^{33}$，

九天燃到黑，九夜燃到亮，

004. [illegible]，[illegible]，

ȵi$^{21}$dʑe$^{33}$ku$^{44}$ȵe$^{33}$ȵe$^{33}$，si$^{44}$dʑe$^{33}$bo$^{21}$lɔ$^{33}$lɔ$^{33}$，

白天成烟柱，夜晚成巨光，

005. [illegible]

mo$^{33}$mu$^{33}$tshɿ$^{21}$mu$^{33}$dʑe$^{33}$，mu$^{44}$dɯ$^{33}$tshɿ$^{21}$mu$^{33}$dʑe$^{33}$，

天上这样燃，地上这样燃，

006. [illegible]

phu$^{21}$dʑi$^{21}$la$^{33}$mi$^{44}$dʑe$^{33}$，pha$^{55}$dʑi$^{21}$la$^{33}$mi$^{44}$dʑe$^{33}$，

为成祖先而燃，为成祖宗而燃，

007. [illegible]

tɕho$^{55}$la$^{33}$tɕho$^{55}$la$^{33}$mu$^{33}$，tɕho$^{55}$la$^{33}$kɯ$^{33}$ɣo$^{21}$zɯ$^{44}$dzi$^{33}$ʑu̠$^{33}$，

变来又变去，变成一对愚蠢人，

008. [illegible]

dɯ$^{33}$vi$^{55}$a$^{21}$li$^{55}$li$^{21}$，ɬɿ$^{33}$phu̠$^{33}$si$^{44}$go$^{33}$tsi$^{33}$，

矮小又难看，接着刮大风，

009. [illegible]

phu$^{21}$dʑi$^{21}$ʂʅ$^{21}$dʑi$^{21}$la$^{33}$da$^{44}$da$^{33}$？phu$^{21}$dʑi$^{21}$ʂʅ$^{21}$dʑi$^{21}$la$^{33}$ma$^{21}$da$^{33}$。

能否成始祖？不能成始祖。

010. [illegible]

ŋɯ$^{33}$thi$^{55}$ku$^{33}$ndzɿ$^{33}$thu$^{55}$，ti$^{33}$ʂʅ$^{33}$ti$^{33}$n̥i$^{33}$tsɿ$^{33}$，

ʂʅ$^{21}$mu$^{33}$ŋɯ$^{33}$dʐʅ$^{44}$ʂa̠$^{33}$，

恩体古兹家，派黄云和红云，来到宇宙下界，

011. [illegible]

dʑu$^{55}$dʑi$^{21}$ŋga$^{55}$dʑi$^{21}$la$^{33}$da$^{44}$da$^{33}$？

dʑu$^{55}$dʑi$^{21}$ŋga$^{55}$dʑi$^{21}$la$^{33}$ma$^{21}$da$^{33}$。

能否成始祖？不能成为始祖。

012. [illegible]

tɕho$^{55}$la$^{33}$zu$^{21}$bo$^{44}$zɯ$^{33}$kɯ$^{33}$ʑu̠$^{33}$，

变成杉身愚蠢人，

013. 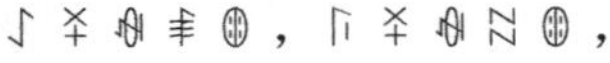

tshɿ$^{21}$tshɿ̱$^{33}$tsho$^{33}$ȵi$^{33}$mu̥$^{21}$，ȵi$^{21}$tshɿ̱$^{33}$tsho$^{33}$hi$^{55}$mu̥$^{21}$，

第一代如半人高，第二代如人高，

014. 

sɔ$^{33}$tshɿ$^{55}$thɯ$^{21}$phu$^{21}$mu̥$^{44}$，lɿ$^{33}$tshɿ$^{55}$bo$^{44}$o$^{33}$mu̥$^{21}$，

ŋɯ$^{33}$tshɿ$^{55}$mo$^{33}$mu$^{33}$ɕi$^{33}$。

第三代如松树高，第四代如山峰高，第五代长齐天。

015. 

ŋɯ$^{21}$lɯ$^{33}$ɣa$^{33}$ŋɯ$^{44}$lɯ$^{33}$，dʑu$^{21}$ʑi$^{33}$ɣa$^{33}$dʑu$^{44}$ʑi$^{33}$，

身长闪悠悠，行动慢腾腾，

016. 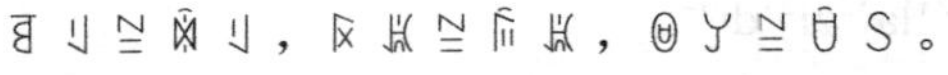

hi$^{21}$li$^{33}$ɣa$^{33}$hi$^{44}$li$^{33}$，sɔ$^{21}$ȵe$^{33}$ɣa$^{33}$sɔ$^{44}$ȵe$^{33}$，ku$^{21}$sɿ$^{33}$ɣa$^{33}$ku$^{44}$lɿ̱$^{33}$。

走路晃悠悠，吸气气奄奄，似死又非死。

017. 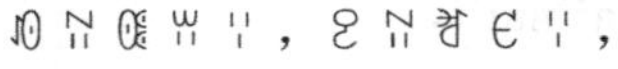

o$^{33}$ɣa$^{21}$tʂa$^{55}$tʂa$^{55}$khɯ$^{33}$，dʑu$^{55}$ɣa$^{21}$dʑi$^{21}$ʑo$^{33}$khɯ$^{33}$，

头上住喜鹊，腰际栖蜜蜂，

018. 

n̥a$^{21}$bi$^{55}$sɿ$^{55}$sɿ$^{21}$khɯ$^{21}$，i$^{55}$vu̱$^{33}$dʑu$^{21}$bi$^{21}$khɯ$^{33}$，

tɕhɔ$^{33}$bu$^{21}$dʑi$^{21}$tsɿ$^{33}$khɯ$^{33}$，

鼻子栖斯斯鸟，腋下栖松鼠，肚脐栖麻雀，

019. 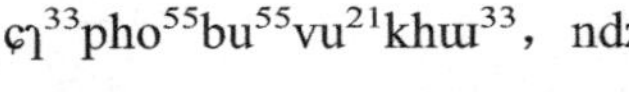

ɕɿ$^{33}$pho$^{55}$bu$^{55}$vu$^{21}$khɯ$^{33}$，ndʑi$^{55}$gu$^{33}$a$^{21}$ɬɿ$^{33}$khɯ$^{33}$，

脚心栖蚂蚁，膝腋栖斑鸠，

020. 

dʑu$^{55}$dʑi$^{21}$ŋga$^{55}$dʑi$^{21}$la$^{33}$da$^{44}$da$^{33}$？

dʑu$^{55}$dʑi$^{21}$ŋga$^{55}$dʑi$^{21}$la$^{33}$ma$^{21}$da$^{33}$。

能否成始祖？不能成为始祖。

021. [illegible]

ŋɯ$^{33}$dʐʅ$^{44}$va$^{55}$du̱$^{33}$tsʅ$^{33}$，ŋɯ$^{33}$ȵe$^{55}$n̥a$^{33}$ʐʅ$^{33}$ʂu$^{44}$，

下界派岩燕，去到天上问，

022. [illegible]

ŋɯ$^{33}$thi$^{55}$ku$^{33}$ndzʅ$^{33}$tɯ$^{44}$，ʂʅ$^{21}$mu$^{33}$ŋɯ$^{33}$dʐʅ$^{44}$hɯ$^{21}$，

恩体古兹起身，察看下界后说，

023. [illegible]

tʂo$^{55}$tɕhu$^{33}$tʂo$^{55}$ne$^{33}$gu$^{33}$gɯ$^{33}$xo$^{21}$vɯ$^{44}$nɯ$^{33}$，

dʑu$^{55}$dʑi$^{21}$ŋga$^{55}$dʑi$^{21}$la$^{33}$ʑi$^{21}$di$^{44}$。

除掉九种污秽，便可成为人类。

024. [illegible]

tʂo$^{55}$tɕhu$^{33}$tʂo$^{55}$ne$^{33}$gu$^{33}$gɯ$^{33}$xo$^{21}$ɣa$^{33}$nɯ$^{33}$，

除了九种污秽后，

025. [illegible]

o$^{33}$ɣa$^{21}$tʂa$^{55}$tʂa$^{55}$khɯ$^{33}$su$^{33}$lʅ$^{55}$，sʅ̱$^{33}$dzu̱$^{33}$gu$^{33}$ɣa$^{33}$ʂa$^{33}$；

卸去头上的喜鹊，放入树林中；

026. [illegible]

dʑu$^{55}$ɣa$^{21}$dʑi$^{21}$ʑo$^{33}$khɯ$^{33}$su$^{33}$lʅ$^{55}$，va$^{55}$n̥i$^{33}$gu$^{33}$ɣa$^{33}$ʂa$^{33}$；

取下腰间的蜜蜂窝，挂到岩壁上；

027. [illegible]

n̥a$^{21}$bi$^{55}$sʅ$^{55}$sʅ$^{21}$khɯ$^{33}$su$^{33}$lʅ$^{55}$，lo$^{33}$gu$^{44}$la$^{33}$da$^{33}$ʂa$^{33}$；

取出鼻孔的斯斯鸟窝，放入深山老林中；

028. 

i$^{55}$vu̱$^{33}$dʑu$^{21}$bi$^{21}$khɯ$^{33}$su$^{33}$ɭ$^{55}$，tsa$^{33}$ɕɿ$^{33}$bo$^{33}$vu$^{55}$ʂa̱$^{33}$；

卸下腋下的松鼠窝，放到土埂上；

029. 

tɕhɔ$^{33}$bu$^{21}$dʑi$^{21}$tsɿ$^{33}$khɯ$^{33}$su$^{33}$ɭ$^{55}$，di$^{21}$ko$^{21}$di$^{21}$ɲɔ$^{33}$ʂa̱$^{33}$；

卸下脐中的地麻雀，放到地坎上；

030. 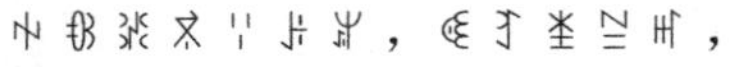

ɕɿ$^{33}$pho$^{55}$bu$^{55}$vu$^{21}$khɯ$^{33}$su$^{33}$ɭ$^{55}$，tsa$^{33}$nɔ$^{33}$bo$^{33}$ɣa$^{33}$ʂa̱$^{33}$，

卸下脚心的蚂蚁窝，放入泥土中，

031. 

ndʑi$^{55}$gu$^{33}$a$^{21}$ɬ$^{33}$khɯ$^{33}$su$^{33}$ɭ$^{55}$，sɿ$^{33}$ɕɿ$^{33}$bo$^{33}$vu$^{55}$ʂa̱$^{33}$。

取下膝腋的斑鸠窝，放入树丛中。

032. 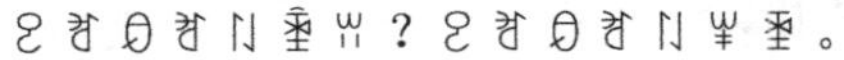

dʑu$^{55}$dʑi$^{21}$ŋga$^{55}$dʑi$^{21}$la$^{33}$da$^{44}$da$^{33}$？

dʑu$^{55}$dʑi$^{21}$ŋga$^{55}$dʑi$^{21}$la$^{33}$ma$^{21}$da$^{33}$。

能否成始祖？不能成为始祖。

033. 

tshɿ$^{21}$ɣa$^{33}$mo$^{44}$gu$^{21}$dʑu$^{44}$，ŋɯ$^{33}$ɲe$^{55}$kɯ$^{21}$dʑi$^{21}$la$^{33}$，

从此往后呢，天下落下桐，

034. 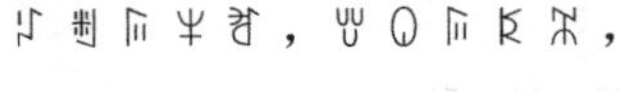

kɯ$^{21}$tʂhɿ$^{21}$sɔ$^{33}$khu$^{55}$dʑi$^{21}$，hɔ$^{55}$tɕhu$^{33}$sɔ$^{33}$ndzɿ$^{33}$tɯ$^{21}$，

桐腐烂三年，升起三股雾，

035. 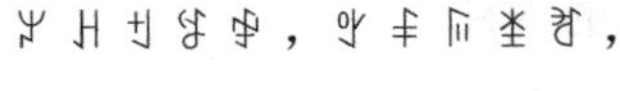

ʂɿ$^{21}$mu$^{33}$ŋɯ$^{33}$ha$^{55}$ʐu̱$^{33}$，vo$^{33}$n̥i$^{33}$sɔ$^{33}$bo$^{33}$dʑi$^{21}$，

升到天空中，降三场红雪，

036. [illegible]

gu33ȵi21dʐɿ33mu33khɯ55，gu33ho55dʐɿ33mu33thi33，

九天化到晚，九晚化到天亮，

037. [illegible]

phu21dʑi21la33mi44dʐɿ33，pha55dʑi21la33mi44dʐɿ33。

为成祖先而融化，为成人类而融化。

038. [illegible]

tʂo55tɕhu33tʂo55ne33gu33gɯ33xo21ɣa33nɯ33，

除掉九种污秽后，

039. [illegible]

ndʐo55dʑi21ɣo33tsi21la33，vo33dʑi21no55tsi21la33，

结冰来做骨，下雪来做肉，

040. [illegible]

ɬɿ33phu̠33so55tsi21la33，ha33dʑi44sɿ33tsi21la33，

吹风来装气，下雨来装血，

041. [illegible]

tɕɿ33dzu̠33ȵɔ33tsi21la33，tɕho55la33vo33dʑi21la33，

vo33ndʐɯ̠33zɯ33tshi33ȵi44。

星星做眼睛，变成雪族的种类，雪族十二种。

042. [illegible]

vo33ndʐɯ̠33zɯ33tshi33ȵi44，sɿ33ȵi33su33fu55ɕi33，

sɿ33a21ȵi33su33fu55ɕi33。

雪族十二支，有血的六种，无血的六种。

043. [illegible]

sɿ21a21ȵi33su33fu55ɕi33nɯ33：

无血的六种是：

044. 

tshɿ$^{21}$ndʐɯ$^{33}$lo$^{21}$nɯ$^{33}$ʐɿ$^{33}$，ʐɿ$^{21}$du$^{33}$o$^{33}$nɔ$^{33}$go$^{33}$，

草为第一种，黑头草分去，

045. 

ndi$^{21}$tɕhu$^{44}$gu$^{33}$ɣa$^{33}$ti$^{21}$，ʐɿ$^{21}$dzu̠$^{33}$sɔ$^{33}$ha$^{33}$phu$^{44}$；

住在坪坝里，草有三百片；

046. 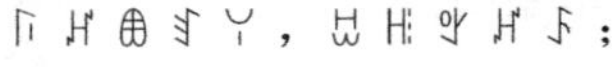

ȵi$^{21}$ndʐɯ$^{33}$lo$^{21}$nɯ$^{33}$sɿ̠$^{33}$，pa$^{55}$la$^{55}$vo$^{33}$ndʐɯ$^{33}$zɯ$^{33}$；

树为第二种，柏杨是雪子；

047. 

sɔ$^{33}$ndʐɯ$^{21}$lo$^{21}$nɯ$^{33}$ʂu$^{55}$，ʂu$^{55}$dzu̠$^{33}$bo$^{33}$ȵe$^{55}$ti$^{21}$；

杉为第三种，长在杉林中；

048. 

ɬ$^{33}$ndʐɯ$^{21}$lo$^{21}$bɿ$^{21}$tsɿ$^{33}$，bɿ$^{21}$tsɿ$^{33}$tɕe$^{33}$dʑe$^{33}$vo$^{33}$ndʐɯ$^{33}$zɯ$^{33}$；水筋草为第四种，水筋草是雪子；

049. 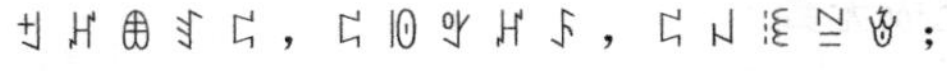

ŋɯ$^{33}$ndʐɯ$^{33}$lo$^{21}$nɯ$^{33}$phu$^{55}$，phu$^{55}$nɔ$^{21}$vo$^{33}$ndʐɯ$^{33}$zɯ$^{33}$，

phu$^{55}$go$^{33}$tsɿ$^{21}$ɣa$^{33}$ti$^{21}$；

铁灯草为第五种，铁灯草是雪子，长在沼泽边；

050. 

fu$^{55}$ndʐɯ$^{21}$lo$^{21}$lɯ$^{33}$ho$^{33}$，sɿ$^{33}$ɕɿ$^{33}$va$^{55}$vu̠$^{33}$ti$^{21}$。

藤蔓是第六种，长在树根岩壁边。

051. 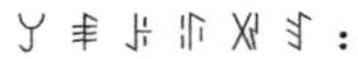

sɿ$^{33}$ȵi$^{33}$su$^{33}$fu$^{55}$ɕi$^{33}$nɯ$^{33}$：

有血的六种是：

052. 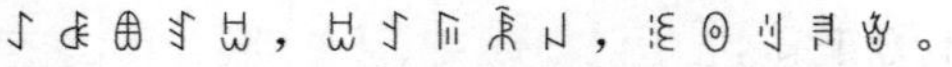

tshɿ$^{21}$ndʐɯ$^{21}$lo$^{21}$nɯ$^{33}$pa$^{33}$，pa$^{33}$ho$^{33}$sɔ$^{33}$mo$^{44}$go$^{33}$，
tsɿ$^{21}$xo$^{33}$le$^{55}$thɔ$^{33}$ti$^{21}$。

蛙为第一种，派生出三家，生活在沼泽边。

053. 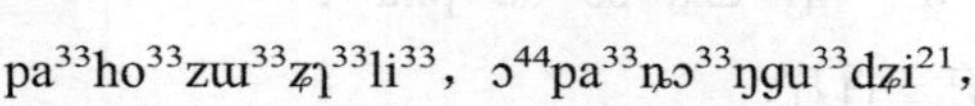

pa$^{33}$ho$^{33}$zɯ$^{33}$ʑɿ$^{33}$li$^{33}$，ɔ$^{44}$pa$^{33}$ɲɔ$^{33}$ŋgu$^{33}$dʑi$^{21}$，tsa$^{33}$nɔ$^{33}$xo$^{33}$ɣa$^{33}$ti$^{21}$；

蛙类的长子，成为癞蛤蟆，住在土洞中；

054. 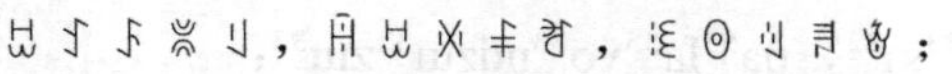

pa$^{33}$ho$^{33}$zɯ$^{33}$ka$^{55}$li$^{33}$，ɔ$^{44}$pa$^{33}$tɕhi$^{33}$n̥i$^{33}$dʑi$^{21}$，tsɿ$^{21}$xo$^{33}$le$^{55}$thɔ$^{33}$ti$^{21}$；

蛙类的次子，成为红田鸡，生活在沼泽边；

055. 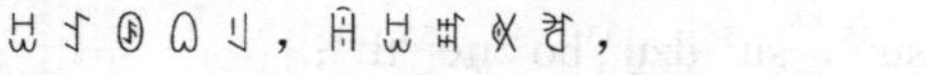

pa$^{33}$ho$^{33}$zɯ$^{21}$ɲo$^{21}$li$^{33}$，ɔ$^{44}$pa$^{33}$dʑɿ$^{21}$lu$^{21}$dʑi$^{21}$，

蛙类的小儿子，成为吉禄青蛙，

056. 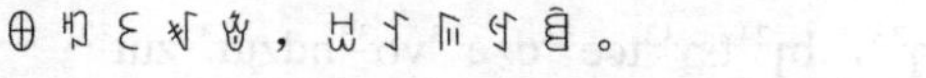

li$^{21}$ʑi$^{33}$ʂɿ$^{33}$vu$^{55}$ti$^{21}$，pa$^{33}$ho$^{33}$sɔ$^{33}$ha$^{33}$phu$^{44}$。

住在屋檐下，蛙类成无数。

057. 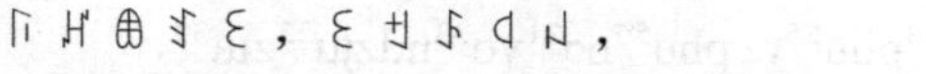

n̥i$^{21}$ndʐɯ$^{33}$lo$^{21}$nɯ$^{33}$ʂɿ$^{33}$，ʂɿ$^{33}$ŋɯ$^{33}$zɯ$^{33}$ʑɿ$^{33}$go$^{33}$，

蛇为第二种，蛇类长子分出后，

058. 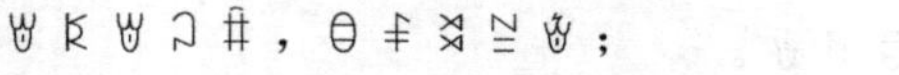

lu$^{33}$ndzɿ$^{33}$lu$^{33}$mo$^{21}$dʑi$^{44}$，va$^{55}$n̥i$^{33}$gu$^{33}$ɣa$^{33}$ti$^{21}$；

成为龙蛇的土司，住在悬崖峭壁上；

059. 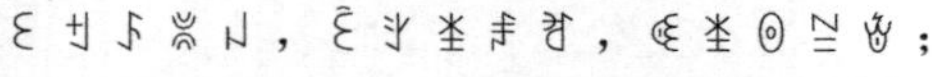

ʂɿ$^{33}$ŋɯ$^{33}$zɯ$^{33}$ka$^{55}$go$^{33}$，ʂɿ$^{44}$ko$^{33}$bo$^{33}$ɬu$^{55}$dʑi$^{21}$，tsa$^{33}$bo$^{33}$xo$^{33}$ɣa$^{33}$ti$^{21}$；

蛇类次子分出后，成为常见的蛇，住在沟谷中；

060. [illegible]，[illegible]，

ʂʅ$^{33}$ŋɯ$^{33}$zɯ$^{21}$ɲ̥o$^{21}$go$^{33}$，bu$^{33}$dʑe$^{33}$khɯ$^{33}$n̥i$^{33}$dʑi$^{44}$，

蛇类的小儿子分出后，成为红嘴蛇，

061. [illegible]，[illegible]。

tsa$^{33}$xo$^{33}$le$^{55}$vu$^{55}$ti$^{21}$，ʂʅ$^{33}$ŋɯ$^{33}$sɔ$^{33}$ha$^{33}$phu$^{44}$。

住在沼泽边，蛇类繁殖多无数。

062. [illegible]，[illegible]，[illegible]，

sɔ$^{33}$ndʐɯ$^{33}$lo$^{21}$nɯ$^{33}$ti$^{55}$，ti$^{55}$ho$^{33}$zɯ$^{33}$ʐʅ$^{33}$go$^{33}$，

du̠$^{33}$ndi$^{55}$vo$^{33}$mu$^{33}$dʑi$^{21}$，

鹰为第三种，鹰类长子分出后，成为鸟中的皇帝，

063. [illegible]，[illegible]；

mu$^{33}$gu̠$^{33}$ti$^{55}$zɯ$^{33}$dʑi$^{44}$，ti$^{33}$tɕhu$^{33}$bo$^{33}$ɲe$^{55}$ti$^{21}$；

作为天空的神鹰，住在白云山上；

064. [illegible]，[illegible]，[illegible]；

du̠$^{33}$ndi$^{55}$ndzʅ$^{33}$mo$^{21}$li$^{33}$，ʂu$^{55}$ɲi$^{33}$vo$^{21}$lɯ$^{33}$dʑi$^{44}$，

te$^{44}$phɔ$^{33}$ʂɔ$^{33}$nɔ$^{33}$ti$^{21}$；

鸟中的土司，乃是孔雀鸟，住在滇池边；

065. [illegible]，[illegible]，[illegible]。

du̠$^{33}$ndi$^{55}$su$^{44}$ʐʅ$^{33}$li$^{33}$，mu$^{33}$vu$^{55}$gu$^{21}$ʂʅ$^{33}$dʑi$^{44}$，

gu$^{21}$tʂho$^{33}$tʂho$^{44}$ho$^{33}$ti$^{21}$。

鸟中的头人，是天空的大雁，住在谷戳戳洪山。

066. [illegible]，[illegible]，

ti$^{55}$ho$^{33}$zɯ$^{33}$ka$^{55}$li$^{33}$，tɕo$^{55}$ho$^{33}$tɕo$^{55}$di$^{33}$dʑi$^{44}$，

鹰类次子分出后，成为普通的鹰类，

067. [illegible]，[illegible]，[illegible]；

tɕo$^{55}$ho$^{33}$zɯ$^{33}$ʐʅ$^{33}$li$^{33}$，tɕo$^{55}$nɔ$^{21}$o$^{33}$gɯ$^{33}$dʑi$^{44}$，ʂu$^{55}$dzu̠$^{33}$bo$^{33}$ȵe$^{55}$ti$^{21}$；

它的长子分出后，成为黑色秃头鹰，住在杉林中；

068. [illegible]，[illegible]，[illegible]；

tɕo$^{55}$ho$^{33}$zɯ$^{33}$ka$^{55}$li$^{33}$，tɕo$^{55}$tɕhu$^{33}$bo$^{33}$ɬu$^{55}$dʑi$^{21}$，

ʂɔ$^{33}$nɔ$^{33}$bo$^{33}$ɣa$^{33}$ti$^{21}$；

它的次子分出后，成为白色鹞，住在龙头山

069. [illegible]，[illegible]，[illegible]。

tɕo$^{55}$ho$^{33}$zɯ$^{21}$n̥o$^{21}$li$^{33}$，pa$^{33}$zi$^{33}$du̠$^{33}$dzɔ$^{33}$dʑi$^{21}$，

mu$^{44}$khɯ$^{33}$to$^{21}$ɣa$^{33}$vo$^{33}$。

它的幺子分出后，成为饿老鹰，终日漫天游。

070. [illegible]，[illegible]，[illegible]。

ti$^{55}$ho$^{33}$zɯ$^{21}$n̥o$^{21}$li$^{33}$，ɬɯ$^{21}$tʂʅ$^{33}$du̠$^{33}$n̥i$^{33}$dʑi$^{44}$，ka$^{33}$lo$^{33}$li$^{33}$phi$^{55}$ti$^{21}$。

鹰类的小儿子分出后，成为褐色的山鹞子，住在嘎洛列品。

071. [illegible]，[illegible]，

l̥ʅ$^{33}$ndzu̠$^{21}$lo$^{21}$nɯ$^{33}$ɣo$^{33}$，ɣo$^{33}$nɔ$^{33}$sɔ$^{33}$mo$^{44}$go$^{33}$，

熊为第四种，黑熊分三家，

072. [illegible]，[illegible]。

lo$^{33}$gu$^{33}$zu$^{21}$ɣa$^{21}$ti$^{21}$，ɣo$^{33}$nɔ$^{33}$sɔ$^{33}$ha$^{33}$phu$^{44}$。

住在深山老林中，黑熊繁殖多无数。

073. [illegible]，[illegible]，[illegible]。

ŋɯ$^{33}$ndzu̠$^{21}$lo$^{21}$nɯ$^{33}$ȵu$^{55}$，ȵu$^{55}$n̥i$^{33}$sɔ$^{33}$mo$^{44}$go$^{33}$，

ȵu$^{55}$go$^{33}$sɔ$^{33}$ha$^{33}$phu$^{44}$。

猴为第五种，猴类分三家，猴类繁殖多无数。

074. [illegible]，[illegible]。

fu$^{55}$ndʐɯ$^{21}$lo$^{21}$nɯ$^{33}$tsho$^{33}$，tsho$^{33}$go$^{33}$dzɿ$^{55}$mu$^{33}$ti$^{21}$。

人为第六种，繁衍生息在地球。

## 二、生词

1. kɯ$^{33}$ɣo$^{21}$zɯ$^{44}$ 愚蠢人
2. tɕho$^{55}$ 变成
3. ɬɿ$^{33}$phu̠$^{33}$ 刮风
4. ti$^{33}$ʂɿ$^{33}$ 黄云
5. ti$^{33}$n̥i$^{33}$ 红云
6. sɿ$^{55}$sɿ$^{21}$ 斯斯鸟
7. dʑu$^{21}$bi$^{21}$ 松鼠
8. tɕhɔ$^{33}$bu$^{21}$ 肚脐
9. dʑi$^{21}$tsɿ$^{33}$ 麻雀
10. ndʑi$^{55}$gu$^{33}$ 膝腋
11. a$^{21}$ɬɿ$^{33}$ 斑鸠
12. va$^{55}$du̠$^{33}$ 岩燕
13. tsa$^{33}$ɕɿ$^{33}$ 土埂
14. hɔ$^{55}$tɕhu$^{33}$ 白雾
15. tʂhɿ$^{21}$ 腐烂
16. bɿ$^{21}$tsɿ$^{33}$ 水筋草
17. vo$^{33}$n̥i$^{33}$ 红雪
18. pa$^{55}$la$^{55}$ 柏杨
19. phu$^{55}$ 铁灯草
20. lɯ$^{33}$ho$^{33}$ 藤蔓

## 三、练习及思考题

1. 熟读文章。
2. 掌握生词。
3. 根据文章，谈谈你对雪族十二支的认识。

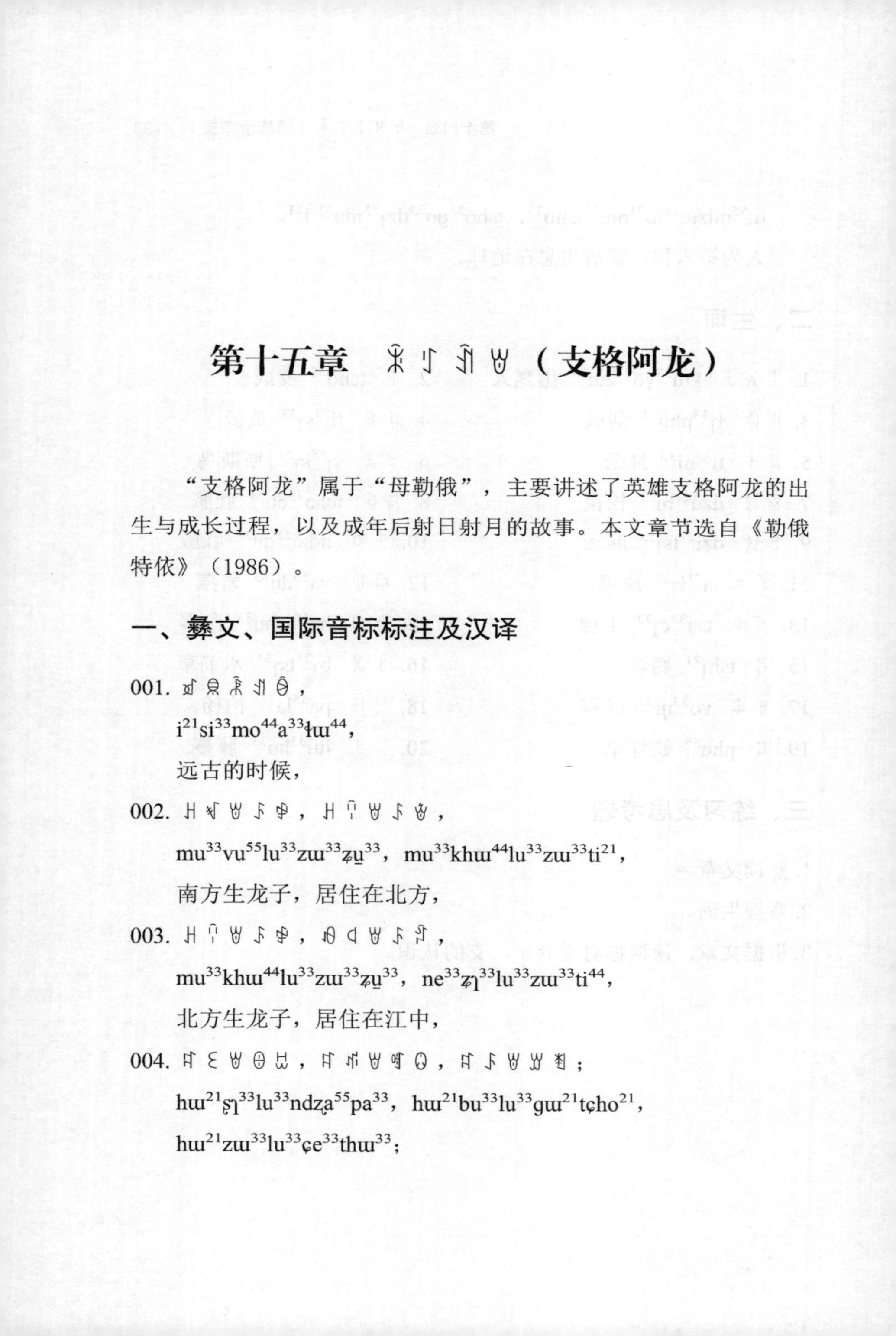

# 第十五章 [illegible]（支格阿龙）

“支格阿龙”属于“母勒俄”，主要讲述了英雄支格阿龙的出生与成长过程，以及成年后射日射月的故事。本文章节选自《勒俄特依》（1986）。

## 一、彝文、国际音标标注及汉译

001. [illegible]，

i²¹si³³mo⁴⁴a³³ɬɯ⁴⁴，

远古的时候，

002. [illegible]，[illegible]，

mu³³vu⁵⁵lu³³zɯ³³ʐu̠³³，mu³³khɯ⁴⁴lu³³zɯ³³ti²¹，

南方生龙子，居住在北方，

003. [illegible]，[illegible]，

mu³³khɯ⁴⁴lu³³zɯ³³ʐu̠³³，ne³³ʑɿ³³lu³³zɯ³³ti⁴⁴，

北方生龙子，居住在江中，

004. [illegible]，[illegible]，[illegible]；

hɯ²¹ʂɿ³³lu³³ndʐa̠⁵⁵pa³³，hɯ²¹bu³³lu³³gɯ²¹tɕho²¹，

hɯ²¹zɯ³³lu³³ɕe³³thɯ³³；

金鱼来作陪，大鱼来做伴，小鱼供龙食；

005. [illegible]

ne$^{33}$ʐʅ$^{33}$lu$^{33}$zɯ$^{33}$ʑu̠$^{33}$，va$^{55}$n̥i$^{33}$lu$^{33}$zɯ$^{33}$ti$^{21}$，

江中生龙子，居住在岩上，

006. [illegible]

lu̠$^{33}$mo$^{21}$lu$^{33}$ndʐa̠$^{55}$pa$^{33}$，dʑi$^{21}$ʑo$^{33}$lu$^{33}$gɯ$^{21}$tɕho$^{21}$，

dʑi$^{21}$zɯ$^{33}$lu$^{33}$ɕe$^{33}$thɯ$^{33}$；

巨石来作陪，大蜂来做伴，小蜂供龙食；

007. [illegible]

va$^{55}$n̥i$^{33}$lu$^{33}$zɯ$^{33}$ʑu̠$^{33}$，zu$^{21}$ho$^{33}$lu$^{33}$zɯ$^{33}$ti$^{44}$，

岩上生龙子，居住在杉林，

008. [illegible]

tshe$^{33}$zɯ$^{33}$lu$^{33}$ndʐa̠$^{55}$pa$^{33}$，tɕhʅ$^{44}$zɯ$^{33}$lu$^{33}$gɯ$^{21}$tɕho$^{21}$，

lɯ$^{21}$zɯ$^{33}$lu$^{33}$ɕe$^{33}$thɯ$^{33}$；

鹿子来作陪，麂子来做伴，獐子供龙食；

009. [illegible]

zu$^{21}$ho$^{33}$lu$^{33}$zɯ$^{33}$ʑu̠$^{33}$，gu$^{21}$tʂ̣ho$^{44}$tʂ̣ho$^{33}$ho$^{33}$dʑi$^{21}$。

杉林生龙子，居住在鸿雁乡。

010. [illegible]

gu$^{21}$tʂ̣ho$^{44}$tʂ̣ho$^{33}$ho$^{33}$nɯ$^{33}$，gu$^{21}$mo$^{21}$a$^{44}$dʐʅ̠$^{33}$ʑu̠$^{33}$，

vo$^{21}$ndi$^{21}$ɬu$^{55}$tɕhu$^{33}$dʑi$^{21}$；

雁乡这地方呢，生有谷莫阿支，嫁到贡嘎雪山去；

011. [illegible]

ɬu$^{55}$tɕhu$^{33}$n̥i$^{33}$ndʐa̠$^{55}$ʑu̠$^{33}$，ti$^{33}$ʂʅ$^{33}$ʂ̣ɔ$^{33}$nɔ$^{33}$dʑi$^{21}$；

雪氏生女叫里扎，嫁到黄云山去；

012. 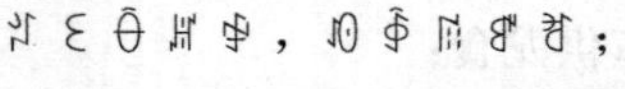

ti$^{33}$ʂʅ$^{33}$ma$^{44}$tɕe$^{33}$ʑu̠$^{33}$，o$^{33}$lo$^{44}$dzi$^{21}$vo$^{21}$dʑi$^{21}$；

黄氏生女叫马结，嫁到峨洛则峨；

013. 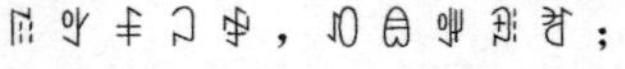

dzi$^{21}$vo$^{33}$n̥i$^{33}$mo$^{21}$ʑu̠$^{33}$，o$^{21}$dʐo$^{33}$nda$^{21}$zʅ$^{21}$dʑi$^{21}$；

则峨生女叫里莫，嫁到西昌泸山去；

014. 

tsʅ$^{55}$tsʅ̠$^{33}$a$^{21}$mʅ$^{33}$ʑu̠$^{33}$，tsʅ$^{55}$a$^{21}$mʅ$^{33}$ki$^{55}$du$^{33}$dʑi$^{21}$，

泸山生女叫紫兹，紫兹女儿嫁耿家，

015. 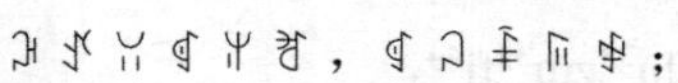

ki$^{55}$a$^{21}$mʅ$^{33}$phu$^{21}$du$^{33}$dʑi$^{21}$，phu$^{21}$mo$^{21}$n̥i$^{44}$sɔ$^{33}$ʑu̠$^{33}$；

耿的女儿嫁蒲家，蒲家生三女；

016. 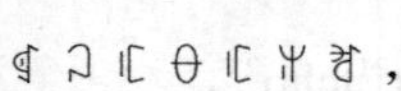

phu$^{21}$mo$^{21}$tɕʅ$^{33}$ma$^{33}$tɕʅ$^{33}$du$^{33}$dʑi$^{21}$，

蒲莫基玛嫁姬家，

017. 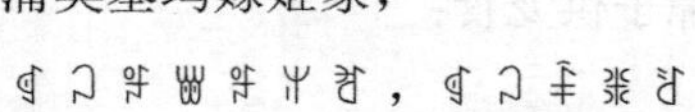

phu$^{21}$mo$^{21}$nda$^{33}$ko$^{55}$nda$^{33}$du$^{33}$dʑi$^{21}$，phu$^{21}$mo$^{21}$n̥i$^{44}$ʑʅ̠$^{33}$dzi$^{33}$。

蒲莫达果嫁达家，蒲莫列衣未出嫁。

018. 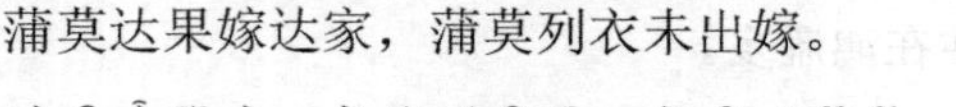

phu$^{21}$mo$^{21}$n̥i$^{44}$ʑʅ̠$^{33}$ɳi$^{33}$，sɔ$^{33}$khu$^{55}$ʑi$^{55}$xo$^{33}$ʂʅ$^{33}$，sɔ$^{33}$ɬu$^{21}$ʑi$^{55}$dʑe$^{33}$tu$^{33}$，

蒲莫列衣呢，三年设织场，三月制织机，

019. 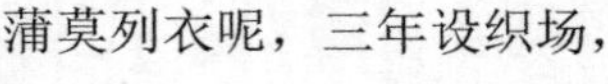

ʑi$^{55}$khi$^{33}$mu$^{33}$tɕʅ$^{33}$dzu̠$^{33}$，ʑi$^{55}$mo$^{21}$tɕo$^{55}$du̠$^{33}$ɬi$^{55}$，

机桩密集像星星，织刀辗转如鹰翅，

020. 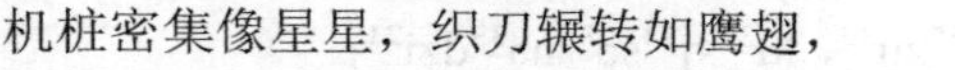

ʑi55pu̱33dʑi21ʑo33ŋga33，ʑi55n̥i33si44si33tɕi33，ʑi55tʂhʅ21ŋga21vu55ȵi33。

梭子往来像蜜蜂，纬线弯弯似彩虹，坐在屋檐下织布。

021. [illegible]，[illegible]，[illegible]；

tʂa55tʂa33dʑe55le33nɯ33，mu33vu55ti55tshʅ21dzi33，

ti33ho33lo33ɣa33la33；

在扎扎结列，南方一对雕，来自雕合沟；

022. [illegible]，[illegible]；

mu33khɯ44ti55tshʅ21dzi33，tʂʅ21ŋɯ33bo33ɣa33la33；

北方一对雕，来自直恩山；

023. [illegible]，[illegible]，

sɔ33phʅ̱33ti55tshʅ21dzi33，nda33nɔ33bo33ɣa33la33，

上方一对雕，来自达诺山，

024. [illegible]，[illegible]；

ŋɯ33dʐʅ44ti55tshʅ21dzi33，ȵu33lu33vi55ɣa33la33；

下方一对雕，来自尼尔委；

025. [illegible]，[illegible]。

ti55lu33ɭ33ma33nɯ33，ʂu55dzu̱33bo33ȵe55la33。

四支雕龙呢，来自大杉林。

026. [illegible]，[illegible]，[illegible]，

phu21mo21n̥i44ʑʅ̱33ȵi33，ti55hɯ21li33mo33di44，ti55gɯ21li33mo33di44，

蒲莫列衣呢，说要去看雕，说要去和雕玩，

027. [illegible]，[illegible]，[illegible]，

ti55sʅ33sɔ33tho55tshi33，phu21mo21n̥i44ʑʅ̱33zo21，ma21zo21lu44li33zo21，

雕落下三滴血，滴在蒲莫列衣的身上，滴得真神奇，

028. [illegible]，[illegible]；

tshʅ$^{21}$tho$^{55}$o$^{33}$ɣa$^{33}$zo$^{21}$，ɔ$^{33}$tɕʅ$^{55}$gu$^{33}$te$^{33}$ŋg$^{33}$；

一滴中头上，穿透九层发辫；

029. 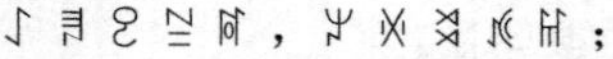

tshʅ$^{21}$thɔ$^{33}$dʑu$^{55}$ɣa$^{33}$zo$^{21}$，ʂʅ$^{21}$tɕhi$^{33}$gu$^{33}$te$^{33}$ŋga$^{33}$；

一滴中腰间，穿透九层毡衣；

030. 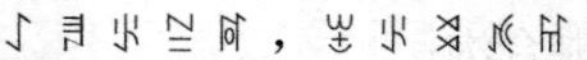

tshʅ$^{33}$thɔ$^{33}$m̥ʅ$^{33}$ɣa$^{33}$zo$^{21}$，mbo$^{33}$m̥ʅ$^{33}$gu$^{33}$te$^{33}$ŋga$^{33}$。

一滴中下身，穿透九层裙褶。

031. 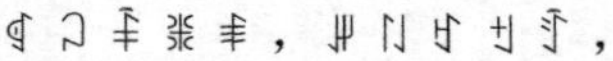

phu$^{21}$mo$^{21}$n̥i$^{44}$ʐʅ$^{33}$ȵi$^{33}$，ʂu$^{33}$la$^{33}$fi$^{33}$ŋɯ$^{33}$di$^{44}$，

蒲莫列衣呢，以为是凶兆，

032. 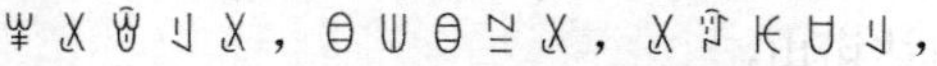

ma$^{21}$tsʅ$^{33}$lu$^{44}$li$^{33}$tsʅ$^{33}$，va$^{55}$du̠$^{33}$va$^{55}$ɣa$^{33}$tsʅ$^{33}$，tsʅ$^{21}$n̥o$^{44}$pi$^{33}$ku$^{33}$li$^{33}$，

急忙派差使，派遣岩燕去，派去叫毕摩，

033. 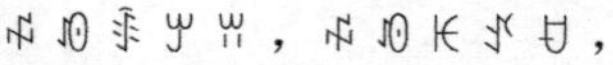

khe$^{33}$o$^{33}$so$^{44}$tɕo$^{33}$tɕo$^{33}$，khe$^{33}$o$^{33}$pi$^{33}$a$^{21}$i$^{55}$，

村头转三次，村头没毕摩，

034. 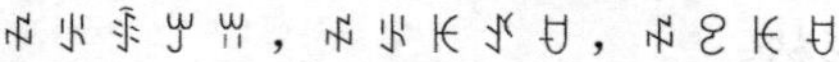

khe$^{33}$m̥ʅ$^{33}$so$^{44}$tɕo$^{33}$tɕo$^{33}$，khe$^{33}$m̥ʅ$^{33}$pi$^{33}$a$^{21}$i$^{55}$，khe$^{33}$dʑu$^{55}$pi$^{33}$i$^{55}$lo$^{44}$，

村尾转三次，村尾没毕摩，村中有毕摩，

035. 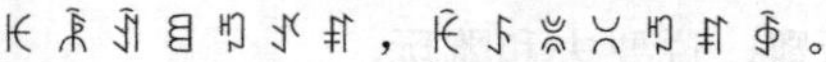

pi$^{33}$mo$^{44}$a$^{44}$phu$^{33}$ʑi$^{33}$a$^{21}$dʑo$^{33}$，pi$^{44}$zɯ$^{33}$ka$^{55}$ka$^{33}$ʑi$^{33}$dʑo$^{33}$lo$^{44}$。

毕摩大师不在家，只有学徒嘎嘎在。

036. 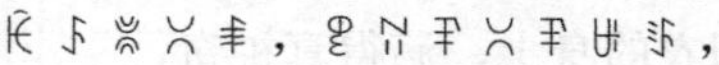

pi$^{44}$zɯ$^{33}$ka$^{55}$ka$^{33}$ȵi$^{33}$，o$^{55}$ɣa$^{21}$mbe$^{33}$ka$^{33}$mbe$^{33}$ta$^{55}$kho$^{33}$，

学徒嘎嘎呢，坐底垫着黄竹笆，

037. 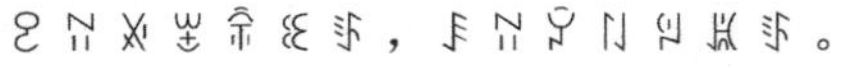

dʑu$^{55}$ɣa$^{21}$ɣo$^{21}$mbo$^{33}$dze$^{44}$ɬu$^{33}$kho$^{33}$，

tho$^{55}$ɣa$^{21}$tɕhɿ$^{44}$la$^{33}$lɯ$^{33}$ȵe$^{33}$kho$^{33}$。

中间铺有花毛毯，面上铺着獐子麂子毛。

038. 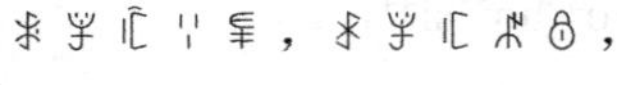

vɿ$^{21}$lo$^{55}$tɕɿ$^{44}$khɯ$^{33}$pho$^{21}$，ʑi$^{21}$lo$^{55}$tɕɿ$^{33}$xa$^{55}$ŋo$^{33}$，

左手开柜盖，右手摸柜底，

039. 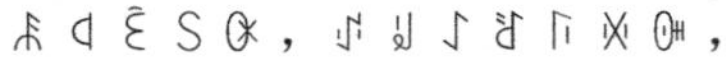

thɯ$^{21}$ʐɿ$^{33}$ʂɿ$^{44}$l̠ɿ$^{33}$pi$^{55}$，me$^{21}$le$^{33}$tshɿ$^{21}$dzi$^{33}$ȵi$^{21}$tɕhi$^{33}$phu̠$^{33}$，

取出金皮书，先翻一双两页，

040. 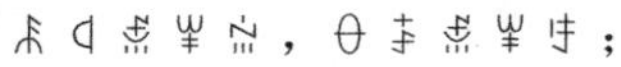

thɯ$^{21}$ʐɿ$^{33}$do$^{21}$ma$^{21}$ndi$^{55}$，ma$^{33}$ndza$^{33}$do$^{21}$ma$^{21}$thi$^{33}$；

书上没有话，黑墨不回答；

041. 

ɣa$^{44}$la$^{33}$ȵi$^{33}$dzi$^{33}$lɿ$^{33}$tɕhi$^{33}$phu̠$^{33}$ko$^{33}$nɯ$^{33}$，

ʂu$^{33}$la$^{33}$fi$^{33}$ŋɯ$^{33}$di$^{44}$ta$^{33}$ke$^{33}$；

再翻两双四页，书云为凶兆；

042. 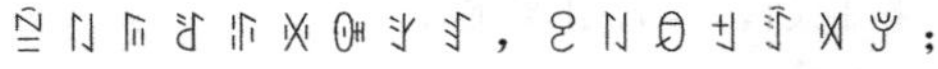

ɣa$^{44}$la$^{33}$sɔ$^{33}$dzi$^{33}$fu$^{55}$tɕhi$^{33}$phu̠$^{33}$ko$^{33}$nɯ$^{33}$，

dʑu$^{55}$la$^{33}$ŋga$^{55}$ŋɯ$^{33}$di$^{44}$ta$^{33}$ke$^{33}$；

再翻三双六页，书云为吉兆；

043. 

ɣa$^{44}$la$^{33}$lɿ$^{33}$dzi$^{33}$hi$^{55}$tɕhi$^{33}$phu̠$^{33}$ko$^{33}$nɯ$^{33}$，

kɯ$^{21}$la$^{33}$fi$^{33}$ŋɯ$^{33}$di$^{44}$ta$^{33}$ke$^{33}$；

翻到四双八页时，书云为大吉兆；

044. 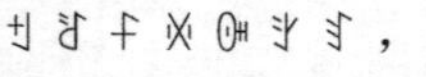

ŋɯ$^{33}$dzi$^{33}$tshi$^{33}$tɕhi$^{33}$phu̠$^{33}$ko$^{33}$nɯ$^{33}$，

翻到五双十页时，

045. 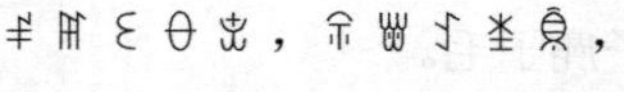

ʑe$^{33}$ma$^{55}$ʂɿ$^{33}$ma$^{33}$ʑu$^{33}$，dze$^{33}$ko$^{55}$ho$^{33}$bo$^{33}$si$^{44}$，

书云用只黄母鸡，取来则果神枝，

046. 

kɯ$^{21}$la$^{33}$fi$^{33}$ʑɿ̠$^{33}$khu$^{55}$vɯ$^{44}$nɯ$^{33}$，

sɿ$^{33}$zɯ$^{33}$si$^{44}$zɯ$^{33}$tshɿ$^{21}$li$^{21}$ʑu̠$^{33}$ʑi$^{21}$di$^{44}$。

唤回生育魂后，便会生下大神人。

047. 

pi$^{33}$tɯ$^{44}$si$^{44}$ʑi$^{33}$ɕi$^{33}$，kɯ$^{21}$la$^{33}$fi$^{33}$ʑɿ̠$^{33}$khu$^{55}$，

毕摩来到家，招了生育魂，

048. 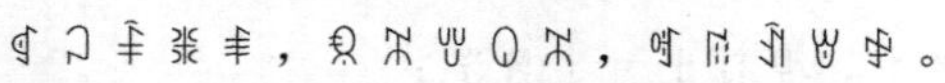

phu$^{21}$mo$^{21}$n̥i$^{44}$ʑɿ̠$^{33}$ȵi$^{33}$，xɯ$^{21}$tɯ$^{21}$hɔ$^{55}$tɕhu$^{33}$ɬ$^{33}$，

gɯ$^{21}$dzi$^{21}$a$^{44}$lu$^{33}$ʑu̠$^{33}$。

蒲莫列衣呢，早晨起白雾，午后生阿龙。

049. 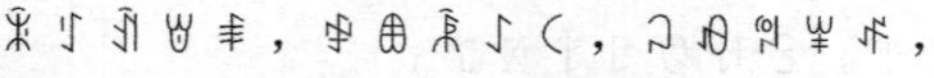

tʂɿ$^{44}$kɯ$^{33}$a$^{44}$lu$^{33}$ȵi$^{33}$，ʑu̠$^{33}$lo$^{21}$mo$^{44}$tshɿ$^{21}$hɔ$^{33}$，

mo$^{21}$ne$^{33}$ndo$^{33}$ma$^{21}$n̥a$^{33}$，

支格阿龙呢，生后第一夜，不愿吃母乳，

050. 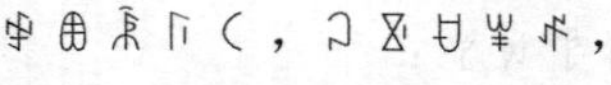

ʑu̠$^{33}$lo$^{21}$mo$^{44}$ȵi$^{21}$hɔ$^{33}$，mo$^{21}$m̥u$^{55}$i$^{55}$ma$^{21}$n̥a$^{33}$，

生后第二夜，不愿同母眠，

051. [illegible]

ʑu̱$^{33}$lo$^{21}$mo$^{44}$sɔ$^{33}$ho$^{55}$，mo$^{21}$vi$^{55}$ga$^{55}$ma$^{21}$n̥a$^{21}$。

生后第三夜，不愿盖母衣。

052. [illegible]

zɯ$^{33}$ṣu$^{33}$zɯ$^{33}$fi$^{33}$di$^{44}$，mo$^{21}$ku$^{21}$va$^{55}$vu̱$^{33}$tsi$^{21}$。

以为是恶魔胎，被母抛入岩下。

053. [illegible]

va$^{21}$ɣa$^{21}$lu$^{33}$dzu̱$^{33}$dɯ$^{33}$，lu$^{33}$ho$^{21}$a$^{44}$lu$^{33}$sɿ$^{21}$dɯ$^{21}$lo$^{44}$，

山岩为龙住处，原来阿龙懂龙语，

054. [illegible]

i$^{44}$ȵi$^{33}$lu$^{33}$ŋɯ$^{33}$di$^{44}$，mi$^{55}$ȵi$^{21}$lu$^{33}$dza$^{33}$dzɯ$^{33}$，

自称也是龙，饿时食龙食，

055. [illegible]

sɿ$^{55}$ȵi$^{21}$lu$^{33}$ne$^{33}$ndo$^{33}$，gɔ$^{33}$ȵi$^{44}$lu$^{33}$vi$^{55}$ga$^{55}$。

渴时喝龙奶，冷时穿龙衣。

056. [illegible]

tʂʅ$^{44}$kɯ$^{33}$a$^{44}$lu$^{33}$ȵi$^{33}$，ʑu̱$^{33}$ȵi$^{33}$lu$^{33}$ȵi$^{21}$ʑu̱$^{33}$，

支格阿龙呢，生也龙日生，

057. [illegible]

khu$^{55}$ȵi$^{33}$lu$^{33}$khu$^{55}$su$^{33}$，ɕi$^{44}$ȵi$^{33}$lu$^{33}$di$^{33}$xo$^{33}$ɕi$^{33}$，

m̥i$^{44}$ȵi$^{33}$a$^{44}$lu$^{33}$m̥i$^{33}$。

年庚也属龙，命宫也在东南方，名也叫阿龙。

058. [illegible]

a$^{44}$lu$^{33}$ʑu̱$^{33}$lo$^{21}$mo$^{44}$tshɿ$^{21}$khu̱$^{33}$，vi$^{55}$ɬu$^{55}$su$^{33}$ɣa$^{33}$ba$^{33}$；

阿龙长到一岁时，跟着牧童去牧猪；

059. 

ma$^{33}$phɿ$^{55}$xo$^{55}$mu$^{33}$si$^{44}$，ʐʅ$^{21}$du$^{33}$hi$^{33}$mu$^{33}$si$^{44}$；

竹片做弯弓，草茎做成箭；

060. 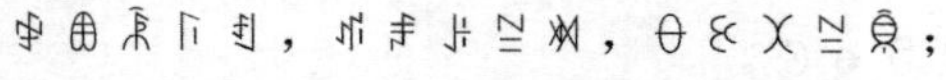

zu̠$^{21}$lo$^{21}$mo$^{44}$ȵi$^{21}$khu̠$^{33}$，bu$^{33}$ɬu$^{55}$su$^{33}$ɣa$^{33}$ba$^{33}$，ma$^{33}$xo$^{55}$ŋo$^{55}$ɣa$^{33}$si$^{44}$；

长到两岁时，跟着牧人去牧羊，随身带着竹弓；

061. 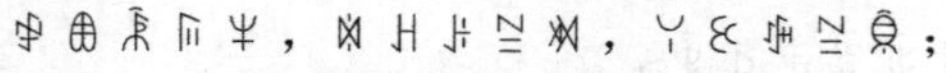

zu̠$^{33}$lo$^{21}$mo$^{44}$sɔ$^{33}$khu$^{55}$，hi$^{33}$mu$^{33}$su$^{33}$ɣa$^{33}$ba$^{33}$，sɿ̠$^{33}$xo$^{55}$thu̠$^{33}$ɣa$^{33}$si$^{44}$；

长到三岁时，跟着游人去游玩，随身带着木弓；

062. 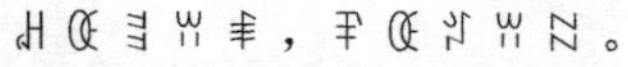

si$^{55}$ŋgɯ$^{21}$tsu$^{33}$tsu$^{33}$ȵi$^{33}$，mbe$^{33}$ŋgɯ$^{21}$ti$^{33}$ti$^{33}$hi$^{55}$。

蹲姿练射击，立正练射箭。

063. 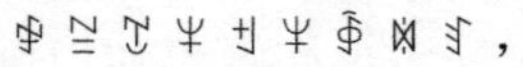

zu̠$^{33}$ɣa$^{33}$lɿ$^{33}$khu$^{55}$ŋɯ$^{33}$khu$^{55}$lo$^{44}$hi$^{33}$nɯ$^{33}$，

长到四五岁后，

064. 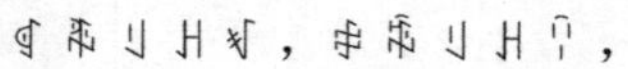

phu$^{21}$ʂɯ$^{21}$li$^{33}$mu$^{33}$vu$^{55}$，ȵo$^{33}$ʂɯ$^{44}$li$^{33}$mu$^{33}$khɯ$^{44}$，

到南方找田，到北方找地，

065. 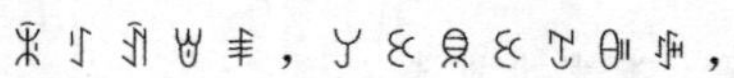

tʂɿ$^{44}$kɯ$^{33}$a$^{44}$lu$^{33}$ȵi$^{33}$，sɿ$^{33}$xo$^{55}$si$^{33}$xo$^{55}$lɿ$^{33}$phe$^{33}$thu̠$^{33}$，

支格阿龙呢，扳着四张神弓，

066. 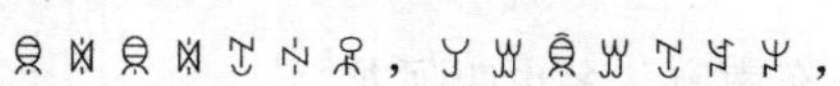

si$^{33}$hi$^{33}$si$^{33}$hi$^{33}$lɿ$^{33}$tɕi$^{33}$ŋgo$^{33}$，sɿ$^{33}$ɕe$^{33}$si$^{44}$ɕe$^{33}$lɿ$^{33}$tshu$^{21}$ʂɿ$^{21}$，

抽出四支神箭，穿上四件神铠甲，

067. 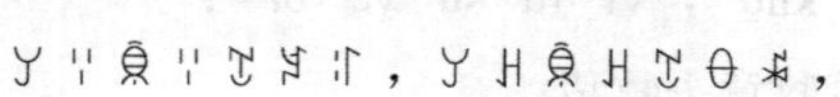

sɿ$^{33}$khɯ$^{33}$si$^{44}$khɯ$^{33}$lʅ$^{33}$tshu$^{21}$si$^{21}$，sɿ$^{33}$mu$^{33}$si$^{44}$mu$^{33}$lʅ$^{33}$ma$^{33}$dzɿ$^{33}$，

带上四只神狗，骑上四匹神马，

068. 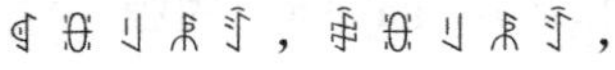

phu$^{21}$ndẓa$^{33}$li$^{33}$mo$^{33}$di$^{44}$，n̥o$^{44}$ndẓa$^{33}$li$^{33}$mo$^{33}$di$^{44}$，

要去丈量田，要去丈量地，

069. 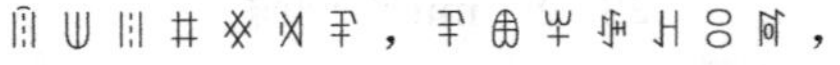

gɯ$^{44}$du̱$^{33}$gɯ$^{33}$dʑi$^{33}$ẓo$^{55}$ta$^{33}$mbe$^{33}$，

mbe$^{33}$lo$^{21}$tɕo$^{55}$thu̱$^{33}$mu$^{33}$gu̱$^{33}$zo$^{21}$，

从东西交叉着射，都射中觉土木古，

070. 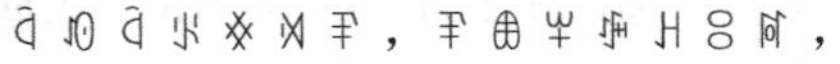

ʑɿ$^{44}$o$^{33}$ʑɿ$^{44}$m̥ɿ$^{33}$ẓo$^{55}$ta$^{33}$mbe$^{33}$，mbe$^{33}$lo$^{21}$tɕo$^{55}$thu̱$^{33}$mu$^{33}$gu̱$^{33}$zo$^{21}$，

从南北交叉着射，仍射中觉土木古，

071. 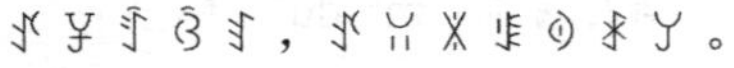

a$^{21}$dʑɿ$^{33}$di$^{44}$vɯ$^{44}$nɯ$^{33}$，a$^{21}$mɿ$^{33}$lu̱$^{33}$sa$^{55}$dzu̱$^{33}$ʑi$^{21}$sɿ$^{33}$。

若是不相信，至今石头仍有痕迹。

## 二、生词

1. zɯ$^{33}$ʑu̱$^{33}$ 龙子
2. ndẓa$^{55}$pa$^{33}$ 作陪
3. hɯ$^{21}$bu$^{33}$ 大鱼
4. gɯ$^{21}$tɕho$^{21}$ 做伴
5. hɯ$^{21}$zɯ$^{33}$ 小鱼
6. lu̱$^{33}$mo$^{21}$ 巨石
7. dʑi$^{21}$zɯ$^{33}$ 小蜂
8. tshe$^{33}$zɯ$^{33}$ 鹿
9. tɕhɿ$^{44}$zɯ$^{33}$ 麂子
10. phu$^{21}$du$^{33}$ 蒲家
11. ki$^{55}$du$^{33}$ 耿家
12. tɕɿ$^{33}$du$^{33}$ 姬家
13. ʑi$^{55}$xo$^{33}$ʂɿ$^{33}$ 设织场
14. nda$^{33}$du$^{33}$ 达家
15. ti$^{55}$sɿ$^{33}$ 雕血
16. ʑi$^{55}$dʑe$^{33}$tu$^{33}$ 制织机

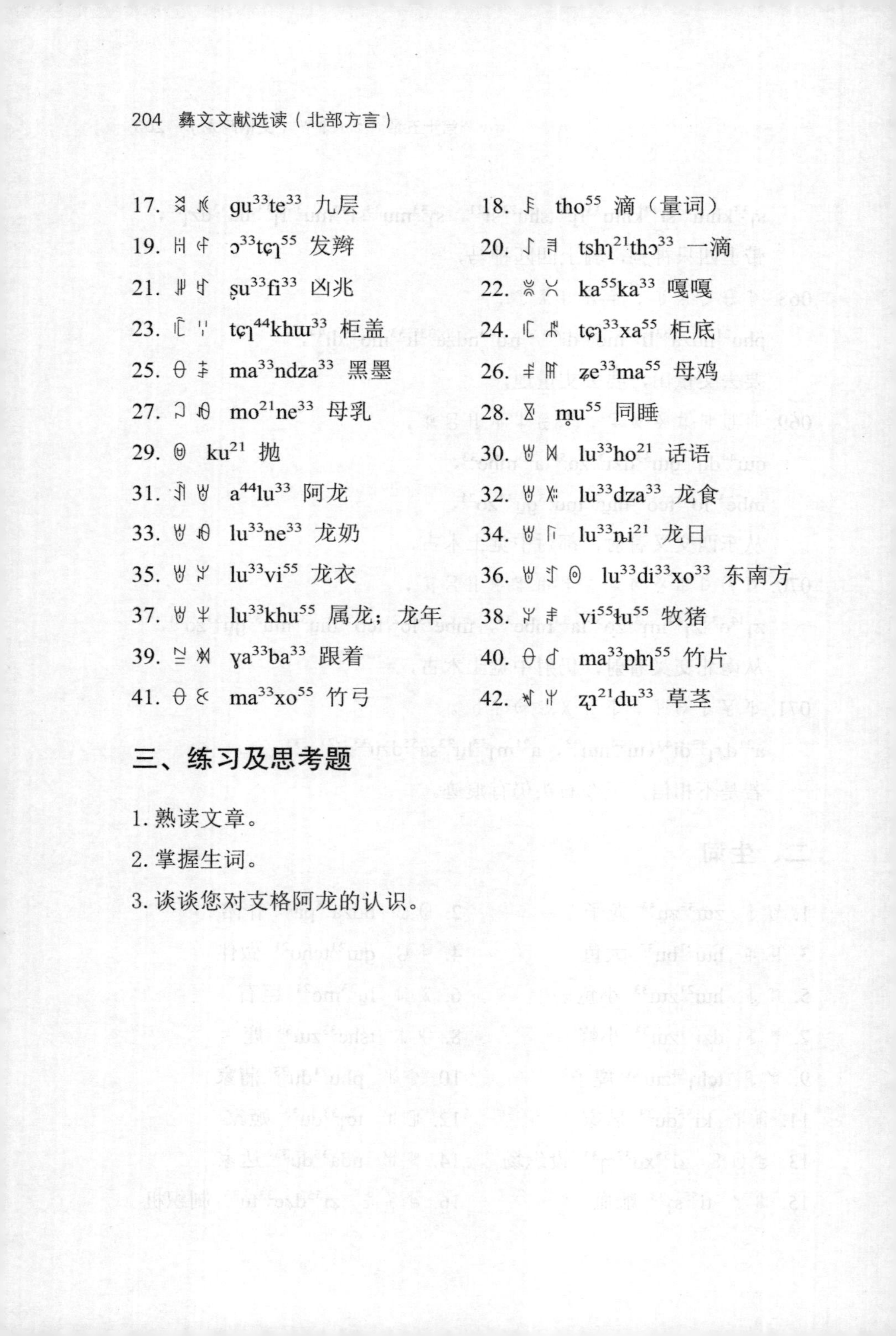

17. gu$^{33}$te$^{33}$ 九层
18. tho$^{55}$ 滴（量词）
19. ɔ$^{33}$tɕɿ$^{55}$ 发辫
20. tshɿ$^{21}$thɔ$^{33}$ 一滴
21. ʂu$^{33}$fi$^{33}$ 凶兆
22. ka$^{55}$ka$^{33}$ 嘎嘎
23. tɕɿ$^{44}$khɯ$^{33}$ 柜盖
24. tɕɿ$^{33}$xa$^{55}$ 柜底
25. ma$^{33}$ndza$^{33}$ 黑墨
26. ʑe$^{33}$ma$^{55}$ 母鸡
27. mo$^{21}$ne$^{33}$ 母乳
28. m̥u$^{55}$ 同睡
29. ku$^{21}$ 抛
30. lu$^{33}$ho$^{21}$ 话语
31. a$^{44}$lu$^{33}$ 阿龙
32. lu$^{33}$dza$^{33}$ 龙食
33. lu$^{33}$ne$^{33}$ 龙奶
34. lu$^{33}$ȵi$^{21}$ 龙日
35. lu$^{33}$vi$^{55}$ 龙衣
36. lu$^{33}$di$^{33}$xo$^{33}$ 东南方
37. lu$^{33}$khu$^{55}$ 属龙；龙年
38. vi$^{55}$ɬu$^{55}$ 牧猪
39. ɣa$^{33}$ba$^{33}$ 跟着
40. ma$^{33}$phɿ$^{55}$ 竹片
41. ma$^{33}$xo$^{55}$ 竹弓
42. ʐɿ$^{21}$du$^{33}$ 草茎

## 三、练习及思考题

1. 熟读文章。

2. 掌握生词。

3. 谈谈您对支格阿龙的认识。

# 第十六章 （史纳俄特）

“史纳俄特”属于“母勒俄”，主要讲述了史纳俄特娶妻生子的故事，反映了彝族社会由群婚到对偶婚的演变过程。本文章节选自《勒俄特依》（1986）。

## 一、彝文、国际音标标注及汉译

001. ，

i$^{21}$si$^{33}$mo$^{44}$a$^{33}$ɬɯ$^{44}$，

远古的时候，

002. ，

vo$^{33}$ndʐɯ$^{33}$ʂʅ$^{33}$la$^{21}$tshʅ$^{21}$tshʅ̱$^{33}$zɯ$^{33}$ʑu̱$^{33}$pha$^{55}$a$^{21}$mo$^{33}$，

雪子史纳一代生子不见父，

003. 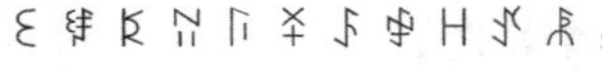，

ʂʅ$^{33}$la$^{21}$ndzʅ$^{33}$ɣa$^{21}$ɳi$^{21}$tshʅ̱$^{33}$zɯ$^{33}$ʑu̱$^{33}$pha$^{55}$a$^{21}$mo$^{33}$，

史纳子哈两代生子不见父，

004. 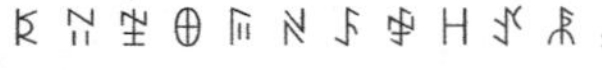，

ndzʅ$^{33}$ɣa$^{21}$di$^{21}$li$^{21}$sɔ$^{33}$tshʅ$^{55}$zɯ$^{33}$ʑu̱$^{33}$pha$^{55}$a$^{21}$mo$^{33}$，

子哈第以三代生子不见父，

005. 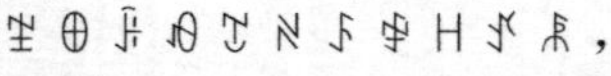

di$^{21}$li$^{21}$su$^{44}$ne$^{33}$lɿ$^{33}$tshɿ$^{55}$zɯ$^{33}$ʑu̱$^{33}$pha$^{55}$a$^{21}$mo$^{33}$,

第以苏涅四代生子不见父，

006. 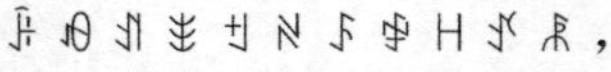

su$^{44}$ne$^{33}$a$^{33}$ʂu$^{55}$ŋɯ$^{33}$tshɿ$^{55}$zɯ$^{33}$ʑu̱$^{33}$pha$^{55}$a$^{21}$mo$^{33}$,

苏涅阿署五代生子不见父，

007. 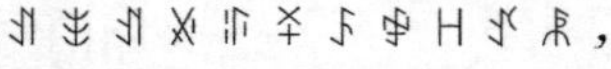

a$^{33}$ʂu$^{55}$a$^{33}$ɣo$^{21}$fu$^{55}$tshɿ̱$^{33}$zɯ$^{33}$ʑu̱$^{33}$pha$^{55}$a$^{21}$mo$^{33}$,

阿署阿俄六代生子不见父，

008. 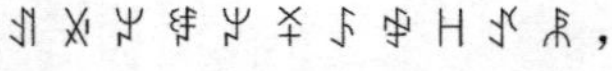

a$^{33}$ɣo$^{21}$ʂʅ$^{21}$la$^{21}$ʂʅ$^{21}$tshɿ̱$^{33}$zɯ$^{33}$ʑu̱$^{33}$pha$^{55}$a$^{21}$mo$^{33}$,

阿俄史纳七代生子不见父，

009. 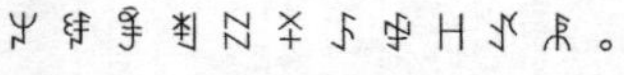

ʂʅ$^{21}$la$^{21}$ɣo$^{44}$thɯ$^{33}$hi$^{55}$tshɿ̱$^{33}$zɯ$^{33}$ʑu̱$^{33}$pha$^{55}$a$^{21}$mo$^{33}$。

史纳俄特八代生子不见父。

010. 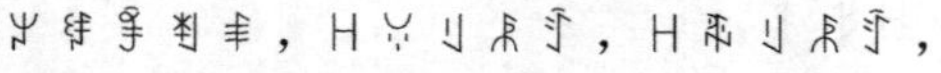

ʂʅ$^{21}$la$^{21}$ɣo$^{44}$thɯ$^{33}$ȵi$^{33}$, pha$^{55}$vɿ$^{33}$li$^{33}$mo$^{33}$di$^{44}$, pha$^{55}$ʂɯ$^{21}$li$^{33}$mo$^{33}$di$^{44}$,

史纳俄特呢，说要去买父，说要去找父，

011. 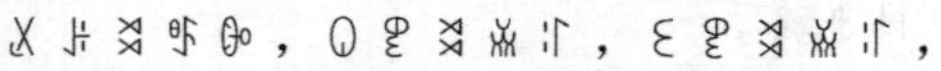

tsɿ$^{33}$su$^{33}$gu$^{33}$ʑɔ$^{33}$tɕho$^{33}$，tɕhu$^{33}$o$^{55}$gu$^{33}$tsi$^{33}$si$^{21}$，ʂʅ$^{33}$o$^{55}$gu$^{33}$tsi$^{33}$si$^{21}$，

带九个随从，带九把银勺，带九把金勺，

012. 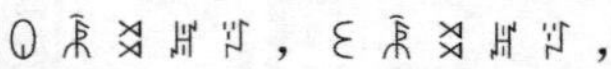

tɕhu$^{33}$mo$^{44}$gu$^{33}$tɕe$^{33}$n̥o$^{21}$，ʂʅ$^{33}$mo$^{44}$gu$^{33}$tɕe$^{33}$n̥o$^{21}$，

驮九驮银粉，驮九驮金粉，

013. 

o⁴⁴dʑu³³tɕhu³³tɕe³³n̥o²¹，a²¹ɬɯ²¹ʂʅ³³tɕe³³n̥o²¹。

狐狸赶银驮，兔子赶金驮。

014. [illegible]，[illegible]，

mu³³a²¹thi³³mu³³tɯ²¹，ndi²¹tɕhu³³gu³³ɣa³³ŋga³³，

天未亮就起，路过草原时，

015. [illegible]，[illegible]，

tɕu⁵⁵zɯ³³zɯ⁴⁴dzi³³ʑu³³，ʂʅ²¹la²¹ɣo⁴⁴thɯ³³ɬo³³，

捉对小云雀，来款待俄特，

016. [illegible]，[illegible]；

ɬo³³ʑo³³n̠i³³ma²¹n̥a³³，ɬo³³dzɯ³³n̠i³³ma²¹n̥a³³；

不愿受款待，不肯食款物；

017. [illegible]，[illegible]，[illegible]，

ʂu⁵⁵dzu̱³³bo³³n̠e⁵⁵ŋga³³，ha⁴⁴nɔ³³zɯ⁴⁴dzi³³ʑu³³，

ʂʅ²¹la²¹ɣo⁴⁴thɯ³³ɬo³³，

穿过杉树林，捉对小乌鸦，来款待俄特，

018. [illegible]，[illegible]；

ɬo³³ʑo³³n̠i³³ma²¹n̥a³³，ɬo³³dzɯ³³n̠i³³ma²¹n̥a³³；

不愿受款待，不肯食款物；

019. [illegible]，[illegible]，[illegible]，

va⁵⁵n̥i³³gu³³ɣa³³ŋga³³，dʑi²¹ʑo³³zɯ⁴⁴dzi³³ʑu³³，

ʂʅ²¹la²¹ɣo⁴⁴thɯ³³ɬo³³，

走过悬崖边，捉对小蜜蜂，来款待俄特，

020. [illegible]，[illegible]；

ɬo³³ʑo³³n̠i³³ma²¹n̥a³³，ɬo³³dzɯ³³n̠i³³ma²¹n̥a³³；

不愿受款待，不肯食款物；

021. [illegible]

ne33ʑɿ33gu33ɣa33ŋga33，hɯ21ʂɿ33zɯ44dzi33ʐu33，

ʂɿ21la21ɣo44thɯ33ɬo33，

经过江河边，捉对小鱼儿，来款待俄特，

022. [illegible]

ɬo33ʑo33ȵi33ma21n̥a33，ɬo33dzɯ33ȵi33ma21n̥a33；

不愿受款待，不肯食款物；

023. [illegible]

ni21dzu̠33bo33ȵe55ŋga33，ȵu33ʂɿ33o33ɬu55zɯ44dzi33ʐu33，

ʂɿ21la21ɣo44thɯ33ɬo33，

来到彝人区，捉对黄色额白牛，来款待俄特，

024. [illegible]

ɬo33ʑo33ȵi33ma21n̥a33，ɬo33dzɯ33ȵi33ma21n̥a33；

不愿受款待，不肯食款物；

025. [illegible]

xɔ33dzu̠33bo33ȵe55ŋga33，vɿ33ɣa21tsɿ21ku21tɕhu33，

ʑɿ33ɣa21tɕe33tʂɿ̠33ʂɿ33。

经过汉人区，左边白绫罗，右边黄绸缎。

026. [illegible]

va55ŋgɯ21khɯ21ha33ɕi33，sɿ̠33o33n̥i44dzo33dzo33，

tɕɿ33tʂu̠33ŋɯ33ho33lo33，

来到瓦格克哈，树梢红彤彤，以为是珍珠，

027. [illegible]

vɿ21lo55tshɿ21kɯ21ʂɔ33，a21ndʑi55ŋɯ33dɯ21lo44，

左手抓一把，却是救兵果，

028. [illegible]

ʑi$^{21}$lo$^{55}$tshɿ$^{21}$kɯ$^{21}$ʂɔ$^{33}$，sɿ̠$^{33}$phɿ$^{55}$ŋɯ$^{33}$dɯ$^{21}$lo$^{44}$。

右手抓一把，却是野山红。

029. [illegible]

ʂɿ$^{21}$la$^{21}$ɣo$^{44}$thɯ$^{33}$ȵi$^{33}$，tɯ$^{21}$la$^{33}$ʑo$^{44}$mu$^{33}$dʑe$^{55}$le$^{33}$ɕi$^{33}$，

史纳俄特呢，来到约木杰列时，

030. [illegible]

ndzɿ$^{33}$a$^{21}$ndi$^{21}$ndu$^{21}$thu$^{55}$，ndzɿ$^{33}$n̥i$^{33}$ʂɿ$^{44}$si$^{33}$ȵi$^{33}$，

兹阿第都家，兹尼施色呢，

031. [illegible]

ʑi$^{55}$tʂhɿ$^{21}$thi$^{55}$ȵi$^{33}$lo$^{44}$，tɯ$^{21}$la$^{33}$tshɿ$^{21}$do$^{21}$thi$^{33}$：

坐着织毛布，起身来问话：

032. “[illegible]？

“mu$^{33}$khɯ$^{44}$su$^{33}$o$^{33}$ɬi$^{55}$，ha$^{55}$ko$^{33}$li$^{33}$mi$^{44}$di$^{44}$？

“北方的表哥，你要去哪里？

033. [illegible]

khɯ$^{55}$la$^{33}$i$^{21}$mi$^{33}$nɯ$^{33}$，khɯ$^{55}$ȵi$^{33}$i$^{21}$du$^{33}$ŋgɯ$^{21}$，

ma$^{21}$khɯ$^{55}$i$^{21}$du$^{33}$ŋgɯ$^{21}$，

天将要黑，黑也歇我家，不黑也歇我家，

034. [illegible]

dʑi$^{21}$ʑo$^{33}$di$^{44}$ma$^{21}$khɯ$^{55}$，va$^{55}$n̥i$^{33}$mo$^{44}$nɯ$^{33}$khɯ$^{55}$，

莫说蜜蜂不知夜，见岩就要歇，

035. [illegible]

ha$^{33}$nɔ$^{33}$di$^{44}$ma$^{21}$khɯ$^{55}$，sɿ̠$^{33}$o$^{33}$mo$^{44}$nɯ$^{33}$khɯ$^{55}$，

莫说乌鸦不知夜，见树就要歇，

036. [illegible]

ȵi$^{44}$ʑo$^{33}$di$^{44}$ma$^{21}$khɯ$^{55}$，ɬu$^{55}$tɕho$^{21}$si$^{21}$la$^{33}$khɯ$^{55}$，

莫说牛羊不知夜，牧人赶来圈里歇，

037. [illegible]

tɕu$^{55}$zɯ$^{33}$di$^{44}$ma$^{21}$khɯ$^{55}$，ndi$^{21}$tɕhu$^{33}$mo$^{44}$nɯ$^{33}$khɯ$^{33}$，

莫说云雀不知夜，见了草原就要歇，

038. [illegible]

ʂo$^{44}$zɯ$^{33}$di$^{44}$ma$^{21}$khɯ$^{55}$，ne$^{33}$ʐɿ$^{33}$mo$^{44}$nɯ$^{33}$khɯ$^{55}$，

莫说水獭不知夜，见了江河就要歇，

039. [illegible]

dʑu$^{55}$zɯ$^{33}$di$^{44}$ma$^{21}$khɯ$^{55}$，li$^{21}$ʑi$^{33}$mo$^{44}$nɯ$^{33}$khɯ$^{55}$，

莫说人类不知夜，见了房屋就要歇，

040. [illegible]

khɯ$^{55}$la$^{33}$i$^{21}$mi$^{33}$nɯ$^{33}$，khɯ$^{55}$ȵi$^{33}$i$^{21}$du$^{33}$ŋgɯ$^{21}$，

ma$^{21}$khɯ$^{55}$i$^{21}$du$^{33}$ŋgɯ$^{21}$。”

天已临近黑，黑也歇我家，不黑也歇我家。”

041. [illegible]

ʂɿ$^{21}$la$^{21}$ɣo$^{44}$thɯ$^{33}$ȵi$^{33}$：“pha$^{55}$vɿ$^{33}$li$^{33}$mo$^{33}$di$^{44}$，

pha$^{55}$ʂɯ$^{21}$li$^{33}$mo$^{33}$di$^{44}$，

史纳俄特说：“要去买父亲，要去找父亲，

042. [illegible]

khɯ$^{55}$ȵi$^{33}$ma$^{21}$ŋgɯ$^{21}$vɯ$^{44}$，ma$^{21}$khɯ$^{55}$ma$^{21}$ŋgɯ$^{21}$vɯ$^{44}$ʑi$^{21}$” di$^{44}$。

黑也不歇了，不黑也不歇了。”

043. [illegible]

ndzɿ$^{33}$ȵi$^{33}$ʂɿ$^{44}$si$^{33}$nɯ$^{33}$：“mu$^{33}$khɯ$^{44}$su$^{33}$o$^{33}$ɬi$^{55}$，

兹尼施色说：“北方的表哥，

044. [illegible]，[illegible]，

ʂʅ$^{21}$mu$^{33}$ŋɯ$^{33}$dʐʅ$^{44}$tɕo$^{44}$，ma$^{21}$lʅ$^{55}$khɯ$^{33}$sɔ$^{33}$tshu$^{21}$，

下面在地上，三只不撵山的狗，

045. [illegible]，[illegible]，

ma$^{21}$ku$^{33}$ʑe$^{33}$bo$^{21}$n̥i$^{33}$，ma$^{21}$tɕe$^{33}$sʅ̠$^{33}$sɔ$^{33}$da$^{33}$，

没叫颊就红的鸡，三节不烧的木柴，

046. [illegible]，[illegible]，

ma$^{21}$tʂhʅ$^{21}$ʑi$^{55}$sɔ$^{33}$xo$^{33}$，ma$^{21}$mbe$^{33}$ʂa$^{33}$sɔ$^{33}$ʑo$^{21}$，

三匹不织的花边，三两不弹的羊毛，

047. [illegible]，[illegible]？

ma$^{33}$dzɯ$^{33}$tshɯ$^{33}$sɔ$^{33}$tɕi$^{21}$，tshʅ$^{44}$li$^{33}$thu$^{33}$mu$^{33}$thi$^{33}$？

三斤不吃的盐巴，这些指的是什么？

048. [illegible]，

vi$^{55}$ɕe$^{21}$o$^{33}$ɣa$^{21}$ta$^{33}$，

铠盔头上戴，

049. [illegible]？

ɕe$^{33}$o$^{33}$ŋo$^{33}$ɣa$^{33}$ŋo$^{33}$ȵi$^{21}$phʅ̠$^{33}$tshʅ$^{21}$phʅ̠$^{33}$a$^{21}$lu$^{55}$su$^{33}$ɕi$^{44}$thi$^{33}$？

前后额两块差一片的是什么？

050. [illegible]，

vi$^{55}$ɕe$^{21}$dʑu$^{55}$ɣa$^{33}$ta$^{33}$，

铠袍身上穿，

051. [illegible]？

ɕe$^{33}$ʑʅ̠$^{33}$ma$^{33}$fu$^{55}$tu̠$^{33}$fu$^{55}$ha$^{33}$ȵi$^{44}$ma$^{33}$tshʅ$^{21}$ma$^{33}$a$^{21}$lu$^{55}$su$^{33}$
ɕi$^{44}$thi$^{33}$？

铠珠六千六百六差一个的是什么？

052. [illegible]，

vi$^{55}$ɕe$^{21}$m̥ʅ$^{33}$ɣa$^{33}$ta$^{33}$，

铠裤脚上穿，

053. [illegible]？

ɕe$^{33}$ndʐʅ̱$^{33}$ma$^{33}$ȵi$^{21}$ma$^{33}$tshʅ$^{21}$ma$^{33}$a$^{21}$lu$^{55}$su$^{33}$ɕi$^{44}$thi$^{33}$？

两个圆形铠皮差一个的是什么？

054. [illegible]，

tshʅ$^{44}$gɯ$^{33}$nɯ$^{33}$ke$^{33}$to$^{44}$vɯ$^{44}$nɯ$^{33}$，

你若能猜得出这些，

055. [illegible]，[illegible]”[illegible]。

pha$^{55}$vʅ$^{33}$pha$^{55}$ʂɯ$^{21}$kha$^{55}$ʂɯ$^{21}$su$^{33}$，i$^{33}$thi$^{33}$nɯ$^{44}$kɯ$^{33}$” di$^{44}$。

到哪儿买父找父，我就告诉你。”

056. [illegible]，[illegible]，[illegible]，

ʂʅ$^{21}$la$^{21}$ɣo$^{44}$thɯ$^{33}$ȵi$^{33}$，ke$^{33}$su$^{33}$ʑi$^{44}$ma$^{21}$sʅ$^{21}$，ȵɔ$^{33}$ndʐʅ$^{33}$so$^{44}$ti$^{33}$ʐʅ$^{33}$，

史纳俄特呢，无法猜出谜底，流下三滴泪，

057. [illegible]，[illegible]。

pṳ$^{33}$lo$^{21}$va$^{55}$ŋgɯ$^{21}$khɯ$^{21}$dʐʅ$^{21}$ɕi$^{33}$，thi$^{33}$la$^{33}$n̥i$^{21}$mo$^{21}$ɣo$^{33}$ɬo$^{21}$kɯ$^{33}$。

回到瓦格克及，讲给妹妹俄洛听。

058. [illegible]：“[illegible]，

ɣo$^{33}$ɬo$^{21}$di$^{21}$ko$^{33}$nɯ$^{33}$：“m̥a$^{21}$tsʅ$^{55}$mɿ̱$^{44}$zɯ$^{33}$nɯ$^{33}$，

妹妹俄洛说：“亲爱的哥哥，

059. [illegible]，[illegible]：

tɕhʅ$^{55}$si$^{33}$li$^{33}$ma$^{21}$zo$^{21}$，ŋa$^{33}$ke$^{33}$nɯ$^{44}$kɯ$^{33}$mo$^{33}$：

你不用忧愁，我帮你猜答：

060. [illegible]，[illegible]；

ma$^{21}$ɭ$^{55}$khɯ$^{33}$sɔ$^{33}$tshu$^{21}$，lo$^{33}$ɣa$^{21}$o$^{44}$dʑu$^{33}$thi$^{33}$；

三只不撵山的狗，是指森林中的狐狸；

061. [illegible]，[illegible]；

ma$^{21}$ku$^{33}$ʑe$^{33}$bo$^{21}$n̥i$^{33}$，nda$^{33}$ɕʅ$^{33}$ʂu$^{21}$pu$^{33}$thi$^{33}$；

没叫颊就红的鸡，是指蕨草丛中的雄鸡；

062. [illegible]，[illegible]；

ma$^{21}$tɕe$^{33}$sɿ̱$^{33}$sɔ$^{33}$da$^{33}$，ʑi$^{33}$vu$^{55}$ni$^{21}$dʑu$^{21}$thi$^{33}$；

三节不烧的木柴，是指屋檐下的祖灵；

063. [illegible]，[illegible]；

ma$^{21}$tʂhʅ$^{21}$ʑi$^{55}$sɔ$^{33}$xo$^{33}$，mu$^{33}$vu$^{55}$si$^{33}$si$^{33}$thi$^{33}$；

三匹不织的花边，是指天空的彩虹；

064. [illegible]，[illegible]；

ma$^{21}$mbe$^{33}$ʂa$^{33}$sɔ$^{33}$ʑo$^{21}$，bo$^{44}$o$^{33}$hɔ$^{55}$tɕhu$^{33}$thi$^{33}$；

三两不弹的羊毛，是指山顶的白云；

065. [illegible]，[illegible]。

ma$^{21}$dzɯ$^{33}$tshɯ$^{33}$sɔ$^{33}$tɕi$^{21}$，lo$^{33}$n̥o$^{55}$vo$^{21}$dzu$^{21}$thi$^{33}$。

三斤不吃的盐巴，是指山林中的冰块。

066. [illegible]，

vi$^{55}$ɕe$^{21}$o$^{33}$ɣa$^{21}$ta$^{33}$，

铠盔头上戴，

067. [illegible]，

ɕe$^{33}$o$^{33}$ŋo$^{33}$ɣa$^{33}$ŋo$^{33}$ȵi$^{21}$phʅ̱$^{33}$tshʅ$^{21}$phʅ̱$^{33}$a$^{21}$lu$^{55}$su$^{33}$，

前后额两块差一片的是，

068. [illegible]；

vi$^{55}$ɲi$^{33}$li$^{33}$bu$^{44}$tshɿ$^{21}$ma$^{33}$thi$^{33}$；

野猪颈上的一块皮；

069. [illegible]，

vi$^{55}$ɕe$^{21}$dʑu$^{55}$ɣa$^{33}$ta$^{33}$，

铠袍身上穿，

070. [illegible]，

ɕe$^{33}$ʑɿ̠$^{33}$ma$^{33}$fu$^{55}$tṳ$^{33}$fu$^{55}$ha$^{33}$ɲi$^{44}$ma$^{33}$tshɿ$^{21}$ma$^{33}$a$^{21}$lu$^{55}$su$^{33}$，

铠珠六千六百六差一个的是，

071. [illegible]；

tshe$^{33}$pu$^{33}$bo$^{21}$n̥i$^{33}$ndʑɿ$^{44}$ma$^{33}$thi$^{33}$；

红脸雄鹿的一张皮；

072. [illegible]，

vi$^{55}$ɕe$^{21}$m̥ɿ$^{33}$ɣa$^{33}$ta$^{33}$，

铠裤脚上穿，

073. [illegible]，

ɕe$^{33}$ndʑɿ̠$^{33}$ma$^{33}$ɲi$^{21}$ma$^{33}$tshɿ$^{21}$ma$^{33}$a$^{21}$lu$^{55}$su$^{33}$，

两个圆形铠皮差一个的是，

074. [illegible]。”

ʑɿ$^{44}$ɲi$^{33}$ba$^{21}$tshɿ̠$^{33}$ndʑɿ$^{44}$ma$^{33}$thi$^{33}$。”

水牛膝上的一块皮。”

075. [illegible]，[illegible]。

ʂɿ$^{21}$la$^{21}$ɣo$^{44}$thɯ$^{33}$ɲi$^{33}$，thi$^{33}$la$^{33}$ʂɿ$^{44}$si$^{33}$kɯ$^{33}$，

史纳俄特呢，解答给施色听。

076. [illegible]：“[illegible]，[illegible]，

ndzɿ$^{33}$n̥i$^{33}$ʂɿ$^{44}$si$^{33}$nɯ$^{33}$：“mu$^{33}$khɯ$^{44}$su$^{44}$o$^{33}$ɬi$^{55}$，

ni$^{55}$pha$^{33}$tsho$^{33}$a$^{21}$dʑo$^{33}$，

兹尼施色道：“北方的表哥，没人比过你，

077. 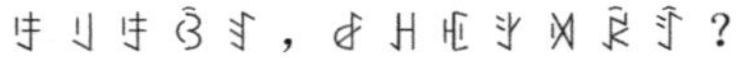

thi$^{33}$li$^{33}$thi$^{33}$vɯ$^{44}$nɯ$^{33}$，ni$^{21}$mu$^{33}$kha$^{55}$ko$^{33}$ta$^{33}$mi$^{44}$di$^{44}$？”

我当然要兑现诺言，祖灵该送往何方呢？”

078. 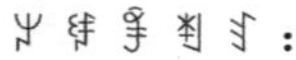

ʂɿ$^{21}$la$^{21}$ɣo$^{44}$thɯ$^{33}$nɯ$^{33}$：

史纳俄特说：

079. 

“ni$^{21}$mu$^{33}$ʑɿ$^{33}$ko$^{33}$kɯ$^{21}$mi$^{44}$ȵi$^{33}$，ʑɿ$^{33}$ko$^{33}$ndʑu$^{33}$dʑo$^{44}$dɯ$^{33}$，

ni$^{21}$ta$^{33}$dɯ$^{33}$ma$^{21}$ŋɯ$^{33}$；

“若是送入水中，水中有水妖，不是理想之处；

080. 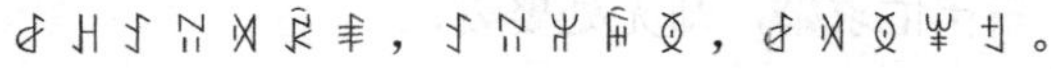

ni$^{21}$mu$^{33}$ho$^{33}$ɣa$^{21}$ta$^{33}$mi$^{44}$ȵi$^{33}$，ho$^{21}$ɣa$^{21}$ɬɿ$^{33}$dzu̠$^{44}$dɯ$^{33}$，

ni$^{21}$ta$^{33}$dɯ$^{33}$ma$^{21}$ŋɯ$^{33}$。”

若是送往山巅，山巅狂风猛，不是理想之处。”

081. 

ndzɿ$^{33}$n̥i$^{33}$ʂɿ$^{44}$si$^{33}$nɯ$^{33}$：

兹尼施色道：

082. 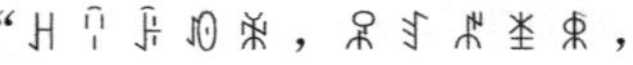

“mu$^{33}$khɯ$^{44}$su$^{44}$o$^{33}$ɬi$^{55}$，ŋgo$^{33}$nɯ$^{33}$xa$^{55}$bo$^{33}$tʂha$^{33}$，

“北方的表哥，起灵后插于屋壁，

083. 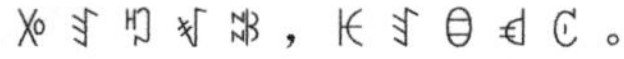

xo$^{21}$nɯ$^{33}$ʑi$^{33}$vu$^{55}$ti$^{55}$，pi$^{33}$nɯ$^{33}$va$^{55}$vu̠$^{33}$tsi$^{21}$。

念经后供于神位，超度后送于山岩。

084. [illegible]，

tshʅ$^{21}$ɣa$^{33}$gu$^{21}$dʑu$^{44}$nɯ$^{33}$，

这样做以后，

085. [illegible]，[illegible]，

ʂʅ$^{21}$mu$^{33}$ŋɯ$^{33}$dʐʅ$^{44}$tɕo$^{44}$，ɕʅ$^{21}$ʑu$^{33}$dzi$^{44}$tshu̠$^{33}$ʑʅ$^{33}$，

回到下面大地上，娶妻配成偶，

086. [illegible]，[illegible]”[illegible]。

tshʅ$^{44}$li$^{33}$ŋɯ$^{33}$ʑi$^{21}$nɯ$^{33}$，zɯ$^{33}$ʑu̠$^{33}$pha$^{55}$mo$^{33}$li$^{33}$ʑi$^{21}$” di$^{44}$。

如此这般后，生子就可见父。”

087. [illegible]，[illegible]，[illegible]，

ʂʅ$^{21}$la$^{21}$ɣo$^{44}$thɯ$^{33}$n̥i$^{33}$，sɔ$^{33}$khu$^{55}$ɕʅ$^{21}$ʑu$^{33}$n̥i$^{33}$，

ɕʅ$^{21}$ʑu$^{33}$dɯ$^{33}$ma$^{21}$ɣɯ$^{21}$，

史纳俄特呢，三年忙求婚，却无处娶妻，

088. [illegible]，[illegible]：

tɕo$^{33}$li$^{33}$ʑo$^{44}$mu$^{33}$dʑe$^{55}$le$^{33}$ɕi$^{33}$，ndzʅ$^{33}$n̥i$^{33}$ʂʅ$^{44}$si$^{33}$tɕo$^{44}$：

回到约木杰列去，对兹尼施色说：

089. “[illegible]，[illegible]，[illegible]。”

“ʂʅ$^{21}$mu$^{33}$ŋɯ$^{33}$dʐʅ$^{44}$tɕo$^{44}$，ɕʅ$^{21}$ʑu$^{33}$dɯ$^{33}$ma$^{21}$ɣɯ$^{21}$，

nɯ$^{44}$ʑu$^{33}$ga$^{33}$bu$^{33}$di$^{44}$。”

“下界地面上，无处可娶妻，只有娶你了。”

090. [illegible]：

ndzʅ$^{33}$n̥i$^{33}$ʂʅ$^{44}$si$^{33}$nɯ$^{33}$：

兹尼施色道：

091. “[illegible]，[illegible]，[illegible]，

“mu$^{33}$khɯ$^{44}$su$^{44}$o$^{33}$ɬi$^{55}$，a$^{44}$tɕhɿ$^{33}$kha$^{33}$ndʐa$^{55}$ndʐa$^{21}$，

i$^{55}$phu$^{33}$i$^{33}$a$^{21}$ŋgo$^{21}$，

“北方的表哥，姑娘再美貌，不自讲身价，

092. [illegible]，[illegible]。”

ʂɿ$^{21}$mu$^{33}$ŋɯ$^{33}$dʑɿ$^{44}$tɕo$^{44}$，thɯ$^{21}$mo$^{21}$a$^{33}$la$^{55}$n̥a$^{33}$ʑɿ$^{33}$di$^{44}$。”

你回到地面，去问特莫阿拉。”

093. [illegible]，[illegible]，[illegible]，

ʂɿ$^{21}$la$^{21}$ɣo$^{44}$thɯ$^{33}$ȵi$^{33}$，pu̠$^{33}$la$^{33}$a$^{33}$la$^{55}$n̥a$^{33}$，n̥i$^{44}$phu$^{33}$thi$^{55}$ta$^{33}$ŋgo$^{21}$，

史纳俄特呢，返回问阿拉，就此定身价，

094. [illegible]，[illegible]，

ȵi$^{33}$su$^{33}$ȵi$^{44}$dʐɯ$^{33}$bɿ$^{21}$，hi$^{55}$su$^{33}$hi$^{55}$dza$^{33}$tʂa$^{33}$，

坐的给份钱，站的给份钱，

095. [illegible]，[illegible]，

ŋgɯ$^{21}$dʐɯ$^{33}$mu$^{33}$o$^{33}$nɔ$^{33}$ma$^{33}$bɿ$^{21}$，tɕo$^{44}$dʐɯ$^{33}$la$^{55}$bu$^{33}$nɔ$^{33}$tɕi$^{33}$bɿ$^{21}$，

新娘到时送匹黑头马，新娘回时送头黑牯牛，

096. [illegible]。

ndzɿ$^{33}$n̥i$^{33}$ʂɿ$^{44}$si$^{33}$ʑu$^{33}$。

就此娶了兹尼施色。

097. [illegible]，

ʂɿ$^{21}$la$^{21}$ɣo$^{44}$thɯ$^{33}$ȵi$^{33}$，

史纳俄特呢，

098. [illegible]，[illegible]，

ʂɿ$^{21}$la$^{21}$ɣo$^{44}$thɯ$^{33}$tshɿ$^{21}$，ɣo$^{44}$thɯ$^{33}$vo$^{33}$lɯ$^{33}$ȵi$^{21}$，

史纳俄特为一代，俄特俄勒为二代，

099. [illegible]，[illegible]，

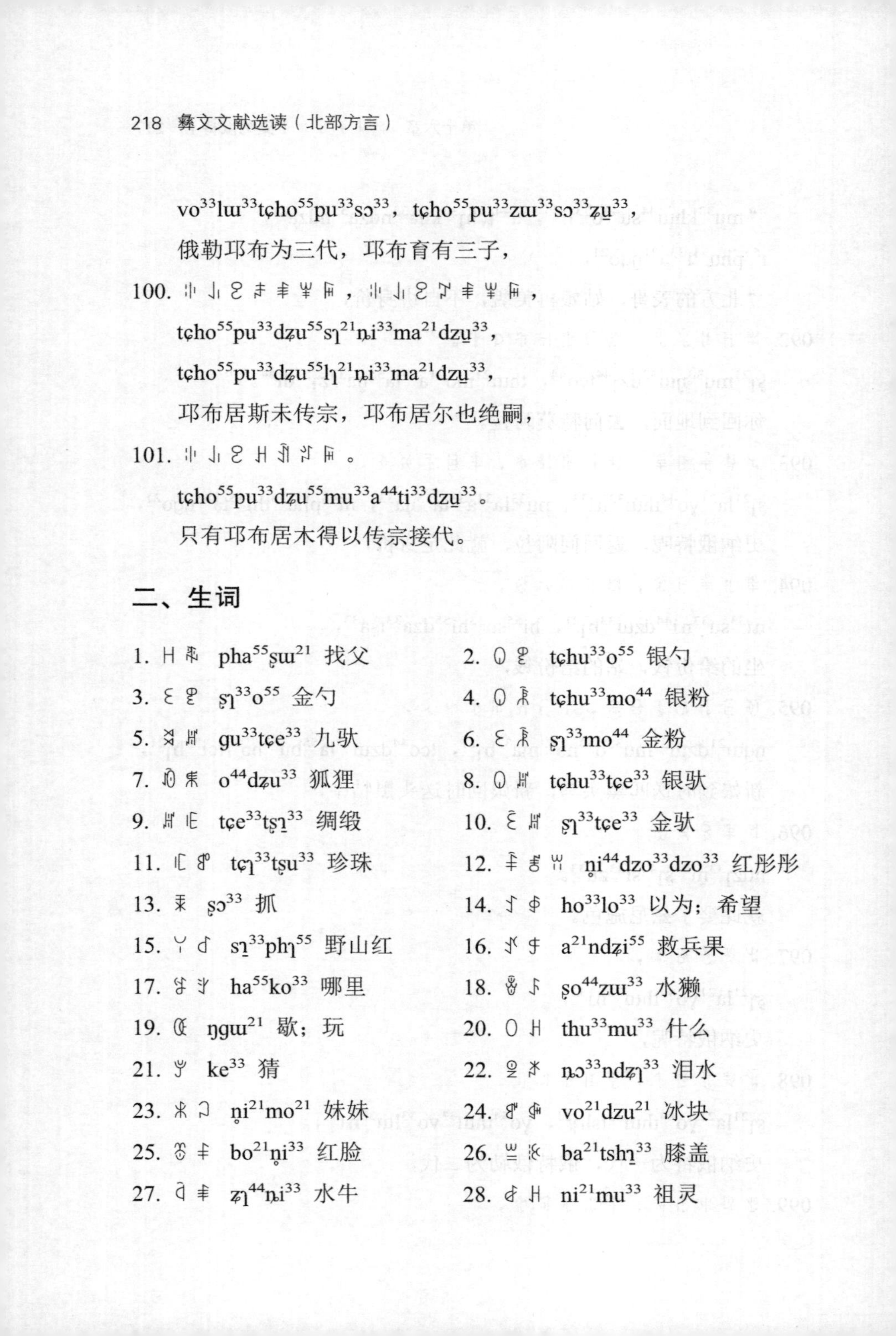

vo$^{33}$lɯ$^{33}$tɕho$^{55}$pu$^{33}$sɔ$^{33}$，tɕho$^{55}$pu$^{33}$zɯ$^{33}$sɔ$^{33}$ʐu̱$^{33}$，

俄勒邛布为三代，邛布育有三子，

100.

tɕho$^{55}$pu$^{33}$dʑu$^{55}$sɿ$^{21}$ȵi$^{33}$ma$^{21}$dʑu̱$^{33}$，

tɕho$^{55}$pu$^{33}$dʑu$^{55}$lɿ$^{21}$ȵi$^{33}$ma$^{21}$dʑu̱$^{33}$，

邛布居斯未传宗，邛布居尔也绝嗣，

101.

tɕho$^{55}$pu$^{33}$dʑu$^{55}$mu$^{33}$a$^{44}$ti$^{33}$dʑu̱$^{33}$。

只有邛布居木得以传宗接代。

## 二、生词

1. pha$^{55}$ʂɯ$^{21}$ 找父
2. tɕhu$^{33}$o$^{55}$ 银勺
3. ʂɿ$^{33}$o$^{55}$ 金勺
4. tɕhu$^{33}$mo$^{44}$ 银粉
5. gu$^{33}$tɕe$^{33}$ 九驮
6. ʂɿ$^{33}$mo$^{44}$ 金粉
7. o$^{44}$dʑu$^{33}$ 狐狸
8. tɕhu$^{33}$tɕe$^{33}$ 银驮
9. tɕe$^{33}$tʂɿ̱$^{33}$ 绸缎
10. ʂɿ$^{33}$tɕe$^{33}$ 金驮
11. tɕɿ$^{33}$tʂu$^{33}$ 珍珠
12. n̥i$^{44}$dzo$^{33}$dzo$^{33}$ 红彤彤
13. ʂɔ$^{33}$ 抓
14. ho$^{33}$lo$^{33}$ 以为；希望
15. sɿ̱$^{33}$phɿ$^{55}$ 野山红
16. a$^{21}$ndʑi$^{55}$ 救兵果
17. ha$^{55}$ko$^{33}$ 哪里
18. ʂo$^{44}$zɯ$^{33}$ 水獭
19. ŋgɯ$^{21}$ 歇；玩
20. thu$^{33}$mu$^{33}$ 什么
21. ke$^{33}$ 猜
22. n̥ɔ$^{33}$ndʐɿ$^{33}$ 泪水
23. n̥i$^{21}$mo$^{21}$ 妹妹
24. vo$^{21}$dzu$^{21}$ 冰块
25. bo$^{21}$n̥i$^{33}$ 红脸
26. ba$^{21}$tshɿ̱$^{33}$ 膝盖
27. ʐɿ$^{44}$ȵi$^{33}$ 水牛
28. ni$^{21}$mu$^{33}$ 祖灵

## 三、练习及思考题

1. 熟读文章。

2. 掌握生词。

3. 根据文章，谈谈您对彝族婚姻的认识。

4. 结合历史文献资料，说说您对居木的认识。

# 第十七章 [illegible]（洪水泛滥）

“洪水泛滥”属于“母勒俄”，主要讲述了居木家的三个兄弟开垦土地，以及洪水泛滥后居木武吾与仙女开亲繁衍人类的故事。本文章节选自《勒俄特依》（1986）。

## 一、彝文、国际音标标注及汉译

001. [illegible]，

tɕho⁵⁵pu³³dʑu⁵⁵mu³³ȵi³³，

邛布居木呢，

002. [illegible]，[illegible]，

ndzu²¹thi²¹tɕo⁵⁵xo³³ʂʅ⁵⁵，ɬa⁵⁵ɕʅ³³tsa³³kɯ²¹tu⁵⁵，

挽起偏偏髻，裤脚拖到地，

003. [illegible]，[illegible]，

ʂʅ³³nɔ³³tshi⁴⁴te³³vi⁵⁵，phʅ̠³³lo²¹li³³dzi³³si⁴⁴，

身披十层毡，不时搭在肩头上，

004. [illegible]，[illegible]，

ndzi⁵⁵su³³ʐu³³mo³³di⁴⁴，ɣo²¹tʂhʅ²¹ȵ̊i³³ndʐa̠⁵⁵ʐu³³，

想要娶个如意妻，娶了个美女叫俄池，

005\. [illegible]，[illegible]。

ɕʅ$^{21}$ʑu$^{33}$ȵi$^{21}$tsi$^{33}$tshʅ$^{44}$khu̱$^{33}$dʑi$^{21}$ko$^{33}$nɯ$^{33}$，zɯ$^{33}$ŋɯ$^{33}$sɔ$^{33}$ʑɔ$^{33}$ʐu̱$^{33}$。

结婚二十一年后，养了三儿子。

006\. [illegible]，[illegible]，

dʑu$^{55}$mu$^{33}$zɯ$^{33}$sɔ$^{33}$ȵi$^{33}$，ŋgɯ$^{21}$n̥i$^{33}$sɿ̱$^{33}$gu$^{55}$de$^{33}$，

居木的三个儿子呢，桦槁红树做犁弯，

007\. [illegible]，[illegible]，

ʂɔ$^{44}$ma$^{33}$la$^{33}$ta$^{33}$de$^{33}$，a$^{21}$ndʑi$^{55}$ʑi$^{55}$sɿ$^{21}$mu$^{33}$，

杜鹃花树做抽担，红枣树做赶脚棒，

008\. [illegible]，[illegible]，

mo$^{21}$ȵi$^{21}$lɯ$^{33}$ŋgo$^{33}$tɕi$^{44}$，ma$^{33}$ʂʅ$^{33}$lɯ$^{33}$n̥o$^{21}$tɕe$^{33}$，

嫩竹做成牵牛绳，黄竹做成赶牛鞭，

009\. [illegible]，[illegible]，

lɯ$^{33}$nɔ$^{33}$a$^{21}$tʂo$^{33}$ti$^{55}$，a$^{33}$ŋga$^{55}$ndi$^{21}$thɔ$^{33}$mo$^{33}$，

架起阿卓黑牯牛，在阿嘎地拖犁耕，

010\. [illegible]，[illegible]，[illegible]。

o$^{21}$ȵi$^{21}$mo$^{33}$ta$^{33}$lo$^{44}$，ɣa$^{33}$ȵi$^{44}$pu̱$^{33}$ta$^{33}$lo$^{44}$，thu$^{33}$mu$^{33}$di$^{44}$dʑi$^{44}$dʑi$^{33}$。

头日耕好的地，次日又复原状，不知为何故。

011\. [illegible]，

dʑu$^{55}$mu$^{33}$zɯ$^{33}$sɔ$^{33}$ȵi$^{33}$，

居木的三个儿子呢，

012\. [illegible]，[illegible]，

mu$^{33}$tɕhu$^{21}$li$^{33}$mo$^{33}$di$^{44}$，mu$^{33}$pho$^{44}$li$^{33}$mo$^{33}$di$^{44}$，

准备去守护着，将要蹲守观察，

013\. [illegible]，[illegible]，

thɯ$^{21}$bu$^{21}$lo$^{55}$ȵe$^{33}$si$^{44}$，zɯ$^{33}$ʐʅ$^{33}$mu$^{33}$o$^{33}$tɕhu$^{21}$，

手持木棍棒，老大守护地的上方，

014. [illegible]

zɯ$^{33}$ka$^{55}$mu$^{33}$dʑu$^{55}$tɕhu$^{21}$，zɯ$^{21}$ȵo$^{21}$mu$^{33}$m̥ʅ$^{33}$tɕhu$^{21}$。

老二守护地的中央，老三守护地的下方。

015. [illegible]

ŋɯ$^{33}$thi$^{55}$ku$^{33}$ndzʅ$^{33}$thu$^{55}$，a$^{21}$gɯ$^{33}$ʑi$^{21}$khu̠$^{33}$tsʅ$^{33}$，

恩体古兹家呢，派阿格叶库，

016. [illegible]

ʂu$^{55}$vʅ$^{33}$thu$^{33}$ʑu$^{33}$pʅ$^{44}$，khu$^{21}$ɬɯ$^{21}$vo$^{33}$ʑu$^{33}$ndi$^{55}$，

背白杉签筒，戴上箍法帽，

017. [illegible]

thi$^{55}$ȵi$^{33}$vi$^{55}$ʑu$^{33}$si$^{44}$，ȵi$^{33}$ti$^{33}$bo$^{21}$ʂʅ$^{33}$n̥o$^{21}$，mu$^{44}$phu̠$^{33}$la$^{33}$dɯ$^{21}$lo$^{44}$。

手拿套猪绳，赶黄脸的野猪，把耕完的地翻还原。

018. [illegible]

dʑu$^{55}$mu$^{33}$zɯ$^{33}$ʐʅ$^{33}$ʑu$^{33}$ndo$^{44}$lo$^{44}$，

恰巧被居木的老大活捉，

019. [illegible]

dʑu$^{55}$mu$^{33}$zɯ$^{33}$ʐʅ$^{33}$nɯ$^{33}$，zɯ$^{33}$ʐʅ$^{33}$do$^{21}$ʐʅ$^{33}$hi$^{21}$，ʑu$^{33}$la$^{33}$si$^{55}$mo$^{33}$di$^{44}$；

居木的老大呢，老大说大话，说要将他杀；

020. [illegible]

dʑu$^{55}$mu$^{33}$zɯ$^{33}$ka$^{55}$nɯ$^{33}$，zɯ$^{33}$ka$^{55}$do$^{21}$ka$^{55}$hi$^{21}$，

ʑu$^{33}$la$^{33}$tɕʅ$^{55}$mo$^{33}$di$^{44}$；

居木的老二呢，老二调和说，说要用棍打；

021. [illegible]

dʑu$^{55}$mu$^{33}$zɯ$^{21}$ȵo$^{21}$nɯ$^{33}$，zɯ$^{21}$ȵo$^{21}$do$^{21}$ȵo$^{21}$hi$^{21}$，

ʑu$^{33}$la$^{33}$n̥a$^{33}$mo$^{33}$di$^{44}$。

居木的老三呢，老三最仁慈，说应问个究竟。

022. [illegible]，[illegible]，

a$^{21}$gɯ$^{33}$ʑi$^{21}$khu̠$^{33}$di$^{21}$ko$^{33}$nɯ$^{33}$，ʑu$^{33}$mo$^{33}$tsho$^{33}$a$^{21}$ŋɯ$^{33}$，

阿格叶库说，我可非捕捉之人，

023. [illegible]，

ʂʅ$^{21}$mu$^{33}$ŋɯ$^{33}$ha$^{55}$nɯ$^{33}$，

宇宙的上方，

024. [illegible]，[illegible]，

ŋɯ$^{33}$thi$^{55}$ku$^{33}$ndzʅ$^{33}$thu$^{55}$，kɯ$^{55}$zɯ$^{33}$a$^{21}$bʅ$^{21}$tɕhɔ$^{33}$ndi$^{21}$，

恩体古兹家，为报格惹阿毕的仇，

025. [illegible]，[illegible]，

ʂu̠$^{33}$xo$^{33}$gu$^{33}$ma$^{33}$phi$^{33}$，ʂʅ$^{21}$mu$^{33}$ŋɯ$^{33}$dʑʅ$^{44}$ʂa$^{33}$mo$^{33}$di$^{44}$，

将放出九个湖的水，到宇宙的下方，

026. [illegible]，[illegible]。

ʂʅ$^{21}$mu$^{33}$ʑʅ$^{21}$tso$^{33}$mbʅ$^{55}$，mu$^{44}$lʅ$^{33}$di$^{21}$ɣa$^{33}$ʂa$^{33}$mo$^{33}$di$^{44}$。

洪水漫天地，四方皆殃及。

027. [illegible]，

ŋɯ$^{33}$thi$^{55}$ku$^{33}$ndzʅ$^{33}$thu$^{55}$，

恩体古兹家，

028. [illegible]，[illegible]，[illegible]，

ndzʅ$^{33}$mo$^{21}$nɯ$^{33}$tshʅ$^{21}$ʑɔ$^{33}$，a$^{21}$khu$^{21}$nɯ$^{33}$ȵi$^{21}$ʑɔ$^{55}$，

a$^{21}$gɯ$^{33}$nɯ$^{33}$sɔ$^{33}$ʑɔ$^{33}$，

兹莫为一个，阿库为二人，阿格为三人，

029. [illegible]，[illegible]。

dʑi$^{33}$si$^{33}$dʐʅ$^{44}$tɕho$^{33}$ta$^{33}$，ndzʅ$^{33}$ho$^{21}$lṳ$^{33}$ȵe$^{55}$bo$^{33}$ta$^{33}$huɯ$^{21}$mo$^{33}$di$^{44}$。

主奴相跟随，将在兹洪尔碾山上观望。

030. [illegible]，[illegible]？

dʑu$^{55}$mu$^{33}$zɯ$^{33}$sɔ$^{33}$nɯ$^{33}$，kha$^{21}$mu$^{33}$mu$^{33}$mi$^{44}$di$^{44}$？

居木三子呢，说我们如何做？

031. [illegible]：

a$^{21}$gɯ$^{33}$ʑi$^{21}$khṳ$^{33}$nɯ$^{33}$：

阿格叶库说：

032. “[illegible]、[illegible]，

“dʑu$^{55}$mu$^{33}$zɯ$^{33}$ʐʅ$^{33}$li$^{33}$zɯ$^{33}$ŋo$^{33}$ma$^{33}$、zɯ$^{33}$ɕe$^{33}$ma$^{33}$，

“居木长子是条英雄好汉，

033. [illegible]，

tɕhu$^{44}$go$^{33}$ʂʅ$^{33}$go$^{33}$tsʅ$^{55}$ta$^{33}$i$^{55}$，

做张金银床来睡，

034. [illegible]，[illegible]，

ʂʅ$^{21}$ma$^{33}$kha$^{33}$ma$^{33}$li$^{33}$hi$^{44}$ta$^{33}$，vi$^{55}$ʑi$^{21}$ʑe$^{33}$ʑi$^{21}$li$^{33}$hi$^{44}$ta$^{33}$，

口粮种子放在外，猪仔鸡崽放在外，

035. [illegible]，[illegible]；

tʂhʅ$^{55}$bu$^{33}$ʑɔ$^{33}$la$^{33}$li$^{33}$khu$^{44}$tsi$^{21}$，tsʅ$^{55}$du$^{33}$ʂɯ$^{33}$ho$^{33}$li$^{33}$khu$^{44}$tsi$^{21}$；

公羊阉羊放在内，铜铁农具放在内；

036. [illegible]、[illegible]，

dʑu$^{55}$mu$^{33}$zɯ$^{33}$ka$^{55}$li$^{33}$zɯ$^{33}$ndʑa̱$^{55}$ma$^{33}$、zɯ$^{33}$ve$^{33}$ma$^{33}$，

居木次子是个英俊人，

037. [illegible]，

dʑʅ$^{33}$go$^{33}$xɯ$^{33}$go$^{33}$tsʅ$^{55}$ta$^{33}$i$^{55}$，

做张铜铁床来睡，

038. [illegible]，[illegible]，

ʂʅ$^{21}$ma$^{33}$kha$^{33}$ma$^{33}$li$^{33}$hi$^{44}$ta$^{33}$，vi$^{55}$ʑi$^{21}$ʑe$^{33}$ʑi$^{21}$li$^{33}$hi$^{44}$ta$^{33}$，

口粮种子放在外，猪仔鸡崽放在外，

039. [illegible]，[illegible]；

tʂhʅ$^{55}$bu$^{33}$ʑɔ$^{33}$la$^{33}$li$^{33}$khu$^{44}$tsi$^{21}$，tsʅ$^{55}$du$^{33}$ʂɯ$^{33}$ho$^{33}$li$^{33}$khu$^{44}$tsi$^{21}$；

公羊阉羊放在内，铜铁农具放在内；

040. [illegible]、[illegible]，

dʑu$^{55}$mu$^{33}$zɯ$^{21}$ȵo$^{21}$li$^{33}$zɯ$^{33}$kɯ$^{33}$ma$^{33}$、zɯ$^{33}$di$^{33}$ma$^{33}$，

居木幺子是个愚蠢人，

041. [illegible]，[illegible]，

ɣɯ$^{21}$a$^{21}$to$^{21}$vɯ$^{44}$nɯ$^{33}$，kɯ$^{55}$tɕʅ$^{33}$tshʅ$^{33}$ma$^{33}$tsʅ$^{55}$ta$^{33}$i$^{55}$，

若是得不到，做个木柜子来睡，

042. [illegible]，[illegible]，

ʂʅ$^{21}$ma$^{33}$kha$^{33}$ma$^{33}$li$^{33}$khu$^{44}$tsi$^{21}$，vi$^{55}$ʑi$^{21}$ʑe$^{33}$ʑi$^{21}$li$^{33}$khu$^{44}$tsi$^{21}$，

口粮种子放在内，猪仔鸡崽放在内，

043. [illegible]，[illegible]，

tʂhʅ$^{55}$bu$^{33}$ʑɔ$^{33}$la$^{33}$li$^{33}$hi$^{44}$ta$^{33}$，tsʅ$^{55}$du$^{33}$ʂɯ$^{33}$ho$^{33}$li$^{33}$hi$^{44}$ta$^{33}$，

公羊阉羊放在外，铜铁农具放在外，

044. [illegible]，[illegible]，

ʑe$^{33}$mo$^{21}$fu̠$^{33}$di$^{44}$fu̠$^{33}$，tɕʅ$^{44}$khɯ$^{33}$ndʑu̠$^{33}$di$^{44}$ndʑu̠$^{33}$，

母鸡任其孵，柜子装上锁，

045. [illegible]，[illegible]。"

ʑe$^{33}$zɯ$^{33}$tsʅ$^{33}$di$^{44}$tsʅ$^{33}$，tɕʅ$^{44}$khɯ$^{33}$pho$^{21}$di$^{44}$pho$^{21}$。"

鸡崽破壳时，柜子即可开。”

046. 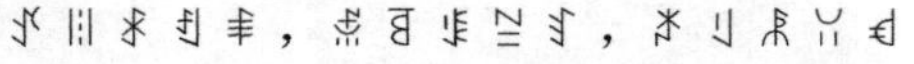

a$^{21}$gɯ$^{33}$ʑi$^{21}$khu̠$^{33}$ȵi$^{33}$，do$^{21}$hi$^{21}$sa$^{55}$ɣa$^{33}$nɯ$^{33}$，

ndʑʅ$^{33}$li$^{33}$mo$^{33}$mʅ$^{33}$vu̠$^{33}$。

阿格叶库呢，把话说完后，立即飞上天。

047. 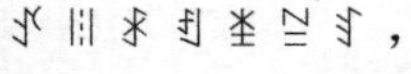

a$^{21}$gɯ$^{33}$ʑi$^{21}$khu̠$^{33}$bo$^{33}$ɣa$^{33}$nɯ$^{33}$，

阿格叶库上天后，

048. 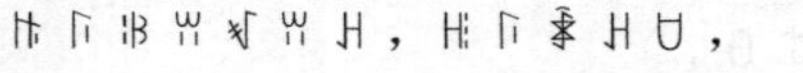

ȵu$^{21}$ȵi$^{21}$ndzi$^{21}$ndzi$^{21}$vu$^{55}$vu$^{55}$mu$^{33}$，la$^{55}$ȵi$^{21}$tɯ$^{44}$mu$^{33}$ku$^{33}$，

牛日起云雾，虎日雷声响，

049. 

thɯ$^{21}$ɬɯ$^{21}$ȵi$^{21}$ha$^{33}$dzi$^{44}$，lu$^{33}$ȵi$^{21}$lʅ$^{33}$vo$^{21}$ha$^{33}$sʅ$^{33}$zo$^{55}$，

兔日即下雨，龙日四处下暴雨，

050. 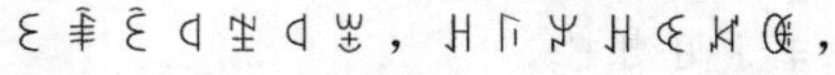

ʂʅ$^{33}$ȵi$^{44}$ʂʅ$^{44}$ʑʅ$^{33}$di$^{21}$ʑʅ$^{33}$mbo$^{33}$，mu$^{33}$ȵi$^{21}$ʂʅ$^{21}$mu$^{33}$ʑʅ$^{21}$tso$^{33}$mbʅ$^{55}$，

蛇日浪滔滔，马日洪水漫天地，

051. 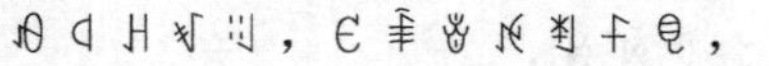

ne$^{33}$ʑʅ$^{33}$mu$^{33}$vu$^{55}$mu̥$^{33}$，ʑo$^{33}$ȵi$^{44}$ʂo$^{33}$he$^{33}$thɯ$^{33}$tshi$^{33}$dzɯ$^{33}$，

江河漫齐天，羊日獭鼠食松叶，

052. 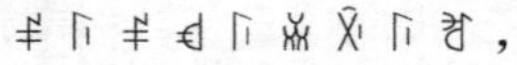

ʑe$^{33}$ȵi$^{21}$ʑe$^{33}$vu̠$^{33}$ȵi$^{21}$tsi$^{33}$tshʅ$^{44}$ȵi$^{21}$dʑi$^{21}$，

鸡日孵鸡已到二十一天时，

053. 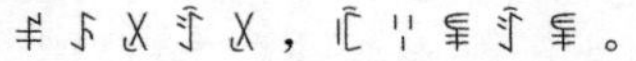

ʑe$^{33}$zɯ$^{33}$tsʅ$^{33}$di$^{44}$tsʅ$^{33}$，tɕʅ$^{44}$khɯ$^{33}$pho$^{21}$di$^{44}$pho$^{21}$。

鸡崽已破壳，柜子随即开。

054. ，：

tɕʅ$^{44}$khɯ$^{33}$pho$^{21}$ɣa$^{33}$nɯ$^{33}$，bo$^{44}$dzi$^{33}$lo$^{44}$dzi$^{33}$li$^{33}$：

柜子打开后，剩下大山岭：

055. ，；

a$^{21}$dzʅ$^{33}$nda$^{33}$ko$^{55}$bo$^{33}$，nda$^{44}$bo$^{33}$dzu̠$^{44}$dɯ$^{33}$dzi$^{33}$；

阿子达果山，只剩一棵蕨草够长的面积；

056. ，；

xɔ$^{33}$mu$^{33}$ti$^{44}$tshi$^{33}$bo$^{33}$，xɔ$^{44}$ma$^{33}$hi$^{55}$dɯ$^{33}$dzi$^{33}$；

伙木氏测山，仅剩容纳一个汉人的面积；

057. ，；

vo$^{21}$ndi$^{21}$ɬu$^{55}$tɕhu$^{33}$bo$^{33}$，ɬu$^{55}$ma$^{33}$ʑʅ$^{21}$ma$^{33}$dzi$^{33}$；

俄地尔曲山，仅剩容纳一个牧人的面积；

058. ，；

tɕʅ$^{33}$ʅ$^{44}$tɕʅ$^{33}$zʅ$^{55}$bo$^{33}$，tɕʅ$^{33}$zʅ$^{55}$ʑʅ$^{21}$ma$^{33}$dzi$^{33}$；

吉尔吉日山，仅剩星辰大一点的面积；

059. ，；

ɣo$^{21}$tʂhʅ$^{21}$mu$^{33}$o$^{33}$bo$^{33}$，mu$^{33}$o$^{33}$ʑʅ$^{21}$ma$^{33}$dzi$^{33}$；

俄池木峨山，仅剩马头大一点的面积；

060. ，；

i$^{55}$mu$^{21}$dzi$^{33}$m̥ʅ$^{33}$bo$^{33}$，dzi$^{33}$m̥ʅ$^{33}$ʑʅ$^{21}$ma$^{33}$dzi$^{33}$；

野木则木山，仅剩鼓柄大一点的面积；

061. ，；

ɕe$^{33}$khɯ$^{33}$mu$^{33}$tɕhu$^{33}$bo$^{33}$，ɕe$^{33}$tshu$^{21}$ndi$^{55}$dɯ$^{33}$dzi$^{33}$；

协克木曲山，仅剩容纳一副铠甲的面积；

062. 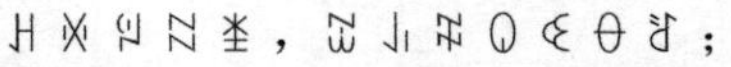

mu$^{33}$tɕhi$^{33}$lɯ$^{33}$hi$^{55}$bo$^{33}$，lɯ$^{21}$pu$^{33}$tʂho$^{33}$tɕhu$^{33}$ʑɿ$^{21}$ma$^{33}$dzi$^{33}$；

木且勒海山，仅剩公獐大的面积；

063. 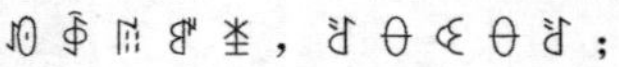

o$^{33}$lo$^{44}$dzi$^{21}$vo$^{21}$bo$^{33}$，dzi$^{33}$ma$^{33}$ʑɿ$^{21}$ma$^{33}$dzi$^{33}$；

峨洛则峨山，仅剩冰雹大的面积；

064. 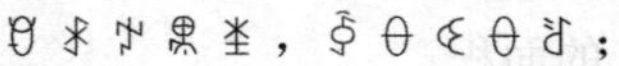

e$^{55}$ʑi$^{21}$ŋa$^{33}$xa$^{33}$bo$^{33}$，e$^{44}$ma$^{33}$ʑɿ$^{21}$ma$^{33}$dzi$^{33}$；

野叶安哈山，仅剩鸭子大的面积；

065. 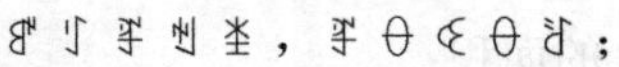

vo$^{21}$kɯ$^{33}$tʂhɿ$^{55}$khu$^{33}$bo$^{33}$，tʂhɿ$^{55}$ma$^{33}$ʑɿ$^{21}$ma$^{33}$dzi$^{33}$；

吾格池库山，仅剩山羊大的面积；

066. 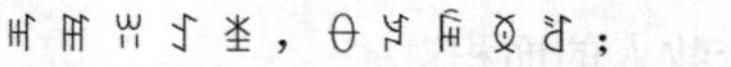

ʂa$^{33}$ma$^{55}$ma$^{55}$ho$^{33}$bo$^{33}$，ma$^{33}$tshu$^{21}$dzu̠$^{44}$dɯ$^{33}$dzi$^{33}$；

沙玛马洪山，仅剩容纳一丛竹的面积；

067. 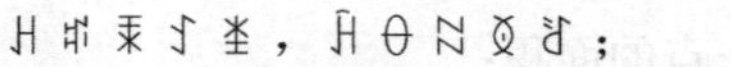

mu$^{33}$zi$^{55}$ʂɔ$^{33}$ho$^{33}$bo$^{33}$，mu$^{44}$ma$^{33}$hi$^{55}$dɯ$^{33}$dzi$^{33}$；

木惹硕洪山，仅剩容纳一匹马的面积；

068. 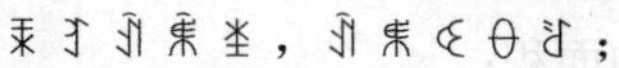

ʂɔ$^{33}$nɔ$^{33}$a$^{44}$dʑu$^{33}$bo$^{33}$，a$^{44}$dʑu$^{33}$ʑɿ$^{21}$ma$^{33}$dzi$^{33}$；

硕诺阿居山，仅剩狐狸大的面积；

069. 

ʂu$^{55}$dzu̠$^{33}$va$^{55}$kɯ$^{33}$bo$^{33}$，ʂu$^{55}$bo$^{33}$dzu$^{44}$dɯ$^{33}$dzi$^{33}$；

署足瓦格山，仅剩一棵杉树生长的面积；

070. 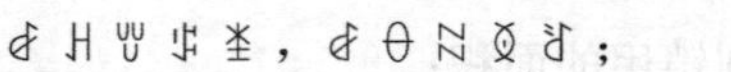

ni$^{21}$mu$^{33}$hɔ$^{55}$sa$^{33}$bo$^{33}$，ni$^{21}$ma$^{33}$hi$^{55}$dɯ$^{33}$dzi$^{33}$；

尼木洪萨山，仅剩容纳一个彝人的面积；

071. 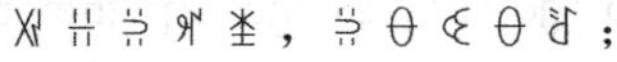

ɕi$^{33}$ndzi$^{33}$tha$^{33}$gu$^{55}$bo$^{33}$，tha$^{33}$ma$^{33}$ʑʅ$^{21}$ma$^{33}$dzi$^{33}$；

协则特古山，仅剩坛子大的面积；

072. 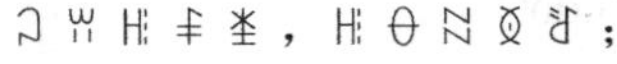

mo$^{21}$mo$^{21}$la$^{55}$n̥i$^{33}$bo$^{33}$，la$^{55}$ma$^{33}$hi$^{55}$dɯ$^{33}$dzi$^{33}$；

莫莫拉尼山，仅剩容纳一只老虎的面积；

073. 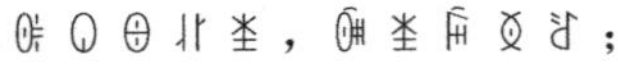

tʂhu$^{21}$tʂhu$^{33}$ndʐa$^{55}$ndʐa$^{21}$bo$^{33}$，tʂhu$^{44}$bo$^{33}$dzu̱$^{44}$dɯ$^{33}$dzi$^{33}$；

除曲扎扎山，仅剩一丛荆棘生长的面积；

074. 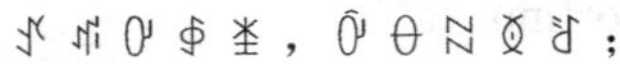

a$^{21}$bu$^{33}$tshe$^{33}$lo$^{33}$bo$^{33}$，tshe$^{44}$ma$^{33}$hi$^{55}$dɯ$^{33}$dzi$^{33}$；

阿布测洛山，仅剩容纳一头鹿的面积；

075. 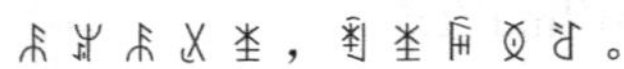

thɯ$^{21}$ɬʅ$^{33}$thɯ$^{21}$tsʅ$^{33}$bo$^{33}$，thɯ$^{44}$bo$^{33}$dzu̱$^{44}$dɯ$^{33}$dzi$^{33}$。

特尔忒自山，仅剩一棵松树生长的面积。

076. 

tshʅ$^{21}$ɣa$^{33}$mo$^{44}$gu$^{21}$dʑu$^{44}$，dʑu$^{55}$mu$^{33}$zɯ$^{33}$ʑʅ$^{33}$ȵi$^{33}$，

从此以后呢，居木的长子呢，

077. 

tɕhu$^{33}$la$^{33}$ʂʅ$^{44}$go$^{33}$i$^{55}$，ʑʅ$^{33}$lʅ̱$^{33}$ʑʅ$^{33}$xa$^{55}$tsi$^{21}$；

因睡金银床，被水卷入底；

078. 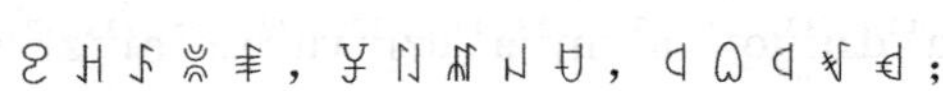

dʑu$^{55}$mu$^{33}$zɯ$^{33}$ka$^{55}$ȵi$^{33}$，dʑʅ$^{33}$la$^{33}$xɯ$^{33}$go$^{33}$i$^{55}$，ʑʅ$^{33}$ȵo$^{21}$ʑʅ$^{33}$vu$^{55}$vu̱$^{33}$；

居木的次子呢，因睡铜铁床，沉入水底；

079. [illegible]

dʑu$^{55}$mu$^{33}$zɯ$^{21}$n̥o$^{21}$n̥i$^{33}$，sɿ̱$^{33}$la$^{33}$ʂu$^{55}$go$^{33}$i$^{55}$，ʐɿ$^{33}$n̥o$^{21}$ʐɿ$^{33}$tho$^{55}$bu$^{33}$，

居木的幺子呢，因睡木柜床，漂泊在水面，

080. [illegible]。

n̥o$^{21}$la$^{33}$ndzɿ$^{33}$ho$^{21}$lṳ$^{33}$n̥e$^{55}$bo$^{33}$ko$^{33}$ndo$^{21}$。

漂到兹洪尔碾山上。

081. [illegible]，

dʑu$^{55}$mu$^{33}$vu$^{44}$vu$^{33}$n̥i$^{33}$，

居木武吾呢，

082. [illegible]；

ɔ$^{44}$pa$^{33}$ʐɿ$^{33}$si$^{21}$la$^{33}$，tshɿ$^{33}$tshɿ$^{33}$tɕho$^{21}$mu$^{33}$ta$^{33}$；

蛙被水冲来，捞起认作朋友；

083. [illegible]；

a$^{44}$he$^{33}$ʐɿ$^{33}$si$^{21}$la$^{33}$，tshɿ$^{33}$tshɿ$^{33}$tɕho$^{21}$mu$^{33}$ta$^{33}$；

老鼠被水冲来，捞起认作朋友；

084. [illegible]；

a$^{44}$dʑi$^{33}$ʐɿ$^{33}$si$^{21}$la$^{33}$，tshɿ$^{33}$tshɿ$^{33}$tɕho$^{21}$mu$^{33}$ta$^{33}$；

乌鸦被水冲来，捞起认作朋友；

085. [illegible]。

dʑi$^{21}$ʑo$^{33}$ʐɿ$^{33}$si$^{21}$la$^{33}$，tshɿ$^{33}$tshɿ$^{33}$tɕho$^{21}$mu$^{33}$ta$^{33}$。

蜜蜂被水冲来，捞起认作朋友。

086. [illegible]。

xo$^{55}$tɕi$^{21}$tshɿ$^{33}$dze$^{33}$a$^{44}$dʑi$^{33}$to$^{21}$，a$^{21}$mɿ$^{33}$a$^{44}$dʑi$^{33}$vu$^{33}$xa$^{55}$n̥i$^{33}$ʑi$^{21}$sɿ$^{33}$。

剁弓弦来喂乌鸦，至今还留在乌鸦的肚里。

087.

zɿ21du33mu21tu55tshɿ33，a33tʂa55sɿ̠33ku21ŋgu̠33，

hi44vu33ndze33la33tɕe33，

用干草来引火，喜鹊捡干柴，把箭杆劈开烧，

088.

mu33ku33hi33vu33fu21tɕi33li33，ʂɿ21mu33ŋɯ33ha55zu̠33。

犹如箭杆粗的一股青烟，直升到宇宙上方。

089.

ʂɿ21mu33ŋɯ33ha55nɯ33，ŋɯ33thi55ku33ndzɿ33thu55，

宇宙的上方，恩体古兹家，

090.

ʂu21pu33zɯ44dzi33tsɿ33，ŋɯ33dʑɿ44hɯ21ʑɿ33ʂu44，

派对野雉鸡，来察看下界地面，

091.

tɕo33li33ŋɯ33ȵe55thi33：

回来禀报道：

092.

“ndzɿ33ho21lu33ȵe55bo33ko33nɯ33，

mu33ku33hi33vu33fu21tɕi33du̠33ʑi21sɿ33” di44。

“兹洪尔碾山上，还有箭杆粗的青烟往上冒。”

093.

ŋɯ33thi55ku33ndzɿ33nɯ33：“dʑu55mu33zɯ33sɔ33ȵi33，

gi55mo33tsho33a21ŋɯ33。”

恩体古兹说：“居木三子呢，绝非断命之人。”

094.

tsɿ$^{44}$zɯ$^{33}$sɔ$^{33}$ʑɔ$^{33}$tsɿ$^{33}$，ŋɯ$^{33}$dʑɿ$^{44}$vu$^{44}$vu$^{33}$ʑu$^{33}$ʐɿ$^{33}$ʂu$^{44}$。

随即派出三差使，前去捉拿武吾。

095. [illegible]，

dʑu$^{55}$mu$^{33}$vu$^{44}$vu$^{33}$ȵi$^{33}$，

居木武吾呢，

096. [illegible]，[illegible]，

tʂhɿ$^{55}$dzi$^{33}$tʂhɿ$^{55}$bu$^{33}$nɔ$^{33}$ma$^{33}$dzi$^{33}$，vi$^{55}$dzi$^{33}$vi$^{55}$mo$^{21}$a$^{33}$ʂɿ$^{33}$dzi$^{33}$，

还剩只黑公山羊，还剩只黄母猪，

097. [illegible]，[illegible]，

vi$^{55}$mo$^{21}$a$^{33}$ʂɿ$^{33}$si$^{55}$，tsɿ$^{44}$zɯ$^{33}$sɔ$^{33}$ʑɔ$^{33}$tʂa$^{33}$，

杀了黄母猪，款待三位差使，

098. [illegible]，[illegible]，

tʂhɿ$^{55}$bu$^{33}$nɔ$^{33}$ma$^{33}$ʑu$^{33}$，tsɿ$^{44}$zɯ$^{33}$sɔ$^{33}$ʑɔ$^{33}$bɿ$^{21}$，

牵来黑公羊，赠送三差使，

099. [illegible]，[illegible]。

ŋɯ$^{33}$ȵe$^{55}$ndzɿ$^{33}$a$^{21}$mɿ$^{33}$，ŋɯ$^{33}$dʑɿ$^{44}$lu̠$^{33}$du$^{33}$dʑi$^{21}$la$^{33}$di$^{44}$。

要天上兹的女儿，下嫁给地上的奴。

100. [illegible]，[illegible]。

ŋɯ$^{33}$thi$^{55}$ku$^{33}$ndzɿ$^{33}$ȵi$^{33}$，ŋɯ$^{33}$dʑɿ$^{44}$lu̠$^{33}$du$^{33}$dʑi$^{21}$ma$^{21}$n̥a$^{33}$。

恩体古兹呢，不愿跟地上的奴开亲。

## 二、生词

1. [illegible] ndzu$^{21}$thi$^{21}$ 发髻
2. [illegible] ndzi$^{55}$su$^{33}$ 合适的
3. [illegible] zɯ$^{33}$ŋɯ$^{33}$ 好儿子
4. [illegible] ŋgɯ$^{21}$n̥i$^{33}$ 桦槁树
5. [illegible] ʂɔ$^{44}$ma$^{33}$ 杜鹃
6. [illegible] mo$^{21}$ȵi$^{21}$ 嫩竹

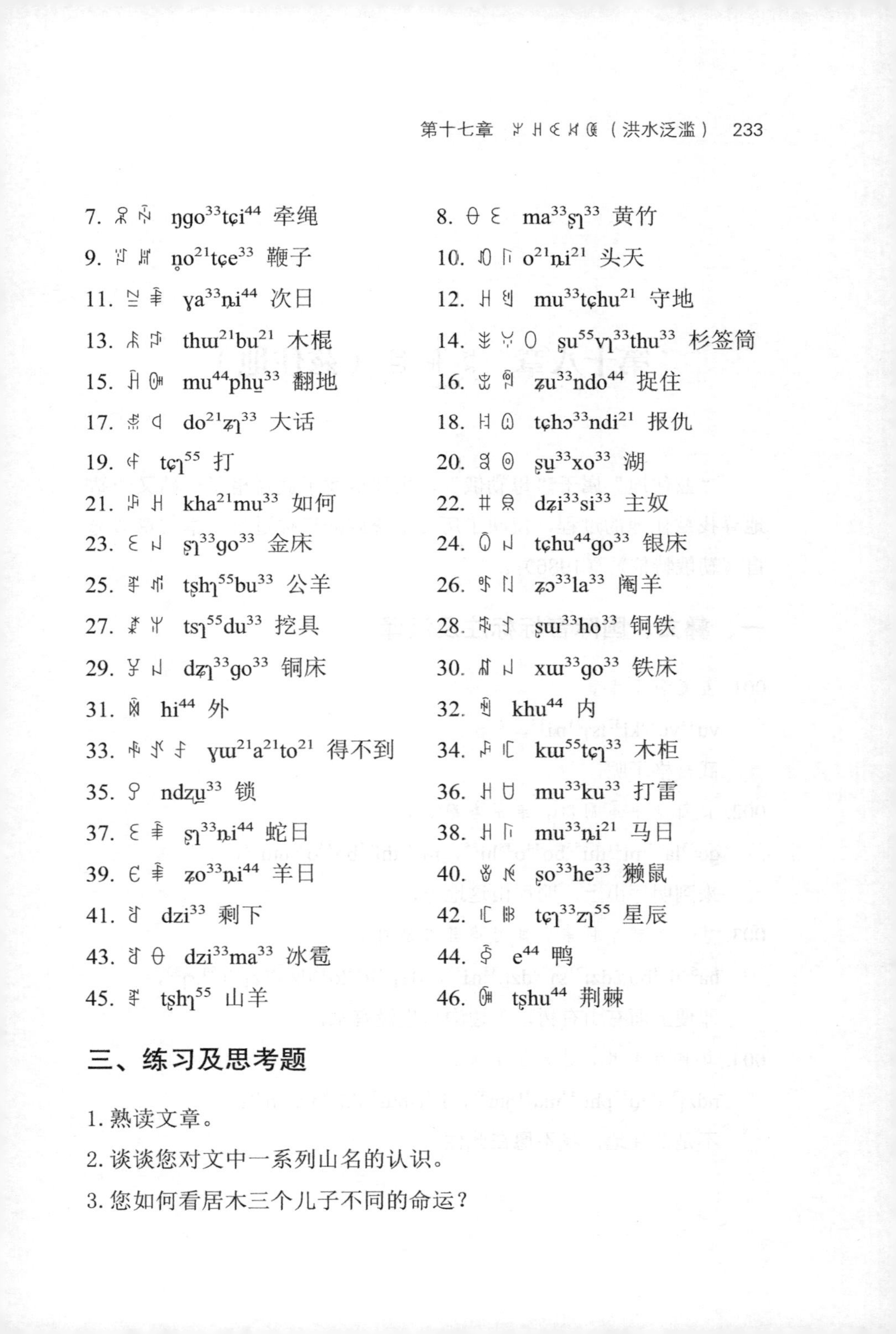

7. ŋgo$^{33}$tɕi$^{44}$ 牵绳

8. ma$^{33}$ʂɿ$^{33}$ 黄竹

9. n̥o$^{21}$tɕe$^{33}$ 鞭子

10. o$^{21}$ȵi$^{21}$ 头天

11. ɣa$^{33}$ȵi$^{44}$ 次日

12. mu$^{33}$tɕhu$^{21}$ 守地

13. thɯ$^{21}$bu$^{21}$ 木棍

14. ʂu$^{55}$vɿ$^{33}$thu$^{33}$ 杉签筒

15. mu$^{44}$phu̱$^{33}$ 翻地

16. ʑu$^{33}$ndo$^{44}$ 捉住

17. do$^{21}$ʑɿ$^{33}$ 大话

18. tɕhɔ$^{33}$ndi$^{21}$ 报仇

19. tɕɿ$^{55}$ 打

20. ʂu̱$^{33}$xo$^{33}$ 湖

21. kha$^{21}$mu$^{33}$ 如何

22. dʑi$^{33}$si$^{33}$ 主奴

23. ʂɿ$^{33}$go$^{33}$ 金床

24. tɕhu$^{44}$go$^{33}$ 银床

25. tʂhɿ$^{55}$bu$^{33}$ 公羊

26. ʑɔ$^{33}$la$^{33}$ 阉羊

27. tsɿ$^{55}$du$^{33}$ 挖具

28. ʂɯ$^{33}$ho$^{33}$ 铜铁

29. dʑɿ$^{33}$go$^{33}$ 铜床

30. xɯ$^{33}$go$^{33}$ 铁床

31. hi$^{44}$ 外

32. khu$^{44}$ 内

33. ɣɯ$^{21}$a$^{21}$to$^{21}$ 得不到

34. kɯ$^{55}$tɕɿ$^{33}$ 木柜

35. ndʐu̱$^{33}$ 锁

36. mu$^{33}$ku$^{33}$ 打雷

37. ʂɿ$^{33}$ȵi$^{44}$ 蛇日

38. mu$^{33}$ȵi$^{21}$ 马日

39. ʑo$^{33}$ȵi$^{44}$ 羊日

40. ʂo$^{33}$he$^{33}$ 獭鼠

41. dzi$^{33}$ 剩下

42. tɕɿ$^{33}$zɿ$^{55}$ 星辰

43. dzi$^{33}$ma$^{33}$ 冰雹

44. e$^{44}$ 鸭

45. tʂhɿ$^{55}$ 山羊

46. tʂhu$^{44}$ 荆棘

## 三、练习及思考题

1. 熟读文章。

2. 谈谈您对文中一系列山名的认识。

3. 您如何看居木三个儿子不同的命运？

# 第十八章 （兹住地）

“兹住地”属于“母勒俄”，主要讲述了武吾格子一站又一站地寻找兹住地的过程，反映了历史上彝族的迁徙过程。本文章节选自《勒俄特依》（1986）。

## 一、彝文、国际音标标注及汉译

001.

vu⁴⁴vu³³ki³³tsɿ²¹ȵi³³，

武吾格子呢，

002.

go³³la³³mi²¹thi⁵⁵bo⁴⁴o³³hi⁵⁵，mi²¹thi⁵⁵bo⁴⁴o³³nɯ³³，

来到明厅山上，明厅山这地方，

003.

ha⁵⁵li³³bo³³dʑi²¹sɿ³³dzu̠³³ȵi³³，dʑɿ²¹li³³lo³³dʑo³³ʐɿ³³a²¹ʐɿ³³，

即使上面有山有树，下边沟里也没有水，

004.

ndzɿ³³dzu̠³³phu⁴⁴ma²¹ŋɯ³³，i²¹tʂhɯ³³thi⁵⁵ma²¹ti²¹；

不是兹住地，我不愿在此住；

005. 

mi$^{21}$thi$^{55}$bo$^{44}$o$^{33}$hi$^{55}$，ka$^{33}$lu$^{55}$mo$^{21}$bo$^{33}$mo$^{33}$，

站在明厅山，望见了雷波，

006. 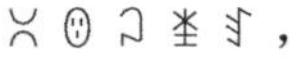

ka$^{33}$lu$^{55}$mo$^{21}$bo$^{33}$nɯ$^{33}$，

雷波这地方，

007. 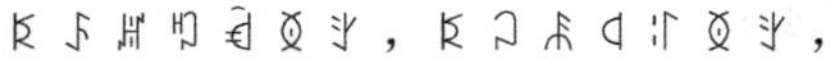

ndzɿ$^{33}$zɯ$^{33}$tɕe$^{33}$ʑi$^{33}$vu̱$^{44}$dɯ$^{33}$ko$^{33}$，

ndzɿ$^{21}$mo$^{21}$thɯ$^{21}$ʑɿ$^{33}$si$^{21}$dɯ$^{33}$ko$^{33}$，

是兹惹进监狱的地方，是兹莫用书的地方，

008. 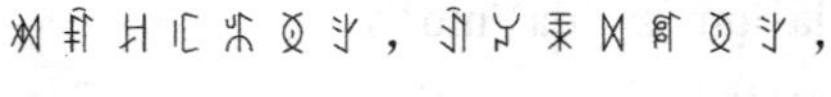

ba$^{33}$dʑo$^{44}$ndʐʅ$^{33}$tɕʅ$^{33}$tʂo$^{55}$dɯ$^{33}$ko$^{33}$，a$^{44}$tɕhʅ$^{33}$ʂɔ$^{33}$ho$^{21}$ge$^{33}$dɯ$^{33}$ko$^{33}$，

是巴九喝酒之地，是女人懂汉语之地，

009. 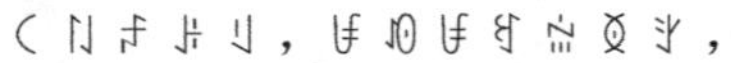

hɔ$^{33}$la$^{33}$to$^{33}$su$^{33}$li$^{33}$，pu̱$^{33}$o$^{33}$pu̱$^{33}$xi$^{55}$ndi$^{55}$dɯ$^{33}$ko$^{33}$，

是能干的人，戴官帽的地方，

010. 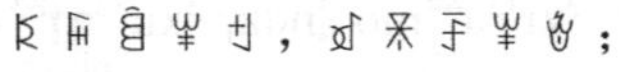

ndzɿ$^{33}$dzu̱$^{33}$phu$^{44}$ma$^{21}$ŋɯ$^{33}$，i$^{21}$tʂhɯ$^{33}$thi$^{55}$ma$^{21}$ti$^{21}$；

不是兹住地，我不愿在此住；

011. 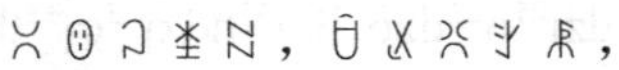

ka$^{33}$lu$^{55}$mo$^{21}$bo$^{33}$hi$^{55}$，ku$^{44}$tsɿ$^{33}$dʑo$^{21}$ko$^{33}$mo$^{33}$，

站在雷波，看见古子坝，

012. 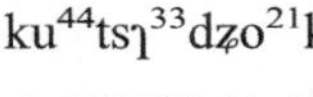

ku$^{44}$tsɿ$^{33}$dʑo$^{21}$ko$^{33}$nɯ$^{33}$，

古子坝这地方，

013. [illegible]

tsa$^{21}$bɿ$^{21}$vu$^{55}$ʂa$^{33}$dzu̠$^{33}$dɯ$^{33}$ko$^{33}$，ma$^{33}$ʐɿ$^{33}$dʑu$^{21}$ɬu$^{21}$m̥o$^{21}$dɯ$^{33}$ko$^{33}$，

是土壤有毛之地，是竹草吹笛之地，

014. [illegible]

hi$^{44}$khɯ$^{33}$tsɿ$^{33}$lɿ$^{33}$pɿ$^{21}$dɯ$^{33}$ko$^{33}$，ʐɿ$^{21}$du$^{33}$me$^{21}$tʂhu̠$^{33}$pɿ$^{21}$dɯ$^{33}$ko$^{33}$，

是蒿草背铃之地，是干草背剑之地，

015. [illegible]

ndzɿ$^{33}$dzu̠$^{33}$phu$^{44}$ma$^{21}$ŋɯ$^{33}$，i$^{21}$tʂhɯ$^{33}$thi$^{55}$ma$^{21}$ti$^{21}$；

不是兹住地，我不愿在此住；

016. [illegible]

ku$^{44}$tsɿ$^{33}$dʑo$^{21}$ko$^{33}$hi$^{55}$，ɬa$^{33}$gu̠$^{33}$ʑɿ$^{33}$da$^{33}$mo$^{33}$，

站在古子坝，看见拉古衣达，

017. [illegible]

ɬa$^{33}$gu̠$^{33}$ʑɿ$^{33}$da$^{33}$nɯ$^{33}$，

拉古衣达这地方，

018. [illegible]

ha$^{55}$li$^{33}$bo$^{33}$dʑi$^{44}$ndzɿ$^{33}$ku$^{33}$zɿ̠$^{33}$，sɿ$^{33}$ʑi$^{33}$a$^{44}$mo$^{33}$ndzɿ$^{33}$ku$^{33}$zɿ̠$^{33}$，

上方有山盖兹魂，思依阿莫盖兹魂，

019. [illegible]

dʑɿ$^{21}$li$^{33}$dʑo$^{21}$dʑi$^{21}$ndzɿ$^{33}$ɕɿ$^{33}$tha$^{55}$，dzi$^{21}$o$^{21}$dʑo$^{21}$ko$^{33}$ndzɿ$^{33}$ɕɿ$^{33}$tha$^{55}$，

下面有坝碍兹脚，则俄平坝碍兹脚，

020. [illegible]

nɔ$^{33}$ʂɿ$^{33}$thi$^{55}$dzu̠$^{33}$su$^{33}$，o$^{21}$ȵi$^{21}$nɔ$^{33}$tsu$^{33}$tsu$^{33}$，

ɣa$^{44}$ȵi$^{44}$nɔ$^{33}$tsu$^{33}$tsu$^{33}$dɯ$^{33}$ko$^{33}$，

若黑彝住这地方，会今天来一批，明天来一批，

021. 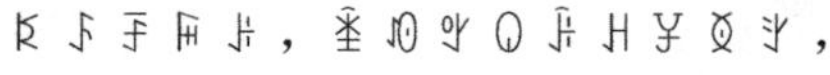

ndzɿ$^{33}$zɯ$^{33}$thi$^{55}$dzu̠$^{33}$su$^{33}$，

bo$^{44}$o$^{33}$vo$^{33}$tɕhu$^{33}$su$^{44}$mu$^{33}$dʑɿ$^{33}$dɯ$^{33}$ko$^{33}$，

若兹惹住这地方，会像山上雪一样融化，

022. 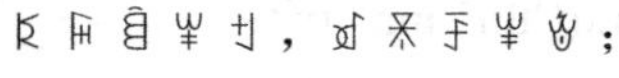

ndzɿ$^{33}$dzu̠$^{33}$phu$^{44}$ma$^{21}$ŋɯ$^{33}$，i$^{21}$tʂhɯ$^{33}$thi$^{55}$ma$^{21}$ti$^{21}$；

不是兹住地，我不愿在此住；

023. 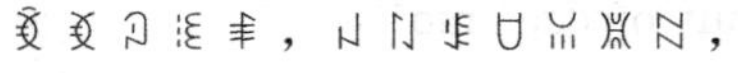

vu$^{44}$vu$^{33}$ki$^{33}$tsɿ$^{21}$ȵi$^{33}$，go$^{33}$la$^{33}$sa$^{55}$ku$^{33}$khɯ$^{21}$ȵe$^{55}$hi$^{55}$，

武吾格子呢，来到撒谷克碾，

024. 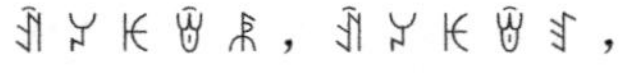

a$^{44}$tɕhɿ$^{33}$pi$^{33}$lu$^{33}$mo$^{33}$，a$^{44}$tɕhɿ$^{33}$pi$^{33}$lu$^{33}$nɯ$^{33}$，

看见阿其比尔，阿其比尔这地方，

025. 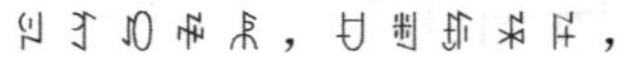

lɯ$^{33}$nɔ$^{33}$o$^{33}$li$^{55}$mo$^{33}$，i$^{55}$tʂhɿ$^{21}$phɿ$^{21}$dzɿ$^{33}$zi$^{33}$，

犁地用黑水牛，吃饭用短柄木勺，

026. 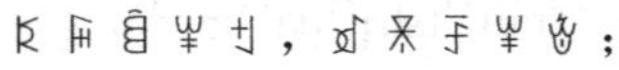

ndzɿ$^{33}$dzu̠$^{33}$phu$^{44}$ma$^{21}$ŋɯ$^{33}$，i$^{21}$tʂhɯ$^{33}$thi$^{55}$ma$^{21}$ti$^{21}$；

不是兹住地，我不愿在此住；

027. 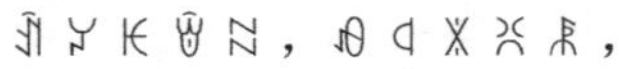

a$^{44}$tɕhɿ$^{33}$pi$^{33}$lu$^{33}$hi$^{55}$，ne$^{33}$ʑɿ$^{33}$lu̠$^{33}$dʑo$^{21}$mo$^{33}$，

站在阿其比尔，望见安宁场，

028. 

ne$^{33}$ʑɿ$^{33}$lu̠$^{33}$dʑo$^{21}$nɯ$^{33}$，

安宁场这地方，

029. 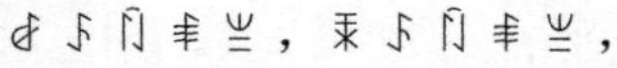

ni$^{21}$zɯ$^{33}$la$^{44}$ȵi$^{33}$pho$^{33}$，ʂɔ$^{33}$zɯ$^{33}$la$^{44}$ȵi$^{33}$pho$^{33}$，

彝人来也逃，汉人来也逃，

030. 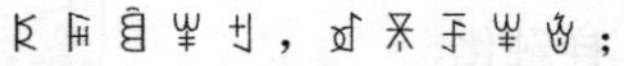

ndʐʅ$^{33}$dzu̠$^{33}$phu$^{44}$ma$^{21}$ŋɯ$^{33}$，i$^{21}$tʂhɯ$^{33}$thi$^{55}$ma$^{21}$ti$^{21}$；

不是兹住地，我不愿在此住；

031. 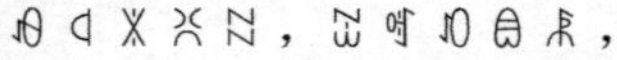

ne$^{33}$ʑʅ$^{33}$lu̠$^{33}$dʑo$^{21}$hi$^{55}$，lɯ$^{21}$gɯ$^{21}$o$^{21}$dʑo̠$^{33}$mo$^{33}$，

站在安宁场，望见西昌城，

032. 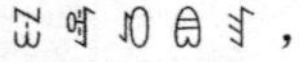

lɯ$^{21}$gɯ$^{21}$o$^{21}$dʑo̠$^{33}$nɯ$^{33}$，

西昌城这地方，

033. 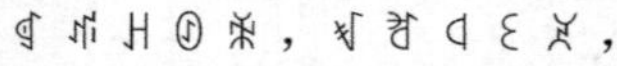

phu$^{21}$bu$^{33}$mu$^{33}$tsha$^{33}$ɬi$^{55}$，vu$^{55}$dʑi$^{21}$ʑʅ$^{33}$ʂʅ$^{33}$ɬʅ$^{55}$，

烈日晒背脊，腹部起水疱，

034. 

ʑʅ$^{44}$ȵi$^{33}$la$^{55}$bu$^{33}$dzi$^{21}$mu$^{33}$mo$^{33}$，mo$^{44}$nɯ$^{33}$tshʅ$^{21}$ga$^{55}$mo$^{33}$，

ɬʅ$^{55}$nɯ$^{33}$ȵi$^{21}$di$^{44}$dʑo$^{33}$，

水牛黄牛并着犁，犁时在一起，犁完各在一方，

035. 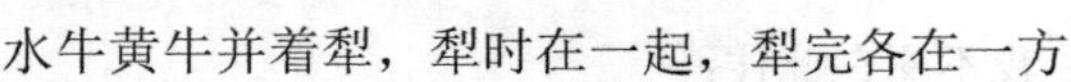

ni$^{21}$la$^{33}$xɔ$^{33}$tɕe$^{33}$dʐʅ$^{21}$，du̠$^{44}$nɯ$^{33}$tshʅ$^{21}$ga$^{55}$la$^{33}$，

ŋgo$^{44}$nɯ$^{33}$ȵi$^{21}$di$^{44}$bo$^{33}$，

彝汉相交杂，出门在一起，归家各走各，

036. 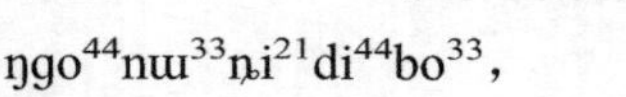

ʂɔ$^{33}$zɯ$^{33}$ndzu$^{21}$kha$^{33}$thi$^{21}$，ʂɔ$^{33}$mo$^{21}$ɬa$^{55}$dʑe$^{33}$ga$^{55}$，

汉人男子留发髻，汉人女子穿窄裤，

037. 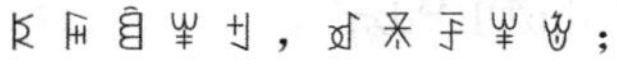

ndzɿ$^{33}$dzu̠$^{33}$phu$^{44}$ma$^{21}$ŋɯ$^{33}$，i$^{21}$tʂhɯ$^{33}$thi$^{55}$ma$^{21}$ti$^{21}$；

不是兹住地，我不愿在此住；

038. 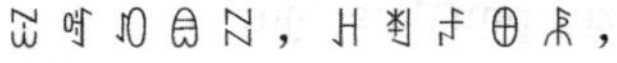

lɯ$^{21}$gɯ$^{21}$o$^{21}$dzo̠$^{33}$hi$^{55}$，mu$^{33}$thɯ$^{33}$to$^{33}$li$^{21}$mo$^{33}$，

站在西昌城，望见大兴场，

039. 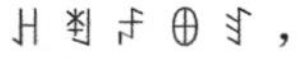

mu$^{33}$thɯ$^{33}$to$^{33}$li$^{21}$nɯ$^{33}$，

大兴场这地方，

040. 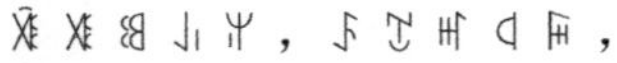

kɔ$^{44}$kɔ$^{33}$ndzɿ$^{55}$pu$^{33}$du$^{33}$，zɯ$^{33}$ɭ$^{33}$ʂa$^{33}$ʐɿ$^{33}$dzu̠$^{33}$，

土地很荒凉，子孙定受穷，

041. 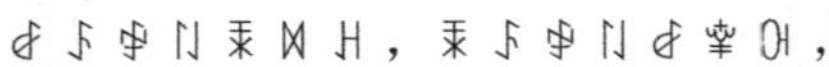

ni$^{21}$zɯ$^{33}$ʑu̠$^{33}$la$^{33}$ʂɔ$^{33}$ho$^{21}$mu$^{33}$，ʂɔ$^{33}$zɯ$^{33}$ʑu̠$^{33}$la$^{33}$ni$^{21}$ndzu$^{21}$tshu̠$^{33}$，

彝人有人会汉话，汉人有留天菩萨，

042. 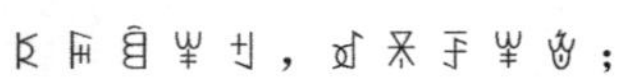

ndzɿ$^{33}$dzu̠$^{33}$phu$^{44}$ma$^{21}$ŋɯ$^{33}$，i$^{21}$tʂhɯ$^{33}$thi$^{55}$ma$^{21}$ti$^{21}$；

不是兹住地，我不愿在此住；

043. 

mu$^{33}$thɯ$^{33}$to$^{33}$li$^{21}$hi$^{55}$，phu$^{55}$ʂu̠$^{33}$ka$^{44}$thɔ$^{33}$mo$^{33}$，

站在大兴场，望见普诗岗拖，

044. 

phu$^{55}$ʂu̠$^{33}$ka$^{44}$thɔ$^{33}$nɯ$^{33}$，

普诗岗拖这地方，

045. [illegible]，[illegible]，

ndzɿ$^{33}$dzu̠$^{33}$dɯ$^{44}$li$^{33}$vu$^{33}$，lu̠$^{33}$dzu̠$^{33}$dɯ$^{44}$li$^{33}$dʑɿ$^{33}$，

兹的住处狭窄，民的住处宽敞，

046. [illegible]，[illegible]，[illegible]；

ʐɿ$^{33}$dzu̠$^{33}$phu$^{55}$nɔ$^{21}$dzu̠$^{33}$，ndzɿ$^{33}$dzu̠$^{33}$phu$^{44}$ma$^{21}$ŋɯ$^{33}$，

i$^{21}$tʂhɯ$^{33}$thi$^{55}$ma$^{21}$ti$^{21}$；

全长狗尾草，不是兹住地，我不愿在此住；

047. [illegible]，[illegible]，

phu$^{55}$ʂu̠$^{33}$ka$^{44}$thɔ$^{33}$hi$^{55}$，sa$^{55}$la$^{33}$ndi$^{21}$pho$^{33}$mo$^{33}$，

站在普诗岗拖，望见了烂坝，

048. [illegible]，

sa$^{55}$la$^{33}$ndi$^{21}$pho$^{33}$nɯ$^{33}$，

烂坝这地方，

049. [illegible]，[illegible]，

tho$^{55}$li$^{33}$mu$^{33}$dʑi$^{21}$vu$^{33}$，o$^{55}$li$^{33}$dɯ$^{33}$dʑi$^{21}$fi$^{33}$，

上面天太窄，下面地狭长，

050. [illegible]，[illegible]，

zu$^{21}$zɯ$^{33}$tɕhu$^{44}$gɔ$^{33}$ga$^{55}$，ʂu$^{55}$zɯ$^{33}$tsɿ$^{33}$lɿ$^{33}$pɿ$^{21}$，

杉树穿银衣，柏树背铃铛，

051. [illegible]，[illegible]，

tsa$^{21}$bɿ$^{21}$ɔ$^{33}$ve$^{33}$ndi$^{55}$，ȵo$^{21}$mu$^{33}$dza$^{33}$ma$^{21}$ɣɯ$^{21}$，

土块戴首饰，耕种不得粮，

052. [illegible]，[illegible]，[illegible]；

ɕɿ$^{44}$khɔ$^{33}$kha$^{33}$tshɿ$^{33}$ʑɿ$^{33}$，ndzɿ$^{33}$ndo$^{33}$ʑɿ$^{33}$ma$^{21}$ŋɯ$^{33}$，

i$^{21}$tʂhɯ$^{33}$thi$^{55}$ma$^{21}$ti$^{21}$；

牛马洗蹄水，不是兹喝的，我不愿在此住；

053. 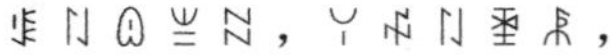

sa$^{55}$la$^{33}$ndi$^{21}$pho$^{33}$hi$^{55}$，sɿ̠$^{33}$khe$^{33}$la$^{33}$da$^{33}$mo$^{33}$，

站在烂坝看，看见四开谷，

054. 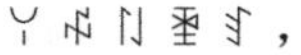

sɿ̠$^{33}$khe$^{33}$la$^{33}$da$^{33}$nɯ$^{33}$，

四开谷这地方，

055. 

zɯ$^{33}$si$^{55}$lo$^{55}$tshɿ$^{33}$ʑɿ$^{33}$，ndzɿ$^{33}$ndo$^{33}$ʑɿ$^{33}$ma$^{21}$ŋɯ$^{33}$，

i$^{21}$tʂhɯ$^{33}$thi$^{55}$ma$^{21}$ti$^{21}$；

杀子者在此洗手，不是兹住地，我不愿在此住；

056. 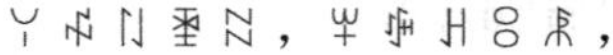

sɿ̠$^{33}$khe$^{33}$la$^{33}$da$^{33}$hi$^{55}$，tɕo$^{55}$thu̠$^{33}$mu$^{33}$gu̠$^{33}$mo$^{33}$，

站在四开谷，看见久土木谷，

057. 

tɕo$^{55}$thu̠$^{33}$mu$^{33}$gu̠$^{33}$nɯ$^{33}$，

久土木谷这地方，

058. 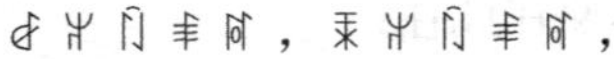

ni$^{21}$ɬɿ$^{33}$la$^{44}$ȵi$^{33}$zo$^{21}$，ʂɔ$^{33}$ɬɿ$^{33}$la$^{44}$ȵi$^{33}$zo$^{21}$，

南风也往这里吹，北风也往这里吹，

059. 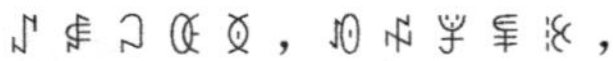

bɿ$^{33}$zɿ$^{33}$mo$^{21}$ŋgɯ$^{21}$dɯ$^{33}$，o$^{33}$khe$^{33}$lo$^{55}$pho$^{21}$tsɿ̠$^{33}$，

为邪魔聚会处，手提脑袋度日子，

060. 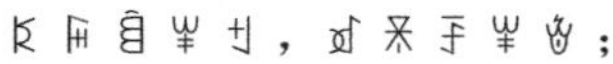

ndzɿ$^{33}$dzu̠$^{33}$phu$^{44}$ma$^{21}$ŋɯ$^{33}$，i$^{21}$tʂhɯ$^{33}$thi$^{55}$ma$^{21}$ti$^{21}$；

不是兹住地，我不愿在此住；

061. [illegible]，[illegible]，

tɕo$^{55}$thu̱$^{33}$mu$^{33}$gu̱$^{33}$hi$^{55}$，hɔ$^{33}$gu̱$^{33}$tɕɔ$^{33}$dʑo$^{21}$mo$^{33}$，

站在久土木谷，望见昭觉坝，

062. [illegible]，

hɔ$^{33}$gu̱$^{33}$tɕɔ$^{33}$dʑo$^{21}$nɯ$^{33}$，

昭觉坝这地方，

063. [illegible]，[illegible]，

bu$^{33}$ɬi$^{55}$thɯ$^{33}$ti$^{33}$dzu̱$^{33}$，bu$^{33}$si$^{33}$vo$^{21}$ndʑo$^{55}$ho$^{33}$，

阳山长棵孤松树，阴山积冰雪，

064. [illegible]，[illegible]，[illegible]，

mu$^{33}$ʂɿ$^{33}$ɣa$^{55}$bu̱$^{33}$dzɿ̱$^{33}$，si$^{33}$da$^{33}$ȵi$^{33}$si$^{33}$dzɿ$^{33}$，

phu̱$^{33}$da$^{33}$ȵi$^{33}$phu̱$^{33}$dzɿ$^{33}$，

黄马配花鞍，主强主人骑，奴强奴仆骑，

065. [illegible]，[illegible]，[illegible]；

dʑu$^{55}$dzu̱$^{33}$tsɿ$^{55}$ma$^{21}$te$^{33}$，ndzɿ$^{33}$dzu̱$^{33}$phu$^{44}$ma$^{21}$ŋɯ$^{33}$，

i$^{21}$tʂhɯ$^{33}$thi$^{55}$ma$^{21}$ti$^{21}$；

社会无规矩，不是兹住地，我不愿在此住；

066. [illegible]，[illegible]，

hɔ$^{33}$gu̱$^{33}$tɕɔ$^{33}$dʑo$^{21}$hi$^{55}$，li$^{21}$mu$^{33}$tʂu$^{21}$hi$^{33}$mo$^{33}$，

站在昭觉坝看，望见竹核坝，

067. [illegible]，[illegible]，

li$^{21}$mu$^{33}$tʂu$^{21}$hi$^{33}$nɯ$^{33}$，vi$^{21}$xo$^{33}$vi$^{21}$thi$^{33}$dzɿ$^{55}$，

竹核坝这地方，宾客集散地，

068. [illegible]，[illegible]，

khu̠$^{33}$thi$^{33}$ɣɯ$^{21}$hi$^{55}$ȵi$^{33}$，o$^{55}$thi$^{33}$ɣɯ$^{21}$ma$^{21}$hi$^{55}$，

能提供木盔，也没有木勺，

069. [illegible]，[illegible]，

dza$^{33}$tsha$^{33}$ɣɯ$^{21}$hi$^{55}$ȵi$^{33}$，zɿ$^{33}$tsha$^{33}$ɣɯ$^{21}$ma$^{21}$hi$^{55}$，

即使能提供热饭，也难提供热汤，

070. [illegible]，[illegible]；

ndzɿ$^{33}$dzu̠$^{33}$phu$^{44}$ma$^{21}$ŋɯ$^{33}$，i$^{21}$tʂhɯ$^{33}$thi$^{55}$ma$^{21}$ti$^{21}$；

不是兹住地，我不愿在此住；

071. [illegible]，[illegible]，

li$^{21}$mu$^{33}$tʂu$^{21}$hi$^{33}$hi$^{55}$，ndʑi$^{55}$ʑi$^{21}$ʂɔ$^{33}$nɔ$^{33}$mo$^{33}$，

站在竹核坝，望见黄毛埂，

072. [illegible]，

ndʑi$^{55}$ʑi$^{21}$ʂɔ$^{33}$nɔ$^{33}$nɯ$^{33}$，

黄毛埂这地方，

073. [illegible]，[illegible]，[illegible]，

ʐɿ$^{33}$dzu̠$^{33}$du$^{55}$tɕɿ$^{33}$dzu̠$^{33}$，ni$^{21}$zɯ$^{33}$ʑu$^{44}$ȵi$^{33}$du$^{55}$，

ʂɔ$^{33}$zɯ$^{33}$ʑu$^{44}$ȵi$^{33}$du$^{55}$，

到处长毒草，彝人摸了也中毒，汉人摸了也中毒，

074. [illegible]，

tshɿ$^{21}$ȵi$^{21}$du$^{55}$phu̠$^{33}$sɿ$^{33}$ga$^{33}$bu$^{33}$，

总有一天被毒死，

075. [illegible]，[illegible]；

ndzɿ$^{33}$dzu̠$^{33}$phu$^{44}$ma$^{21}$ŋɯ$^{33}$，i$^{21}$tʂhɯ$^{33}$thi$^{55}$ma$^{21}$ti$^{21}$；

不是兹住处，我不愿在此住；

076. [illegible]，[illegible]，

ndʑi$^{55}$ʑi$^{21}$ʂɔ$^{33}$nɔ$^{33}$hi$^{55}$，ʐa̱$^{21}$ɣa$^{33}$lo$^{33}$mo$^{44}$mo$^{33}$，

站在黄毛埂，望见日哈洛莫，

077. [illegible]，

ʐa̱$^{21}$ɣa$^{33}$lo$^{33}$mo$^{44}$nɯ$^{33}$，

日哈洛莫这地方，

078. [illegible]，[illegible]，

ha$^{55}$li$^{33}$bu$^{33}$tsu$^{44}$ho$^{44}$ȵi$^{33}$dʑi$^{21}$，dʑɿ$^{21}$li$^{33}$lɯ$^{33}$kɯ$^{21}$dɯ$^{44}$ȵi$^{33}$dʑi$^{21}$，

上有高山可牧羊，下有平坝可斗牛，

079. [illegible]，

gu$^{55}$li$^{33}$dʑu$^{55}$dzu̱$^{33}$phu$^{44}$ȵi$^{33}$dʑi$^{21}$，

中间一带可住人，

080. [illegible]，

mu$^{21}$ʂɿ$^{33}$ɣa$^{33}$ȵi$^{44}$nɯ$^{33}$，

只是将来有一天，

081. [illegible]，[illegible]，

nɔ$^{33}$ʂɿ$^{33}$thi$^{55}$dzu̱$^{33}$su$^{33}$，nɔ$^{33}$ku$^{33}$nɔ$^{33}$li$^{33}$ɔ$^{33}$ŋgu$^{55}$tɕhɿ$^{21}$dɯ$^{33}$ko$^{33}$，

住在此地的黑彝，气势会越来越足，

082. [illegible]，[illegible]，

ndzɿ$^{33}$zɯ$^{33}$thi$^{55}$dzu̱$^{33}$su$^{33}$，

ndzɿ$^{33}$ku$^{33}$ndzɿ$^{33}$li$^{33}$i$^{44}$tshɿ$^{33}$tshi$^{33}$dɯ$^{33}$ko$^{33}$，

住在此地的兹，气势会越来越不足，

083. [illegible]，[illegible]；

ndzɿ$^{33}$dzu̱$^{33}$phu$^{44}$ma$^{21}$ŋɯ$^{33}$，i$^{21}$tʂhɯ$^{33}$thi$^{55}$ma$^{21}$ti$^{21}$；

不是兹住处，我不愿在此住；

084. [illegible]，[illegible]，

ẓa$^{21}$ɣa$^{33}$lo$^{33}$mo$^{44}$nɯ$^{33}$，thɯ$^{33}$dʑo$^{44}$la$^{33}$da$^{33}$mo$^{33}$，

站在日哈洛莫，望见特觉拉达，

085. [illegible]，[illegible]，

thɯ$^{33}$dʑo$^{44}$la$^{33}$da$^{33}$nɯ$^{33}$，thɯ$^{33}$dʑo$^{44}$vi$^{55}$lɯ$^{21}$thu$^{21}$，

特觉拉达这地方，地形如猪槽，

086. [illegible]，[illegible]，

phu$^{21}$ȵo$^{44}$vu$^{55}$ʂa$^{33}$tɕi$^{44}$，ɕɿ$^{21}$ʑu$^{33}$dza$^{33}$pa$^{33}$dzɯ$^{33}$，

土地贫瘠不堪种，讨来媳妇换饭吃，

087. [illegible]，[illegible]；

ndzɿ$^{33}$dzu̠$^{33}$phu$^{44}$ma$^{21}$ŋɯ$^{33}$，i$^{21}$tʂhɯ$^{33}$thi$^{55}$ma$^{21}$ti$^{21}$；

不是兹住处，我不愿在此住；

088. [illegible]，[illegible]，

thɯ$^{33}$dʑo$^{44}$la$^{33}$da$^{33}$hi$^{55}$，ȵu$^{55}$ŋɯ$^{33}$lo$^{21}$lo$^{33}$mo$^{33}$，

站在特觉拉达，望见吕恩洛洛，

089. [illegible]，

ȵu$^{55}$ŋɯ$^{33}$lo$^{21}$lo$^{33}$nɯ$^{33}$，

吕恩洛洛这地方，

090. [illegible]，[illegible]，

lu̠$^{33}$dzu̠$^{33}$lu̠$^{33}$su̠$^{33}$dzu̠$^{33}$，tɕhe$^{33}$lu̠$^{33}$pu̠$^{33}$ma$^{21}$tɕho$^{33}$，

遍地是松软石，不能做石磨，

091. [illegible]，[illegible]，

sɿ̠$^{33}$dzu̠$^{33}$tɕɿ$^{44}$sɿ̠$^{33}$dzu̠$^{33}$，sɿ̠$^{33}$gu$^{55}$pu̠$^{33}$ma$^{21}$tɕho$^{33}$，

到处是马桑树，不能做犁头，

092. [illegible]，[illegible]；

ndzɿ$^{33}$dzu̠$^{33}$phu$^{44}$ma$^{21}$ŋɯ$^{33}$，i$^{21}$tʂhɯ$^{33}$thi$^{55}$ma$^{21}$ti$^{21}$；

不是兹住地，我不愿在此住；

093. [illegible]，[illegible]，

ȵu⁵⁵ŋɯ³³lo²¹lo³³hi⁵⁵，a²¹ni²¹ma⁵⁵ho³³mo³³，

站在吕恩洛洛，望见阿涅麻洪，

094. [illegible]，

a²¹ni²¹ma⁵⁵ho³³nɯ³³，

阿涅麻洪这地方，

095. [illegible]，[illegible]，

sɿ³³dzu̠³³pho⁵⁵sɿ³³dzu̠³³，ʑɿ̠³³bo²¹ŋgu³³ma²¹ɣɯ²¹，

遍地是泡木树，没有能做神枝的，

096. [illegible]，[illegible]；

ndzɿ³³dzu̠³³phu⁴⁴ma²¹ŋɯ³³，i²¹tʂhɯ³³thi⁵⁵ma²¹ti²¹；

不是兹住地，我不愿在此住；

097. [illegible]，[illegible]，

a²¹ni²¹ma⁵⁵ho³³hi⁵⁵，ʑɿ⁴⁴ʂɿ³³thɯ³³bu³³mo³³，

站在阿涅麻洪，望见依施特布，

098. [illegible]，

ʑɿ⁴⁴ʂɿ³³thɯ³³bu³³nɯ³³，

依施特布这地方，

099. [illegible]，[illegible]，

ɔ³³pa³³la⁵⁵mu³³ho²¹，bu²¹dʐɿ̠³³vi⁵⁵mu³³e³³，

蛤蟆叫声如虎啸，蝉鸣如猪叫，

100. [illegible]，[illegible]；

ndzɿ³³dzu̠³³phu⁴⁴ma²¹ŋɯ³³，i²¹tʂhɯ³³thi⁵⁵ma²¹ti²¹；

不是兹住地，我不愿在此住；

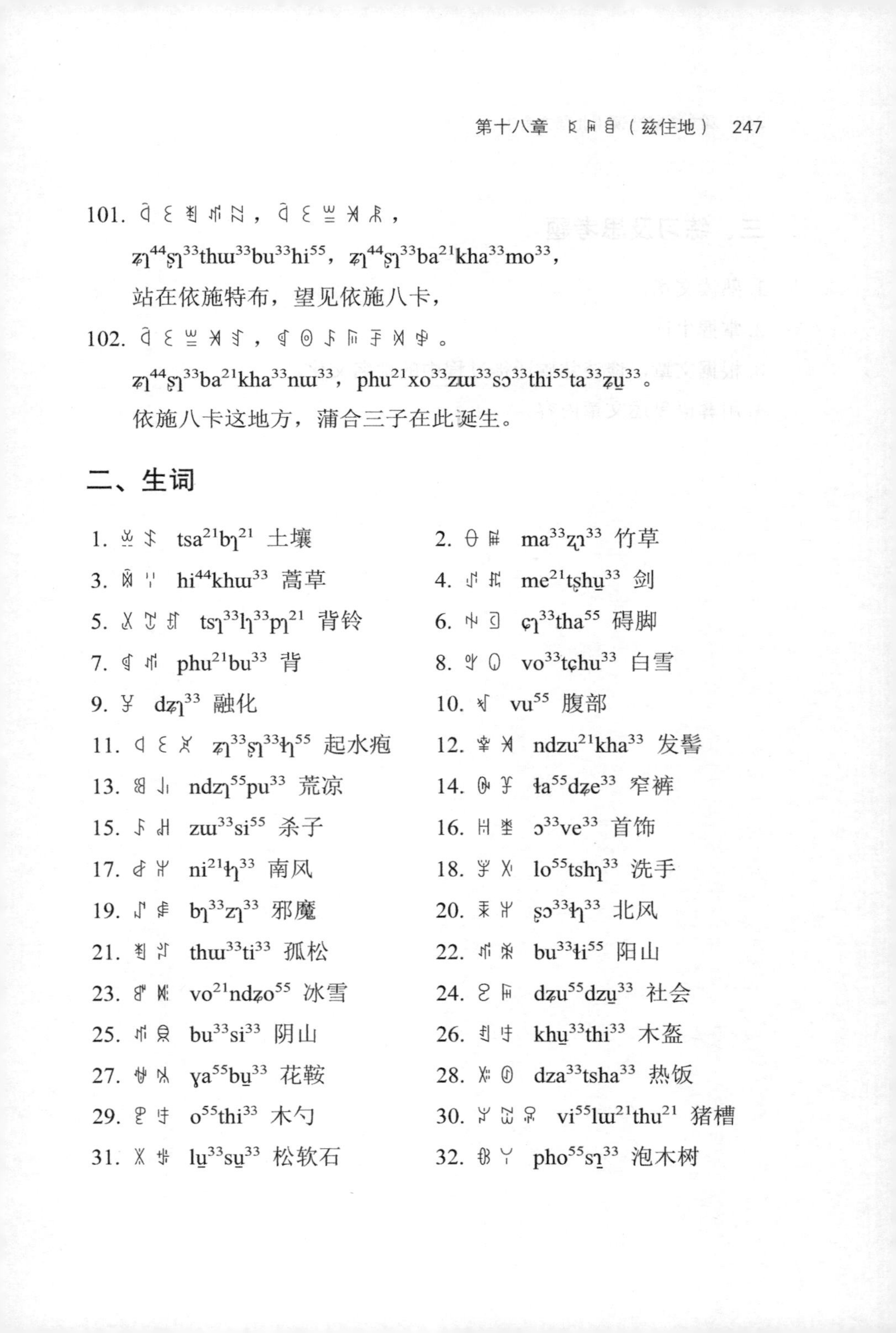

101. ʑɿ$^{44}$ʂɿ$^{33}$thɯ$^{33}$bu$^{33}$hi$^{55}$，ʑɿ$^{44}$ʂɿ$^{33}$ba$^{21}$kha$^{33}$mo$^{33}$，

站在依施特布，望见依施八卡，

102. ʑɿ$^{44}$ʂɿ$^{33}$ba$^{21}$kha$^{33}$nɯ$^{33}$，phu$^{21}$xo$^{33}$zɯ$^{33}$sɔ$^{33}$thi$^{55}$ta$^{33}$ʑu̱$^{33}$。

依施八卡这地方，蒲合三子在此诞生。

## 二、生词

1. tsa$^{21}$bɿ$^{21}$ 土壤
2. ma$^{33}$ʐɿ$^{33}$ 竹草
3. hi$^{44}$khɯ$^{33}$ 蒿草
4. me$^{21}$tʂhu̱$^{33}$ 剑
5. tsɿ$^{33}$lɿ$^{33}$pɿ$^{21}$ 背铃
6. ɕɿ$^{33}$tha$^{55}$ 碍脚
7. phu$^{21}$bu$^{33}$ 背
8. vo$^{33}$tɕhu$^{33}$ 白雪
9. dʑɿ$^{33}$ 融化
10. vu$^{55}$ 腹部
11. ʑɿ$^{33}$ʂɿ$^{33}$ɬɿ$^{55}$ 起水疱
12. ndzu$^{21}$kha$^{33}$ 发髻
13. ndzɿ$^{55}$pu$^{33}$ 荒凉
14. ɬa$^{55}$dʑe$^{33}$ 窄裤
15. zɯ$^{33}$si$^{55}$ 杀子
16. ɔ$^{33}$ve$^{33}$ 首饰
17. ni$^{21}$ɬɿ$^{33}$ 南风
18. lo$^{55}$tshɿ$^{33}$ 洗手
19. bɿ$^{33}$zɿ$^{33}$ 邪魔
20. ʂɔ$^{33}$ɬɿ$^{33}$ 北风
21. thɯ$^{33}$ti$^{33}$ 孤松
22. bu$^{33}$ɬi$^{55}$ 阳山
23. vo$^{21}$ndʑo$^{55}$ 冰雪
24. dʑu$^{55}$dzu̱$^{33}$ 社会
25. bu$^{33}$si$^{33}$ 阴山
26. khu̱$^{33}$thi$^{33}$ 木盔
27. ɣa$^{55}$bu̱$^{33}$ 花鞍
28. dza$^{33}$tsha$^{33}$ 热饭
29. o$^{55}$thi$^{33}$ 木勺
30. vi$^{55}$lɯ$^{21}$thu$^{21}$ 猪槽
31. lu̱$^{33}$su̱$^{33}$ 松软石
32. pho$^{55}$sɿ̱$^{33}$ 泡木树

## 三、练习及思考题

1. 熟读文章。

2. 掌握生词。

3. 根据文章，谈谈彝族迁徙过程中的地名文化。

4. 用彝语复述文章内容。

# 总词汇表

| | |
|---|---|
| **I** | |
| i$^{55}$ 睡；贪睡；住；有 | i$^{55}$pho$^{33}$ 公公，岳父 |
| i$^{55}$dɯ$^{33}$ 住处 | i$^{44}$ȵi$^{33}$ 少 |
| i$^{55}$tɕho$^{21}$ 睡伴 | i$^{21}$ȵi$^{21}$ 今天 |
| i$^{21}$mi$^{33}$ 今晚 | |
| **IE** | |
| e$^{55}$vu̠$^{33}$ 腋窝 | e$^{44}$ 鸭 |
| **A** | |
| a$^{55}$go$^{21}$ 枉然 | a$^{44}$mo$^{33}$ 妈妈 |
| a$^{44}$lu$^{33}$ 阿龙 | a$^{44}$ti$^{33}$ 只；只有 |
| a$^{44}$ka$^{33}$ 阿嘎 | a$^{44}$dʑi$^{33}$ 乌鸦 |
| a$^{44}$ȵi$^{33}$ 多 | a$^{33}$ɬɯ$^{44}$ 从前；过去 |
| a$^{33}$xa$^{55}$ho$^{21}$ 哼歌 | a$^{33}$tʂa$^{55}$ 喜鹊 |
| a$^{33}$tɕi$^{33}$ 筛子 | a$^{21}$bo$^{33}$ 爸爸 |
| a$^{33}$dʑɿ$^{33}$ 宽 | a$^{21}$bo$^{33}$a$^{33}$ko$^{44}$ 父亲 |
| a$^{21}$mo$^{21}$ 妇女 | a$^{21}$ɬɯ$^{21}$ 兔子 |
| a$^{21}$ɬɿ$^{33}$ 斑鸠 | a$^{21}$ki$^{21}$ 不顾；心甘 |

（续表）

| | |
|---|---|
| a$^{21}$gɯ$^{33}$ 阿格 | a$^{21}$khu$^{21}$ 阿库 |
| a$^{21}$ndʑi$^{55}$ 救兵果 | a$^{21}$ndʐɿ$^{21}$ 阿哲 |
| a$^{21}$tɕe$^{33}$ 不用怕 | |
| **UO** | |
| ɔ$^{44}$pa$^{33}$ 青蛙 | ɔ$^{33}$tɕɿ$^{55}$ 发辫 |
| **O** | |
| o$^{55}$thi$^{33}$ 木勺 | o$^{44}$dʐu$^{33}$ 狐狸 |
| o$^{33}$ 头 | o$^{33}$mo$^{21}$ 头昏 |
| o$^{33}$ɬi$^{55}$ 表哥 | o$^{33}$tsu$^{21}$ 蒙头 |
| o$^{21}$n̥i$^{33}$ 红鹅 | o$^{21}$ 前面 |
| o$^{21}$khɯ$^{33}$ 前嘴 | o$^{21}$li$^{55}$ 仰头 |
| o$^{21}$dzu$^{21}$ 藏人；藏族 | o$^{21}$ȵi$^{21}$ 头天 |
| **B** | |
| pi$^{55}$ 掏；出 | pi$^{44}$zɯ$^{33}$ 师；毕摩 |
| pa$^{55}$la$^{55}$ 柏杨 | po$^{55}$ 争论；跑 |
| po$^{21}$ （使）看；滚 | po$^{21}$li$^{21}$ 竹兜 |
| pu$^{44}$he$^{33}$ 刺猬 | pu$^{33}$ 朵；雄；赞扬 |
| pu̠$^{33}$ 返回；重新 | pu̠$^{33}$tɕhu$^{33}$ 顶子 |
| pɿ$^{33}$ɬɿ$^{33}$ 笛子 | |
| **PH** | |
| phi$^{33}$ 文明；礼貌 | pha$^{55}$ʂɯ$^{21}$ 找父 |
| pho$^{55}$ 张（量词） | pho$^{55}$sɿ̠$^{33}$ 泡木树 |

（续表）

| | |
|---|---|
| pho$^{21}$ 开凿 | phu$^{55}$ 铁灯草 |
| phu$^{21}$bu$^{33}$ 背 | phu$^{21}$tu̱$^{33}$zi$^{44}$ 擎天柱 |
| phu$^{21}$ŋgo$^{33}$tɕe$^{44}$ 拉地绳 | phu$^{21}$du$^{33}$ 蒲家 |
| phu$^{21}$zɿ̱$^{33}$lu̱$^{33}$ 压地石 | phu$^{21}$xo$^{33}$ 蒲合 |
| phu$^{21}$ndza̱$^{33}$ 丈量田 | phu̱$^{33}$ 翻；吹 |
| **BB** | |
| bi$^{55}$ka$^{33}$ 脚心 | ba$^{21}$tshɿ̱$^{33}$ 膝盖 |
| bo$^{33}$mɿ$^{33}$ 山脚 | bo$^{33}$dʑu$^{55}$ 山腰 |
| bo$^{21}$ 有 | bo$^{21}$ʑo$^{33}$ 家养羊 |
| bu$^{55}$ 张（量词）；草 | bu$^{55}$gu$^{33}$ 草中 |
| bu$^{44}$ 欠 | bu$^{33}$n̥a$^{55}$ 骟绵羊 |
| bu$^{33}$ɬi$^{55}$ 阳山 | bu$^{33}$ɬu$^{55}$bu$^{33}$gɯ$^{21}$ 放牧 |
| bu$^{33}$si$^{33}$ 阴山 | bu$^{33}$dʑi$^{33}$ 西边；敌人 |
| bu$^{33}$dʑɿ$^{55}$ 开口；说话 | bu$^{21}$ȵi$^{21}$mo$^{21}$ 蜘蛛 |
| bu$^{21}$dzɿ̱$^{33}$ 知了 | bu̱$^{33}$ 幅；写；画；绵羊 |
| bu̱$^{33}$tshɿ$^{55}$ 说话 | bɿ$^{33}$zɿ$^{33}$ 魔鬼 |
| bɿ$^{21}$ 传；给；赠送 | bɿ̱$^{21}$tsɿ$^{33}$ 水筋草 |
| **NB** | |
| mbe$^{33}$ 斗；弹 | mbo$^{33}$m̥ɿ$^{33}$ 裙边 |
| mbo$^{33}$tɕhu$^{33}$ 白裙 | mbo$^{21}$ 美；好 |
| mbu̱$^{33}$ 饱 | |
| **HM** | |
| m̥o$^{21}$ 弹 | m̥u$^{55}$ 同睡 |

（续表）

| | |
|---|---|
| m̥u$^{33}$ 高；遥远；剑 | m̥u$^{21}$ 高 |
| m̥ʅ$^{33}$ 追上 | m̥ʅ$^{21}$ 最后 |
| | **M** |
| me$^{21}$tʂhu̱$^{33}$ 剑 | ma$^{55}$ɬʅ$^{33}$ 怪异 |
| ma$^{55}$ɬo$^{21}$ 下午 | ma$^{44}$bu$^{33}$ 马布 |
| ma$^{33}$phʅ$^{55}$ 竹片 | ma$^{33}$ 个；竹子 |
| ma$^{33}$xo$^{55}$ 竹弓 | ma$^{33}$ndza$^{33}$ 黑墨 |
| ma$^{33}$ʂʅ$^{33}$ 黄竹 | ma$^{33}$ʐɿ$^{33}$ 竹草 |
| ma$^{21}$ 不；没有 | ma$^{21}$mu$^{55}$ 竹笋 |
| ma$^{21}$hi$^{55}$ 不能 | ma$^{21}$sɿ$^{21}$ 不会 |
| ma$^{21}$ɣo$^{33}$ 心不甘 | mo$^{55}$du̱$^{33}$ 起兵 |
| mɔ$^{33}$ 斗（量词） | mo$^{33}$di$^{44}$ 准备；将要 |
| mo$^{33}$lɔ$^{21}$（语气词） | mo$^{33}$ŋgu$^{33}$ 想 |
| mo$^{33}$dzo̱$^{44}$ 犁地直 | mo$^{21}$ 臣 |
| mo$^{21}$thu$^{21}$ 门槛 | mo$^{21}$ne$^{33}$ 母乳 |
| mo$^{21}$ŋgɯ$^{21}$ 开会 | mo$^{21}$ȵi$^{21}$ 嫩竹 |
| mu$^{55}$ 薅 | mu$^{44}$phu̱$^{33}$ 翻地 |
| mu$^{44}$ʂa$^{33}$ 贫地 | mu$^{33}$vu$^{55}$ 南方 |
| mu$^{33}$ɬo$^{21}$ 绿天 | mu$^{33}$ɬɯ$^{21}$ 月份 |
| mu$^{33}$ɬʅ$^{55}$ 马皮袋 | mu$^{33}$ko$^{33}$ 马匹 |
| mu$^{33}$kɯ$^{21}$ 赛马 | mu$^{33}$khɯ$^{55}$ 晚上；天黑 |
| mu$^{33}$khɯ$^{44}$ 北方 | mu$^{33}$khu$^{55}$ 年份 |
| mu$^{33}$ho$^{55}$ 夜晚 | mu$^{33}$tsha$^{33}$ɬi$^{55}$ 日晒 |

（续表）

| | |
|---|---|
| mu$^{33}$dzɿ$^{33}$ 骑马 | mu$^{33}$tɕhu$^{21}$ 守地 |
| mu$^{21}$tu$^{21}$ 骏马 | mu$^{21}$zɯ$^{33}$ 马驹 |
| mu$^{21}$ndʑi$^{33}$ 骑马 | mu$^{21}$ȵo$^{21}$ 案子；纠纷 |
| **F** | |
| fu$^{44}$ 忙 | fu$^{33}$ti$^{33}$ 独角 |
| fu$^{33}$tʂho$^{44}$ 锻直 | fu̱$^{33}$ti$^{55}$ 订婚 |
| fu̱$^{33}$ 嫁；通婚 | |
| **V** | |
| vi$^{55}$mo$^{21}$ 母猪 | vi$^{55}$ɬu$^{55}$ 牧猪 |
| vi$^{55}$lɯ$^{21}$thu$^{21}$ 猪槽 | vi$^{33}$mo$^{21}$ 斧 |
| va$^{55}$du̱$^{33}$ 岩燕 | va$^{33}$ 鸡；挥手 |
| va$^{33}$pu$^{33}$ 公鸡 | va$^{33}$ma$^{55}$ 母鸡 |
| va$^{33}$ʂɯ$^{55}$ 阉鸡；骟鸡 | va$^{21}$sa$^{33}$ 乌撒 |
| va$^{21}$ka$^{33}$ 油菜 | vo$^{55}$ 网；编织；猪 |
| vo$^{55}$ɬu$^{55}$ 放猪 | vo$^{55}$bi$^{55}$ 猪蹄 |
| vo$^{55}$si$^{21}$ 土猪 | vo$^{33}$mu$^{33}$ 皇帝 |
| vo$^{33}$n̥i$^{33}$ 红雪 | vo$^{33}$tɕhu$^{33}$ 白雪 |
| vo$^{21}$li$^{33}$ 大门 | vo$^{21}$dzu$^{21}$ 冰块 |
| vo$^{21}$ndʑo$^{55}$ 冰雪 | vu$^{55}$ 腹部；蓝色；绿色 |
| vu$^{21}$lu$^{55}$ 邻居 | vɿ$^{33}$ 买 |
| **D** | |
| ti$^{33}$ho$^{33}$lo$^{33}$ 雕合沟 | ti$^{44}$ʂɿ$^{33}$ʂɿ$^{33}$vu$^{55}$ 黄云山 |
| ti$^{55}$sɿ$^{33}$ 雕血 | ti$^{33}$n̥i$^{33}$ 红云 |

（续表）

| | |
|---|---|
| ti$^{33}$ʂɿ$^{33}$ 黄云 | ti$^{33}$tɕɿ$^{44}$ 云星 |
| te$^{44}$phɔ$^{33}$ 一方 | ta$^{44}$dʐɯ$^{33}$ 不动产 |
| tɔ$^{33}$ 抱 | tɔ$^{33}$po$^{21}$ 裹婴毡布 |
| to$^{44}$ 喂 | to$^{33}$ 嘟（拟声词）；扶 |
| tɯ$^{21}$ 起；站起 | |
| **T** | |
| tha$^{44}$khɯ$^{33}$ 坛口 | tha$^{33}$ 坛（量词） |
| tha$^{21}$ 莫；别 | tho$^{55}$ 滴（量词）；上 |
| thɯ$^{33}$ti$^{33}$ 孤松 | thɯ$^{21}$bu$^{21}$ 木棍 |
| thɯ$^{21}$phu$^{21}$ 松林 | thɯ$^{21}$ʑɿ$^{33}$ 书 |
| thu$^{55}$ 家 | thu̱$^{33}$ 套；切；咬 |
| thu$^{33}$mu$^{33}$ 什么 | |
| **DD** | |
| di$^{44}$ 说（引述格） | di$^{21}$ndi$^{21}$ 袒护 |
| di$^{21}$ko$^{21}$ 坎上 | di$^{21}$ko$^{21}$di$^{21}$ɲɔ$^{33}$ 地坎 |
| da$^{33}$ 该；成人；可以；强 | dɔ$^{33}$ 爬 |
| do$^{21}$ 话；语言 | do$^{21}$dʑi$^{33}$ 真话；真相 |
| do$^{21}$ʑɿ$^{33}$ 大话 | dɯ$^{33}$ 适宜；地；地方 |
| dɯ$^{33}$gu$^{44}$ 需要 | dɯ$^{21}$lo$^{44}$ 原来 |
| **ND** | |
| ndi$^{55}$ 挂；戴；责怪；有 | ndi$^{21}$ 坝 |
| nda$^{44}$ho$^{33}$ 嫩蕨 | nda$^{33}$du$^{33}$ 达家 |
| nda$^{33}$nɔ$^{33}$bo$^{33}$ 达诺山 | nda$^{33}$ko$^{55}$ 达果 |

（续表）

| | |
|---|---|
| ndo$^{33}$ 抽；喝 | ndu$^{21}$du$^{33}$ 锤具 |
| ndu$^{21}$lu̠$^{33}$ 飞石 | |
| **HN** | |
| n̥i$^{44}$mu$^{33}$ 贤女 | n̥i$^{44}$dzo$^{33}$dzo$^{33}$ 红彤彤 |
| n̥i$^{44}$zɯ$^{33}$ 女儿 | n̥i$^{44}$ʂa$^{33}$ 苦女 |
| n̥i$^{33}$tshʅ$^{44}$ 莽女 | n̥i$^{33}$ndʐa̠$^{55}$ 美女 |
| n̥i$^{21}$mo$^{21}$ 妹妹 | n̥a$^{33}$ʐʅ$^{33}$ 鼻绳 |
| n̥o$^{55}$pho$^{21}$ 对面 | n̥ɯ$^{33}$ 耳 |
| **N** | |
| ni$^{55}$ 你的 | ni$^{55}$vi$^{33}$ 你的 |
| ni$^{44}$ 生长 | ni$^{33}$ 发芽 |
| ni$^{21}$ 彝人；彝族 | ni$^{21}$mu$^{33}$ 祖灵 |
| ni$^{21}$ɬʅ$^{33}$ 南风 | ni$^{21}$tʂhʅ$^{21}$ 除灵 |
| ni$^{21}$dʑu$^{21}$ 除灵；祖灵 | na$^{33}$ɕʅ$^{55}$ 病菌 |
| nɔ$^{33}$ 黑色；黑暗；侦察 | nɔ$^{33}$mu$^{55}$mu$^{21}$ 形容水多 |
| no$^{55}$ 肉 | no$^{55}$ti$^{21}$ 丰满 |
| **HL** | |
| ɬi$^{55}$ 飞舞；小伙；年轻 | ɬi$^{55}$n̥o$^{21}$ 表哥 |
| ɬa$^{55}$dʑe$^{33}$ 窄裤 | ɬo$^{21}$tɕe$^{33}$ 栏杆 |
| ɬɯ$^{21}$tʂʅ$^{33}$ 鹞子 | ɬu$^{55}$ 观望；放牧 |
| ɬu$^{55}$mu$^{33}$ 耕牧；放牧 | ɬu$^{55}$la$^{33}$ve$^{33}$phu$^{21}$ 牧场 |
| ɬu$^{55}$la$^{33}$ve$^{33}$su$^{33}$ 牧者 | ɬu$^{55}$ʑo$^{33}$ 寄养羊 |
| ɬʅ$^{44}$du̠$^{33}$ 纳税 | ɬʅ$^{33}$phu̠$^{33}$ 刮风 |

（续表）

| L | |
|---|---|
| [illegible] li$^{55}$ 撬 | [illegible] li$^{21}$ʑi$^{33}$ʂʅ$^{33}$vu$^{55}$ 家里 |
| [illegible] le$^{44}$ba$^{33}$ 肩上 | [illegible] le$^{44}$nɔ$^{33}$ 边 |
| [illegible] le$^{33}$ʐʅ$^{55}$ 割 | [illegible] la$^{55}$n̥i$^{33}$bo$^{33}$ 狼山 |
| [illegible] la$^{55}$tʂhɯ$^{33}$ 粮食 | [illegible] la$^{33}$ta$^{33}$ 枷档 |
| [illegible] la$^{33}$ 来 | [illegible] la$^{33}$thu̠$^{33}$ 铁锤 |
| [illegible] lɔ$^{33}$gu̠$^{33}$ 深山 | [illegible] lo$^{55}$ 手 |
| [illegible] lo$^{55}$pi$^{33}$ 戒指 | [illegible] lo$^{55}$pho$^{21}$ 手 |
| [illegible] lo$^{55}$bu$^{33}$ 手心 | [illegible] lo$^{55}$de$^{33}$ 修饰 |
| [illegible] lo$^{55}$gu̠$^{33}$ 手镯 | [illegible] lo$^{55}$tshɿ$^{33}$ 洗手 |
| [illegible] lo$^{44}$ 了 | [illegible] lo$^{44}$hi$^{33}$ 之后 |
| [illegible] lo$^{33}$n̥o$^{55}$ 山林；山谷 | [illegible] lɯ$^{33}$mo$^{21}$ 老牛 |
| [illegible] lɯ$^{33}$n̥o$^{21}$tɕe$^{33}$ 赶牛鞭 | [illegible] lɯ$^{33}$khɯ$^{21}$ 出租牛 |
| [illegible] lɯ$^{33}$ŋgo$^{33}$tɕi$^{44}$ 牵牛绳 | [illegible] lɯ$^{33}$ʂɯ$^{55}$ 骟牛 |
| [illegible] lɯ$^{21}$zɯ$^{33}$ 獐子 | [illegible] lu$^{33}$ 龙 |
| [illegible] lu$^{33}$vi$^{55}$ 龙衣 | [illegible] lu$^{33}$di$^{33}$xo$^{33}$ 东南方 |
| [illegible] lu$^{33}$ne$^{33}$ 龙奶 | [illegible] lu$^{33}$khu$^{55}$ 属龙；龙年 |
| [illegible] lu$^{33}$ho$^{21}$ 话语 | [illegible] lu$^{33}$dza$^{33}$ 龙食 |
| [illegible] lu$^{33}$zɯ$^{33}$ 龙子 | [illegible] lu$^{33}$ȵi$^{21}$ 龙日 |
| [illegible] lu$^{21}$ 缸（量词）；抢 | [illegible] lu̠$^{33}$ 石；民；百姓 |
| [illegible] lʅ$^{21}$ 种子 | |
| G | |
| [illegible] ki$^{55}$du$^{33}$ 耿家 | [illegible] ke$^{33}$ 猜 |

（续表）

| | |
|---|---|
| ka$^{44}$pha$^{33}$ 火塘下方 | ka$^{55}$ka$^{33}$ 嘎嘎 |
| ka$^{44}$dzu̱$^{33}$ 庄稼 | ka$^{33}$ 甘（姓氏）；掉；打 |
| kɔ$^{33}$ 凶 | kɔ$^{33}$ 凶；厉害 |
| kɔ$^{33}$lɔ$^{33}$mu$^{55}$ 生气 | ko$^{55}$pu$^{33}$ 布谷鸟 |
| ko$^{44}$ 亲 | ko$^{33}$ 劝 |
| ko$^{33}$phi$^{33}$ 剖腹 | ko$^{21}$ 优秀；强干 |
| kɯ$^{55}$tɕɿ$^{33}$ 木柜 | kɯ$^{33}$ɣo$^{33}$ 格俄 |
| kɯ$^{21}$ 加 | kɯ$^{33}$ɣo$^{21}$zɯ$^{44}$ 愚蠢人 |
| kɯ$^{21}$bu$^{33}$ 格布（毕徒） | ku$^{44}$lu$^{33}$ 骡子 |
| ku$^{44}$lu$^{33}$lu$^{33}$ 轰隆响 | ku$^{44}$tsɿ$^{33}$dʑo$^{21}$ 古子坝 |
| ku$^{33}$ 叫 | ku$^{21}$ 抛 |
| ku$^{21}$tɯ$^{21}$ 背；依靠 | ku$^{21}$tsɿ$^{21}$ 拳头 |
| **K** | |
| kha$^{55}$ko$^{33}$ 何处 | kha$^{33}$ 所有；最 |
| kha$^{33}$khe$^{33}$ 判案 | kha$^{33}$hi$^{21}$ 所说 |
| kha$^{33}$dʑe$^{33}$ 嘴 | kha$^{33}$ʑɿ$^{33}$ 所到之处 |
| kha$^{33}$ʑɿ$^{33}$dɯ$^{33}$ 处处 | kha$^{21}$mu$^{33}$mi$^{44}$ 怎么办 |
| kha$^{21}$phi$^{55}$ 口腔 | kho$^{33}$ 垫；结实 |
| khɯ$^{33}$bo$^{33}$ 同意 | khɯ$^{33}$ʅ$^{55}$ 放猎犬 |
| khɯ$^{33}$dzi$^{21}$ 花狗 | khɯ$^{33}$ʂɯ$^{33}$ 狗肉 |
| khɯ$^{33}$ɕe$^{33}$ 顶嘴 | khɯ$^{33}$ndʑɿ$^{33}$ 狗皮 |
| khu$^{44}$ 内 | khu$^{55}$ʂɿ̱$^{33}$ɬɯ$^{21}$ɬi$^{55}$ 过年 |
| khu$^{33}$hi$^{33}$ 之内 | khu̱$^{33}$ 年（量词） |

（续表）

| | |
|---|---|
| khu$^{21}$ɬɯ$^{21}$vo$^{33}$ 箍法帽 | khu̠$^{33}$thi$^{33}$ 木盔 |
| **GG** | |
| gi$^{55}$ 死；绝嗣 | ga$^{55}$ 穿；富裕 |
| ga$^{44}$de$^{33}$ 修路 | ga$^{44}$ʂu$^{33}$ 走路 |
| ga$^{33}$de$^{33}$ 修路 | ga$^{33}$ga$^{33}$ 更加 |
| ga$^{33}$gu$^{55}$vu̠$^{33}$ 走弯路 | ga$^{33}$ha$^{33}$ 路上方 |
| ga$^{33}$dʐɿ$^{33}$ 路下方 | gɔ$^{44}$ 冷 |
| gɔ$^{33}$ 冷 | go$^{44}$du̠$^{33}$ 聚会 |
| go$^{33}$ 出牧；分；结束；亡 | go$^{21}$tɕhu$^{33}$ 白雁 |
| go$^{21}$dʑɔ$^{33}$ 孤雁 | gɯ$^{44}$du̠$^{33}$ 日出；东方 |
| gɯ$^{44}$zɯ$^{33}$ 太阳 | gɯ$^{44}$dʑi$^{33}$ 日落；西方 |
| gɯ$^{33}$ɬɯ$^{44}$ 日月 | gɯ$^{21}$dzi$^{33}$ 下午 |
| gɯ$^{21}$dʐɯ$^{33}$ 零花钱 | gɯ$^{21}$tɕho$^{21}$ 做伴 |
| gu$^{55}$n̥i$^{33}$ 勤俭 | gu$^{33}$ 九；结实；件；热情 |
| gu$^{33}$te$^{33}$ 九层 | gu$^{33}$ho$^{55}$ 九晚 |
| gu$^{33}$xo$^{33}$ 古侯 | gu$^{33}$tɕe$^{33}$ 九驮 |
| gu$^{21}$ 渡河；大雁 | gu$^{21}$tshu$^{33}$ 冬天 |
| **MG** | |
| ŋga$^{55}$ni$^{21}$ “嘎尼”仪式 | ŋga$^{33}$ʑi$^{33}$ 聪明 |
| ŋgɔ$^{33}$ 碰 | ŋgo$^{55}$ 追 |
| ŋgo$^{44}$ 归来 | ŋgɯ$^{33}$ve$^{33}$ 荞花 |
| ŋgɯ$^{33}$tɕhi$^{21}$ 种荞 | ŋgɯ$^{21}$ 歇；玩 |
| ŋgɯ$^{21}$n̥i$^{33}$ 桦槁树 | ŋgɯ$^{21}$ʂɿ$^{33}$ 荞 |

（续表）

| | |
|---|---|
| [illegible] ŋgɯ$^{21}$tɕhɿ$^{33}$ 甜荞 | [illegible] ŋgu$^{44}$ŋgɯ$^{33}$ 工具；武器 |
| [illegible] ŋgu$^{33}$a$^{21}$tshɿ$^{33}$ 难抵 | [illegible] ŋgu$^{33}$tɕhu$^{33}$ 祭木；神枝 |
| [illegible] ŋgu$^{21}$ 修；治 | [illegible] ŋgu̠$^{33}$ 觅拾 |
| **HX** | |
| [illegible] hi$^{55}$ 行；可以；八；胃；站 | [illegible] hi$^{55}$dʑe$^{33}$tu̠$^{33}$ 久站 |
| [illegible] hi$^{44}$ 外 | [illegible] hi$^{44}$khɯ$^{33}$ 蒿草 |
| [illegible] hi$^{33}$mu$^{33}$ 专门 | [illegible] hi$^{33}$tɕhu$^{33}$ 寒霜 |
| [illegible] hi$^{21}$ 说；言 | [illegible] he$^{55}$gu̠$^{33}$ 镰刀 |
| [illegible] he$^{33}$ma$^{21}$dzɿ̠$^{33}$ 心不安 | [illegible] he$^{33}$mo$^{21}$ 心；心里 |
| [illegible] he$^{33}$ndo$^{55}$ 伤心 | [illegible] he$^{33}$kɔ$^{33}$ 心狠 |
| [illegible] he$^{33}$ŋga$^{55}$ 汉族 | [illegible] ha$^{55}$ 上 |
| [illegible] ha$^{55}$ko$^{33}$ 哪里 | [illegible] ha$^{55}$ʐɿ$^{44}$ 超越 |
| [illegible] ha$^{33}$o$^{33}$ 舌尖；舌头 | [illegible] ha$^{33}$sɿ$^{33}$zo$^{55}$ 下暴雨 |
| [illegible] ha$^{21}$pu$^{33}$ 公锦鸡 | [illegible] hɔ$^{55}$tɕhu$^{33}$ 白雾 |
| [illegible] hɔ$^{44}$du̠$^{33}$ 避暑 | [illegible] ho$^{33}$bu$^{33}$ɕɿ$^{33}$ 阳光 |
| [illegible] ho$^{33}$mu$^{33}$ 高山 | [illegible] ho$^{33}$lo$^{33}$ 以为；希望 |
| [illegible] ho$^{33}$ŋo$^{33}$ 嫉妒；心坏 | [illegible] ho$^{33}$ʂɿ$^{33}$ 治政 |
| [illegible] ho$^{21}$ 叫；唱 | [illegible] hɯ$^{44}$ 看 |
| [illegible] hɯ$^{33}$ŋgo$^{55}$ 捉鱼 | [illegible] hɯ$^{21}$ 看 |
| [illegible] hɯ$^{21}$bu$^{33}$ 大鱼 | [illegible] hɯ$^{21}$zɯ$^{33}$ 小鱼 |
| **NG** | |
| [illegible] ŋa$^{55}$ 我的 | [illegible] ŋa$^{21}$ȵi$^{55}$ 我俩；咱俩 |
| [illegible] ŋo$^{55}$ 制；斗 | [illegible] ŋo$^{33}$ 摸 |

（续表）

| | |
|---|---|
| ŋo$^{21}$ 想；我的；我们的 | ŋo$^{21}$dɯ$^{33}$dʑi$^{21}$ 如心愿 |
| ŋo$^{21}$dʑi$^{33}$ 懂事；周到 | ŋɯ$^{33}$dʐʅ$^{44}$ 下界；地界 |
| ŋɯ$^{33}$kɯ$^{55}$ 全；都；所有 | ŋɯ$^{33}$ȵe$^{44}$ 天上 |
| xa$^{55}$bo$^{33}$ 屋壁；屋柱 | xa$^{21}$ndɯ$^{21}$bo$^{33}$ 航德山 |
| xa$^{21}$n̥i$^{33}$bo$^{33}$ 航尼山 | xɔ$^{33}$ 汉人 |
| xɔ$^{33}$ga$^{33}$ 过道；他乡 | xo$^{33}$ 圈；伤；粗 |
| xo$^{33}$gu$^{44}$ 菜园 | xo$^{33}$vu̠$^{33}$ 入库 |
| xɯ$^{33}$go$^{33}$ 铁床 | xɯ$^{21}$tɯ$^{21}$ 上午 |
| **W** | |
| ɣa$^{55}$bu̠$^{33}$ 花鞍 | ɣa$^{44}$khɯ$^{33}$ 后嘴 |
| ɣa$^{44}$tshi$^{33}$ 落伍；掉队 | ɣa$^{33}$ 残剩；后面 |
| ɣa$^{33}$ba$^{33}$ 跟着 | ɣa$^{33}$ȵi$^{44}$ 次天 |
| ɣo$^{44}$tɕʅ$^{33}$ 熊胆 | ɣo$^{21}$tʂ̥ho$^{33}$ 灵位 |
| ɣɯ$^{33}$ 力；胜利 | ɣɯ$^{21}$a$^{21}$to$^{21}$ 得不到 |
| **Z** | |
| tsi$^{21}$ 层（量词）；放入 | tsa$^{55}$ 刨 |
| tsa$^{33}$ɕʅ$^{33}$ 土埂 | tsa$^{21}$bʅ$^{21}$ 土壤 |
| tsʅ$^{55}$te$^{33}$ 清楚 | tsʅ$^{55}$mo$^{21}$ 锄头 |
| tsʅ$^{55}$tsʅ̠$^{33}$ 小鸟 | tsʅ$^{55}$la$^{33}$mo$^{33}$su$^{33}$ 耕者 |
| tsʅ$^{55}$ʂo$^{33}$ 长锄 | tsʅ$^{55}$dʑɔ$^{33}$ 烂锄 |
| tsʅ$^{33}$ɦʅ$^{33}$pʅ$^{21}$ 背铃 | tsʅ$^{33}$tɕe$^{33}$ 接 |
| tsʅ$^{33}$su$^{33}$ 随从 | tsʅ$^{21}$m̥ʅ$^{21}$ 前途；未来 |
| tsʅ̠$^{33}$ 积存 | |

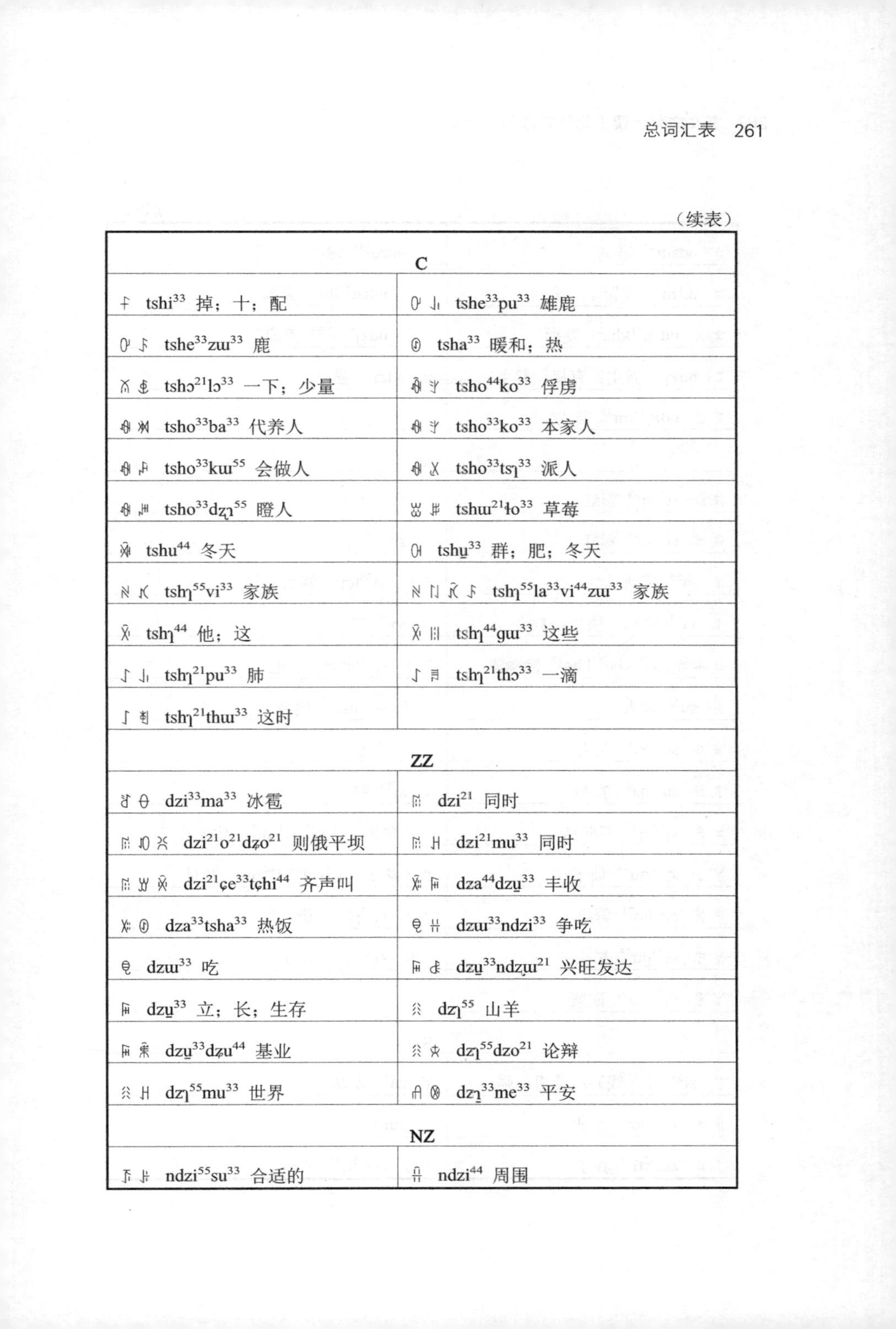

（续表）

| | |
|---|---|
| **C** | |
| tshi$^{33}$ 掉；十；配 | tshe$^{33}$pu$^{33}$ 雄鹿 |
| tshe$^{33}$zɯ$^{33}$ 鹿 | tsha$^{33}$ 暖和；热 |
| tshɔ$^{21}$lɔ$^{33}$ 一下；少量 | tsho$^{44}$ko$^{33}$ 俘虏 |
| tsho$^{33}$ba$^{33}$ 代养人 | tsho$^{33}$ko$^{33}$ 本家人 |
| tsho$^{33}$kɯ$^{55}$ 会做人 | tsho$^{33}$tsɿ$^{33}$ 派人 |
| tsho$^{33}$dʐʅ$^{55}$ 瞪人 | tshɯ$^{21}$ɬo$^{33}$ 草莓 |
| tshu$^{44}$ 冬天 | tshu̠$^{33}$ 群；肥；冬天 |
| tshɿ$^{55}$vi$^{33}$ 家族 | tshɿ$^{55}$la$^{33}$vi$^{44}$zɯ$^{33}$ 家族 |
| tshɿ$^{44}$ 他；这 | tshɿ$^{44}$gɯ$^{33}$ 这些 |
| tshɿ$^{21}$pu$^{33}$ 肺 | tshɿ$^{21}$thɔ$^{33}$ 一滴 |
| tshɿ$^{21}$thɯ$^{33}$ 这时 | |
| **ZZ** | |
| dzi$^{33}$ma$^{33}$ 冰雹 | dzi$^{21}$ 同时 |
| dzi$^{21}$o$^{21}$dʑo$^{21}$ 则俄平坝 | dzi$^{21}$mu$^{33}$ 同时 |
| dzi$^{21}$ɕe$^{33}$tɕhi$^{44}$ 齐声叫 | dza$^{44}$dzu̠$^{33}$ 丰收 |
| dza$^{33}$tsha$^{33}$ 热饭 | dzɯ$^{33}$ndzi$^{33}$ 争吃 |
| dzɯ$^{33}$ 吃 | dzu̠$^{33}$ndʐɯ$^{21}$ 兴旺发达 |
| dzu̠$^{33}$ 立；长；生存 | dzɿ$^{55}$ 山羊 |
| dzu̠$^{33}$dʑu$^{44}$ 基业 | dzɿ$^{55}$dzo$^{21}$ 论辩 |
| dzɿ$^{55}$mu$^{33}$ 世界 | dzɿ̠$^{33}$me$^{33}$ 平安 |
| **NZ** | |
| ndzi$^{55}$su$^{33}$ 合适的 | ndzi$^{44}$ 周围 |

（续表）

| | |
|---|---|
| ndzɯ$^{44}$ 漂亮 | ndzɯ$^{33}$ 漂亮；好看 |
| ndzu$^{21}$ 发髻 | ndzu$^{21}$thi$^{21}$ 发髻 |
| ndzu$^{21}$kha$^{33}$ 发髻 | ndzɿ$^{55}$pu$^{33}$ 荒凉 |
| ndzɿ$^{33}$ 做主；有权；君主 | ndzɿ$^{21}$ 强 |
| ndzɿ$^{33}$mi$^{55}$ 君主 | |
| **S** | |
| si$^{44}$si$^{33}$ 彩虹 | si$^{33}$ 求算 |
| si$^{33}$si$^{33}$ 彩虹 | si$^{21}$ 用；肝 |
| sa$^{55}$ 姻亲 | sa$^{55}$tɕɿ$^{21}$ 嫁女 |
| sa$^{33}$ 幸福；快乐；愈合 | sɔ$^{33}$ 三 |
| sɔ$^{33}$kho$^{33}$kho$^{33}$ 静幽幽 | sɔ$^{33}$tɕhe$^{33}$ 三把 |
| su$^{55}$ 别人 | su$^{55}$mu$^{33}$ 他乡 |
| su$^{44}$ʑɿ$^{33}$ 头人 | su$^{33}$ 别人 |
| su$^{33}$ga$^{55}$ 富裕 | sɿ$^{55}$ 渴 |
| sɿ$^{55}$sɿ$^{21}$ 斯斯鸟 | sɿ$^{33}$pi$^{33}$si$^{44}$pi$^{33}$ 天神子 |
| sɿ$^{33}$zɯ$^{33}$ 仙子 | sɿ$^{33}$zɯ$^{33}$si$^{44}$zɯ$^{33}$ 神仙 |
| sɿ$^{21}$ho$^{21}$ 野果 | sɿ̱$^{33}$phɿ$^{55}$ 野山红 |
| sɿ̱$^{33}$gu$^{55}$ 犁头 | sɿ̱$^{33}$xo$^{55}$ 木弓 |
| sɿ̱$^{33}$zɯ̱$^{21}$ 砍柴 | |
| **SS** | |
| zi$^{33}$ 花（钱）；使用；强 | za$^{55}$ 表妹 |
| za$^{21}$bu$^{33}$ 小伙 | zɯ$^{33}$ 人 |
| zɯ$^{33}$ti$^{33}$ 独子 | zɯ$^{33}$ɬɿ$^{33}$ 子孙 |

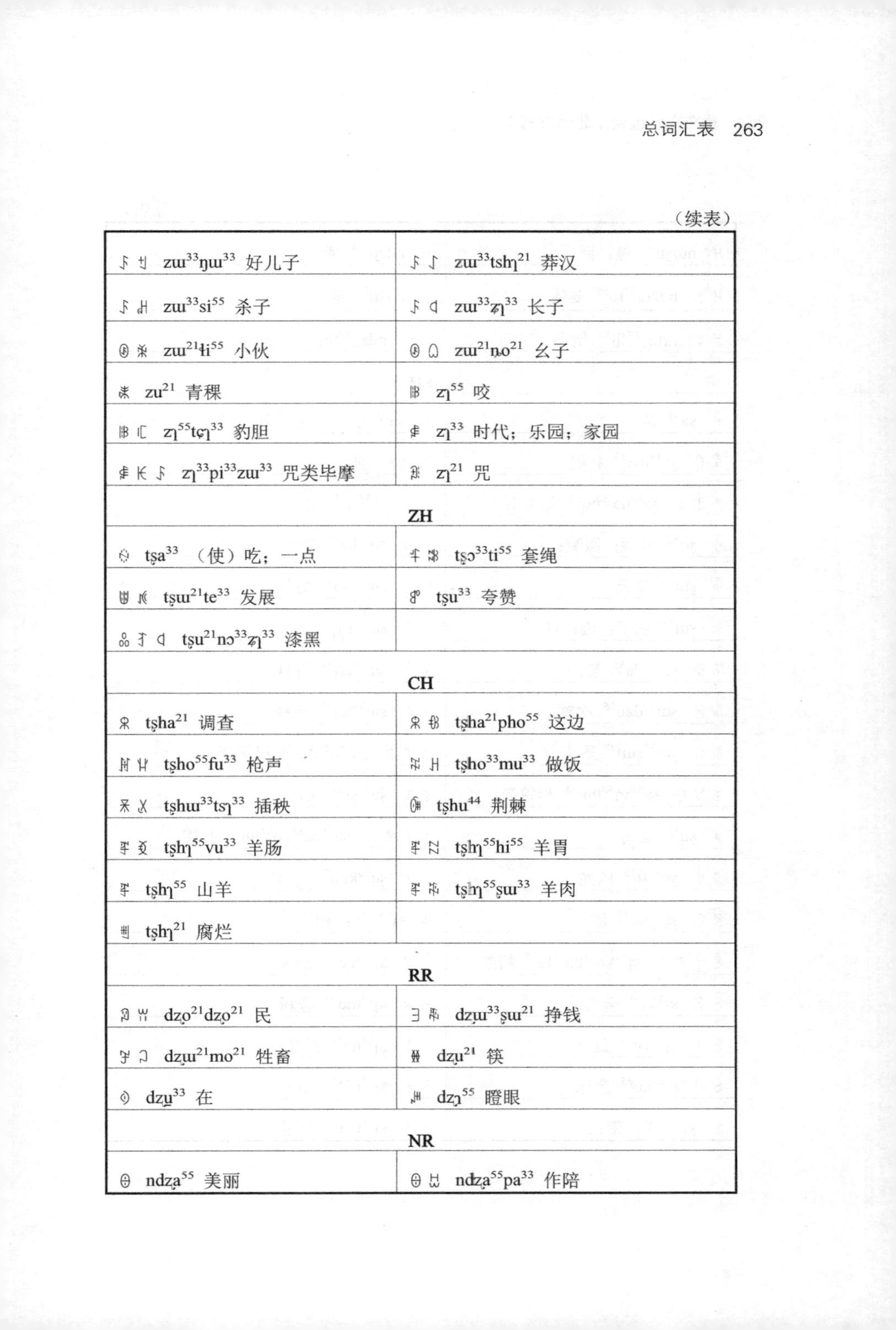

（续表）

| | |
|---|---|
| zɯ$^{33}$ŋɯ$^{33}$ 好儿子 | zɯ$^{33}$tshɿ$^{21}$ 莽汉 |
| zɯ$^{33}$si$^{55}$ 杀子 | zɯ$^{33}$ʑɿ$^{33}$ 长子 |
| zɯ$^{21}$ɬi$^{55}$ 小伙 | zɯ$^{21}$ȵo$^{21}$ 幺子 |
| zu$^{21}$ 青稞 | zɿ$^{55}$ 咬 |
| zɿ$^{55}$tɕɿ$^{33}$ 豹胆 | zɿ$^{33}$ 时代；乐园；家园 |
| zɿ$^{33}$pi$^{33}$zɯ$^{33}$ 咒类毕摩 | zɿ$^{21}$ 咒 |
| **ZH** | |
| tṣa$^{33}$ （使）吃；一点 | tṣɔ$^{33}$ti$^{55}$ 套绳 |
| tṣɯ$^{21}$te$^{33}$ 发展 | tṣu$^{33}$ 夸赞 |
| tṣu$^{21}$nɔ$^{33}$ʑɿ$^{33}$ 漆黑 | |
| **CH** | |
| tṣha$^{21}$ 调查 | tṣha$^{21}$pho$^{55}$ 这边 |
| tṣho$^{55}$fu$^{33}$ 枪声 | tṣho$^{33}$mu$^{33}$ 做饭 |
| tṣhɯ$^{33}$tsɿ$^{33}$ 插秧 | tṣhu$^{44}$ 荆棘 |
| tṣhʅ$^{55}$vu$^{33}$ 羊肠 | tṣhʅ$^{55}$hi$^{55}$ 羊胃 |
| tṣhʅ$^{55}$ 山羊 | tṣhʅ$^{55}$ṣɯ$^{33}$ 羊肉 |
| tṣhʅ$^{21}$ 腐烂 | |
| **RR** | |
| dẓo$^{21}$dẓo$^{21}$ 民 | dẓɯ$^{33}$ṣɯ$^{21}$ 挣钱 |
| dẓɯ$^{21}$mo$^{21}$ 牲畜 | dẓu$^{21}$ 筷 |
| dẓu̠$^{33}$ 在 | dẓʅ$^{55}$ 瞪眼 |
| **NR** | |
| ndẓa$^{55}$ 美丽 | ndẓa$^{55}$pa$^{33}$ 作陪 |

（续表）

| | |
|---|---|
| ndʐɯ$^{44}$ 撤；回 | ndʐɯ$^{33}$ 债 |
| ndʐɯ$^{33}$to$^{55}$ 要债 | ndʐu̱$^{33}$ 锁 |
| ndʐɿ$^{33}$fu̱$^{33}$ 倒酒 | ndʐɿ$^{33}$tɕɿ$^{33}$ 美酒 |
| **SH** | |
| ʂa$^{44}$ 苦 | ʂa$^{33}$ 小麦；送；苦；穷 |
| ʂɔ$^{44}$ma$^{33}$ 杜鹃 | ʂɔ$^{33}$ 抓 |
| ʂɔ$^{33}$nɔ$^{33}$bo$^{33}$ 龙头山 | ʂɔ$^{33}$ɬɿ$^{33}$ 北风 |
| ʂo$^{33}$ 水獭；假装；长；远 | ʂo$^{33}$he$^{33}$ 獭鼠 |
| ʂɯ$^{44}$ 夏天 | ʂɯ$^{33}$po$^{44}$ 好铁 |
| ʂɯ$^{33}$ 虱子；肉；铁 | ʂɯ$^{33}$m̥ɿ$^{44}$ 差铁 |
| ʂɯ$^{33}$da$^{55}$ 装肉 | ʂɯ$^{33}$tsɿ$^{44}$ 打铁 |
| ʂɯ$^{33}$dʑu$^{55}$ 次铁 | ʂɯ$^{33}$tɕɿ$^{33}$ 炼铁 |
| ʂɯ$^{21}$ʂɯ$^{21}$ 圣圣 | ʂu$^{55}$a$^{21}$dʑi$^{33}$ 记不清 |
| ʂu$^{55}$vɿ$^{33}$thu$^{33}$ 杉签筒 | ʂu$^{55}$si$^{33}$ 炭 |
| ʂu$^{33}$ 雉鸡 | ʂu$^{55}$ȵi$^{33}$vo$^{21}$lɯ$^{33}$ 孔雀 |
| ʂu$^{33}$fi$^{33}$ 凶兆 | ʂu$^{33}$khu$^{55}$ 今年 |
| ʂu̱$^{33}$xo$^{33}$ 湖 | ʂɿ$^{55}$ 新；初次 |
| ʂɿ$^{44}$ko$^{33}$bɔ$^{33}$ɬu$^{55}$ 蟒蛇 | ʂɿ$^{33}$tɕe$^{33}$ 金驮 |
| ʂɿ$^{33}$o$^{55}$ 金勺 | ʂɿ$^{33}$mo$^{44}$ 金粉 |
| ʂɿ$^{33}$vu$^{55}$ 蓝毡 | ʂɿ$^{33}$nɔ$^{33}$ 黑毡 |
| ʂɿ$^{33}$go$^{33}$ 金床 | ʂɿ$^{33}$ȵi$^{44}$ 蛇日 |
| ʂɿ$^{21}$ 送；带领 | ʂɿ$^{21}$tsu$^{21}$ 石祖 |

（续表）

| | |
|---|---|
| **R** | |
| za̱$^{55}$ 让 | za̱$^{33}$ 吵 |
| zo̱$^{55}$ 交叉 | zɿ̱$^{33}$ho$^{33}$ 嫩草 |
| **J** | |
| tɕi$^{21}$ 亲戚 | tɕi$^{21}$ti$^{55}$ 拴 |
| tɕi$^{21}$ndi$^{21}$ 维护 | tɕe$^{55}$ʂɿ̱$^{33}$ 披毡 |
| tɕe$^{33}$tʂɿ̱$^{33}$ 绸缎 | tɕe$^{33}$ʂa$^{55}$ 街上 |
| tɕo$^{55}$ 酿；煮；鹰 | tɕo$^{55}$du̱$^{33}$ 鹰翅 |
| tɕo$^{21}$ 方 | tɕɿ$^{44}$khɯ$^{33}$ 柜盖 |
| tɕɿ$^{44}$sɿ̱$^{33}$ 马桑树 | tɕɿ$^{33}$bo$^{33}$ 漆树 |
| tɕɿ$^{33}$ma$^{33}$ 桑树籽；基玛 | tɕɿ$^{33}$du$^{33}$ 姬家 |
| tɕɿ$^{33}$ɭ$^{33}$ 支尔 | tɕɿ$^{33}$xa$^{55}$ 柜底 |
| **Q** | |
| tɕɿ$^{33}$zɿ$^{55}$ 星辰 | tɕɿ$^{33}$tʂu$^{33}$ 珍珠 |
| tɕhi$^{55}$ 掰开 | tɕhi$^{33}$ŋgo$^{33}$ 劝解 |
| tɕhi$^{33}$si$^{21}$si$^{21}$ 害怕 | tɕhe$^{55}$thɔ$^{33}$ 册坡 |
| tɕhe$^{33}$ 跳 | tɕhe$^{33}$lu̱$^{33}$ 石磨 |
| tɕhɔ$^{33}$ 毁 | tɕhɔ$^{33}$bu$^{21}$ 肚脐 |
| tɕhɔ$^{33}$ndi$^{21}$ 报仇 | tɕho$^{55}$ 变成 |
| tɕho$^{55}$pu$^{33}$ 邛布 | dʑu$^{55}$mu$^{33}$ 居木 |
| tɕho$^{55}$ni$^{21}$ 曲涅 | tɕho$^{33}$ 跟 |
| tɕho$^{21}$ha$^{33}$ 百友 | tɕhu$^{44}$go$^{33}$ 银床 |
| tɕhu$^{33}$ 白色；阵（量词） | tɕhu$^{33}$o$^{55}$ 银勺 |

（续表）

| | |
|---|---|
| tɕhu$^{33}$mo$^{44}$ 银粉 | tɕhu$^{33}$ʂʅ$^{33}$ 金银 |
| tɕhu$^{33}$tɕe$^{33}$ 银驮 | tɕhʅ$^{55}$ 担心 |
| tɕhʅ$^{44}$ 抬 | tɕhʅ$^{44}$mo$^{33}$mo$^{33}$ 香甜甜 |
| tɕhʅ$^{44}$zɯ$^{33}$ 麂子 | tɕhʅ$^{33}$ 甜；粪便；排便 |
| **JJ** | |
| dʑi$^{33}$ 顿；蜜蜂；知道 | dʑi$^{33}$si$^{33}$ 主奴 |
| dʑi$^{33}$ti$^{33}$ 独敌 | dʑi$^{21}$tsʅ$^{33}$ 麻雀 |
| dʑi$^{44}$ʂọ$^{33}$ 形容长脸 | dʑi$^{21}$hi$^{55}$ 能成 |
| dʑi$^{21}$ 有；成；嫁 | dʑe$^{55}$le$^{33}$ 杰列山 |
| dʑi$^{21}$zɯ$^{33}$ 小蜂 | dʑe$^{21}$gu̠$^{33}$ 平坝 |
| dʑe$^{44}$mo$^{33}$mo$^{33}$ 难受 | dʑu$^{55}$ni$^{21}$ “居尼”仪式 |
| dʑu$^{55}$ 人；腰 | dʑu$^{55}$gu̠$^{33}$ 腰弯 |
| dʑu$^{55}$zɯ$^{33}$ 人类 | dʑu$^{55}$ɕʅ$^{33}$ 腰间 |
| dʑu$^{21}$ɬu$^{21}$mo̥$^{21}$ 吹笛子 | dʑu$^{21}$bi$^{21}$ 松鼠 |
| dʑu$^{33}$tɕhi$^{21}$ 种燕麦 | dʐʅ$^{33}$ 融化；真；很，非常 |
| dʐʅ$^{55}$tɕho$^{21}$ 小朋友 | dʐʅ$^{33}$mo$^{21}$ 鹦 |
| dʐʅ$^{33}$go$^{33}$ 铜床 | dʐʅ$^{33}$ zọ$^{55}$ 交叉 |
| dʐʅ$^{21}$ 下 | dzọ$^{33}$dzọ$^{33}$ 必 |
| **NJ** | |
| ndʑi$^{55}$ 借 | ndʑi$^{55}$gu$^{33}$ 膝腋 |
| ndʑo$^{55}$ 冰 | ndʑo$^{55}$ʂọ$^{21}$ 结冰 |
| ndʑu$^{21}$ 嫌弃 | ndʐʅ$^{33}$ 皮毛 |

（续表）

| | |
|---|---|
| **NY** | |
| ȵi$^{55}$ɣɯ$^{21}$ 脸面 | ȵi$^{55}$tshɿ$^{33}$ 鬼 |
| ȵi$^{33}$mo$^{44}$ 火塘上方 | ȵi$^{33}$ 有 |
| ȵi$^{21}$ 二；母乳；白天 | ȵi$^{33}$ʑo$^{33}$ 牛羊 |
| ȵe$^{33}$mo$^{21}$ 猫 | ȵɔ$^{33}$ 眼睛 |
| ȵɔ$^{33}$bɿ$^{33}$ 眼泪 | ȵɔ$^{33}$na$^{33}$ 眼疼 |
| ȵɔ$^{33}$ɬu$^{55}$tɕhi$^{21}$ 久望 | ȵɔ$^{33}$tsi$^{33}$ 睫毛 |
| ȵɔ$^{33}$tɕi$^{21}$ge$^{44}$ 远离视线 | ȵɔ$^{33}$ndʑɿ$^{33}$ 泪水 |
| ȵo$^{44}$ki$^{33}$ 治政 | ȵo$^{44}$ndʐa̧$^{33}$ 丈量地 |
| ȵo$^{33}$n̥i$^{33}$ 女尼 | ȵo$^{33}$zɯ$^{33}$ 月亮 |
| ȵo$^{21}$thi$^{33}$ 泥浆 | ȵu$^{55}$ 猴 |
| ȵu$^{33}$ 牛 | ȵu$^{55}$ni$^{21}$ “牛尼”仪式 |
| **X** | |
| ɕi$^{44}$gɯ$^{33}$ 什么 | ɕi$^{33}$pho$^{33}$ 希望 |
| ɕe$^{33}$ 摘 | ɕe$^{33}$thu̠$^{33}$ 套野兽 |
| ɕe$^{33}$ndʑɿ̠$^{33}$ma$^{33}$ 铠皮 | ɕe$^{33}$ʑɿ̠$^{33}$ma$^{33}$ 铠珠 |
| ɕɿ$^{44}$khɔ$^{33}$ 骏马 | ɕɿ$^{33}$bu$^{33}$ 脚跟 |
| ɕɿ$^{33}$vɿ$^{55}$ 脚麻 | ɕɿ$^{33}$tha$^{55}$ 碍脚 |
| ɕɿ$^{33}$do$^{55}$ 脚 | ɕɿ$^{33}$tɕɿ$^{44}$ 脚趾 |
| ɕɿ$^{21}$ve$^{33}$ 贤妻 | ɕɿ$^{21}$ko$^{21}$ 良妻 |
| ɕɿ$^{21}$ɬe$^{33}$ 姑娘 | ɕɿ$^{21}$ndzɯ$^{33}$ 好妻 |
| ɕɿ$^{21}$ndʐa̧$^{55}$ 美妻 | ɕɿ$^{21}$ʑu$^{33}$ 娶妻 |

（续表）

| Y | | | | | |
|---|---|---|---|---|---|
| [illegible] | ʑi$^{44}$ | 房 | [illegible] | ʑi$^{44}$nɯ$^{33}$ | 如果 |
| [illegible] | ʑi$^{33}$bu$^{44}$ | 屋顶 | [illegible] | ʑi$^{33}$vu̱$^{33}$ | 进家 |
| [illegible] | ʑi$^{33}$dʑʅ$^{44}$ | 屋前 | [illegible] | ʑi$^{33}$ha$^{55}$ | 屋后 |
| [illegible] | ʑi$^{55}$pu̱$^{33}$ | 梭子 | [illegible] | ʑi$^{55}$mo$^{21}$ | 织板；宝剑 |
| [illegible] | ʑi$^{55}$n̥e$^{33}$ | 经线纬线（织线） | [illegible] | ʑi$^{55}$lo$^{33}$ | 楼上 |
| [illegible] | ʑi$^{55}$khi$^{33}$ | 线桩 | [illegible] | ʑi$^{55}$xo$^{33}$ | 织幅；家 |
| [illegible] | ʑi$^{55}$xo$^{33}$ʂʅ$^{33}$ | 设织场 | [illegible] | ʑi$^{55}$sʅ$^{21}$ | 分纱棒 |
| [illegible] | ʑi$^{33}$ | 聪明；有规矩；痒 | [illegible] | ʑi$^{55}$dʑe$^{33}$tu$^{33}$ | 制织机 |
| [illegible] | ʑi$^{21}$sʅ$^{33}$ | 还 | [illegible] | ʑi$^{21}$a$^{21}$ | 右边 |
| [illegible] | ʑe$^{33}$ | 鸡；顺；斜 | [illegible] | ʑe$^{44}$sʅ̱$^{33}$ | 扫把；拖地 |
| [illegible] | ʑe$^{33}$ka$^{33}$ | 烟杆 | [illegible] | ʑe$^{33}$mo$^{21}$ | 母鸡 |
| [illegible] | ʑo$^{55}$ | 人（量词） | [illegible] | ʑo$^{33}$ɬʅ$^{55}$ | 羊皮袋 |
| [illegible] | ʑo$^{33}$n̥i$^{44}$ | 羊日 | [illegible] | ʑu$^{33}$ndo$^{44}$ | 捉住 |
| [illegible] | ʑu̱$^{44}$ | 出生；生长 | [illegible] | ʑu̱$^{33}$ | 生，出生；成长 |
| [illegible] | ʑʅ$^{55}$ | 毁；割 | [illegible] | ʑʅ$^{44}$pu$^{33}$ | 水桶 |
| [illegible] | ʑʅ$^{33}$fi$^{44}$du̱$^{44}$ | 涨洪水 | [illegible] | ʑʅ$^{44}$n̥i$^{33}$ | 水牛 |
| [illegible] | ʑʅ$^{44}$ʑʅ$^{33}$ | 溪水 | [illegible] | ʑʅ$^{33}$ | 水；流淌；笑；漏 |
| [illegible] | ʑʅ$^{21}$tso$^{33}$ | 瀑布 | [illegible] | ʑʅ̱$^{33}$bo$^{21}$ | 招魂 |

# 参考文献


白兴发著：《彝族文化史》，昆明：云南民族出版社，2014年。

陈国光著：《彝族文化概论》，北京：民族出版社，2020年。

陈士林，边仕明，李秀清编著：《彝语简志》，北京：民族出版社，1985年。

滇川黔桂彝文协作组编：《滇川黔桂彝文字集》，昆明：云南民族出版社，2004年。

冯元蔚译：《勒俄特依》（彝文），成都：四川民族出版社，1986年。

果吉·宁哈，岭福祥主编：《彝文〈指路经〉译集》，北京：中央民族学院出版社，1993年。

黄建明著：《彝族古籍文献概要》，昆明：云南民族出版社，1993年。

吉宏什万译注：《玛牧特依译注》，昆明：云南民族出版社，2002年。

吉格阿加译：《妈妈的女儿》，贵阳：贵州民族出版社，2009年。

贾司拉核主编：《凉山彝族丧葬歌谣》，昆明：云南民族出版社，2014年。

罗家修搜集整理：《玛牧特依》，成都：四川民族出版社，1985年。

罗蓉芝译：《玛牡特依》，成都：四川民族出版社，2011年。

木乃热哈，叶康杰著：《凉山彝语基础会话》，北京：民族出版社，2015年。

马学良等编著：《彝族文化史》，上海：上海人民出版社，1989 年。

四川凉山彝族自治州编译局编：《妈妈的女儿》，重庆：重庆出版社，1984 年。

《彝族传世经典》编委会编：《彝族传世经典：阿惹妞》，成都：四川民族出版社，2017 年。

《彝族传世经典》编委会编：《彝族传世经典：甘嫫阿妞》，成都：四川民族出版社，2018 年。

《彝族简史》编写组编：《彝族简史》，北京：民族出版社，2009 年。

《中国彝族通史》编委会编：《中国彝族通史纲要》，昆明：云南民族出版社，1993 年。

朱文旭，木乃热哈，陈国光编著：《彝语基础教程》，北京：中央民族大学出版社，2006 年。

中央民族学院彝文文献编译室编：《彝文文献选读》，北京：中央民族学院出版社，1992 年。

中央民族学院彝文文献编译室编：《彝文文献学概论》，北京：中央民族学院出版社，1996 年。

# 后　记

少数民族古籍是中华优秀传统文化的重要组成部分，是各民族在历史发展过程中创造的重要文明成果。中华人民共和国成立后，党和国家十分重视少数民族古籍工作。在党和国家的支持下，中央民族学院（现中央民族大学）于 1979 年建立了彝族哲学研究小组，归政治系领导；1980 年，扩建为彝族历史文献编译组，归科研处领导；1981 年，彝族历史文献编译组从科研处划归民族语言研究所，编译组的名称改为“彝族历史文献编译室”。1982 年 9 月，在国家民委和学校的支持下，在彝族著名学者果吉·宁哈先生的推动下，中央民族学院开办了第一个彝族历史文献班，之后在 1984 年、1986 年、1988 年、1990 年继续开办了彝族历史文献班。根据教学发展的需要，彝族历史文献编译室先后编写和翻译了许多彝文读物和彝文文献，主要代表性成果有《彝族历史文献选集》《彝族六祖分布地理概况》《彝族格言》《雪族》《呗耄献祖经》《教育经典》《谚语·上中下》《古侯》《布此拉俄》《彝文文献选读》《彝文文献学概论》等。这些成果在彝文文献专业的课程教学、专业建设、人才培养、科学研究等方面都发挥了十分重要的作用，积极推动了彝文文献专业建设和学科建设的繁荣发展，为党和国家培养了上百位彝文古籍专业人才。中央民族大学现在的中国古典文献学专业彝文文献方向即是从彝族历史文献班延续而来。

如今时隔近四十年，彝族历史文献编译室当时编写的彝文文献读物，内容和形式都过于陈旧与老化，有必要对读物进行修订或更新，以便更好地服务于教育教学和人才培养工作。

《彝文文献选读（北部方言）》由中央民族大学叶康杰老师独立编写完成，在本书即将出版之际，感谢给予本书帮助和支持的所有人员。

首先，感谢中央民族大学张铁山教授，他主持策划了《中国少数民族古文字文献选读》丛书，并申请获得了全国少数民族古籍工作“十四五”规划重点项目和中央民族大学“双一流”建设项目资助出版。

其次，感谢在本书出版过程中给予帮助和指导的领导、老师，以及朋友和同学。

最后，感谢商务印书馆的陈锦剑、徐童等老师为本书的出版付出的辛勤努力！

本书在编写过程中，尽管作者做了很大的努力，但书中错误难免，希望广大读者批评指正！

叶康杰

2022 年 12 月 2 日

**图书在版编目(CIP)数据**

彝文文献选读. 北部方言/叶康杰编著. —北京:商务印书馆,2024(2025.1 重印)
(中国少数民族古文字文献选读丛书/张铁山主编)
ISBN 978-7-100-22740-7

Ⅰ.①彝… Ⅱ.①叶… Ⅲ.①彝族—文献—中国
Ⅳ.①K281.7

中国国家版本馆 CIP 数据核字(2023)第 137616 号



中国少数民族古文字文献选读丛书

**彝文文献选读**

(北部方言)

叶康杰 编著

商务印书馆出版
(北京王府井大街36号 邮政编码100710)
商务印书馆发行
北京捷迅佳彩印刷有限公司印刷
ISBN 978-7-100-22740-7

2024年1月第1版 开本 880×1240 1/32
2025年1月北京第2次印刷 印张 8⅞

定价:110.00 元